JN134476

中村政則の歴史学

浅井良夫
大門正克
吉川容
永江雅和
森武麿
編著

日本経済評論社

2000 年頃　ハーバード大学で

2006 年　聞き取りをしているところ

中村政則の歴史学　目次

第1部　「中村政則の歴史学」の生涯を振り返る

第3部 中村政則の研究活動の場をたどる

第4部 「中村政則の歴史学」を読む

第1部　「中村政則の歴史学」の生涯を振り返る

報告 「中村政則の歴史学」の歴史的位置

大門正克

はじめに

中村政則は、一九六〇年代後半から二〇〇〇年代に至るまで、長きにわたって日本近現代史研究を中心にして、日本の歴史学に大きな足跡を残した。今回、この本の座談会「「中村政則の歴史学」の生涯を振り返る」で報告するにあたり、私が心がけたことは、あらためて、中村政則にかかわる文章をできるだけ多く読み、そのうえで、それらの作品を同時代に位置づけ、中村の研究の同時代史的な検証を試みることであった。与えられた時代と学問のなかで、中村は歴史学をどのように切り拓いていったのか、切り拓いていこうとしたのか、そのことの同時代史的な検証を行いたい。

中村の歴史学を同時代史的に検証するために**表**（三二～三五頁参照）を作成した。この表もふまえて、最初に時期区分をする。一九三五年に東京新宿に生まれ、一九五七年に一橋大学商学部に入学した中村は、安保闘争後の一九六一年に一橋大学大学院経済学研究科に進学、一九六六年に同博士課程単位取得退学とともに経済学部専任講師となり、助教授、教授を経て一九九九年に定年退官するまで一橋大学で日本経済史・日本近現代史の教育と研究に従事した。

一九五〇年代後半から六〇年代前半の学部生・大学院生を出発点とした中村の研究の生涯は、一九八〇年前後のハーバード大学東アジア研究センター客員研究員への赴任を境に前期と後期に大きく二分される。六〇年代後半から七〇年代にかけての前期は、研究の大きな峰を築いた時期であり、八〇年代から二〇〇〇年代の後期になると研究の新たな展開がみられた。出発点、前期、後期、これが中村の研究の時期区分である。

この時期区分のなかで、「中村政則の歴史学」の歴史的位置を考えるうえで重要なのは、研究の大きな峰を築いた前期を中心にして、前史である出発点を加えた一九六〇年代から七〇年代までの時期である。この時期に「中村政則の歴史学」はどのような特徴を示して研究の峰を築いたのか、それを検証することが第一の課題である。そのうえで、「中村政則の歴史学」には、研究の生涯にかかわるモチーフが二つあり、そのモチーフはいずれも出発点から前期の研究のなかにみられ、後期にもおよぶものだった。二つのモチーフを明らかにして、研究の特徴とモチーフから「中村政則の歴史学」の歴史的位置を定めること、これが第二の課題である。

なお、分量の関係もあり、後期については前期からの継承点を中心に検討することにとどめたい。検討にあたってはたえず表を参照し、表に掲載した文献の表記は最小限にとどめる。

1　出発点

出発点の検討にあたり、以下の四つの文献を参照する。

A　「討論　歴史研究者の主体と任務」一九六三年（『歴史学研究』第二八〇号）

B　「地方産業の発展と下級金融機関」一九六四年（『土地制度史学』第二二号）

C　「地主制の確立」一九七〇年（『郷土史研究講座6』、のちに「地主制研究と私」と改題、中村『近代日本地主制史研究』一九七九年所収）

D　「私の歴史学」二〇〇〇年（中村編『近現代日本の新視点』）

出発点から、のちの研究に通じる契機を四つ導いてみたい。一つ目は、五〇年代後半から六一年まで、学部から大学院一年生のころの経験についてである。五〇年代後半に教養課程にいた中村は、梅棹忠夫と加藤周一の論争や昭和史論争にふれ、二つの論争を通じて日本近代史の勉強を志し、三年生で増田四郎ゼミに入った（D）。その後、大学院修士一年生の六一年には、社会科学方法論や日本経済史の専門書を熱心に読んだ（C）。

二つ目は、六〇年安保体験の位置についてである。色川大吉（一九二五年生）、安丸良夫（一九三四年生）など、多くの歴史家にとって、六〇年安保への向き合い方は、その後の研究の試金石になった。色川と安丸に即していえば、六〇年安保は挫折の体験であり、それがその後の民衆思想史研究のバネになった。それに対して、遅れて大学に入った中村は、大学四年生、二五歳のとき、歴史研究の開始以前に六〇年安保を体験する。いわば「遅れてきた青年」であり、それゆえに六〇年安保は挫折体験にはならなかった。このことが中村の研究のモチーフにもった意味は大きかった。たとえば中村は、一九七〇年に六〇年安保体験を振り返り（C）、安保に反対することと大学で研究することとの関連に確信をもてぬまま、大学院に進み、ただ「人民のための学問」、「体制批判の研究」をする決意だけは持ち続けたが、そのような問題関心をもつことと、「それを自分の研究のなかに方法として定着させることとは全く別の事柄」（傍点――原文）であった、と述べている。ここでは、未来の研究への投企にかかわることとして六〇年安保が位置づけられていることに留意したい。中村は、六〇年安保を挫折体験としてではなく、研究の方法としてどのように位置づけるかに腐心していた。のちに中村は六〇年安保体験を研究史理解の重要な契機に位置づけるようになるが、それは六〇年安保の右のような位置づけにかかわってのことであった。

三つ目は、山梨共同研究を通じた研究成果と視野のひろがりである。一九五八年に永原慶二が一橋大学に赴任し、六〇年に古島敏雄が一橋大学の兼任講師になる環境のもとで、永原を中心にして六一年一二月から山梨県の共同調査が開始された。中村は、この調査を通じて、製糸業から製糸金融、下級金融機関、殖産興業政策、地主経営と研究対象と課題を拡大し、史料を用いた経済史研究・歴史研究を本格的に進めた。修士論文にもとづいて発表した論文で、中村は山梨共同調査をふまえた研究課題を、「地主制・製糸業・地方銀行の三者が相互規定的に循環」（傍点——引用者、B）する過程の解明においた。歴史過程の「有機的連関」を追究すること、これが前期を通じた中村の重要な研究課題になった。山梨共同調査が行われた六〇年代前半は、高度経済成長の最中のことであり、中村はしだいに「日本資本主義と地主制」という大きな研究課題の解明を自らに課し、そのなかで日本資本主義論争に傾倒しながら、地主制論争の克服をめざすようになった（C）。

四つ目は、博士課程一年生の二八歳で中村が出席した「討論　歴史研究者の主体と任務」（一九六三年、A）である。六〇年安保後の高度成長の過程で、歴史学の研究課題が不鮮明になった際に開かれた座談会では、世代間の問題意識の相違をふまえて、新たな課題の提示が模索された。このなかで中村は、地主による高額小作料徴収を明らかにする意味はどこにあるのかと問い、「日本資本主義発展」とのかかわりを説明できないとだめだと強調した。山梨共同研究、六〇年安保後、高度成長をふまえた斬新な問題提起であり、日本近現代史研究に次々と問題提起をしたその後の研究の片鱗がうかがえるものであった。

以上の四つからうかがえる出発点の研究の契機には、昭和史論争、六〇年安保体験、有機的連関、資本主義、日本資本主義論争、高度成長などがあり、前期の中村の研究の契機は出発点においてかなり出そろいつつあった。

2　前　期

(1) 日本近代史研究の課題設定と有機的連関

前期の中村は、三つの拠点を通じて研究を進めた。山梨共同調査と産業革命史研究会、歴史学研究会（以下、歴研）の三つである。このなかで歴研は、前期の中村が研究の幅を拡張するうえで欠かせない拠点だった。

前期の中村が推進した研究についてあらかじめまとめてみれば、（a）日本近代史研究の課題の明瞭な設定、（b）課題間の有機的連関の把握、（c）研究の方向性の提示、の三つになる。課題設定、有機的連関把握、研究史の方向性提示であり、前期の中村は、短期間のうちにこれらを関連づけながら、矢継ぎ早に問題提起を重ねた。

たとえば、（a）日本近代史研究の課題の明瞭な設定でいえば、出発点から前期にかけての、山梨共同研究を通じた「資本主義と地主制」という課題設定があり、一九六〇年代後半から七〇年代になると、歴研を拠点にして、「帝国主義の史的究明」「帝国主義と人民」という新たな問題を設定し、新たな課題は「資本主義と地主制」にも加えられた。この時期には、近代化論・明治百年批判、国家論・近代天皇制国家論、民衆史論など、新たな研究課題が次々と提起されている。

これらの研究課題を中村は、（b）課題間の有機的連関の把握を通じて解明しようとした。山梨の共同研究で、製糸業・殖産興業・地方金融史の有機的連関の解明にとりくみ、そこから「資本主義と地主制」という大きな課題設定に至り、この課題については、資本市場・労働力市場・商品市場の三つの環による日本資本主義と地主制の有機的連関の把握によって解明しようとした。諸課題の有機的関連を問う視点は、経済政策や国家論、民衆史論に議論を拡張する際にも活用されている。（a）の研究課題を明瞭にすることとかかわって、中村は、（c）研究の方向性の提示にもエネルギーを費やし、研究史整理のマンネリズム打破と新たな方向性提示を進めた。
以下には、前期の中村の研究を三つの時期に区分し（一九六七〜七〇年、七一〜七四年、七五〜七九年）、地主制史研究は別に扱うことで研究内容を検討する。

(2)　研究の検討

①　帝国主義の史的究明〈一九六七〜七〇年〉

中村は一九六六年から六八年まで歴研委員をつとめた。日本政府は、日本の元号が明治に改元された一八六八年から一〇〇周年となる一九六八年に明治百年祭を挙行し、日清・日露戦争などにつながった明治という時代を封建制度からの脱却、近代化の促進などの観点から高く評価しようとしていた。この明治百年問題に加え、近代化論との対峙やベトナム戦争など、歴史学が向き合うべき課題は山積していた。歴研でのとりくみを通じて、中村は研究課題や方法を拡張し、新たな問題提起を矢継ぎ早に行って、社会的要請に応えようとした。

歴研委員会で中村がとりくんだ明治百年批判では、明治百年を「現代ファシズム」と位置づけて批判したものの、現代ファシズムは超国家主義のイデオロギーなのか独占資本のイデオロギーなのか規定が曖昧だった。そこから中村は同じ歴研委員の宮地正人らとともに、新たに帝国主義／独占資本に照準を合わせ、それまでの大会テーマ「東アジア歴史像」から「帝国主義と人民」への転換を強力に推進した。**「日本帝国主義と人民」**（一九六七年）は、この過程で中村らがとりくんだ日比谷焼打事件の共同報告であり、「帝国主義と人民」という課題設定、人民闘争史研究の提起、「われわれ」という呼びかけなど、新たな研究の課題と方向性が追究された。これ以降、中村は人民闘争史研究の主導者のひとりになる。

帝国主義の視点にかかわって、一九六七〜六八年に中村は、さらに重要な論文を三つ著している。ひとつが、**「日**

本近代史研究の当面する課題——日本近代史上の一九〇〇年代と一九二〇年代」（一九六七年）であり、ここには三つの論点が含まれていた。①研究の焦点を「帝国主義の史的究明」（傍点——原文）におき、一九〇〇年代＝「展望台」、一九二〇年代＝「分水嶺」として、産業革命期（一九〇〇年代）に加えて第一次世界大戦後（一九二〇年代）の重要性を指摘し、研究の方向性を示したこと、②遠山茂樹らは、一九六〇年代に入ると世界史の基本法則は一国史的理解であるとして、新たに世界史の地域像（東アジア歴史像）を提起していたのに対して、中村は遠山らの理解を批判し、歴史学の方法論として世界史の基本法則堅持を強調した。「世界史の基本法則」は「本来、一国史的発展法則などでは決してなく、まさに、遠山氏のいわれる発展段階を異にする諸民族・諸国家が複合してつくる世界」の「動き全体に貫徹」（傍点——引用者）するものであるとして、「本来」にあたるものとして野呂栄太郎、二七・三二テーゼ、レーニン『帝国主義論』をあげた。基本法則、講座派、テーゼ、レーニンへの強い確信が印象に残る。③「明治百年論」「近代化論」による日本近代史理解に対して、「基本的には、戦前の日本資本主義論争の過程でつくりだされた科学的歴史学の成果によって完全に粉砕されている」として、講座派に高い評価を与えていた。

二つ目は、「**独占資本のイデオロギーと「明治百年祭」**」（一九六八年）であり、明治百年祭にあたり、財界の機関誌の現状分析を行ったものであり、独占資本のイデオロギー批判を行っている。

当時の中村は、「明治百年論」「近代化論」そのものよりも、その背後で進行していた研究の個別分散化に対して強い危機感をもっていた。それが三つ目の、「**「日本近代化論」批判をめぐる問題点**」（一九六八年）である。[1]中村は、このころ、一九六一年度から六六年度にかけて執筆された日本近代史に関する研究をまとめて読む機会があり、そこで、「私が予想していた以上のスピードで研究の個別分散化の傾向」があらわれていることを知り、「深刻な反省」に迫られる。この時期には、他方で、「近代化論・国家主義的歴史観などを先頭とする帝国主義的歴史観」が勢いを増しつつあり、それに対する批判が「活発化」していたが、研究史整理をした中村の目には、「イデオロギー闘争の先行性とそれに対応できない歴史研究の現実」と映り、そこから研究史を総合化する方向性の提示の必要性を痛感する。この認識のもとで、中村は、一九六〇年代前半の主要テーマは、明治維新研究・自由民権運動研究・産業革命研究であったが、六〇年代後半は、帝国主義研究・人民闘争史研究・近代天皇制研究に焦点を合わせる必要性があると提起した。この提起について安田浩は、のちに、「研究動向の先どり」であり、「七〇年代の研究方向に大きな影響」をおよぼしたと指摘した(2)。

中村は研究領域をさらに国家論へひろげようとした。**「なぜ国家論をとりあげるのか」（一九六九年）**では、山梨共同研究による政策史研究の蓄積をふまえて、人民闘争史と国家史のワンセット把握の必要性を強調する。そのうえで、**「日本資本主義確立期の国家権力」（一九七〇年）**において、経済政策から国家論へ本格的な検討を進めようとした。

この時期の中村は、地主制と資本制の構造把握から、さらに「帝国主義と人民」という新たな研究課題と方向性を提示し、日本近代史研究に大きな影響をおよぼしはじめた。あわせて、国家論へも視野をひろげ、レーニンの帝国主義論に依拠していたこと、近代化論に対しては、むしろ「それに対応できない歴史研究の現実」を問題視し、研究方向を積極的に提示していたことにも留意しておきたい(3)。

② 地主制史研究

山梨共同研究をもとにした地主制史研究について、二つ総括をしている。ひとつが**「日本地主制史研究序説」（一九六八年）**であり、日本資本主義論争以来の研究史をたどり、研究史と山梨共同研究の接点から、「資本主義と地主制」の関連把握という焦点を明確にした論文である。この論文で中村は、「寄生地主制の体制的成立」＝一九〇〇年代を主張した。「産業資本確立期とは、寄生地主的土地所有が、文字どおり日本資本主義の不可欠の一環として構造的に、定置されていく過程にほかならず、また逆に、寄生地主制を不可欠の構造的一環に組み込むことによってはじめて日本資本主義は確立の基礎をえた」（傍点―原文）。資本主義と地主制の有機的連関の特質を表現するために、この時期の中村は、引用にある、「不可欠の構造的一環」という表現や、両義的側面や矛盾的側面をあらわすときに「また逆に」などの表現を好んで用いていた。この把握にはさらに帝国主義の視点も導入され、「寄生地主範疇は帝国主義の歴史的所産」（傍点―原文）であることが強調された。歴研で吸収した「帝国主義の史的究明」の視点が地主制史研究にも援用されたのである。

この論文の問題意識にかかわって、中村は、「半封建的土地所有制度＝前近代を近代の視点から批判するのではなく、現代の視点から近代＝資本を批判しうるような視点を、地主制研究のなかに導入する必要があるとひそかに考えつづけていた」（傍点―原文）と述べている（「地主制の確立」一九七〇年）。六〇年代後半に入ると、「地主制の確立を産業資本確立規定との連繋で規定したり（地主制＝明治三〇年代確立説）、「寄生地主制の問題とは、明治維新の問題なのではなく、実は帝国主義の問題なのだ」という命題を提出したりした」のは、以上の問題関心からであり、資本主義批判からさらに帝国主義批判へと視野をひろげた。

一九七二年には、長年の山梨共同研究がまとまり、中村はその「終章」（『日本地主制の構成と段階』）で地主制の総括をあらためて試みている。「産業資本主義確立期に確定された地主制の構造は、独占資本の確立期に内外の両契機に挟撃されつつ、明確に凋落の過程に入り込んでいった。だが、それにもかかわらず全問題の基礎は、日本資本主義がその発展にとってもはや桎梏と化した地主的土地所有を構造的に揚棄するだけの能力を欠いていたことにある。半封建的土地所有と独占資本主義との対立＝相剋、これの内訌的深化がその後の全矛盾の基礎をなす。いいかえれば戦時国家独占資本主義下の基本的対抗関係である資本対賃労働の階級対抗を顕在化せしめず、これを歪曲し、天皇制ファシズムへと急傾斜させていった奥深い基礎こそ昭和恐慌に端を発する農村危機にあったといわなければならないのである」（傍点―原文）。日本資本主義と地主制が矛盾を含むかたちで構造的に結合し、そこに「全矛盾の基礎」をみいだし、その基礎がその後の歴史的展開を規定するという理解であり、前期中村政則の特徴である有機的連関による矛盾的認識の優れた例がここにある。

なお中村は、山梨共同研究のなかから題材をとり、「歴史と個人」（一九六八年）を執筆している[4]。一八八一年の連合生糸荷預事件における名取彦兵衛を例にして、個人の行為が「一定の社会関係のなかにおかれたとき」、「個々の行為者の意図を超えた巨大な歴史の奔流」に巻き込まれるような、「文字通りのパラドキシカルな歴史の特質」があるとして、意図と結果の乖離について論じたものである。激動の時代には、名取のように意図と結果が大きく乖離することで、「歴史の「捨石」」になるものがいて、「民衆の挫折と苦悩と傷痕の累積」のうえに「新しき時代の開幕」があったのではないかとして、頂点的な指導者を重視する歴史観を批判している。後述するように、このエッセイの執筆は、中村が聞き取りをはじめた時期と重なっており、この観点はのちに『労働者と農民』に継承されることになる。

③　研究の展開〈一九七一～七四年〉

前期の研究が新たに展開された重要な時期であり、研究史整理、帝国主義史論、近代天皇制に関する問題提起的な論文が矢継ぎ早に発表された。

「現代民主主義と歴史学」（一九七一年）では、六〇年代歴史学（日本近現代史）の総括として、「歴史を推進する主体」に関する「多様な問題意識」に立つ人民闘争史の研究が推進されたことに注目して研究史を総括する必要性が強調されている。現代民主主義の展望を切り拓くなかで歴史学の役割を考えるためである。研究史は六〇年安保体験をふまえて五つの潮流に整理された。（ｉ）ブルジョア民主主義再評価論（長幸男）、（ii）「統一戦線論」的人民闘争史（江口圭一）、（iii）「主体性論」的民衆運動＝思想史（色川大吉、安丸良夫、鹿野政直）、（iv）「無産大衆＝原動力論」的階級闘争史（佐々木潤之介）、（ｖ）抵抗権思想を中核とする思想史研究（家永三郎）。

本論文の大きな特徴は、幅広い視野と率直な問題提起にある。幅広い視野は、人民闘争史研究一色に染まりかけていたこの時期の研究史整理に（ⅰ）や（ⅴ）を加えたことに端的に示されている。とくに（ⅴ）の家永を人民闘争史の研究史の一環に加えたことは斬新だった。[5]中村は人民闘争史研究を主導していたとはいえ、ここでは柔軟な歴史感覚がいかされており、五つの潮流の設定により幅広い視野で現代民主主義を論じることを可能にした。

のちに中村は、この論文や一九七〇年前後における中村自身の人民闘争史研究には、「統一戦線的な思考が非常に強く」あったと述懐している。[6]これは中村の研究のモチーフを考えるうえで、きわめて大事な述懐である。「現代民主主義と歴史学」では、六〇年代は、「『戦後民主主義の虚妄性』をするどく指摘する声のあがった時代」であり、「民主主義の理念が動揺を重ね、手荒くあつかわれた時期」と指摘されている。本論文が対象にしたのは、「現代民主主義（帝国主義段階の民主主義）」だったが、中村にとっては、戦後民主主義の擁護が重要な課題としてあり、その出発点に六〇年安保が位置づけられ、「統一戦線的な思考」から五つの幅広い潮流が提示されたことになる。

本論文については、あわせて率直な自己批判も印象に残る。一九六七年の共同報告「帝国主義と人民」は、「運動の組織性と意識性の究明」が不足しており、七〇年歴研大会報告では、帝国主義の観点から天皇制国家論にアプローチしたが、人民闘争の問題を十分に導入できなかったこと、それは、民主主義・帝国主義・国家権力の内面的連関を深刻に考えぬいていなかったからだとして、率直な自己批判が行われ、他方で東アジア像にかかわって批判してきた遠山茂樹については、日清戦後の位置づけに賛意が与えられた。率直な自己批判と研究史の再定置も含めて、幅広い視野による五つの研究潮流の整理が導かれた本論文は同時代に与えた影響も大きく、中村の幅広い問題提起が受けとめられたといっていい。[7]

ついで日本帝国主義の成立に関する総括を試みた「日本帝国主義成立史序論」（一九七二年）では、経済的観点から四つのテーマ（国家資本、寄生地主制、絹綿二部門、朝鮮鉄道建設）を取り上げて論じており、日本帝国主義の経済史的側面が整理されている。ただし、帝国主義についてはレーニンに依拠しているので、政治的・国際的要因は視野の外におかれている。

「服部之総と近代天皇制論」（一九七二年）は、服部の近代天皇制論の検討を通じて、中村がはじめて近代天皇制国家について本格的に論じたものである。中村はここで、講座派の内部批判をめざした服部の主要課題は、マニュファクチュア論、絶対主義論、自由民権運動論の三つの組合わせであること、服部は世界史の基本法則に絶大な信頼を寄せていたことを指摘したうえで、服部の近代天皇制論は「未完の体系」であると述べた(8)。

④ 研究の発展と小括〈一九七五〜七九年〉

前期の成果を集約・総括し、さらにあらたな発展を導こうとした時期である。

中村自身の地主制史研究の集約として、『近代日本地主制史研究』（一九七九年）が著された。天皇制の研究の総括として執筆されたのが「近代天皇制国家論」（一九七五年）である。近代天皇制国家は、一九〇〇年代に国家類型＝近代国家、国家形態＝絶対主義的としてズレをともなって成立し、このズレの最終的解消は戦後改革にもちこされたとした。類型と形態の整理を通じて「未完の体系」（服部之総）の突破を試みたが、中村自身が課題としていた人民闘争史研究との相互関係の解明は、依然として課題が残されることになり、この点は後期であらためてとりくむことになる（「天皇制国家と地方支配」一九八五年）。

前期の中村の問題関心をさらに民衆史として発展させた『労働者と農民』（一九七六年）が刊行された。この著作は、女工・坑夫・小作農民の三者の歴史的存在形態について、具体性に富み（自らの調査、聞き取り、一次史料、報告書など）、関係に留意し（支配・隷属関係、政策とのリンク、親・地元など）、有機的連関による動態的把握をめざし（三者の検討、政策との連関、章の連関〈隷属性 → 動き出した三者 → 恐慌・戦時期の転換〉、時代像の動態へ）、精彩に富む叙述（文体、調査・聞き取りによる臨場感）で歴史を描くものであり、前期の中村の特徴に引きつけていえば、有機的連関による新たな成果であり、それまでにない歴史叙述としても注目を集めた。以上の成果を前提に、本書の最後に「人間の主体的営為」と「社会発展の法則」の「合力」が述べられている。この点について、当時の書評で栗原彬は、「二者択一を超える一つのみごとな答え」と指摘していた(9)。

『労働者と農民』については、中村自身が、「日本近代と民衆」（一九七七年）で言及している。第一に、「合力」提起の背景には、六〇年代の高度成長があり、「私生活型幸福主義」がひろがるなかで、間隙をついて近代化論が登場した。近代化論は、六〇年代後半の「高度成長の破綻」でイデオロギー的影響力が減少した。他方で民衆史が登場した。背景に一回限りの人生を重視する考えやルポルタージュの盛行、現代社会の情勢変化（高度成長終焉、連合政権、世界情勢変化）などがあった。このなかで社会構成体史には批判が出されているが、たとえば、歴史の構造把握を批判する色川大吉らの「情念論的民衆史」には問題があり、社会構成体史的把握か、人間中心の把握かという二者択一ではないはずである。以上から、「人間の意思と、それを制約する客観的な条件との弁証法的な相互関連に着目」して「合力」の提起に至った。第二に、『労働者と農民』の民衆史の課題として、民衆運動における主体的契機、意図と結果の乖離、民衆運動における敗北のなかの勝利の三点を提起した。本書は人民闘争史から民衆史へととりくみをひろげるとともに、マルクス主義＝社会構成体史への批判に応えるものであり、構造把握と主体把握を組合わせた「合力」論で中村なりの全体史を描こうとしたものであった。

後述とのかかわりで、中村の民衆把握についてもう少し言及しておきたい。主体的契機については、高井としをなど、社会運動の指導者になる人を例にして、主体的条件がある程度成熟したときに、知識人の演説などにふれて火花《スパーク》がおき、そこから政治意識などが成長することに力点をおいて説明されている。意図と結果の乖離も本書の民衆理解の要点であり、大山初太郎の農民運動の指導から戦時下に至る変遷を理解する鍵に位置づけられる。

なお、「日本近代と民衆」（一九七七年）では直接指摘されていないが、「合力」の「人間の主体的営為」にかかわって、「個人」に視点を合わせていることが中村の民衆把握の重要な特徴だろう。そのことがもっともよくあらわれているのは、『労働者と農民』で高井としをの火花《スパーク》にふれたあとの次の叙述である。「人は政治的行為に踏みきるとき」、「大きな決断をくだし、大きな飛躍をこころみる」。「個人における、この決断と飛躍という緊張にみちた主体的契機をぬきにして、民衆の闘いなり、人民の闘いを語ることはできないのではなかろうか」。主体的契機における個人の視点は、合力における主体的条件の理解にとって枢要なものである。以上に加えて、民衆運動における敗北のなかの勝利は、社会運動の清算主義的な評価に釘をさし、なおかつ戦前社会運動を戦後に至る長期的な視野のなかで位置づけることを要請したものである。

(3) 前期「中村政則の歴史学」の特徴と位置

今までの検討をもとに前期の中村の研究の特徴を整理する。

① 特徴

先に前期の中村の研究の特徴として、（a）日本近代史研究の課題の明瞭な設定、（b）課題間の有機的連関の把握、（c）研究の方向性の提示、の三つをあげておいた。この三つについてあらためて特徴を整理すると、（a）の課題設定では、資本主義と地主制、帝国主義と人民、近代天皇制国家、民衆史論の四つをあげることができる。

これらの研究課題をめぐって、（b）有機的連関の把握、つまり関係のなかに含まれる相互規定的な矛盾に留意し、関係間の対立や内訌・調整の過程を追究するところに大きな特徴があった。ここに前期中村の研究の推進力があり魅力がある。この特徴は、山梨共同研究を通じて獲得され、地主制と資本主義の構造的把握と『労働者と農民』の合力などに適用された。

中村はまた、有機的連関把握とかかわって全機構的把握（地主制、資本制、天皇制）、帝国主義・人民闘争史・近代天皇制および民主主義・帝国主義・国家の関連把握、ワンセット把握など、問題を個別的に検討するのではなく、総合化・体系化の必要性をくりかえし説いた。

（a）と（b）は、さらに（c）の研究の方向性の提示と結びつき、研究史整理のマンネリズムやステロタイプ化を強く批判し、日本近現代史研究の新たな方向性を強力に提示した。なかでも、帝国主義の史的究明を課題に設定したうえでの、一九〇〇年代＝「展望台」、一九二〇年代＝「分水嶺」という位置づけや、一九六〇年代前半の主要テーマ（明治維新研究・自由民権運動研究・産業革命研究）から六〇年代後半の主要テーマ（帝国主義研究・人民闘争史研究・近代天皇制研究）への転換の提案、あるいは幅広い現代民主主義論の設定、歴史発展の方向性を「人間の主体的営為」と「社会発展の法則」の「合力」でとらえ、二者択一ではない歴史把握の方法を提起したことなどは、いずれも研究史の新しい方向性を提示するものだった。

以上に加えて、歴史学の方法と叙述・文体を特徴として指摘できる。中村の歴史学の方法は、マルクス主義とその柔軟な拡張を特徴とする。中村のマルクス主義の理解には三つの源泉があった。（1）戦前の資本主義論争における講座派と三二テーゼであり、山田盛太郎（全機構的把握）、野呂栄太郎（地主の寄生性、矛盾的認識）、服部之総（政治史、天皇制、文体）、三二テーゼ（天皇制、資本制、地主制）などから学び、（2）レーニンの革命情勢論をふまえて人民闘争史、帝国主義・独占資本主義を理解し、これらに（3）戦後歴史学における世界史の基本法則の理解が加わった。以上の歴史学の方法は、たとえば資本主義と地主制の課題設定では山田盛太郎に、有機的関連の矛盾的認識では野呂栄太郎に、政治史や天皇制については服部之総に、帝国主義と人民についてはレーニンにそれぞれ学んだといえよう。民衆史や民主主義論では、マルクス主義の理解を源泉としながらも柔軟な拡張がはかられ、歴史と個人の視点、火花《スパーク》、意図と結果の乖離など、中村のアイデアによる視点が加わった。

前期中村の歴史学のもうひとつの特徴は、精彩に富む叙述と従来にない文体であり、「一気に」「一点に」「全面的に」「ワンセット」などの表現が使われ、「われわれ」という呼びかけも使われた。

②　研究の二つのモチーフ／同時代の研究者との対比

さて、以上検討してきた中村の前期の研究の特徴には、二つのモチーフが含まれている、と私は判断している。モチーフのひとつは、戦後民主主義の擁護である。このモチーフは、六〇年安保体験の肯定的評価、人民闘争史研究における統一戦線的発想によくあらわれており、「現代民主主義と歴史学」（一九七一年）における幅広い研究潮流への視野は、このモチーフに支えられていたといっていい。中村の研究に特徴的な総合化・体系化を常に求める発想も、統一戦線的な発想と親和的であり、『労働者と農民』にみられた、民衆運動における敗北のなかの勝利も、このモチーフによるものであった。前期の研究は全体としてこのモチーフによって下支えされていたといっていいだろう。

六〇年安保が挫折体験にはならず、戦後民主主義を擁護するモチーフを持ち続けた中村は、山梨共同研究を通じて戦後の地主制史論争よりも戦前の日本資本主義論争から深く学び、講座派や三二テーゼを通じて戦前日本社会の理解の骨格をつくった。戦前日本社会の理解と、六〇年安保体験をへた戦後民主主義擁護のモチーフは親和的であり、中村にあって戦後民主主義擁護は、戦前から戦後の日本社会を理解する根幹にすえられ、前期・後期を通じた中村の生涯にわたるモチーフであり続けた。こうした理解は、丸山真男や大塚久雄と共通するものであり、戦後の日本に近代化の不足を求めるものであったが、丸山や大塚と中村が異なるのは、世代と時代の相違ともかかわり、中村は一九六〇年代以降に日本資本主義とのかかわりで研究を進めたことである。

中村のこのモチーフを六〇年安保体験の位置を例に他の歴史研究者とくらべてみれば、中村は、冒頭で述べたように色川大吉や安丸良夫のような六〇年安保の挫折体験とは異なり、遅れてきた青年として六〇年安保体験をむしろ擁護していた。中村は、産業革命史研究会に属した同世代の高村直助、石井寛治とくらべられることが多い[10]。三人ともに、一九六〇年代に日本資本主義の歴史の構造分析を進めた。高村（一九三六年生）の場合、一九五五年に東京大学に入学し、学生運動に加わるなかで、日本共産党の六全協やハンガリー動乱を経験したあとで六〇年安保を体験したので、中村のような六〇年安保体験擁護のスタンスとは明らかに異なった。それに対して石井（一九三八年生）は、高村のような学生運動に深くかかわるかたちではなく、六〇年安保を「一兵卒」で体験する。そのことにより、石井のなかで六〇年安保は挫折の体験にはならなかった。石井と中村は、戦後民主主義擁護で比較的に近いモチーフをもっていたといっていいだろう[11]。

さて、中村にはもう一つのモチーフがあった。人民闘争史研究から『労働者と農民』の執筆過程でみられたモチーフであり、そこで示されたのが「個人」の視点であった。『労働者と農民』に先立ち、中村は、「歴史と個人」（一九六八年）を執筆していた。意図と結果の乖離をはじめて論じたエッセイで、中村は歴史のなかの「個人」に視点を合わせ、個人の意図と、その意図を超えた「巨大な歴史の奔流」の関係に光をあてていた。前述のように中村は、『労働者と農民』で、主体的契機、意図と結果の乖離、敗北のなかの勝利による民衆把握を示す。そこには個人の視点が重要なモチーフとしてあった。高井としをめぐる、「個人における、この決断と飛躍という緊張にみちた主体的契機」という指摘や、大山初太郎の農民運動とのかかわりを意図と結果の乖離として論じた個所などが代表的なものである。意図と結果の乖離に代表される「個人」の視点は、その後の「日本近代と民衆」（一九七七年）でも論じられ、後期に入ってからの「科学的認識が深まるとは」（一九八三年）、『日本近代と民衆』（一九八四年）でも重視されていた[12]。

中村の「個人」の視点にとって重要な役割をはたしたのが聞き取りであった。『労働者と農民』の月報で、山本茂実、山崎朋子と鼎談を行っており、そこから中村が聞き取りをはじめた経緯がうかがえる[13]。農村では「魅力的な人」に必ず会えたので、証言の「チャンスを逸」しないために、中村は一九六〇年代半ばからテープ・レコーダーをかついで農村調査に出かけ、話を聞いてテープに録音するようになった。他方で中村は、農村で民衆にあたる小作農民について調べようとすると、書かれた資料は地主側に残ったものしかなく、小作農民には聞き取りを行う以外に方法がないとも話している。以上の経緯からすれば、中村の聞き取りは、「魅力的な人」や民衆への関心に導かれたものであり、それはまた、先の「個人」への関心とも重なるものだった。中村は大山初太郎をめぐり、「大山と会えた」という印象的な表現を残している。[14] 聞き取りを通じて会えた「魅力的な人」は、いずれも固有名詞をもつ人であり、中村は、高井や大山への聞き取りを通じて「魅力的な人」の人生を受けとめ、「個人」というモチーフをふくらませるなかで、主体的契機や意図と結果の乖離などの認識を深めていった。

中村の「個人」の視点の含意を整理しておけば、階級、人民の視点に加えて個人の視点をもったことを指摘できる。この背後には、昭和史論争以来の人間、個人への関心があるとともに、[15] 当時の歴史学では文字史料が何よりも優先され、聞き取りは二次的なものとみなされていたなかで、中村は聞き取りにとりくんだことがあった。[16] 当時の経済史や歴史学の研究者ではきわめてまれなことであり、その聞き取りを活用した『労働者と農民』で中村は、個人の視点をふまえた民衆把握を鮮明にした。[17] 「個人」の視点を鮮明にした中村は、ある個人の歴史を叙述するとともに、それだけでなく、「時代の構造」と「個人史」とが「せめぎあう動的な過程」を描くことに注力した。[18] 以上の理解は、戦後民主主義擁護のモチーフや統一戦線的発想から一歩ふみでたものだった。一歩ふみでたというのは、個人の視点を加えることで、「社会構成史的把握か、人間中心の歴史把握かの二者択一」ではない道の模索を可能にしたからである。[19] 「個人史」と「時代の構造」が「せめぎあう動的な過程」の検討を通じた二者択一ではない道の模索、ここに『労働者と農民』の大きな特徴がある。

それでは中村の二つのモチーフは、どのように評価したらいいのか。当時の民衆把握にかんして、私は以前に安丸良夫と中村を対比したことがあったが[20]、ここでは深谷克己とくらべてみたい。深谷は日本近世史研究者であるが、深谷と中村は、一九六〇年代後半から七〇年代初めにかけて、ともに人民闘争史研究を主導する立場に立っていた。その二人は、七〇年代に入るとそれぞれの道を歩むことになる。二人の歩んだ道の対比から、中村のモチーフの歴史的位置を浮かび上がらせてみたい。

一九六九年に「七〇年闘争とわれわれの歴史学」（表参照）を発表して、人民闘争史の立場を鮮明にした深谷は、一九七三年に「百姓一揆の思想」を執筆し、歴史研究の方法の再検討を模索し始めた。今までの「一揆史研究における農民思想の把握」は、「変革的な意識の抽出と評価を主眼」にしてきたが、「農民の日常的平均的な意識構造と関連させて一揆の思想」を把握する課題は「未着手」であり、「方法的な再検討」が必要である（傍点―引用者）。

この点にかかわって、深谷の著作集の解説で須田努は、深谷の「運動史研究」では、「テーマを解明するためのキーワードを史料から読み込み、説明概念を形成」する手法を特徴としており、この論文では「それがとくに顕著」だったと述べる[21]。深谷は史料から「お救い」「御百姓」といった言葉を浮かび上がらせ、そこから、歴史に規定された領主と農民の相互依存的な「仁政イデオロギー」を発見し、そこに百姓一揆の根源をみようとした。

落合延孝は、別の角度から深谷の模索を振り返っている[22]。深谷の「百姓一揆の思想」（一九七三年）とE・P・トムソンのモラル・エコノミー論の発表[23]、ホブズボーム『匪賊の社会史』の翻訳[24]が時を同じくして出されたことをふまえ、「一九七〇年代初頭に、東西のマルクス主義歴史家による民衆の正当性に関する問題提起」は、「若手研究者に知的な刺激を与え、七〇年代後半以降における社会史研究の魁」になったと述べる。

このような変化のなかで、深谷はさらに、「特定の人間の一生涯を対象にする個人史」に関心を集め、幕末期になると、「強情」や「無双」と呼ばれた「新しい人格的範疇」をもった農民たちが登場することに注目し、「階級的範疇よりも人格的範疇の発見をめざ[25]」して、『八右衛門・兵助・伴助』（朝日新聞社、一九七八年）と『南部百姓命助の生涯』

（朝日新聞社、一九八三年）の二冊を著した。

深谷は、近年、人民闘争史研究や自分の百姓一揆研究を振り返る文章を書いている(26)。現在からみれば、人民闘争史研究は、「危機意識」と「可能意識」をあわせもって一九六七年から七二年まで展開した「歴史学運動」だったこと、しかし高度成長の進行のなかで「主体」にズレが生じ、批判の対象は「反封建」から「反既成」へ変化し、そのなかで人民闘争史研究という方法の再検討が必要になったと述べる。深谷は、「百姓一揆の思想」（一九七三年）のころの手さぐりによる模索を振り返り、「私は自身の近世イメージを自由にしていく取っ掛かりを、明瞭に自覚しないまま手にいれていた」という印象的な表現で回顧している。「明瞭に自覚しないまま」の模索のなかで書いた二冊の個人史では、「なお「発展段階」論的な思考に引っ張られて」「三人で運動史の段階的変化を表すことにこだわ」る一方で、それまでの「階級的範疇」を「第一にして歴史の中の人間を位置づけることを当然」とする考えから、「「人格的範疇」（願望や心身の能力、信心や幸福感など）」で「人を認識するのがよいと考えはじめ」、そこから「百姓」という身分呼称を用いるようになったとする。

以上が一九六〇年代後半から七〇年代に至る深谷の変化の推移である。七〇年前後にいずれも人民闘争史研究の中心的な担い手だった中村と深谷の七〇年代の推移をくらべてみると、二人ともに個人、個人史への関心を深める方向をたどっていたことに気づく。二人の七〇年代に含まれた共通点については、今まで注目されることがなかったが、二人は、いずれも、階級、人民から個人へ視点を拡張する方向へ、あるいは階級、人民とともに個人の視点をもつ方向へ視野を広げることで、七〇年代における歴史研究の新たな方向性を示そうとしていたといっていい。新たな方向性をたどるうえで、中村にとって聞き取りの経験が大きく、そこから「社会構成史的把握か、人間中心の歴史把握の二者択一」ではない道の模索へと歩み出た。それに対して深谷は、何よりも史料に深く内在し、日常と非日常（運動）を相互に深めるかたちで、人格的範疇に注目し、個人史の造形につとめた。このように、個人、個人史への注目といっても二人の重心は異なっていたが、二人は個人、個人史への注目を通じて、人民闘争史研究から新たな歴史研究を模索する点で共通していた。一九七〇年代における人民闘争史研究からその後の推移を考えるうえで、中村と深谷がいずれも個人、個人史に留意していたことは、注目に値するといっていいだろう。

さて、以上のように、深谷を参照軸に置いてみるとき、中村の二つのモチーフの意味はより鮮明になったように思われる。中村の前期の研究には、戦後民主主義擁護のモチーフがあり、さらに六〇年代末から七〇年代になると、個人の視点のモチーフが加わるようになった。個人の視点は、人民闘争史研究から新たな研究を模索するなかで獲得されたものであった。一九七六年に刊行された『労働者と農民』は、中村の二つのモチーフがもっとも鮮明に備わった作品であった。戦後民主主義擁護とかかわり、民衆運動における敗北のなかの勝利を位置づける点、個人と時代の構造によるせめぎあいによる生き生きとした叙述(27)、二者択一ではない道の模索、これらを追究した本書は、昭和史論争後の民衆史の課題に対して、色川大吉や安丸良夫らと異なる方法で応えた作品であり、以上のような意味で、一九七〇年代の歴史研究を代表する作品のひとつと位置づけることができる。

③　前期「中村政則の歴史学」の位置

前期の「中村政則の歴史学」は、研究課題の提示、有機的連関の追究、研究の方向性提示を推進力にして、豊かな構想力、柔軟で幅広い研究内容、従来にない叙述と文体で、日本近代史の全体把握をめざすものであった。なかでも、有機的連関の矛盾的把握に前期の大きな特徴があり、その特徴は、地主制と資本主義の相互連関を出発点としながら、『労働者と農民』による「合力」の提起と民衆史の成果にまで到達した。前期の研究は大きな峰を築いたといえよう。そこには二つのモチーフがみられ、戦後民主主義の擁護は六〇年安保体験の肯定的評価や人民闘争史研究における統一戦線的発想に結びつくとともに、前期・後期を通じた生涯にわたる中村のモチーフであり続けた。もうひとつのモチーフは、人民闘争史研究から『労働者と農民』に至る過程の民衆把握であり、聞き取りもふまえて歴史のなかの個人に光をあてるものであり、この視点と歴史の法則把握を関連づけ（合力）、民衆の主体的契機、意図と結果の乖離、敗北のなかの勝利の視点を提示して、中村独自の民衆把握を示した。

前期の中村が築いた研究の峰は高かったので、残された課題は七〇年代にはまだあまり大きなものとしては見えていなかったが、あらためて深谷とくらべてみると、七〇年代の中村と深谷には、先述の共通点だけでなく、相違点もあり、そこから八〇年代以降に中村が持ち越した課題も見えてくる。前期「中村政則の歴史学」の最後に、深谷との対比を通じて中村に残された課題についてもふれておきたい。

七〇年代の深谷の模索で印象的なことは、「変革的な意識の抽出と評価を主眼」にするのではなく、「農民の日常的な思想」と関連づけて理解する必要性を自覚し始めていたことである。その背後に高度成長による巨大な変化があり、深谷は史料と時代に深く内在しながら、日常と非日常（運動）の相互関係を考察し、それまでの歴史研究の方法（人民闘争史研究）を再検討する模索を始めた。徹底した史料読解から「お救い」「御百姓」のキーワードを見つけ出し、「人格的範疇」＝「百姓」の視点から、民衆の正当性＝内的条件を時代（江戸時代）と史料に即して解明しようとした過程には、深谷の模索の軌跡が刻まれている。そして八〇年代に入ると、深谷は、新たな意味をこめた民衆運動史という概念を立ち上げるとともに[28]、高度成長と歴史学のかかわりについて盛んに論じるようになった[29]。

以上の深谷の模索と中村を対比してみると、時代と歴史学への向き合い方に相違があることがみえてくる。中村にとって高度成長の契機は限定的であり、六〇年安保の契機が大きかったこと、中村の時代認識では、一九六〇年代から七〇年代は変化の時代としてよりも、むしろ連続的にとらえられていたこと、そのこととかかわり、七〇年代の中村は、深谷のように歴史研究の方法の再検討に向かったのではなく、人民闘争史研究の課題に発展的にとりくんだこと、それに対して、深谷は、高度成長による日本社会の変化を重視して歴史研究の方法を問い直そうとした[30]。

民衆の内的条件の検討に向かった深谷とくらべたとき、個人の視点をふまえた中村の民衆把握にも、なお課題が残されていた。中村の意図と結果の乖離の議論について、一九八四年に林宥一が本質的な批判を行っている[31]。林は、大山初太郎のような例に対して中村が「意図と結果の乖離」として「歴史の背理」「歴史の皮肉」と表現し、そこに人間の主観・意図を超えた歴史の法則を見出していることに対して、「率直にいって、この議論には歴史学的手続きの飛躍」があると批判し、「その行動（意図）に内在するところの結果への歴史的因果関係」（傍点――引用者）をえぐり出す必要があると述べている。林の指摘に加えて、知識人などの演説にふれることで火花《スパーク》がおきることを重視した中村の主体的契機の理解は、外からの契機に重心があるといっていいだろう。意図と結果の乖離および火花《スパーク》は、民衆の内在的理解という点でなお課題を残していたように思う。

3　後　期

(1)　概要と研究課題

一九七九年からのアメリカ留学以来、中村は象徴天皇制の形成と占領期の研究に新たにとりくむようになり、帰国後は欧米の歴史学との接点をふやすなかで、日本近現代史を新たに総括する試みを行うようになった。そのなかで「明治維新と戦後改革」の「ワンセット」把握をめざすようになり[32]、『明治維新と戦後改革』（一九九七年）の発刊やアンドルー・ゴードンの貫戦史への関心をはじめ、「明治維新と戦後改革」の関連に焦点を合わせて日本近現代史の総括をはかるようになった。「ワンセット」把握の提起は、課題を個別にではなく、関連づけて把握しようする前期以来の問題関心を継続するものだった。後期の研究課題には、占領史研究、天皇制研究（象徴天皇、天皇制国家と地方支配）、明治維新と戦後改革、戦後史と高度成長、司馬史観批判、オーラルヒストリーなどがあった。

後期の中村はまた、戦後五〇年や戦後六〇年の節目などの際に必ず歴史家として社会的発言を行い、自由主義史観と教科書問題、司馬史観、沖縄戦など多くのテーマでも発言を重ね、一貫して歴史学の社会的役割を高める役割を担った。ここには、前期以来の戦後民主主義擁護のモチーフが貫かれている。

前期について私が行ったのと同じように、後期についても中村の研究を全体として総括するためには、とくに「明治維新と戦後改革」のワンセット把握の検討が必要なのだが、残念ながら、いまの段階では、後期についてまで全体として検討する余裕がないので、後期の中村の新しい研究については、本書に収録された永江雅和「戦後史」やハーバート・ビックス「欧米の歴史研究者との交流」、あるいはアンドルー・ゴードン「中村政則と日本の環太平洋史・貫戦史」(33)をぜひ参照していただきたい。

以下には、前期について検討した論点が後期にどのように継承されたのか、その断面として、前期の課題を後期に発展的に継承した論文と、前期の研究が十分に継承されなかった論文をひとつずつとりあげて検討することで、前期との関連を考える材料を提供しておきたい。

(2) 後期「中村政則の歴史学」における前期の継承点

① 後期に継承された前期の研究方法

前期の研究の観点がもっともよく出ている後期の研究として、**「天皇制国家と地方支配」**(歴史学研究会・日本史研究会編『講座日本歴史8 近代2』東京大学出版会、一九八五年)がある。中村はこの論文で、**「なぜ国家論をとりあげるのか」(一九六九年)**を再引用して、天皇制国家と人民闘争の連関を追究できなかったことを自己批判し、さらに一九七〇年代における天皇制国家の研究史を振り返り、そのうえで、国家形態＝国家機構論への反省から、国家形態の拡張をはかり、新たに国家形態を決める「四要素」として、階級闘争、社会関係、文化水準と伝統、国際的契機をあげた。四要素のうちの前の三つの要素は国内的条件であり、中村は三つの国内的条件の論理的関連を自問したうえで、社会関係が文化水準や伝統のあり方を決め、それに媒介されて階級闘争の質も決まること、逆に、階級闘争の発展が社会関係や文化水準・伝統を変容させるという「円環構造」にあること、「この円環構造を突きくずしていく原動力はやはり階級闘争にあるとみなければならない」と述べた。中村はここから、国家形態論を豊富化するために社会関係、つまり天皇制国家の地方支配（地方自治）に焦点を合わせて検討し、ついで経済的支配階級、支配における中央と地方を論じ、国家形態と社会関係の相互規定的関係から天皇制国家の再検討を試みている。

ここには前期の中村の優れた視角や研究がいくつも継承されている。天皇制国家の国家形態を拡張し、矛盾の有機的連関の視点から、国家機構から社会関係、経済的関係まで含めて総合化を図っていること、率直な自己批判から新たな視角を切り拓いていること、国際的契機の導入は、のちの明治維新の国際比較につながっていったこと、国家形態の拡張について、戦前の講座派以来の土台直結主義的な発想の「難点を克服する」という自覚をもってとりくんでいたことなどである。

この論文の結論で中村は、一九〇〇年前後の天皇制国家は、農村社会の名望家支配を維持しつつ、他方で資本主義を発展させ、アジアで帝国主義国家を構築する体制を整えたと整理し、支配の社会的仕組みが国家形態を規定する面、近代世界システムにおける日本の位置など、前期以来の視角に新たな視点を加えて、中村らしい構想力豊かな論を展開している。

中村がこの論文を発表したころ、安田浩は、戦前の天皇制国家を後発近代国家ととらえ、「基礎的社会関係」という視点から分析する試論を提示した(34)。一九七〇年代には国家形態のアポリアというかたちで議論が壁にあたった近代天皇制国家をめぐる議論は、一九八〇年代に入ると、新たに社会関係に接続することで議論の展望を得ようとしたのであり、中村の「天皇制国家と地方支配」も新しい方向性を示すものだった。

②　前期の研究が十分に継承されなかった点

上記のような研究もみられたものの、後期には、前期にみられた有機的連関の追究や研究史整理による研究課題の提示が鮮明でなくなった論文もあったので、前期の研究の峰が見えにくくなってしまった。ここでは、その一例として、中村の**「講座派理論と我々の時代」**（一九八三年）をとりあげる。

アメリカから帰国後の中村は、戦前の講座派について論及することを求められた講演をもとに右の論文をまとめている。内容は三点あった。①講座派の特徴として、一般と特殊の統一的把握、政治と経済の統一的把握、歴史分析と現状分析の総合をあげることができる。②若い世代の講座派離れが進んでおり、「講座派理論の試金石」を迎えている。③②とかかわって、「法則嫌いの社会史だとか民衆史がはびこる」状況にある。「世界史の基本法則の再々検討が必要」（傍点――原文）であり、かつての再検討は不十分だった。

中村の講演を聞いた成瀬治がコメントをしている。[35]「講座派離れ」が、現在の歴史研究にとって真に問題だとすれば、問題の所在は、経済史研究者のあいだで、中村が紹介した服部之総の観点（「猫の背くび」＝政治史）が希薄なところにある。講座派が社会科学者に広く刺激を与えたのは、狭義の経済史の枠をこえた「猫の背くび」をとらえていたからだ。成瀬は、講座派のメリットとデメリットを指摘した丸山真男を想起したうえで、[36]変貌する現代世界および経験科学が日々蓄積されるなかで、「服部のいう意味での「政治史」としての総合的・構造的な歴史認識を追求しつつ、「講座派理論」の発展的継承をめざす」のならば、なぜ「世界史の理論」ではなく「基本法則」というのかと中村に問うた。成瀬の問いに対して、中村は、「私にはまったく異論はない」と述べたが、[37]林宥一はこれを「肩すかし」と指摘して論争を期待した。[38]私もまた林と同様に、この時点で中村が成瀬の感想を受けとめて論争を行えば、議論はいっそう深まったように思う。

中村の前期の峰を確認してきた現時点でこの論文を読むと、いくつかの問題点を感じた。最初に、講座派の認識を

「一般と特殊の統一的把握」と整理したことについてである。中村が整理をしているように、野呂栄太郎や山田盛太郎の議論に「一般と特殊」の関係把握の視点があるのはその通りだが、しかし、野呂や山田の議論、あるいはそれをふまえた前期の中村の議論をこの言葉で表現することは適当なのだろうか。今までとり上げた「日本地主制史研究序説」や『日本地主制の構成と段階』の「終章」の一節を振り返れば、「一般と特殊の統一的把握」という整理は静態的であり、野呂や山田が、「対立物の二側面」や「矛盾的結合」に焦点を合わせた歴史認識が見えにくくなってしまう。前期の中村が追究した有機的連関の動態的把握とは、「対立物の二側面」の把握や「矛盾的結合」の解明をめざしたものだったのではなかったのか。

右の「一般と特殊の統一的把握」は、中村の戦前・戦後認識ともかかわっていた。中村のこの論文には次のような一節がある。「ただ問題は、先に指摘した日本社会の特殊な構造が解体されたとき、いったい講座派理論の有効性はどうなるのか」。戦前の日本社会は、天皇制や地主制など特殊な構造をかかえていた。その特殊な構造は戦後改革で解体された。これが中村の歴史認識であり、一般と特殊の理解だった。中村がこの議論をしていたのは一九八〇年代前半であり、すでに高度成長から相当に時間が経過しており、高度成長による巨大な変化が誰の目にも明らかになっていたときであった。戦前の天皇制や地主制は、たしかに戦後改革で解体されたが、高度成長を通じて短期間のうちに急激な経済成長がつづくことで、日本社会は独特の性格を帯びることになった。たとえば、この独特な性格を含めて日本社会の現状を認識するために、成瀬がいうように、変貌する現代世界および経験科学が日々蓄積されるなかで、「服部のいう意味での「政治史」としての総合的・構造的な歴史認識を追求しつつ、「講座派理論」の発展的継承をめざす」ことは可能だったのではないか。

「世界史の基本法則の再々検討」の提起にも問題があった。前期以来、世界史の基本法則を一貫して支持してきた中村は、日本のマルクス主義歴史学の推移を以下のように整理していた（「講座派理論と我々の時代」一九八三年および

「日本近代と民衆」一九七七年)。一九二〇年代末から三〇年代にかけて「輝かしい成果」をあげ、五〇年代は世界史の基本法則を提起して「圧倒的な優位」を築いたが、六〇年代に入ると、高度成長、近代化、民衆史の影響をうけ、現在、世界史の基本法則の「再々検討」が必要な時期にきている。

以前に私は、歴研の本誌と証言をまとめて読み、歴研を中心にした戦後の歴史学の推移をまとめたことがある(39)。証言から私が整理した戦後の歴史学の推移は、一九四〇年代後半「黄金時代」、五〇年代「沈滞」と模索、五〇年代後半以降に戦後歴史学の形象化と方法的反省であった。そこで私が気づいたことは、世界史の基本法則や戦後歴史学の評価にとって、五〇年代歴史学の苦闘をふまえて戦後歴史学を理解することの重要性だった。

中村の歴史学の整理で問題に感じるのは五〇年代の理解である。五〇年代には、江口朴郎が土台決定論・一国史把握の克服をめざす帝国主義認識を示し、荒井信一が戦争責任論の提起に苦闘していた。いずれも世界史の基本法則による一国史的・単線的理解をただすためだった。とくに江口の帝国主義理解は、人民闘争史研究の過程で帝国主義の史的究明を課題に掲げた中村にとっては重要な意味をもち、江口は、土台決定論・階級決定論の傾向の強い世界史の基本法則をいち早く批判し、一国の資本主義的社会構成から帝国主義をみる視点よりも、世界的な体制として帝国主義を理解する視点を提示していた。江口や荒井の議論は、「戦後歴史学の方法的反省として提起されたのであり、それを含めて戦後歴史学を理解しないと、一九五〇年代の歴史学の理解はきわめて平板になり、史学史も単線的になる」というのが私の認識だった。以上からすれば、五〇年代歴史学の理解如何で、その後の歴史学の整理が大きく変わってくることがよくわかるであろう(40)。

おわりに

一九六〇年代後半から七〇年代に至る中村政則は、日本近代史研究の課題の明確な提示、有機的連関の追究、研究の方向性提示を推進力にして、豊かな構想力、柔軟で幅広い研究内容、従来にない文体で、日本近代史の全体像把握をめざした。なかでも、有機的連関の動態的把握・展開をめざすところに前期の大きな特徴があり、前期の研究は大きな峰を築いた。前期の研究を支えたのは、戦後民主主義擁護のモチーフと、「個人」の視点によるモチーフだった。一九七六年に発刊された『労働者と農民』には、二つのモチーフがもっともよく体現されており、前期の中村の研究を代表する作品であるとともに、戦後民主主義擁護とのかかわりで、民衆運動における敗北のなかの勝利を位置づけ、さらに個人と時代の構造によるせめぎあいによる精彩に富む叙述、二者択一ではない道の模索が示されており、昭和史論争後の民衆史の課題に対して、色川大吉や安丸良夫らと異なる方法で応えた作品であり、一九七〇年代の歴史研究を代表する作品のひとつと位置づけることができる。

以上の前期の全体的な検討に対して、後期の中村の研究については断片的にしか検討できず、後期を含めた中村の研究の全生涯にわたる検討は、なお残された課題にせざるをえないのだが、本稿をまとめるにあたり、前期と後期にかかわって気づいた論点をいくつか書きとめておきたい。

中村の論文には、過去の自分の研究に対して自己批判を行っているものがある。たとえば、「現代民主主義と歴史学」（一九七一年）や「天皇制国家と地方支配」（一九八五年）などであり、それらはいずれも自己の研究に率直に言及して、研究の新たな境地を切り拓こうとする意欲にみちたものであり、たとえば右の二つの論文は、中村の研究のなかでもとくに優れたものになっている。あるいは、「地主制の確立」（一九七〇年）は、自分の地主制史研究を詳細に

――1970年代までを中心にして

産業革命史研究会	歴史学	社会的事項
		アジア・太平洋戦争（41～45）
		60年安保
	安丸良夫「日本の近代化についての帝国主義的歴史観」『新しい歴史学のために』81号・82号	
大石嘉一郎東大社研着任（10月）		
産業革命史研究会開始、山田盛太郎聞き取り		
合宿		
	『歴史像再構成の課題』御茶の水書房	
	安丸良夫「反動イデオロギーの現段階」『歴史評論』213号	明治百年祭

表 「中村政則の歴史学」

年	年齢	履歴	中村政則関係	
			一橋大学／地主制	歴史学研究会など
1935		東京新宿に生まれる（12 月 17 日）		
1944		学童疎開で群馬県草津温泉へ		
1945		帰京（5 月 27 日）		
1952		都立新宿高校定時制入学		
1956		定時制卒業		
1957		一橋大学商学部入学		
1958	23		永原慶二着任（2 月 1 日）	
1959	24	増田四郎ゼミ		
1960	25		古島敏雄兼任講師（～ 66）	
1961	26	商学部卒業、大学院経済学研究科修士課程進学	12 月から山梨共同調査開始（～ 67）	**大会参加、芝原拓自報告を聞く**（大会〈アジア史研究の課題〉）
1962	27		松元宏学部生として参加	大会〈歴史学研究の当面する課題〉
1963	28	大学院経済学研究科修士課程修了、博士課程進学		**「討論 歴史研究者の主体と任務」**『歴史学研究』（以下同）280 号／大会〈東アジア歴史像の検討〉
1964	29		松元宏・西田美昭修士課程進学／**「地方産業の発展と下級金融機関」『土地制度史学』22 号**	大会〈東アジア歴史像の検討〉／**「器械製糸の発展と殖産興業政策」290 号**
1965	30			大会〈東アジア歴史像の検討〉／石井寛治（委員 65）／この頃、明治史研究会（高村直助、中村、石井寛治、加藤幸三郎、青山秀彦ら参加、産業革命史研究会で潰れる）／第 1 回近代史サマーセミナー
1966	31	大学院経済学研究科博士課程単位取得退学／経済学部専任講師		**委員（～ 68）**／宮地正人（委員 66 ～ 67）／大会〈東アジア歴史像の検討〉／ 12 月臨時大会〈近代日本と歴史学の課題〉
1967	32			**「日本近代史研究の当面する課題―日本近代史上の 1900 年代と 1920 年代」**323 号／大会〈帝国主義とわれわれの歴史学、江村栄一・宮地正人と共同報告**「日本帝国主義と人民」**〉327 号／「特集〈明治百年祭〉批判―現代ファシズムの思想と行動」330 号
1968	33		**「日本地主制史研究序説」**『経済学研究』12 号／**「歴史と個人」**『小平学報』	大会〈帝国主義とわれわれの歴史学〉／**「「日本近代化論」批判をめぐる問題点」**『日本史研究』100 号／**「独占資本のイデオロギーと「明治百年祭」」**341 号／共同討論**「「明治百年祭」をめぐるイデオロギー状況」**『明治百年問題』

産業革命史研究会	歴史学	社会的事項
	深谷克己「七〇年闘争とわれわれの歴史学」『歴史評論』231号	ベトナム反戦運動 70年安保
	安丸良夫「戦後イデオロギー論」『講座日本史』8	
	深谷克己「百姓一揆の思想」『思想』584号、板垣雄三「民族と民主主義」『歴研別冊特集』 安丸良夫『日本の近代化と民衆思想』青木書店、青木美智男「「救民」のたたかい」「民衆と天保改革」『日本民衆の歴史』5、三省堂	
大石喜一郎編『日本産業革命の研究』上・下、東京大学出版会（「地主制」「日本ブルジョアジーの構成」）		
	深谷克己「百姓一揆」『岩波講座日本歴史』11	
	鹿野政直「『鳥島』ははいっているか」『岩波講座日本歴史月報』26（別巻3所収） 深谷克己『八右衛門・兵助・伴助』朝日新聞社	

永原ほか『日本地主制の構成と段階』、中村『近代日本地主制史研究』、中村『日本近代と民衆』、中村「私の（『歴史学研究月報』71号、1965年）、『日本近代史研究の軌跡——大石嘉一郎の人と学問』日本経済評論社、『永

年	年齢	履歴	中村政則関係	
			一橋大学／地主制	歴史学研究会など
1969	34			大会〈帝国主義とわれわれの歴史学〉、「なぜ国家論をとりあげるのか」352号
1970	35	同助教授		大会〈安保体制の新段階とわれわれの歴史学、近代史部会報告「日本資本主義確立期の国家権力」〉／「地主制の確立」『郷土史研究講座』6、朝倉書店
1971	36			「現代民主主義と歴史学」『講座日本史』10、東京大学出版会
1972	37		永原慶二・中村・西田美昭・松元宏『日本地主制の構成と段階』東京大学出版会	「服部之総と近代天皇制論」391号／「日本帝国主義成立史序論」『思想』574号／『シンポジウム日本歴史 18　日本の産業革命』学生社
1973	38			
1974	39			『シンポジウム日本歴史 17 地主制』学生社／江村栄一・中村編『日本民衆の歴史 6　国権と民権の相剋』三省堂
1975	40			「近代天皇制国家論」『大系日本国家史 4 近代Ⅰ』東京大学出版会／『シンポジウム日本歴史 19 日本の帝国主義』学生社
1976	41			『労働者と農民』小学館／「近代天皇制国家の確立」『大系日本国家史 5 近代Ⅱ』東京大学出版会（鈴木正幸と共著）
1977	42	同教授（99～）		「日本近代と民衆」『歴史評論』330号
1978	43			
1979	44	ハーバード大学東アジア研究センター客員研究員（～81）	『近代日本地主制史研究』東京大学出版会	
1982	47			編集長（～84）／『昭和の恐慌』小学館
1983	48			「講座派理論と我々の時代」『歴史評論』398号／「科学的認識が深まるとは」『歴史地理教育』384号
1984	49			『日本近代と民衆』校倉書房
1985	50			「天皇制国家と地方支配」『講座日本歴史』8、東京大学出版会
1993	58			委員長（～96）
1997	62			『明治維新と戦後改革』校倉書房
1999	64	一橋大学定年退官、同名誉教授		
2000	65			「私の歴史学」『近現代日本の新視点』吉川弘文館

出典：『歴研半世紀のあゆみ』、『戦後歴史学と歴研のあゆみ』、『歴史学研究別冊　総目録・索引 1933-2006』、歴史学」（中村編『近現代日本の新視点』吉川弘文館）、中村「第 1 回近代史サマーセミナーに参加して」原慶二の歴史学』吉川弘文館、『別冊歴史評論総目録【創刊号～第 400 号】』1984 年

振り返ったものであり、中村の論理展開を支える史料読解の方法や議論の組み立て方などが具体的にわかる率直な自己言及になっていて、中村の論理展開に根拠を与えるものになっている。

研究者は、同じ研究課題を更新するように続けて発展をめざすことが多い。その際に、自己言及的な論及がどのように行われるのかは、その研究者が研究を続けるうえでも、その研究を歴史的に位置づけるうえでも、大事な作業だと思っている。右の三つの論文は、いずれも率直に自己の研究に論及し、今後に向けて新たな展望を得ようとするものである。

アメリカ留学を機に、中村は象徴天皇制や占領期など、新たな研究課題にとりくむようになった。戦後民主主義擁護のモチーフは後期に至っても継続し、明治維新と戦後改革のワンセット把握や「天皇制国家と地方支配」（一九八五年）のように、後期には前期の研究を継承する面もみられたが、アメリカ留学後の中村は、前期の研究に区切りをつけ、新たな課題にとりくんでいったように思われる。その点からすれば、前期と後期は切断面の方が強いようにみえる。

継承されなかった課題のひとつに、二つ目のモチーフの「個人」の視点にかかわる民衆把握があった。後期に至り、『労働者と農民』の到達点をもう一歩進め、残された課題であった民衆の内在的把握を進め、そのうえであらためて「個人」と時代のせめぎあいを描く課題があったと思われるが、この点は追究されず[41]、後進に残された課題となった。

注

（1）のちに、以下の研究動向の執筆に結実している。中村「幕末・維新・自由民権期」・同「産業革命期」井上光貞・永原慶二編『日本史研究入門』Ⅲ、東京大学出版会、一九六九年。

（2）安田浩「近代史研究における二、三の問題」佐々木潤之介・石井進編『新編 日本史研究入門』東京大学出版会、一九八二年。

（3）近代化論を「帝国主義的歴史観」としていち早く批判をしたのは安丸良夫であり（安丸「日本の近代化についての帝国主義的歴

史観」一九六二年、表参照）、安丸は高度成長の進行と近代化論とのかかわりについても警戒を強めていた。それに対して中村は、すでに述べたように、近代化論そのものよりも歴史研究の分散化に対して強い危機感をもっていた。安丸と中村のアクセントの相違の意味については、大門正克「解説・民衆世界への問いかけ」（大門・小野沢あかね編『展望日本歴史21　民衆世界への問いかけ』東京堂出版、二〇〇一年、のち大門『歴史への問い／現在への問い』校倉書房、二〇〇八年所収）を参照されたい。

（4）　のちに、中村『日本近代と民衆』校倉書房、一九八四年に所収。

（5）　家永を研究史に含めるのは、後述する中村の研究のモチーフ（戦後民主主義の擁護）と大きくかかわっていた。

（6）　歴史科学協議会編『現代を生きる歴史科学3　方法と視座の探求』大月書店、一九八七年、四八頁。

（7）　同前、四一～四二頁、五二頁。一九八七年に開かれた人民闘争史研究をめぐるシンポジウムの報告で、青木美智男は、中村の「現代民主主義と歴史学」について賛意をもって紹介している。

なお、「現代民主主義と歴史学」の最後で中村は、レーニン民主主義を再検討しているが、性急な印象が残る。レーニン民主主義論＝「合法則的な旋回＝発展の軌跡」との観点から、五つの潮流に付与したコメントには、幅広い視野を狭くしかねない性急な評価がみられ、「実は」「決定的」「まったくない」など過度な強調が目立つ表現や、「人民闘争（＝民主主義）」という規定も気になる。

（8）　のちに中村は、この時点で**「近代天皇制国家論」（一九七五年）**の構想をほぼ固めていたと述べている（前掲、中村『日本近代と民衆』「あとがき」）。

（9）　無署名（栗原彬）「書評　中村政則『労働者と農民』」（『読売新聞』一九七六年九月六日）。

（10）　以下、高村直助と石井寛治の六〇年安保体験については、高村と石井、原朗が参加した「座談会「体験的」経済史研究」（石井寛治・原朗・武田晴人編『日本経済史6　日本経済史研究入門』東京大学出版会、二〇一〇年）を参照。

（11）　同前の座談会で司会をした武田晴人は、高村・石井・原の三人に共通する問題関心として貧困・戦争・人間のあり方があったとし、三人を「第一次安保世代」と呼び、第一次安保世代の日本経済史研究の特徴を位置づけている（座談会では中村政則の研究についても言及されており、右の問題関心や世代には中村も含めることができるように思う）。大変に参考になる三人についての位置づけであるが、ここでは、第一次安保世代のなかにある分岐にも注目し、中村の研究の位置づけをはかりたく思う。

（12）　『日本近代と民衆』の冒頭には「歴史と個人」が置かれている。『日本近代と民衆』の「あとがき」では、「歴史における意図と結果の乖離というテーマは、本書でも重要なモチーフ」であり、「その構想の原点」は「歴史と個人」によってあたえられた、と述べられている。本書の編集と構成は、編集者・山田晃弘によるものであり、中村、山田ともに、本書の編集にあたり、「歴史と個人」を重視していたことがわかる。

(13) 山本茂実・山崎朋子・中村政則「鼎談　底辺史研究への直言」『日本の歴史　月報』29、小学館、一九七六年。
(14) 中村「科学的認識が深まるとは」前掲、中村『日本近代と民衆』九一頁。
(15) 昭和史論争への関心については、中村の研究の出発点や『労働者と農民』の最後などで、折にふれて言及されている。
(16) 当時の中村は山本茂実と知り合っていたが、聞き取りはおそらくそれ以前から始めたようである。
(17) 「シンポジウム　オーラル・ヒストリー」（『歴史学研究』第五六八号、一九八七年六月）では、聞き取りを文字史料の「補完」と考える歴史研究者が優勢であり、シンポジウムに参加した中村も同様の意見を述べていた。ただし、中村にとって聞き取りのもっとも重要な点は、「個人」の視点が鮮明になったことにあった。
(18) 前掲、中村「科学的認識が深まるとは」八八頁。
(19) 『労働者と農民』四二四頁。
(20) 前掲、大門「解説・民衆世界への問いかけ」。
(21) 須田努「解説　一九七〇年代と深谷史学」『深谷克己近世史論集5　民衆運動と正当性』校倉書房、二〇一〇年。
(22) 落合延孝「深谷さんとの出会い」『栞5　深谷克己近世史論集5』校倉書房、二〇一〇年。
(23) E・P・トムソン「一八世紀イギリス民衆のモラル・エコノミー」『パースト・アンド・プレゼント』第五〇号、一九七一年二月。
(24) E・J・ホブズボーム『匪賊の社会史――ロビン・フッドからガン・マンまで』斎藤三郎訳、みすず書房、一九七二年。
(25) 引用は、深谷「農民的強か者のことについて――おわりに」同『八右衛門・兵助・伴助』朝日新聞社、一九七八年。三三九・三四一頁。
(26) 深谷克己「「人民闘争史研究」という歴史学運動」『歴史学研究』第九二一号、二〇一四年八月。深谷克己「幕末民衆の極楽世界――現代文庫版あとがきにかえて」同『南部百姓命助の生涯――幕末一揆と民衆世界』岩波現代文庫、二〇一六年。
(27) 中村は色川大吉との対比を通じて、自らの叙述の特徴を示そうとしている（前掲、中村「科学的認識が深まるとは」）。中村は「火花《スパーク》」という表現を『労働者と農民』で使い、色川も「火花の散るようなスパーク」（色川『歴史の方法』大和書房、一九七七年）という表現を用いているが、中村が使ったのは色川の本の一年前であり、二人の含意も異なる。中村は、「歴史的条件と彼らとの出会い」を表現するために「火花」を使ったのに対して（前掲、中村「科学的認識が深まるとは」）、色川は、「研究者の主体と歴史的情況とが内面においてクロスした時」に「スパーク」がおきると述べている（前掲、色川『歴史の方法』）。中村の叙述の関心は、意図と結果の乖離などを含めて、個人と時代の構造との出会い、せめぎあいを描くことにあった。
(28) 趙景達「解説　変流する歴史学の視座」『深谷克己近世史論集6　歴史学徒のいとなみ』校倉書房、二〇一〇年。

(29) 深谷克己『状況と歴史学』校倉書房、一九八四年。
(30) 一九六〇年代後半から七〇年代にかけての深谷克己については、戸邉秀明「マルクス主義と戦後日本史学」『岩波講座日本歴史22 歴史学の現在』岩波書店、二〇一六年、も参照されたい。
なお、深谷と同じく人民闘争史研究の渦中にいた青木美智男も一九七〇年代に変化の道をたどる。この点については、若尾政希が青木の推移を丹念に追っており、若尾によれば、佐々木潤之介とともに世直し状況論を推進していた青木美智男は、一九七四年から文化史を模索するようになったという(青木「「救民」のたたかい」・「民衆と天保改革」佐々木潤之介編『日本民衆の歴史5 世直し』三省堂、一九七四年、表参照、若尾政希「深読みする歴史学――青木美智男における文化史の発見」『歴史学研究』第九二一号、二〇一四年八月)。青木の変化については深谷も言及しており、青木は一九七二、三年ころから、公害被害・抵抗圏の「住民」を中心にした「民衆」を主体概念として使うようになり、半プロ「世直し層」に「野暮層」という文化的下層イメージを組み合わせるようになったと指摘する(深谷前掲「「人民闘争史研究」という歴史学運動」)。青木もまた深谷と同様に、時代と向き合うなかで歴史学の方法を模索していたのである。
(31) 林宥一「書評　中村政則著『日本近代と民衆』」『文化評論』第二七八号、一九八四年五月。
(32) 中村「私の歴史学」中村編『近現代日本の新視点』吉川弘文館、二〇〇〇年。
(33) アンドルー・ゴードン「中村政則と環太平洋史・貫戦史」『歴史学研究』第九六〇号、二〇一七年八月。
(34) 安田浩「近代天皇制国家試論」藤田勇編『権威的秩序と国家』東京大学出版会、一九八七年。安田は「基礎的社会関係」を長野県五加村の共同研究(大石嘉一郎・西田美昭編『近代日本の行政村』日本経済評論社、一九九一年)で具体的に展開した。
(35) 成瀬治「中村政則「講座派理論と現代」を聞いて」『歴史学研究』第五一七号、一九八三年六月。
(36) 丸山真男『日本の思想』岩波新書、一九六一年。
(37) 前掲、中村『日本近代と民衆』「あとがき」。
(38) 前掲、林「書評　中村政則著『日本近代と民衆』」。
(39) 大門正克「解題―歴史学研究会の証言を読むために」歴史学研究会編『証言　戦後歴史学への道』青木書店、二〇一二年。
(40) 以上に続けて、私は、「五〇年代歴史学の理解が平板なところからは、次の二つの見方が導かれる」として、以下を指摘しておいた。「一つは、法則認識の原則を戦後歴史学のコアと位置づけ、擁護あるいは批判を行うものである。擁護であれ批判であれ、この見方からは、ステロタイプ化された史学史理解が導かれることになる。もうひとつは、一九五〇年代の歴史学をめぐる混乱と錯誤の現実に目を奪われ、五〇年代の歴史学の営為に含まれた意義と限界を摘出することができずに、六〇年安保に飛躍する史学史的理解である。二つの見方ともに五〇年代の理解が試金石であることがよくわかるだろう」(同前、三八頁)。

(41) 中村は、二〇〇三年から、満州移民や沖縄戦をテーマとした聞き取りにあらためてとりくみ、『昭和の記憶を掘り起こす』(小学館、二〇〇八年)をまとめている。中村の聞き取り論として検討すべき文献であるが、前期における聞き取りは、「個人」の視点によるモチーフに結びつき、中村の民衆把握につながる重要な役割を担ったのとくらべると、右の本の課題は、聞き取りやオーラル・ヒストリーの可能性を検討するところにおかれており、民衆把握を再検討する課題は含まれていない。

座談会「中村政則の歴史学」の生涯を振り返る

参加者　石井寛治、伊藤正直、大門正克、吉川容、宮地正人、森武麿、浅井良夫（司会）

1　歴史学研究会

浅井（司会）　今日の座談会は、プログラムに沿って、テーマごとに進めることにいたします。中村さんの本格的なデビューは、一九六七年の歴史学研究会（歴研）大会の「日本帝国主義と人民」と題するテーマで日比谷焼討事件を扱った報告だと思います。そこで、最初に宮地さんから、歴研大会の報告だけでなく、当時の歴史学研究会が取り組んでいた明治百年祭問題や近代化論の問題も含めて、六〇年代中ごろから後半の歴史学研究会と中村さんとの関係を話していただきたいと思います。

宮地　私は純然たる政治史研究をやっている者で、非常に場違いです。みなさん、経済史の専門家ですから。しかし大門さんの話を聞いて、どうもぼくが最初の中村さんの弟子じゃないかと自信をもちまして（笑）、少しおしゃべりをしようと思います。

私は一九六六年の四月に大学院に入りました。当時、歴研は校正幹事が自動的に歴研委員をやるというとてつもない制度をもっていたものですから、自動的に私は大学院一年から歴研の委員になってしまった。自分がやろうと思っていたのは、明治一四年、一五年の大隈財政から松方財政への移行で、史料をずっと読んでいたのですが、まったく大石嘉一郎さんと大江志乃夫さんの議論の枠を出ない。こんな難しいものかと思って、修士論文を何とか仕上げたら中学か高校の先生になろうと思っていました。先生になるのはいやじゃないですから。個人的には鬱々としていた時、ちょうど、歴研も大きな転換期にさしかかっていて、「東アジア歴史像の検討」から「明治百年祭といかに闘うか」という話になってきた。それが一九六六年から六七年です。

「帝国主義の問題を前面に立てて戦わなければだめだ」と言い続けて、結局貧乏くじを引いて報告者になったのが中村さんで、私はまったく他律的に報告準備にひきずりこまれました。歴研が「私の大学」だと、つくづく今でも感じています。その中でも、やはり中村さんが先生でありました。

歴史をやる人間の常識として、講座派理論を勉強はしていましたが、古臭い明治維新の話という印象しかなかった。しかし中村さんの話を聞いて、これは戦前日本国家を考える基本的な問題を講座派が言っているとわかりました。それから地主制と資本主義という異なるウクラード（経済制度）がなぜ結びついたのか。それは国家権力による。なるほど「日清戦後経営」がこの二つのウクラードを結びつけるのか、財政史はとてつもなくおもしろいという印象をもちました。

それから中村さんは、地主制がなぜ衰退しなかったのかという普通の学生が持つ疑問を、地租・地代の資本転化という見事な図式で示してくれました。しかもそれが帝国主義に結びつく。この理論的な見通しに私は感服しました。そのとき植えつけられた枠組みは、今でも全然動いていません。だいたいこれで一九三〇年代までは行けそうだと思いました。そういう意味では中村さんは私の先生です。大学のときはだれも先生はいなかった。ぼくが大学院を出る時になって、井上光貞先生が、「マルクス主義としては高村直助くん、マルクス主義じゃない人は伊藤隆くん」と言って、お二人がいらした。ですから何も誇大に宣伝するわけではないですが、「私の大学」は歴研、私の先生は中村さんということは嘘偽りはありません。私のような政治史しかできない人間にも、中村さんの構造的であると同時にダイナミックな枠組みは、ものすごく印象深かったということです。

中村さんが全体の枠組みを作り、歴研報告をやることになりました。人民闘争については、江村栄一さんという自由民権研究の第一人者が私を引き連れて、明治新聞雑誌文庫に行き、新聞を撮影しました。今はスマホで写真を撮りますが、あの当時は三脚を立てて写真機を下に向けてカチャッカチャッとやる原始的な撮影です。彼が「九・五民衆暴動」の参加者の分析をやりました。残った日比谷焼討事件後の国家政策を私がやることになりました。

私はそれまで、その時期の論文は読んだことがなく、史料も見たことはなかった。しかし、大隈財政よりおもしろそうだと思いました。今の大学院生はかわいそうです。大学院に入った途端にドクター論文の構想を書け、などと言われます。あのときはいとも簡単に修士論文のテーマをガラッと変えてしまいました。当時は天皇制国家というと藤田省三さんの『天皇制国家の支配原理』（未来社、一九六六年）がバイブルだった。「醇風美俗と天皇制」という枠組みだったけれど、どうもそうじゃない。全然別の形で天皇制をつかまえなければならないというのが、中村さんの枠組みから私が受けたサジェスチョンです。そうすると、とてつもなくおもしろい。共同体を破壊しながら帝国主義的に再編成していくのが地方改良運動だということがだんだんわかってきた。ですから私が、一九七三年に東京大学史料編纂所という、カビ臭い、古臭い変な研究所に入るまで、意気揚々と中村さんの枠組みを使って、「都市民衆騒擾期」とか「国民主義的対外硬派論」とか、帝国主義と日本社会の問題を勉強できたことに、今でも本当に感謝しています。

宮地正人
（東京大学名誉教授）

あと一つ。先ほど大門さんが高度経済成長がうまく入ってないとおっしゃったことと関係するのですが、中村さんもぼくも、一九六〇年代後半から七五年ぐらいまでは、高度経済成長で国民意識が変わる面よりも、高度経済成長の矛盾がいかに地方自治をラディカルに変えていくのかに関心がありました。ですから私たちが歴研で報告した「都市民衆騒擾期」も、高度経済成長の問題と、革新自治体や民衆の市民運動が社会を変え、自治体を変え、場合によっては国政をも変えるかも知れないという動きと、その両方を合わせて見たものなのです。

大門さんは、中村さんの後期の問題点をいろいろ言われましたけれども、幸か不幸か私は一九七三年に史料編纂所に入ってから、飯のために、戦後史も帝国主義もできなかった。史料編纂所は明治四（一八七一）年七月一四日の廃藩置県がいちばん新しい時点で、それ以降をやったら怒られるところですから仕方ない。幕末・維新の史料をしこし見ながら考えていくのですが、今から振り返ると一九六八年が明治百年、そして来年が明治維新一五〇年。結果的には非常にいい巡り合わせの中で私は五〇年間過ごしてこられた。そして明治維新一五〇年をむかえるにあたり私も言いたいことがいっぱい出ているのです。

浅井 歴研をめぐる一九六〇年代後半の状況について、ご意見をうかがいたいのですが。高度成長との関係でも、近代化論がひとつのポイントになると思いますが、いかがですか。

宮地 現代的近代化論への批判は和田春樹さんが非常に鋭くやっていました。たしか一九六六年の歴研臨時大会で和田さんが報告された。ロストウ理論批判と、アメリカのベトナム侵略批判が、当時のわれわれ若い者のいちばんの課題でした。沖縄の祖国復帰、それから革新自治体の全国的展開という、ある意味では非常にバラ色の時代に私は陰気な史料編纂所に入った思い出がありますから（笑）。高度経済成長における国民意識の変化までは私は追えないままに、五十年前に研究はさかのぼり、幕末維新、ペリー来航になってしまった。だけど和田さんの報告は非常におもしろかった。なぜアメリカ帝国主義が近代化論を出すのかという角度から彼は報告したはずです。

伊藤　私は一九六七年の四月に大学に入学しました。近代化論についての今のお話は、ロストウ流のアメリカ型の帝国理論を近代化論という形でとらえられています。しかし、六八年前後の時期になると、丸山真男さんとか大塚久雄さんとか川島武宜さんとか内田義彦さんとか、われわれが戦後民主主義の前提にしてきた認識自体が一種の近代化論ではないかという批判が出てきました。それとの関係はどう考えたらいいんですか？

石井　歴研の中では両方を批判しなきゃいけないという考え方だったと思います。和田さんは、ごっちゃに批判してもだめで、丸山さんと大塚さんの古典的な近代化論は、それなりに評価すべき部分があるけれども、やはり限界がある。いちばんの問題は帝国主義批判がないことだとおっしゃっていた。近代化べったりのロストウとは区別していたと思います。中村さんもやはり、近代化論に対してはかなり厳しい見方をしていたんじゃないかな。古典的な近代化論に対しても。法則的な把握が大事だと繰り返し言われています。

私が歴研の委員になったのは一九六四年の初めですけれども、そのときに歴史学研究会では「世界史の基本法則の再検討」と、「世界史像の再構成」の二つを行い、それらを統合しなければいけないという議論が始まっていたのです。これはもともと日本史研究会が出してきた議論で、従来の基本法則論ではつかまえきれない世界史の新しい現実がいっぱい出てきている。それを無視して今までの基本法則論で説明しようとしても無理で、さまざまな新しい現実の中から汲み上げて世界史像を作ろうというのが日本史研究会の考え方でした。

歴研はそれよりはもう少し抽象度の高い議論をやって、歴史認識は法則的な把握まで高めなければいけないと主張していたのですが、でもその前提として新しい現実の世界史像をまず作ってみようというのは悪いことじゃないと考えたようです。基本法則の組み換えを考えなければいけないが、そのためには従来の法則でとらえられなくなった新しい事実をとにかく探そうじゃないかというのが、日本史研究会の問題提起を受けとめて歴研が二つの目標を並べたことの含意だったと思います。だから中村さんが、なぜ世界史像はだめだと言っているのか、私にはちょっと理解できない。

丸山さん流にいうと「理論信仰」ですが、法則的な把握が絶対で、それを堅持するという言い方を中村さんがされたとすれば、それは疑問です。法則を重視することは大事だと私も思いますが、マルクス主義の歴史学のあり方に対するいろんな批判はあったわけで、それをどう受けとめるか。理論、法則、概念、さらにヴェーバー流の理念型論などは、全部現実から抽象して作っているわけですよ。それをどう変えるかを議論したのが六〇年代初めの頃です。わかりやすく言えば、それまでは法則把握の世界と現実世界の把握の「二階建て」でやってきたのに対して、両者の間に歴史像把握という現実からの抽象度が低い代わりに変化する現実をよりよく反映できる認識を置き、現実世界と歴史像世界と法則世界の「三階建て」にし、歴史家はその間を繋ぐ階段を上がったり下がったりしながら自らの従来の法則把握を考え直そうとしたのだと思いますね。だから、現実世界での人間の主体的活動と法則把握は対立するものではなく認識の階段を介して繋がっているという議論です。その問題提起を中村さんが何か誤解していたのかもしれないという感じがします。歴史像把握で満足してしまって、より抽象度の高い基本法則の再構成を諦めがちな歴史学界の風潮へのいら立ちによる発言だった面もあるとは思いますが。

浅井 その場合、基本法則というのは、封建制から資本主義みたいな話で国民経済レベルの話なのでしょうか。

石井 いや世界史だと思いますよ。もっと抽象度が高い。当時は、第三世界の主体的な動きがつかめなくなってきていた。段階的な把握では、第三世界は遅れているということになりますから。第三世界がなぜ力をもってきたのか、今までの世界史の基本法則論ではうまくつかまえられない問題が出てきたのだと思います。

大門 一九七〇年前後に中村さんは、一橋大学でそういう話をしていませんでしたか。

森 していないですね。私は一九六六年に永原慶二ゼミに入りました。六八年に大学院に入ったときには中村さんと永原先生のジョイントゼミだったので、初めて中村先生の指導を受けるということになった。ちょうど明治百年のとき大学院に入ったのですが、中村先生は基本法則と世界史像の話はほとんどしませんでした。明治百年祭の復古的なイデオロギーへの批判、つまり明治百年の近代化というのはサクセス・ストーリーではない、ファシズムがあって戦争で悲惨な敗北を遂げた、時代は一回転して終わったんだ、そこをとらえろ、という話をたくさん聞かされました。近代化論批判を明治維新百年祭と対置する形で議論を展開していたのです。

当時私が読んでいたのは中村さんが歴研に書いた日経連のイデオロギー批判（「独占資本のイデオロギーと「明治百年祭」」『歴史学研究』第三四一号、一九六八年）です。歴研が明治百年祭批判の冊子を出しました。歴研でその中心になっていたのが中村さんだったのではないでしょうか。明治百年祭、並行して司馬遼太郎が『坂の上の雲』を出しましたね（一九六八～七二年新聞連載）。そういうものに対して、きちっとした科学的歴史学を対置しなければいけないという話を聞いていたのです。中村さんが遠山茂樹批判をやって、世界史像ではだめで基本法則に戻れ、と言っていたことは、今日の大門さんの報告で初めて知ったのです。背景にどういうことがあったのかわかりますか？

大門　ぼくは一九七七年入学で、今回中村さんの文章を改めてまとめて読むなかで、強く印象づけられたことです。ただ、六七年から七〇年代、あるいは八三年ぐらいまで、基本法則堅持の姿勢は中村さんの中ではかなり堅いですね。

森　堅い信念みたいな。

大門　ええ、ずっとあります。一九七〇年代は揺らいでないように見えますね。

伊藤　その場合、基本法則を、史的唯物論による社会構成体移行の継起的発展の必然性とか、そういうレベルの問題としてとらえているんですか。

大門　日本資本主義論争、三二テーゼから戦後の歴研ぐらいまで、セットで中村さんは議論するところがあります。歴研は五〇年前後ぐらいまで基本法則を議論しました。そのときは世界史の基本法則ですが、封建制から資本主義という一国史的な経済決定論的な把握が強いです。それに対する批判が出てきて、基本法則ではとらえられない問題を世界史の地域像としてアジアでとらえようというのが、六〇年代前半の遠山さんの問題提起です。中村さんの基本法則というのはどうでしょうか。中村さんが繰り返し強調するのは客観的法則です。

伊藤　だからその客観的法則のディメンジョンをどこでとらえているかということだと思いますが。

石井　中村さんの歴史学研究会の活動ともかかわって、大門さんは、中村さんの研究の二つのモチーフを指摘しています。この指摘についてあまり異論はありません。私の第一次安保の体験の仕方が、高村直助さんの「挫折」と異なり、「挫折」ぬきの中村さんの体験と共通しているという評価はそれなりに正しい対比だと思いますが、ただ、中村さんが歴史学研究会で活躍しながら本格的なマルクス主義者に成長していかれたのに対して、私はマルクス主義者にならなかった点では中村さんとの間に大きな違いもあるのです。高村さんが日本共産党員になりながら、そこから離脱したことについては、高村さん自身が『歴史研究と人生――我流と幸運の七十七年』（高村先生の喜寿を祝う会発行、日本経済評論社製作、二〇一三年）のなかで語っています。高村さんのその点を「挫折」というならば、私が何回も経済学部の友人の共産党員にオルグされながらも応じなかったことも逆の意味で「挫折」なのかもしれません。なぜそうなったかについてはいろいろな理由がありますが、最大の理由は一九五四年一二月のクリスマスに教会で受洗してキリスト教徒になっており、何であれ「主義者」になることは偶像崇拝を意味すると考えるようになっていたためです。このことについては、かつて、「私のキリスト教とマルクス主義」（永原慶二・中村政則編『歴史家が語る戦後史と私』吉川弘文館、二〇〇六年）として書いたことがあります。学問方法論で言えば、大塚久雄先生の教えと私自身のキリスト教信仰が影響してマルクスとヴェーバーの二本立てになったということです。以上のように、見方によっては三人の第一次安保の体験がかなり違っていたことは事実ですが、それでも三人の仲が良かった底には、戦前生まれで、戦争と戦後を通ずるそれぞれなりの形で苦しかった共通体験をもっていたことが大きく作用しているのではないかと私なりに勝手に想像しています。

大門　三人についての興味深い指摘ですね。

森　三人の六〇年安保の通過体験の違いが、それぞれの歴史学にどう反映しているのかに興味がわきますね。

2　産業革命史研究、帝国主義

浅井　先を急いで、石井さんの産業革命の話に進んでいきたいと思います。

石井　一九六〇年代には、私は中村さんや高村直助さんと一緒に産業革命研究をやってきたわけですが、中村さんの仕事をもう一度再構成してみると、二つのタイプの仕事をやっていると思います。

一つは、山梨県の農村を歩き回って史料をいっぱい集めてきて、それを古島敏雄先生と永原慶二先生の前で報告して議論をするという形で、きわめて実証的密度の高い仕事を積み上げ方式でやっている。それを議論する場所としては産業革命史研究会も大きな意味を持ちましたし、地方金融史研究会というのもあった。そこに渋谷隆一さんという宇野派的な段階論の発想の方がおられて、その人と毎回激しい討論をやっていました。そういう仲間がいて一緒に学問を積み上げ、論文になっていくというのが中村さんの一つの仕事の流れだと思うんです。

中村さんは、私のあとで歴研委員になりましたが、歴研委員のときの中村さんの仕事の仕方は、自分で積み上げていくというよりも、今、歴研は何をしなければならないかという差し迫った要請に応えようという仕方でした。ふつう委員というのは人を探してくる役ですが、彼は適当な候補者がいない場合には自分で報告でも何でもやるんですよ。これはすごいと私は思いましたね。実証的に積み上げる余裕などありませんから、最低限の事実だけを集めてくる。それを使って大きな問題提起をしようということで、日清戦後経営論などを提起し、歴史全体をこういう形でとらえるべきだという問題提起型の仕事をなさったと思います。その場合の中村さんの実証レベルはあまり高くないです。

しかも、あとで自分が実証を深めるかというと、必ずしもやらないで、他の人にまかせる形だった。

中村さんの実証の最初は、地租および地代の資本転化論なんです。地租もありますけれども日本の資本主義の場合には地主資金が決定的なウェートと意味を持ったという議論を繰り返しやった。「日本地主制史研究序説」が六八年に出ますが、これは非常にインパクトがあった。第一次大戦過ぎごろまでの日本の資本主義は地主の資金でできた、そういう特殊性をもっていると書いている。その二年後に歴研大会の「日本資本主義確立期の国家権力」で日清戦後経営論を報告されたときには、自分は地主の資金を過大評価していたと、自説を修正しています。明治三二（一八九九）年に『時事新報』が行った大株主調査を見ると、基本はどうも商人らしい、それを補完するものとして国家資金とか地主の資金とか華族の資金があるというふうに考え方を改めますと、あの報告で書いているのですね。

そういう意味では、中村さんは問題提起をしながら、産業革命研究のグループの議論、あるいは高村さんや私の仕事を見ながら変わってきた部分がありますが、その成果自体は非常に大きな仕事として今でも参照されていると思います。日清戦後経営論を分析したときに、彼は財政論を最後に出してきます。戦後経営自体がどういう形で予算が組まれて、帝国主義転換のための軍事力の拡充と産業資本確立のための産業投資等を政府がどのようにやったかという点については、松方正義の最初の案でいけると思って書いています。渡辺国武案は松方案を少し修正するけれど基本は受け継いだとみなして、実行案にはあまり触れてない。

実際には、松方案は軍事力拡大と産業資本確立と両方を狙っていたために、軍備拡張は一億円台にすぎません。渡辺案になると二億円台で、実行案は三億円台ですよ。どんどん増えてくるんですね。そうすると、室山義正君があとで言っているように、産業開発のために投資する余裕がなくなり、財政が破綻に近くなる（室山『近代日本の軍事と財政』東京大学出版会、一九八四年）。私もそういう感じがしています。それにもかかわらず資本主義が確立していくわけです。紡績業も確立するし、鉄鋼業では八幡製鉄所が一般会計予算で作られていくわけですね。そういう形で資本主義が確立するので、日清戦後経営の一環として初めて産業資本が確立したというのは、実証的ではないと思うわけです。そういう点で、日清戦後経営の報告は非常にすばらしい見通しを出したけれど、実証の面では詰められていない部分があり、問題提起で終わっていると思います。

地主の実証的な研究を山梨の共同研究グループでやって、すばらしいものができ、それをもとに彼自身の『労働者と農民』という本を作るところまでいったわけですが、これは古典的な名著だと私も思います。実証できる分野に限りましたから、対象は女工と坑夫に絞られ、重工業の労働者などは入ってないという面はありますが、中村さんが自分で調べてヒアリングをやっており、オーラルヒストリーのはしりです。それが入っているために読んでいてすごくわかりやすいし、おもしろい。新しい事実もどんどん出てきている点ですばらしい本だと思います。そういうものができる実証的な仕事と、問題提起的な仕事のやり方と二つあったという感じがします。

石井寛治
（東京大学名誉教授）

後期についても同じことが言えます。天皇制に関する研究は、象徴天皇制の成立過程をアメリカ留学中に必死になって調べたものが詰め込まれていますから、非常におもしろい実証的研究だと思います。それに対して、同じ岩波新書の『戦後史』（二〇〇五年）。これは、そういう戦後史を書いた人がほとんどいなかった中で、小さな本の中に全部詰め込めと頼まれて書いた本ですからかなり無理もしていて、逆にいうと安心して読めるんですよ。びっくりするようなことは書いてないんですね。そういう意味ではアカデミズムのいちばんいい研究の流れをつかんで書いた通史です。これは問題提起的な本だと私は思っています。

実証できた部分と、実証できない部分と両方あって、実証できなくても問題提起はすばらしい。私はよく中村さんのことを戦前の服部之総みたいな人だというんです。服部の厳マニュ（「厳密な意味でのマニュファクチュア時代」）段階説は実証できなかったけれど、あれは実証研究への画期的な刺激になったわけですよね。そういう意味で問題提起者としての中村さんの仕事は、必ずしも彼自身が実証しなくてもすばらしいものがあったと評価したいと思っています。

あと一つだけ付け加えると、疑問に思うのはさっき言った法則論のことです。『労働者と農民』の最後のところで、彼は平行四辺形の対角線の話をしている。法則性が一方にあって、主体的な努力が他方にあって、それが違った方向に引っ張り合って平行四辺形を作り、対角線の方向に動くという議論をしているんです。これはエンゲルスの『反デューリング論』の議論だと思います。ただ平行四辺形を言っているのはエンゲルスじゃなくてデューリングのほうです。どういうわけか中村さんはエンゲルスの考えだと言っているんです。自由とは何かという議論をするときに、洞察と衝動が右と左に人間を引っ張って平行四辺形を作る力になり、その対角線の方向に現実の運動は行くとデューリングが言っていることをエンゲルスが解説しているんです。だけど、それはだめだとエンゲルスは言っています。デューリング的な平行四辺形の議論だと、自由は洞察と衝動との平均値になっちゃう。分別と無分別の平均値になる。こんなのはない。やはり、自由というのは必然性の洞察だというヘーゲルの議論のほうが大事じゃないかとエンゲルスは言っている。法則を認識して、その法則に沿った形で事態をおしすすめるのが自由だとエンゲルスは言っている。

ところが中村さんの説明だと、法則性が一方にあり、人間の主体的努力が他方にあり、それが平行四辺形を成しているという話になっている。そこでは法則は人間の主体とは関係ないという話になっている。そうじゃなくて、人間が作った現実を集約し、抽象化＝理論化したものが法則性です。これは古典的近代主義者がよく言うことです。中村さんはあまり好きじゃないかもしれないけど。丸山さんが言ってるように、現実との緊張関係をもった形で理論や概念はできている、法則もそうだろうということになるわけですね。そうすると、法則性をとらえるときに人間の主体との関わりを入れてこないといけない。法則が別にあるという議論をするのは、エンゲルスとも違うし、私にはちょっとよく理解できない。

浅井　その問題は大きいので、後にしたいと思います。地代の資本への転化説を中村さんは、自分が発見したことのうちでもっとも重要なことであると認識していたと思うんです。それがもし、単なると言っていいのかどうかわからないけれども、問題提起だとなってしまうと、あれはいったい何だったのかという話になると思うんですが。

伊藤　でも石井さんは別に、単なる問題提起と言っているわけではなくて、比重の問題として言っているわけでしょう。要するに日本資本主義の構造的特質とか日本資本主義の確立をとらえる上で、むしろ商人資本のほうが大きかった、地主資金というのは小さいと言っているのです。中村さんは日清戦後経営論で軌道修正したけれど、地租・地代の資本転化そのものを否定したわけではないのです。

合力論の話はまたあとでしたらいいと思うので、最初の産業革命の研究に戻って聞きたいんです。あれは大石嘉一郎さんが福島大学から東京大学に来て、安良城盛昭さんや水沼知一さんなども一緒になり、石井さん、高村さん、中村さんも加わってやったわけですよね。あのときに問題になっていたのは、二部門定置説か綿業主導説かという問題や、それとの関係で確立期日本資本主義の構造的特質をどうとらえるのかという問題だった。でもわれわれがそれを受けとめたときには、たとえば志賀・神山論争がありました。戦前は軍封帝国主義かどうかという議論ですが、志賀・神山論争の当事者は、自分たちは戦後の占領下の体制をどう理解するかで議論していたと回顧している。五〇年代後半から六〇年代には帝国主義の自立従属論争があって、主要な敵は独占資本なのかそうでないのかという議論があった。それを学問的にもう一回戻すと、戦前と戦後の連続説とか断絶説という問題につながっていくと思います。

そういう問題の一環として、ぼくらは中村さんの仕事も石井さんの仕事も高村さんの仕事も受けとめていました。だから、戦前の日本資本主義が、資本主義としての共通性をもったものとして出てくるのか、それともきわめて個性的な独自の資本主義であり、それがその後の道行を規定していくのか、そのへんを明らかにしようというのが、日本産業革命の研究であった。石井さんや中村さんや高村さんの仕事はそうだと思って、いちばん最先端の研究としてわれわれは、産業革命史研究会とか、そのあとの日本帝国主義史の研究なんかも見ていたし、あとになってその末端に加わっていく形になったんです。そのへんの歴史のリアリティが、今の石井さんの話ではさらっと述べられていましたが、産業革命史研究の中で中村さんをどう位置づけるかをもうちょっとお聞きしたいと思います。

石井　中村さんは大石嘉一郎編『日本産業革命の研究』下（東京大学出版会、一九七五年）の中で、地主制について安良城さんとの議論の結果を一方では出しましたが、同時に全機構的な問題として日清戦後経営なり、日露戦後経営なりを担当して書いてもらえばよかったと私は思っているんです。それは大石さんが書くことになっていたが、時間的制約もあって書けなかった。中村さんが問題提起をしていた日清戦後経営のような、政治と経済を一体としてつかむ議論をあの本はできてないんですよね。

吉川　あの中で中村さんは「日本ブルジョアジーの構成」を書かれていますよね。あれは、みなさんで議論をされた成果ですか。

石井　あれは前提として、土地制度史学会（現・政治経済学・経済史学会）大会（一九七二年秋季学術大会）で報告しているんです。中村さんが日本ブルジョアジーの構成、大石さんが日本の労働者階級の構成を。

吉川　労働者のほうは確か大石さんが書かれた。

石井　そうです。支配階級のほうは中村さんが書かれた。たぶん研究会で一度報告したのを学会で報告して、それをもとに書いたという順番だと思います。

ただ、最後の詰めは本人に任せたので、統一見解じゃないです。ですから、権力論がきちっとできなかった。講座派は政治と経済を統一的に理解するのだと言っておきながら、肝心のところはできてなかったと思います。中村さんは強くそれを思って、階級構成論だけじゃなくて経済政策とか対外的な活動も含めて、政治と経済の統一的把握があるべきだと考え、それを歴研でやろうとしたんじゃないでしょうか。

伊藤　ただ階級闘争論に落とし込んでいく前に、資本賃労働の構成という問題があります。片方で中村さんは、国家形態論とか国家類型論とか、あるいはもっと具体化した統治構造論をやるわけですね。そのレベルでの把握と、いわゆる歴研などでやっている人民闘争史、まさに階級闘争のあり方を具体的に明らかにするのとは、少し次元の差がある気がするんですが、そのへんを石井さんはどう見ていますか。

石井　議論できてないですね。産業革命史研究会は、産業を基軸にやったというのが事実で、上部構造というか政治構造の分析をみんなで議論して書くところまではいかなかった。おそらく、安良城盛昭さんと水沼知一さんが残っていたら、そのへんを議論するところまでいったかもしれないのですが、最終的に本を作るところで、その二人の人が落ちています。あとになって、社会的基礎の問題も考えるようになったけど、あれはもともと大塚史学の市民社会論に立って水沼さんなんかが言っていたので、それがどういうふうに入るかも問題になりえたと思う。安良城さんもちょうどあのころ、国家と経済との関係を東大社研の研究会で報告もされていましたから、何かの形で反映できたかもしれないけど、残念ながらそこまでいかなかった。そういう意味では『日本産業革命の研究』は大きな欠陥があるのです。

3　地主制史研究・農村調査

浅井　地主制史研究の視点から、中村さんをどう評価するか。先ほどの石井さんの問題提起もふまえてご発言いただきたいと思います。森さん、よろしくお願いいたします。

森　私は三年生で永原先生のゼミに一九六六年に入りました。永原先生指導の下に山梨の共同調査に動員され、小作帳を一生懸命書き写す作業をやりました。それを書き写して集計したのが最初の調査経験で、古文書の数字を読むのが難しかったのですが、読み方を教えてくれたのが中村先生です。あとで永原先生は、山梨共同研究の成果である『日本地主制の構成と段階』は中村くんの本だ、と言っていました。中村先生の総括は見事なもので、資本主義と地主制の構造的連関を一地域、山梨の根津家、奥山家の大地主、関本家などの中小地主の階層的構造の中から明らかにしている。それが私と地主制との最初の出会いです。

そのあと私が大学院に進んだ時は、中村先生は六六年に専任講師になったばかりでした。専任講師の間は大学院を担当できないという決まりがあったんですね。大学院は助教授にならないと担当できないので、本来なら私は中村先生に付くべきですが、中世史の永原先生のゼミになったのです。ただし、ゼミは永原先生と中村先生のジョイントで行われ、近代史の指導は実質的には中村先生が行っていました。そういうことで、最初に地主文書の手ほどきをしていただいたことが中村先生との出会いでした。

中村先生は一九六八年に「日本地主制史研究序説」を一橋大学の『経済学研究』に出しますが、それが三月に出て、私は四月に大学院に入ったばかりの時に抜き刷りを中村先生から貰いました。私は、それまで抜き刷りを貰ったことがなかった。中村先生の「日本地主制史研究序説」を読むことから私の研究が始まったという意味で、私にとって中村先生は地主制研究、農村研究の手ほどきをしてくれた恩師です。そういうことで地主制研究については、ずっと近くで中村先生から話を聞き指導を受けていました。

ここで中村先生の地主制論について紹介します。中村先生の問題意識は三つあります。一つは、地主制は幕末から明治二〇年代まで連続して成長したわけではなく、地租改正で編成替えされたという点です。近代地主制が地租改正から始まることを強調されていました。江戸時代の封建制から地主制を見るのではなく、近代の一環として地主制を考える。中村先生には、日本の帝国主義的な資本主義の基礎としての地主制という視点が非常に強かった。中村先生は、『シンポジウム日本歴史17　地主制』（学生社、一九七四年）で「ぼくは地主制研究を六〇年以降から地主制解体を前提に研究を始めた」と言っています。戦後、一九五〇年代になお地主制が強固に存在しているという、『日本資本主義講座』（全一〇巻・別巻、岩波書店、一九五三～五五年）で井上晴丸がやったような議論ではなく、地主制の解体が前提になっている。高度成長の中で地主制研究を始めたのだから、地主制そのものに対するこだわりはそれほどないと思います。中村先生は、新宿淀橋浄水場の近くで生まれ、農村社会を体験的に知らないで地主制を研究したわけです。なぜ地主制にこだわったのかというと、資本主義・帝国主義の基礎過程としての地主という考えが強かったんじゃないか。

第二の中村先生の問題意識の特徴は、「歴史学的経済史」です。服部之総の経済と政治の統一を非常に強く意識していました。地主制度の経済史的研究よりも、地主制が天皇制国家権力とどう繋がるのかをものすごく意識した。服部の、「地主・ブルジョア範疇」という政治と経済の

森武麿
（一橋大学名誉教授）

関係、いわゆる服部の「猫の背くび論」を高く評価し、政治を通じて歴史学として地主制を考えた点が中村さんの特徴です。

三番目は、帝国主義の関係です。戦前の三二テーゼによる戦略論争を非常に評価して、軍事的半封建的天皇制による日本帝国主義を打倒すること、その基礎にある半封建的地主制をどう克服するかが戦前の大きな課題である、というとらえ方です。近代帝国主義が抱え込んだ地主制を見ること、前近代ではなく近代から地主制を見ることが中村さんの関心だった。帝国主義と地主制、天皇制と地主制の関係が、戦後の地主制研究では後退している、もう一回、三〇年代の戦略論争に戻って考えるべきだとよく言っていました。

大門さんも言われたように、帝国主義の意識がなぜこんなに強く地主制研究に浸透していくのか。一九六〇年の吉岡昭彦さんの提言（「日本における西洋史研究について――安保闘争のなかで研究者の課題を考える」『歴史評論』第一二一号、一九六〇年九月）で、封建制研究から帝国主義、産業革命の時代に研究を移せということになりました。その時代背景にアジア・アフリカの植民地独立という問題があった。そういう中で帝国主義を意識し、地主制研究を始めたのだと思います。

先ほど石井先生も言われた安良城・中村論争ですが、中村先生は、安良城・中村というように個人名が付く論争はレベルが低いとよく言っていました。それは謙遜だと思いますが、安良城さんの明治二〇年代地主制確立説に対して、中村さんは明治三〇年代に地主制は確立したと主張しました。資本主義の構造的一環に地主が定置する、資本主義と地主制は相互規定の関係だということです。資本主義と地主制は、商品と労働力と資金の三つの関係を媒介に結合している。それに対して安良城さんは、地主制は資本主義と関係なく独自のウクラードとして、明治二〇年代に確立する。三〇年代の資本主義の確立とは区別されるべきだと言った。

安良城さんはおもしろいことを言っている。地主制と資本主義の関係を、私はタテの関係で考えているけど、中村さんはヨコの関係としてとらえている。それを山田盛太郎は基底、土台の上に乗っていると表現した。中村さんでは、資本主義ウクラードと地主制ウクラードという異質のものが相互にヨコの関係を結ぶ。これが安良城さんとの考えの基本的な違いですね。地主制は資本主義との相互関係でしか成立しないのだから、独立した地主制ウクラードの成立ではないんですよ。資本主義との同時確立説です。資本主義との関係でしか日本の地主制はない。しかもそれは、イギリスと異なり産業革命ではなくならずに、農地改革までずっと残ったじゃないか。ここを明らかにしない限り、帝国主義への発展のなかで、なぜあれほど地主制が重視されたのかわからないと、中村さんは言われた。このタテかヨコかは、大きな歴史像につながる問題でしょうね。

もう一つは「地代の資本転化論」です。私は、資本の株式投資へ地主が向かうのは土地投資の利回りが悪くなる大正期かと思っていました。しかし、中村さんの論文を読むと、明治二〇年代、三〇年代の産業資本確立期から同時並行的に進むと述べており、同時転化、同時定置という言い方をしきりにしています。「地代の資本転化」を、産業資本の確立と帝国主義への同時転換の明治三〇年代の中で一生懸命に解明しようとした。だから大正期じゃない。そのあとで、地主資金の役割は過大評価であると批判されましたが、中村さんは、その批判を認めつつも地方産業や地方銀行への地主の投資は相当大きかったと言った。論文「明治維新の世界史的位置」（一九九二年）のなかで、日本は関税もなければ外資の導入もできなかった。日本が自立的に資本主義をやるとしたら、農業部門から非農業部門に資本を転化するしかなかったという。もう一つは商人資本の蓄積だ。この二つが日本の特徴だから、やはり農村の資金を工業部門に転化した地主の役割は非常に大きかった。産業革命時代には二割、三割ぐらいはあるんじゃないか。そのように言って、地方産業、地方金融を含め、農業部門から工業部門への資本の転化における地主の役割をその後も評価し続けた。地主の役割は大正期以降、後退していきますけれど、産業資本確立期にそういう構造ができたことを強調しました。

第三は、階級としての地主の成立です。中村さんの議論で、明治二〇年代ではなく、なぜ三〇年代末の日露戦後に地主制が成立したかというと、地価修正運動などを経て地主が均質になり、階級的な諸条件ができて帝国農会という形でまとまった。即時的に地主の構成が広がっただけじゃなくて、対自的に帝国農会などの地主の力を結集する媒体ができたことによって初めて階級として地主が成立するのだと言っています。それが明治三〇年代。単に経済構造とか農民層分解論で地主制を主張するのではない政治史的な議論になっている。これが中村さんの地主制論の特色です。

四番目は中村さんの地帯類型論ですね。東北日本型と西南日本型の山田盛太郎以来の二類型に養蚕型を加えて三類型にしました。もちろん、安孫子麟とか山田舜も養蚕に注目しています。しかし、地主制の類型として定置したのは中村さんです。産業資本確立期の地主の支配構造、小作料収取構造の確立を実証したが、その根底には松元宏さんの議論があります。つまり田の高い小作料を小作農家の子女が紡績女工に出てその労賃を小作料の補てんに使う。養蚕・製糸地帯に固有の小作料収取構造を明らかにした。これによって、中村さんは地主制度の支配類型として養蚕型を設定した。昭和恐慌以後、養蚕の危機のときにそれが壊れていくことを明らかにしたのです。日本のファシズムの問題を考えるときに、養蚕型の持っている意味を非常に深く理解して、それが長野県小県郡浦里村の分析につながっていきます。中村先生は養蚕型を地域類型論として設定し、歴史像の中に組み込んでいく役割を果たしたと思います。

浅井　地主制については大門さんからもあとでお話をうかがいたいと思います。その前に、中村さんのいう帝国主義とは何なのか、もう少し明確にしたほうがいいでしょう。当時の議論では、帝国主義というからには独占資本が存在するだろうという議論が普通でした。中村さんは、日清戦後の時期を帝国主義の始まりと見て、一挙に地主制も成立する構図を描いた。そこで言っている帝国主義はいったい何なのか。植民地主義なのか。もしよろしければ石井さんにもう一度そこのところを……。

大門　今のことでちょっと先にすみません。

中村さんの地主制史研究に帝国主義が出てくるのは、宮地さんたちと行った歴研での研究からの逆輸入だと思っています。つまり六〇年代前半には、中村さんは帝国主義の問題をまだ議論していません。歴研では遠山さんの世界史像の問題が議論されていたころです。一九六六、六七年から歴研は「帝国主義の史的究明」に問題を転換させていきました。吉岡提言は六〇年安保後に出てきましたが、そこからすぐに帝国主義研究に行ったのではなく、六〇年代後半の人民闘争史研究の中で初めて帝国主義論が提起された。中村さんの地主制史研究に帝国主義が出てくるのは、六八年の最後ぐらいではないかという気がします。

そういう点でいうと、歴研で活動し、もう一方で地主制史研究にとりくむなかで、歴研で自ら問題提起をしながら、それを地主制史研究の中にも組み入れた。そこで軍封帝国主義などの再評価に向かっていく。それまでも中村さんは日本資本主義論争を検討しているけれども、帝国主義の問題を入れるようになるのは、六〇年代後半ではないか。

それから、歴研の基本法則論に対する根本的な批判の一つは、すでに江口朴郎さんから出されていました。江口さんの帝国主義の理解は、世界史的な連関を重視して、政治的契機も入れて帝国主義を理解するというものです。基本法則は一国史的な性格と土台決定論的な性格が強く、それでは現実の帝国主義の政治的な動きは十分に説明できないということで、五〇年代の江口さんは、基本法則の批判と帝国主義の理解というところで議論をしました。それに対して六〇年代後半に帝国主義の問題が出てきたときに、石井さんや中村さんが依拠しているのはレーニン帝国主義論です。レーニン帝国主義論に依拠して、独占を説明する。経済的な土台、韓国への鉄道建設、京釜鉄道の問題を重視するのは、まさにレーニン的な帝国主義の理解の一環です。

ただし、江口さんのような理解もあったので、「帝国主義の史的究明」というときにどこに依拠して議論を組み立てるのかは、実際には相当大きな選択があったはずです。中村さんのは間違いなくレーニンの帝国主義論的な理解です。それに人民闘争史の革命情勢論というレーニンの議論が加わる形で、七〇年代前後には中村さんはレーニンを重視して議論を組み立てていく。帝国主義論、革命情勢論に依拠して議論を組み立てるのが、中村さんの帝国主義論のポジションじゃないかなという気がします。

森　中村さんが帝国主義論をなんでそんなに強調するのか、いまひとつわからないところがあるのですが、中村さんが一九六七年に書いた「日本近代史研究の当面する課題」で、帝国主義に触れているんですね。それは日本が産業革命の確立と同時に義和団を弾圧する立場になっていると。だから産業資本を確立したときに、義和団の弾圧ということで帝国主義列強の一翼を担って中国へ進出していく。そういう意味では産業資本確立と帝国主義は同時に確立する。そのことによって日本産業革命が確立するんだと。これは山田盛太郎も同時転化論で言っているんです。それを前提に、一九〇〇年の義和団の弾圧を日本が先頭に立ってやったことを帝国主義と言っているんです。

ただ六〇年代の帝国主義研究というのは当時のアジア・アフリカの民族的な独立、そのための植民地解放闘争を評価するという議論だった。六七年頃に、「世界史像の再構成」から、「帝国主義と人民」という議論に歴研の大会テーマが変わります。歴研が、なぜ遠山さんの世界史像から帝国主義の問題にテーマを変えたのか知りたいと思います。

宮地　明治百年に対峙するためには、日本帝国主義の問題を前面に立てなければならないというのが歴研委員会の議論。それを中村さんが、ほかにやる人がいないから引き受けたということですね。

森　明治百年と帝国主義。

宮地　そうです。明治維新の議論では明治百年に対決はできないと。

森　一九七〇年代に日本が東南アジアへどんどん資本進出していく田中角栄の時代にもアジアから批判が出ますよね。そういう現実の帝国主義ではなくて明治百年祭批判として出されたのでしょうか。

宮地　現代的近代化論の狙いが帝国主義にあることは事実だから。一九六〇年代後半は、アメリカのベトナム侵略、高度経済成長を利用した国民のイデオロギー操作。これらに対決するには、明治維新百年ではなく、日本の帝国主義化に焦点を合わせなければいけないという議論が委員会にあった。

森　アメリカ帝国主義のベトナム戦争に日本帝国が積極的に参加していることに対する批判もあるのでしょうか。ベトナム戦争と中村史学の形成との関係はあるのでしょうか。

伊藤　その前の日韓条約締結も大きいと思います。日韓国交回復が日本帝国主義の復活の指標という議論が当時ありました。アメリカのベトナム侵略の後方支援基地としての日本という把握が反映しているんじゃないでしょうか。森さんのお話に、ちょっと戻っていいですか。ぼくが大学院に入ったのが一九七一年ですけど、ちょうど安良城・中村論争をやっていて、ぼくは安良城ゼミに出ていたんです。安良城さんは、マルクス、エンゲルス、レーニン、山田盛太郎、安良城盛昭と言っていた（笑）。自分は無差別級チャンピオンで、エベレストだと言っていた頃です。でも安良城さんの地主制史論は森さんが言う通り、丹羽邦男さんとか守田志郎さんとか、あるいは古島敏雄さんなんかの地主制史研究、とくに近世質地地主の展開論の延長線上で明治二〇年代の確立を把握しようという提起だった。

伊藤正直
（大妻女子大学学長、東京大学名誉教授）

ぼくなんかは、安良城説よりは中村説のほうがずっといいと思っていました。一橋の大学院に古島さんが非常勤でみえたときの議論と、中村さんの把握はどこかでつながっていたんですか。それまでの地主制史研究に対して中村さんが非常に新しいユニークな地主制史把握を提起したことと、先生であった古島さんとの関係について何か聞いておられますか。

森　議論の中身は聞いていませんが、中村先生は非常に恵まれていました。五八年に永原先生が東大から来ますが、その時に中村先生の学部ゼミ指導の増田四郎先生が永原先生に、一橋の近代史研究を今後背負っていく中村君だから、よろしくお願いしますと言ったんですね。その結果、それまで中世史を教えていた永原さんが、六一年、中村先生が修士進学のときにゼミ指導を近代に変え、近代史ゼミで中村先生の大学院指導をやった。その一年前に古島先生を永原先生が呼んで、中村先生の家庭教師のような（笑）、一人だけの院生を指導することになりました。永原先生は、近代史は自分では無理だから、大学院は古島先生にお願いするということで呼んだのですね。それが六一年。だから中村先生は大学院に入ると同時に古島先生の指導を受けています。そのあとの松元宏、西田美昭両氏も古島ゼミに参加しています。

そういう意味では、古島先生の実証的な影響を中村さんは非常に受けている。山梨の共同研究もそうですが。ただ学問的に地主制と資本主義の構造的な連関を、古島先生とどう議論していたかは、ぼくはそこまで知らないのです。ただ守田志郎氏など古島門下でそうした研究をやっていた人はいっぱいいました。それを見ながら研究していたと思います。守田志郎氏が地主の投資を研究したものについては、あれではだめだと厳しく批判していました。資本主義との構造的連関ができると、地主が投機的でなくなり、商人資本的な機能が失われてくる。地主は商人資本として、投機的なものをやっているという守田志郎のような議論ではだめなんで、資本主義そのものとの関係を明らかにしなければならないと。

私が大学院にいたときに古島先生の講義に出て、『資本制生産の発展と地主制』（御茶の水書房、一九六三年）を読みましたが、中村先生がそれについて古島先生と議論したということは聞いてないですね。やっぱり中村さんの地主制論は、独自に山梨の研究の中から作り上げていったと思います。資本への転化論には、山田盛太郎の影響が強く、中村さんは明治三〇年代資本主義確立説で、織物業の工業化を重視して産業資本の確立期を大正期に持ってくる古島先生の説に批判的でした。

古島先生の影響を深く受けていた院生は一橋では西田さんじゃないかと思います。西田さんが古島実証主義の影響を強く受けていたと思います。でも中村さんの議論と古島さんの議論とのつながりはちょっと見えないところがあって、中村さんの独自な山梨の共同研究の成果だとぼくは思っています。

石井　ぼくが中村さんから聞いたのでは、古島先生はあまり理論的なことを生の形ではおっしゃらなかったようです。古島ゼミでは、中村さんが毎週毎週一人で報告して、古島さんは黙って聞いていて、うん、少しよくなったと(笑)。でもまだだめだというので、繰り返しやらされた。つまり古島さんからは、歴史的な実証ができたかどうかを厳密に問われたと言っていましたね。古島さんは、自分なりの理論をもっていますが、あまり生の形でおっしゃらないですよ。中村さんが地主制史研究であれだけ緻密な実証をやってのけたのは、古島さんの指導が効いたのかなと想像していました。

有機的連関は、たぶん永原さんの言葉でしょう。全体構造をつかまないと中世史は話ができないから。そういう意味で、全体をつかむ力は永原さんと議論して育ったのかなと想像していますが、どうでしょう。

大門　そう思います。中村さんは、たとえば六四年の論文で、「相互規定的に循環」という言い方をすでにしています。永原さんの影響力も受けつつ、自分で資本主義論争に学んだのかもしれないですね。野呂栄太郎などに学ぶ中で中村さんなりに身に付けたフレームは、永原さんとかなり近いところにあったという印象を今回もちました。

森　古島さんは永原さんとの共著『商品生産と寄生地主制』(東京大学出版会、一九五四年)で、地主のブルジョアへの上昇転換と挫折について、摂津の綿作地帯で共同研究をやったわけです。その関係で地主制研究を徹底的に共同で実証的に明らかにすることによって研究者を育てるという、東大の古島先生を中心とした共同研究の伝統があった。古島先生を一橋大学に呼び、その方式を一橋に持ち込んで永原先生が院生・学生を山梨に連れていった。こうして永原先生・古島先生が中村さんに徹底した実証主義を学ばせた。私も永原さんのゼミでしたが、「おまえは実証が足りない、もっと実証をやれ」と言われました。法則、概念だけで歴史を切ってはいけないと、叩き込んだのは永原先生です。同じくそのことを中村先生に叩き込んだのは永原・古島ラインです。地主制調査を山梨で行い、中村さんを研究者として育てるようになったと思う。中村さんがもし永原・古島ラインで育てられていなければ、より問題提起型の研究者になったかもしれない。実証的研究者になったのは永原・古島ラインだという気はします。

石井 森さんは農業史、地主制史の研究者でいらっしゃるので、森さんが議論を展開するにあたって中村さんがどういう指導をされたのか、そのへんをお聞かせください。

森 ぼくが中村先生から指導を受けたのは、先ほど出た六七年の「展望台」と「分水嶺」の論文を書かれた頃で、これから分水嶺である一九二〇年代以降をきちっとやれと言われた。さらにその後の崩壊の三〇年代までということで、今までの研究が明治維新から産業革命だったのを、一気に二〇年代、三〇年代をやるようになったという点では、中村先生の影響が大きいです。テーマ設定の面ですね。それともう一つは、ゼミ生や院生を連れて全国の共同調査をやったことです。山梨から始まって群馬、長野、岐阜の飛騨などの養蚕地帯、それから新潟や山形にも行っています。学生をゼミ調査で全国に連れていった。そういう中に、私は院生として参加していった。中村先生は、山梨で永原、松元、西田との共同研究の後、今度は自分が指導者になって学生や院生を連れていき全国の農村調査をやった。農村調査を実践的に中村先生から教わったことは私には恩恵でした。

伊藤 『ヘルメス』(一橋大学学生研究誌)に載ったゼミの調査報告なんてすごいですね。ぼくはびっくりしました。何冊か見せてもらいましたけれど。あれは学生の論文としては、非常に水準が高いですね。

石井 どうやって学生を指導したのかなと思って。すごいことだと思いました。

森 中村ゼミでは、吉川さんのあと十年ぐらい研究者が育たなくなったんです。つまり忙しくなって、学生を連れていけなくなったんですね。

吉川 私が学部学生だったときには新潟の中野家での調査がありましたが、それを学生が論文にまとめるというところまではいけなかった。今おっしゃったような本格的な農村調査というのは、たぶん大門さんの頃までかと。

大門　ぼくの前後ぐらいまでですね。ぼくは七五年に中村ゼミに入り、三年のときに長野県上伊那郡南向村《みなかた》にゼミで調査にでかけます。南向村については、『労働者と農民』の最後のあたりに出てきます。中村ゼミでは『ヘルメス』第二七号にまとめました。調査には院生の人にたくさんついてきてもらいましたが、『ヘルメス』自体は、ぼくらのゼミ四人で書きました。三年の一月ぐらいが締め切りで、すごく頑張って書いたために、そのあとみんな卒論がポシャっちゃったんです（笑）。

森　大変だよね。ぼくはそういう意味で、学部時代に山梨の農村の共同調査で永原先生・中村先生とか、西田さん、松元さんなんかに鍛えられて、それで研究者っておもしろいなと思ったんです。共同研究を通じて若手研究者を育てることを、中村さんは将来を見ながら考えたんじゃないか。忙しくなって学生との共同研究ができなくなり、大学院ゼミの研究者が少なくなっていくんですけれど、共同調査の意義を中村先生はよく知っていたと思う。調査の準備をするのは大変ですが、それを十年以上やり続けたんですから立派だと思います。そこで聞き取りのカセットテープがたくさん溜まり、『労働者と農民』の素材にもなった。そういう意味では学生だけが恩恵を受けたわけではなく、中村先生の学問の土台になった。

共同調査の方式をどうして一橋で永原先生・中村先生が始めたのかというと、ぼくは古島先生編の『山村の構造』（日本評論社、一九四九年）の影響があると思っています。敗戦後に東大の法文農の各学部に所属する若い研究者を集めて共同研究を始めています。これは国民的歴史学運動の一環でありました。永原慶二、稲垣泰彦、山口啓二、潮見俊隆、加藤一郎、杉山博、暉峻衆三、福武直、上原信博などその後日本の社会科学を引っ張るそうそうたるメンバーが参加しています。一九五〇年代にも東大社会科学研究所では共同研究の活発な展開が見られます。その共同研究の伝統と熱気が一橋に導入されたんじゃないでしょうか。こうして永原・中村ラインで一橋大学の若手院生を育てた結果、研究者となる者が多くなったと思います。実証的な共同調査を徹底して重視する流れが一橋の経済史を作ったという気がしています。

浅井　農村史研究の研究者の流れの中で、中村さんはどこに位置づくのか知りたいのですが。暉峻衆三さんと中村さんとの理論的関係はどうなのかとか、西田さんと中村さんの違いとか。またその後、森さんや大門さんが続くわけですが、農業史の潮流の中に中村さんを位置づけるとどういうことになるんですか。

伊藤　リチャード・J・スメサーストが中村カウツキー、西田ベルンシュタインといって（笑）、中村さんも、西田さんも反論しました。スメサーストの研究は実証上の問題もいろいろありましたが、中村さん、西田さんにもそういう傾向があったと思います。森さん自身も栗原百寿などの農民運動の実践を背景にもって研究してこられたと思いますが、中村さんの位置付けはどうですか。

森　中村先生が一番影響を受けたのは、経済史では山田盛太郎です。政治史では服部之総の影響も受けています。中村先生が海外にいた時に、暉峻衆三先生を、ピンチヒッターとして一橋に呼びました。暉峻さんは講座派とともに大内力さんの影響を受けています。資本主義諸段階における農業問題を明らかにするという方法は、その後の農業史研究に大きな影響を与えました（暉峻『日本農業問題の展開』上下、東京大学出版会、一九七〇・八四年に結実）。地主制の用語は使用しますが、独自の経済制度としての「地主制」ではなく「農業問題」という立場です。段階的にどう地主制が変化するか、その中での費用価格（C＋V）意識の形成による農民運動発生論を展開し、資本主義の発展段階と農業問題の段階的変化を明らかにしました。

西田美昭さんは一橋大学での永原先生と古島先生の直系の弟子ですが、農民運動をめぐる西田・中村論争がありました。どういう違いかというと、西田さんと私は、栗原百寿が提唱した農民的小商品生産という大正期の自小作の発展が地主制とぶつかっていく成長の面を評価することによって、大正デモクラシーを支えた農民運動の社会的な基盤を明らかにしようとした。中農が農民運動の担い手ということです。

それに対して中村先生は、西田説では昭和恐慌期は解けない、そもそも農民的小商品生産の発展は昭和恐慌で潰れて、消滅するような底の浅いものだと言います。昭和農業恐慌による中農も含めた全般的落層化による貧農的農民運動に着目します。大正期の中農的農民運動は昭和恐慌期に衰退し、貧農的農民運動にとって代わる。それも国家の弾圧によって昭和初頭につぶされる。このように大正デモクラシーには、底の浅さという限界がある。地主制が崩れずに八・一五まで残ったのはなぜかという点に関して、山田盛太郎と同じで昭和恐慌で壊滅する中堅的農民の脆弱性、中間層の不安定性を強調します。西田さんはそうじゃなくて、戦後の農地改革を見つめて、自小作中農層が農民的小商品生産を戦時下でさえ苦難の中で発展させながら、戦後の農地解放につながる原動力になったとして、戦後の農地改革と農民解放までを展望する。西田さんは商品生産的小作農などの中間的農民を高く評価しました。頑強な地主制が八・一五まで存続することを強調する中村さんとの間に意識の違いがあるのです。また中村先生は貧農的革命運動を否定して、商品生産的小作農民による「革命」ではなく「改良」として農民運動を見るスメサーストと激しい論戦を行いました。その返す刀でスメサーストに利用される弱点を西田さんも持っていると批判しています。このように中村さんは原則派で、地主制の構造は八・一五まで変わらない。戦時農地調整法で若干変わるけど、基本的には農民的小商品生産を高く評価しない。自ら解放できずに負け取った民主主義だということになる。西田さんはそうじゃない。戦前以来の農民の力が戦後につながっていくのだと。その歴史認識の違いが中村さんと西田さんにあると思います。これは戦時と戦後との断絶論と連続論の差につながります。

浅井　森さんとか大門さんとか、中村さんの弟子は、私から見ると、暉峻さん、西田さんの系列に入る気がするのですけれど。

森　そうですね。ぼくは戦時農業論（「戦時下農村の構造変化」『岩波講座日本歴史20　近代7』岩波書店）を一九七六年に書きますが、中村さんから戦時農業構造を「農民経済で総括するのではなく地主制で総括しなさい」と言われたことがあるんです。戦時下の農業は農民より地主が重要だということです。

ぼくはどちらかというと西田派で、栗原百寿の農民的小商品生産、自小作前進型の中農層の台頭と挫折の延長上に戦時統制から農地改革を見据えて、戦後への連続まで考えていた。戦後との断絶の側面、地主制の強固な存続という意味での中村さんとの違いを、ぼくは感じます。

大門　ぼくの理解は、西田さんと暉峻さんの折衷なんですよね（笑）。農民運動を考えると、主体的契機の分析については、西田さんの農民的小商品生産論と、暉峻さんの労働市場論の理解の両方に重要なところがある。それとくらべると中村さんの主体的契機は、スパークとか外からの契機で説明する傾向が強く、それは深谷克己さんの七〇年代の百姓一揆の再検討ともずいぶん違うところがあります。

西田さんと暉峻さんの折衷というのは、どういうことか。西田さんの農民的小商品生産論は客観的条件が育つという説明だと思います。それに対して暉峻さんの労働市場論に出てくる小作収支計算書は、小作農民たちが自分たちの要求水準を自覚することを示しています。農民的小商品生産は必要条件なのですが、小作争議が起きるにあたってはもう一つ、他と比較することによって自分たちの小作争議の意味を自覚する必要があります。正当性の観念と労働市場論はセットだと思うのですが、農民的小商品生産論だけだと、運動するための正当性はなかなか出てきにくいのです。農民的小商品生産論と労働市場論と両方必要ではないかと思っていて、そういう意味で折衷なんです。

4　人民闘争史、民衆史

浅井　話の順序を変えて、『労働者と農民』に描かれたような民衆史をどう評価するのかを先に話したいと思います。

先ほどの平行四辺形の話を、国家論の前にしたいと思います。大門さん、補足説明をなさいますか。

大門　平行四辺形の話をする前に、中村さんの二つのモチーフにふれておきます。今回、報告を準備するなかで、中村さんの前期の研究には、二つのモチーフがあると整理できるように思いました。一つは、戦後民主主義の擁護であり、六〇年安保体験の肯定的評価、人民闘争史研究における統一戦線的発想によく示されており、「現代民主主義と歴史学」（一九七一年）における幅広い研究史整理は、このモチーフに支えられたものでした。もう一つが、「個人」の視点であり、人民闘争史研究から『労働者と農民』の過程でみられたモチーフです。そして、『労働者と農民』は、二つのモチーフをもっともよく体現した作品でした。

中村さんの「個人」の視点は、一九六八年のエッセイ「歴史と個人」で早くも示されていましたが、「個人」の視点にとって重要な役割をはたしたのは聞き取りでした。私の報告で紹介したように、山本茂実さん、山崎朋子さんとの鼎談で、中村さんは農村では「魅力的な人」に会えたといい、別のところでは、農民運動家である大山初太郎について、「大山と会えた」という印象的な表現を使っています。調査での聞き取りを通じて出会えた、固有名詞をもった「魅力的な人」たち、中村さんは、『労働者と農民』で「魅力的な人」たちの「個人史」と「時代の構造」のせめぎ合いの過程を描くことに力を注ぎました。「個人」の視点のモチーフをふまえた『労働者と農民』の叙述は、戦後民主主義擁護のモチーフや人民闘争史研究における統一戦線的発想から一歩ふみでたものであり、ここから中村さんは、「社会構成体史的把握」か、「人間中心の歴史把握」かの「二者択一」ではない道の模索を含んだ民衆史像の提示に至ります。「個人史」と「時代の構造」がせめぎ合い、二者択一ではない道を模索するところに、『労働者と農民』の最大の魅力があるといっていいでしょう。私は、今回の報告を通じて、『労働者と農民』は前期の中村さんの峰をもっともよく代表する作品であり、なおかつ、色川大吉さんや安丸良夫さんとも異なる民衆史像を提示した一九七〇年代の作品であると位置づけることができると思うようになりました。

『労働者と農民』の民衆史像をめぐっては、二つ議論が残されました。一つは、中村さんが示した民衆把握である主体的契機、意図と結果の乖離、敗北のなかの勝利に関して、さらに内的条件を検討する課題があり、もうひとつが、平行四辺形の思想にたとえたうちの、「社会構成体史的把握」にかかわることでした。『労働者と農民』では、具体的な叙述が豊富になされた最後に、「社会構成体史的把握」をめぐり、二者択一ではない道の選択の模索が強調されているのですが、前期の他の論文で今回印象的だったのは、中村さんは「社会構成体史的把握」をめぐり、世界史の基本法則を堅持する主張をかなり強くされていることでした。

大門正克
（横浜国立大学教授）

基本法則の堅持の話が強く出てくるのは、六七年の論文「日本近代史研究の当面する課題――日本近代史上の一九〇〇年代と一九二〇年代」が最初だと思います。この論文では、帝国主義の問題についてレーニンに依拠しています。歴研で「帝国主義と人民」に課題を急速にしぼるなかで、中村さんはレーニンの『帝国主義論』に依拠し、あわせて世界史の基本法則堅持を主張し、六〇年代前半の遠山さんによる東アジア歴史像を批判するとともに、戦前の日本資本主義論争から戦後の歴研による世界史の基本法則、レーニンに依拠した帝国主義理解に至るまでを、基本法則の堅持というかたちで整理して強調しています。中村さんは、八三年の論文「講座派理論と我々の時代」でも基本法則の堅持を強調しているので、六〇年代後半から八〇年代初めにかけて、世界史の基本法則を堅持するような社会構成体史的認識をもっていたといえると思います。ただし、なぜ七〇年代に至っても基本法則堅持を強調したのか、そこのところがまだストンと落ちないのです。

石井　六〇年代初めに歴研が基本法則と世界史像を並べたことの意味を、中村さんがどうとっているかについてはちょっとズレを感じます。基本法則が固定化したらいけないので、早く新しい基本法則を作ろうよというのが六〇年代初めの日本史研究会であり、歴研がそれを受けとめた場合の発想だった。このときにレーニンの『帝国主義論』でいいんじゃないか、あれは世界史的なものだと言っちゃうと、『帝国主義論』の目的は帝国主義戦争の必然性を問うことにあったんだから、帝国主義の国々のことは書いてあるけれども、それに抵抗する民族運動等々は出てないわけです。そこを今の段階では取り込んで見なければいけないというのが、おそらくI・ウォーラーステインなんかでも考えていたことなのです。そういう新しい発想をしようということを、なんで中村さんが理解しなかったのかなと、ぼくはちょっと残念な気がしますけどね。

大門　私は六〇年代後半に中村さんの議論のポイントがあるのではないかと思っていますが、基本法則の理解がなぜ堅いものとして中村さんの中に残り続けるのかは、腑に落ちないところがありますね。

森　基本法則ではなくて、大門さんが力を入れて説明した「意図と結果の乖離」について聞きたいんだけど、『労働者と農民』を見ると、中村さんは聞き取りとか共同調査をやってたときに、農民に即してその立場に寄り添いながら、この人たちは善意でやっているのにどうして戦争を支持しちゃったんだろうとか、どうしてあんな悲惨な目に遭ったんだろうとか、それを直接肌で感じたと思うんだよね。人間の主観通り歴史が動くのならば何の心配もない。個々の人間が善意で誠心誠意を込めてよかれと思って行動したことが、その結果がまったく逆の方向になってしまう。これが歴史なんだと。それを明らかにしなきゃいけないというのが中村さんの提起ですよね。歴史学の難しさは、この人間の意図と結果の乖離を生み出す仕組みを明らかにすることだと。そこには人間の主観的意図から自立した客観的な社会発展の法則が作用して、人間の行動を規制する条件が働いている。そういう乖離がなぜ起こったのか、その背景まで明らかにしなきゃいけない、それが歴史家の課題だと言います。歴史は個人の主観では動かないということ、客観的な社会発展法則の作用、人間の行動を組織する条件、生産力だとか国家権力とかいろんな条件をやっぱり考えなさいというのが、構造と主体の統一という問題なんじゃないかと思います。

大門 一個の作品としてみた場合、『労働者と農民』の魅力は、社会発展の法則の強い作用を強調するのではなく、聞き取りをふまえた「個人」の視点、個人史をふまえて、個人史と歴史の構造のせめぎ合いを描くことに焦点を合わせ、随所において、二者択一ではない道を模索したところにあります。中村さんの叙述の力も加わり、ここに『労働者と農民』の最大の魅力があると私は思います。

ところが、中村さんの論文では、社会発展の法則、世界史の基本法則が貫かれることが強調されており、今回、むしろ『労働者と農民』と論文のアクセントの相違を感じました。帝国主義をめぐっては、世界史の基本法則を固くあてはめる理解を乗り越える試みが一九五〇年代に江口朴郎さんによってなされていましたが、中村さんは、なぜ六〇年代後半から七〇年代に至っても、世界史の基本法則を堅持する考えを強調していたのか、十分に理解できないというのが正直なところです。

森 七〇年代ね、うん。だから合力論じゃないんだね。意図と結果の枠組みとしての客観的な法則が貫通している。そこを明らかにしたうえで、個人の主体を位置づける。それを認識して、その必然性の認識によって変えていく。その客観的な法則が貫いていることを明らかにするのが歴史家の役割だという議論なんじゃないか。

大門 そう言っているのはわかるけれども、その堅い信念と、そこが結局何を目指しているのかよくわからない。

森 客観的法則は何かという問題ね。

大門 さっき伊藤さんに言われてぼくはうまく答えられなかったけど。

浅井 中村さんの主体のとらえ方はどうなんでしょうか。その後の歴史学では、安丸良夫さんや二宮宏之さんなんかは、民衆の共通認識や通俗道徳などを媒介環として入れているわけですよね。

大門 安丸さんは、もっと早い段階から民衆の通俗道徳的実践に注目し、近世後期から明治以降にかけて、民衆は勤勉や節倹などの通俗道徳的実践によって家の維持につとめたこと、それが日本の近代化の基礎過程にあったとして、丸山真男のような理解ではなく、そこにこそ日本の近代化を成し遂げた民衆的なエネルギーがあるという議論になる。とはいえ、通俗道徳的実践は民衆自身がそれに深くとらわれているがゆえに、天皇制とも結びつくというように、実践が民衆におよぼす作用と意味をたえず複数の面にわたって議論し、民衆の内在的理解につとめようとしました。

今日の報告で紹介した深谷さんは、中村さんと同じように人民闘争史研究を推進したのですが、一九七〇年代前半から、百姓一揆の日常と非日常の関係を史料に即して深く検討し、百姓一揆を支える民衆の正当性の意識を検出したように、民衆の内在的理解に向かいました。その背後には、高度経済成長の進行による社会の巨大な変化と当時の人びとの意識の変化があり、一九七〇年代前半以降の深谷さんは、青木美智男さんとともに民衆を内在的に理解する方向を追究しました。

森　大門さんに聞きたいのは、六〇年の安保闘争を受けて色川大吉、安丸良夫の民衆思想史が出るでしょう。アナール派の心性論に近い。また、網野善彦の民衆史が周縁とか非農業民とか差別という形で出ますよね。六〇年代を経て民衆史研究はどんどん出てくるんだけど、中村さんの民衆史とはどういう違いがあるのか。安丸・網野と中村の民衆史はどう違うのか。中村さんの民衆は、小作農民だとか労働運動家だとか女工だとか坑夫、そういう運動論的な民衆像、変革の主体の民衆像と言っていいんでしょうか。

大門　中村さんの民衆史は、たしかに色川さんや安丸さんと違いますし、『労働者と農民』に出てくる民衆は、高井としをや大山初太郎のように、運動家になるような人たちが多い。その点で、『労働者と農民』にみられる民衆史は、人民闘争史研究の延長線上にあり、運動論的な観点を読みとることができるのですが、ただし、『労働者と農民』を一個の作品としてみた場合、個人史が分厚くあり、それがこの本の魅力になっています。たしかに構造と主体の関係を考察しているのですが、その場合の主体は、聞き取りで実際に出会った人たちを中心にした個人史として厚く描かれており、大山初太郎のような意図と結果の乖離を含めて、構造とのかかわりのなかにある個人が十分に描かれている印象があります。

森　その構造の中での主体というのは変革の主体であり、運動論的な主体だよね。普通の民衆じゃないでしょう。だから中村さんが人民闘争史を受け継いでいるというのはそういうことじゃないのかな。

大門　人民闘争史研究を受け継いでいるのはその通りなのですが、人民闘争史研究にとどまらずに、「個人」の視点のモチーフを入れていること、そこからさらに社会構成体史的把握か人間中心的把握かの二者択一ではない道の模索を提起したところに『労働者と農民』の特徴があると思います。

ただし、たとえば深谷さんとくらべてみるとき、中村さんの民衆把握では、知識人の演説との接点（火花《スパーク》）のように、外部から説明することが多く、民衆の内在的把握という点で課題を残していました。また、『労働者と農民』では強く出ていませんが、同時代の論文では、中村さんは構造にかかわる考え方として世界史の基本法則を堅持する必要性を強調していました。この考え方は、中村さんの研究の後期に入った一九八〇年代前半にもみられたものでした。

伊藤　その場合に、マルクスのいうイデオロギー的虚偽意識とか、レーニンの外部注入論のような問題の立て方で運動を見ていくのは、もうダメだという話になってくるわけでしょう。今の大門さんの提起はまさにそうだと思うんだけど、共有している価値規範や、どこに向かって変革していくのかの共通認識が、中村さんのときはあった。いま大門さんが一生懸命やっていることは、現状のネガティブな面に対するアンチ・テーゼの意味はあるけれど、それは、世界史の法則や基本的な法則定立を全部放棄しようということになるのか。外部から注入されないと主体認識がうまく展開していかないという観念が中村さんに強かったことが、後期になっていろいろ問題として出てきたという把握だったけれど、それでいいのかなという気もするんですよ。

大門　難しいですけど。今日、中村さんを論評するときに同時代のだれかを参照して議論すべきだと考え、深谷克己さんを選び、青木美智男さんを参照しました。二人ともバリバリの人民闘争史を研究していた人たちですが、六〇年代後半のころにベトナム戦争、革新自治体、公害問題があり、階級ではなくて住民という概念で考えなければいけないという見方がでてきたときに、それを、近世史研究に引き取ることになった。あるいは文化史的要素を入れて民衆を理解するという模索が青木さんのなかで始まるのが七〇年代半ばなんです。深谷さんは七三年にあらためて近世の史料を深く検討し、史料から時代に規定されたキーワードを選び、そこからもう一回説明しなおそうとしました。

人民闘争史研究に対する反省が、人民闘争史をやっていた人たちの中から出てきた。ちょうど中村さんの『労働者と農民』と雁行して、深谷さんや青木さんの反省が出てくる。そのポイントは、歴史家は不可避的に今を生きる中で研究するしかないから、今の時代と無関係には成り立たないという点です。六〇〜七〇年代の大きい時代の変化を受けとめようとした歴史家として、一方に中村さんがあり、他方に深谷さんや青木さんがある。六〇〜七〇年代の時代の変化を見据えたときに、外部注入論だけでは説明しきれないと思った人がいたことは、同時代の議論としては重要だと思います。

伊藤　だからその説明しきれない部分の理論的な基準をどこかで補充するのか、あるいは基本的なフレームワークを堅持しつつ再構成するのかというところで違うと思うのです。基本的なフレームワークを組み替えた例は、たとえば八〇年代、九〇年代の経済史研究における数量経済史とか、あるいはダグラス・ノースの比較制度分析だとか、新古典派のフリードマン・シュワルツなどをフレームワークに入れた議論です。それとも既存のフレームワークで、たとえば大塚久雄さんのようにマルクスとヴェーバーという複眼的な形で構成するのか、それとも基本的にはマルクス的なフレームワークでいくのか。だからマルクス的なフレームワークのエッセンスは何かという問題になると思いますが、中村さんの場合には、一貫してマルクス的フレームワークを最後まで堅持していたと思いますか。

大門　『経済発展と民主主義』（岩波書店、一九九三年）もそうですね（笑）。中村さんが自分で言っていたことが、後期になるとぐらついているという気がします。

5　天皇制・国家論・服部之総

浅井　その問題に入るとすれば、やはり国家論ですよね。そこのところが解けていたのかという問題があります。そこで、天皇制、国家論、服部之総のところに戻りたいと思います。もう一度宮地さんにご登場いただきます。

宮地　ぼくは、七三年から幕末という全然彼が扱っていない古い時代に入ってしまったので、その後どういう考えを彼がしているのか、あまりフォローしていないのです。ただし彼の話を歴研の委員会その他で聞いて感動したのは、三二テーゼをよほど意識していたことです。異なったウクラードを架橋するのが独自の自立した国家権力だというのが彼の三二テーゼに対する理解で、私はそれでいいと思います。一九三〇年代まではね。ファシズムになるとすこしちがいますが。ですから彼の議論が、山田盛太郎の議論をいかに帝国主義段階にまで延長させて説得的に組み立てるかであったという先ほどの説明は非常に納得しました。

服部之総についても、経済史の専門家はどう思うかわからないけれども、私のように歴史学をやっている人間から見て服部之総がすごいのは、文章もうまいし、切り口もすごいことです。あれほど図抜けた人は出てないと、中村さんが思うのは無理ないですね。私が偏愛する羽仁五郎と比べても格段の差がある。羽仁さんのは、歴史畑の人間なら史料がおもしろいと思いますけれど、そうじゃない人間には羽仁さんのおもしろさはわからないですね。服部さんは歴史学ではなくて社会学ですから。あの切り方の見事さ、人物評論のうまさ、『明治の政治家たち』上下二冊の岩波新書（一九五〇・五四年）をみてもいまだに感動する。ただし彼の場合には一九二〇年代後半から三〇年代前半という、現実に満州侵略をやっているのに、なんという日本ブルジョアジーなのか、という目で、状況を見ていた。封建性とも規定できない、しかし欧米ともまったく違う、しかも権力に従順なこのブルジョアジーとは何かを、絶対主義論とブルジョア革命論の二段階論でどう分析するか。彼の関心の核はそのことで、明治維新論をやるつもりじゃなかった。『日本資本主義発達史講座』のいちばん要である三二年、三三年を明らかにするために、彼は当時いちばん先進的な研究者がもちえた方法論を駆使し、そしていちばんフレキシブルな天皇制論を作ったのだと私は思います。

ですから中村さんが服部之総に傾倒するのは、歴史学をやっている人間としてよくわかる。政治史の人間には服部さんのすごさがよくわかる。それを私は全面的に取り入れるつもりもないし、福沢諭吉の評価などは今では彼とまったく違っていますが、人物評論ができる、『黒船前後』（大畑書店、一九三三年）などに示されたあれだけの力量を、他のマルクス主義歴史家が持っていたら、もっと影響力は強かったでしょう。それほど、いまだに克服されてないのは服部之総だと思っています。

浅井良夫
（成城大学教授）

浅井　中村さんは、服部之総の近代資本主義国家への暗転が三〇年代にあったという示唆から影響を受けて、国家類型は近代国家、国家形態は絶対主義という議論を作ったわけですね。その結果ははたしてどうだったのか。行き詰まってしまった感もないわけではありません。中村国家論を現時点からどう評価すればいいのか、中村さんは本当に服部之総を受け継いだのか、その辺のところはどうでしょうか。

大門　最近、宮地さんが松尾章一さんの本（『歴史家　服部之總』日本経済評論社、二〇一六年）について書かれていましたが、（「服部之總の維新史論――松尾章一『歴史家　服部之總』

刊行に寄せて」『評論』第二〇六号、二〇一七年）、服部之総は明治維新と自由民権をいつもセットで論じていました。中村さんも天皇制国家論と人民闘争史研究を架橋しなければいけないと、たびたび言っていたわけですが、服部之総のあの論文（「服部之総と近代天皇制論」一九七二年）から七五年の論文（「近代天皇制国家論」一九七五年）に移るときには、服部が明治維新と民権をセットで論じていたポイントは引き連れていかず、暗転のところを国家類型と国家形態で解くことに集中しました。そうするともともと言っていた人民闘争史との関係の契機が、七五年の論文には乏しい分だけ行き詰まった感があり、議論が袋小路に入ってしまいました。それを八五年の論文「天皇制国家と地方支配」で中村さん自身が自己批判をして、中村さんなりに地方支配、地方自治という問題に人民闘争史の観点を入れようとした。服部の受け継ぎ方がもう少し違っていたら議論の展開は変わっていたのかもしれません。

宮地　服部さんのすごいところは、原マニュ段階論を提起して、「ちょんまげを結ったブルジョアジー」というカテゴリーを作った、このすごさです。ただし経済史的にはマニュファクチャー段階ではなくて、小商品生産段階であることははっきりしているけれども、産業資本が出る前の近代に向かった国内の分業体制の展開といういちばんいいところを彼は突いている。ですから私が、ペリー来航の段階を「公論世界の端緒的形成」といったのは、まさに服部の厳マニュ段階論を、どう歴史学で使えるかを頭の片隅におきながら考えた結果です。服部があれだけフレキシブルに明治維新を考え、そして自由民権まで視野を広げられたのは、幕末からきちんと見ている彼の視野の広さです。戦後に架橋する中では、平田国学者でありながら地域の産業振興に力を入れて、しかも東京に来て石鹸という非常に近代的な産業を興してしまう長瀬富郎を花王石鹸史で取り上げています。今も花王というのは優良株ですよね。ああいうセンスを彼は持っている。それは羽仁さんが持ちえていないセンスであり、服部を考える場合にものすごく大事なところだと思います。中村さんが服部をきちんと読みながらも、類型論の話になったのは、ぼくとしては惜しい。もう少し幕末の日本の経済的発展の段階が作りだした新しい社会をやれば、彼の国家論の議論はフレキシブルになったのではないでしょうか。絶対主義論やブルジョア国家論ではない形で十分議論できる。石井さんがおやりになった商業資本と同様の問題を、幕末段階で日本経済史がもう一度見直す必要があると思います。天皇制の半封建的土台という話だけで片づけられると、私のようにクソ実証の歴史研究者は、どうも事実は違う、かなり自由に連中は考え行動し、天皇制に対しても安丸さんがいうようには、魔術にとらわれてはいないのだと感じてしまうのです。そのあたりを、経済史の研究者がもう少しやってほしいと思っています。

吉川　中村さんは、戦間期以降のブルジョアジーのあり方をつきつめる方向へは進まずに、それを抜きにしていきなり国家にいってしまった。もしブルジョアジーの分析を本格的にやったうえで国家論にいっていたら、少し違った話になっていたのではないかと思います。

伊藤　石井さんが二〇一二年に『帝国主義日本の対外戦略』(名古屋大学出版会)のなかで、大石嘉一郎さんが編集した『日本帝国主義史』全三巻(東京大学出版会、一九八五・八七・九四年)の問題点を三つ指摘しています。政治史的分析と経済史的分析とをきちっと統一して説明していないことが一点目です。二点目は国際的規定性とか世界史的な規定性が大事だと言いながら、実証的な分析をほとんどやってないことです。三番目に、私的独占やブルジョアジーと戦争の関係をきちっと分析できなかった。それが『日本帝国主義史』の大きい問題点だと石井さんが書いています。

でも問題はその先にあると思います。戦前日本資本主義の構造的特質が戦後につながっていく場合の日本資本主義の「後進性」とか「退嬰性」とか、かつて一九五〇年代から六〇年代に丸山真男さん、大塚久雄さん、内田義彦さん、川島武宜さんなんかが問題にしていた部分は、中村さんや石井さんにどう受け継がれているかということです。だから吉川さんが、ブルジョアジーのきちんとした分析をやらなかったじゃないかと言いましたが、やると別のものが見えてくるのでしょうか。

石井　やると少しは見えないかなと思って、ぼくは高村直助さんがやった紡績資本の動きが満州事変の前後でどうだったかを調べたんです。そういう政治と結びついたブルジョアジーの動きをきちんとやることができてなかったので、政治史のほうは経済は何も知らんという顔をして、今はもう政治過程の分析しかやらないということになっちゃっているからね。ただ、松浦正孝さんのような仕事（『財界の政治経済史』東京大学出版会、二〇〇二年）が少しずつ出てきているけれども、意外と満州事変にかけての時期の動き、あるいは満州事変そのものについての研究はなかったのです。戦争に全然抵抗できなかったブルジョアジーというのは、山田盛太郎さんも同じことを言っているんですよ、産業革命史研究会で。なんで先生は独占資本を大きく紹介しなかったのかと聞いたら、戦争に全然抵抗もできなかったじゃないですかという答えでした。だけど、坂本雅子さん（『財閥と帝国主義』ミネルヴァ書房、二〇〇三年）みたいに、三井物産の対中国借款の事例を取り上げて、大きく侵略に加担したと言ってしまうのは無理がある。国内で有利な資本蓄積の場をしっかりと掴んでいるような有力財閥はそう簡単に外に出て行かない。国内でギリギリまで蓄積して、限界が見えてきたところで結局中国に向けてやろうという動きが出てくるわけで、そういう全体としてのブルジョアジーの動きを、政治過程も含めて研究する動きがほしかったですね。なんで日本は満州事変を防げなかったのかという、子どもがよく言うような簡単な質問にわれわれが答えられているかというと、そうではないと思うんですね。

吉川　それは中村先生や石井先生たちの世代の積み残した課題であって、本当はその後の八〇年代以降の経済史研究者たちが受けとめて取り組むべき問題だったはずですけれども、これは自省もこめた話となるわけですが、八〇年代以降の経済史研究はどうもそういう方向へはいかなかった。

石井　マルクス主義の歴史家は、ブルジョアジーは戦争に反対するはずがない、大ブルジョアジーはもちろん戦争に賛成だ、だからそんなことを調べてもだめだという議論です。もっと左翼の闘って亡くなったような人のことを研究すべきだというのが、マルクス主義者を自認する人たちのぼくの本に対する最初の反応です。ただ国民全体がどう動いたかを知るためには、やはりブルジョアジーの動きは大事です。いちばん利害が関わっていた在華紡の人たちが満州でことを起こされたらもうどうにもならないというところに追い詰められていくのだけれど、では彼らがそうした経済利害に立ってどこまで戦争への動きに抵抗したのかと思って、そこを調べてみたんです。

浅井　八〇年代になって、中村さんの次の世代から、二〇年代論とか三〇年代論が出てきましたが、それは、石井さんが言われたのと全然違った方向に行っちゃったという感じです。伊藤さん自身はそういう立場じゃないかもしれないけど、その辺をどう考えますか。

伊藤　ぼく自身の話でいうと、一九八九年に『日本の対外金融と金融政策』（名古屋大学出版会）を書いて、その「あとがき」で、自分はヒストリアンからエコノミストへスタンスが変わったと書きました。今日のテーマは「中村政則の歴史学」なので、もう歴史学者ではないと、かなり早い時期から自己規定して仕事をしてきた自分が、こういうところに出てくるのは不適切じゃないかと思いました。

昭和恐慌の古典的研究としては、長幸男さんの井上財政と高橋財政を比較した研究（『日本経済思想史研究』未来社、一九六三年）とか、隅谷三喜男編の『昭和恐慌』（有斐閣、一九七四年）があり、その当時の問題意識は、満州事変と昭和恐慌の関係をどう見るかということでした。ところが、その後、中村隆英さん（『経済政策の運命』日経新書、一九六七年）とか、三和良一さん（『戦間期日本の経済政策史的研究』東京大学出版会、二〇〇三年に集成）の昭和恐慌期の研究が出て、景気回復の一環として、昭和恐慌からの脱出策としての高橋財政をどう評価するかという話になってきた。その行き着く先は、高橋財政の景気回復のいちばんのファクターは財政政策だったのか金融政策だったのか為替政策だったのかを、計量分析でやるという研究です。その背景には、フリードマン・シュワルツなどの世界大恐慌の原因は実は金融政策の誤りにあったという議論があり、今ではそうした方向に研究がシフトしているわけです。そういう中で改めてまたこの二〇年間の国債大量発行とその累積をどう評価するかということで、戦前の高橋財政と今の状況との比較がいろんなところで行われるようになっています。

それに対して中村さんの昭和恐慌論は、運動論的・運動史的な総括です。中村さんの昭和恐慌の本では、中村さんや林宥一さんの全層没落論と、西田さんや森さんの自小作前進の崩壊によるファシズム的な基盤の形成論というフレームワークの中に、中村さんの『昭和恐慌』（岩波ブックレット、一九八九年）などがある。その限りでは八〇年代、九〇年代の経済史的研究には、中村さんのこの時期の研究との接点がなくなって、相互に議論ができるフレームワークが設定できなくなったと、ぼくも思います。

それは実は、占領戦後史研究会で中村さんが行った戦後改革研究の場合も同じ問題があるように思います。トーマス・ビッソン『ビッソン日本占領回想記』の翻訳（三省堂、一九八三年）を出し、アメリカで一次史料をいっぱい集めてきて具体的な分析をやって、その限りでは、中村さんは竹前栄治さんたちとともに占領戦後史の新しい枠組みを、出せたと思う。でも、そこでの中村さんの視角は、その後浅井さんなどが進めてきた論点、占領が終わって五二年以降の成長ができる前提としてそのように戦後改革があったのかという視点よりは、戦後改革そのものが戦前と戦後の連続か断絶かというところで見ている。貫戦史という表現そのものがそういう意味合いになっているので、浅井さんなどの研究とは接続してない。でもそれは中村さんの責任ではなくて、さっき吉川さんが言ったようにわれわれの責任かもしれない。だから私に振らないで（笑）、浅井さんが自分で直接言ってください。

浅井　『昭和の恐慌』（小学館、一九八二年）では、要するに高橋財政は経済的には成功したけど政治的には失敗した、他方でニューディールは経済的には失敗したけど政治的に成功したというシェーマを出していますよね。それはどう評価したらいいんだろう。

伊藤　だから私はそういうふうに見るのは誤りだと言っているわけですよね。つまり高橋財政は高橋財政として、一九三二年から三六年の二・二六事件までを高橋財政期として評価するのはおかしくて、つまりああいう形で行った制度設計の粘着性というか。高橋よりも前から長期国債の日銀引き受けは第一次大戦後に少しは行われていたんだけど、ああいう形でやることによって、その制度を作ったということが昭和一二年以降に臨時軍事費特別公債を日銀が引き受けることにつながっているわけです。ですから、高橋財政期だけを取り上げて満州事変費と時局匡救事業費を軸に、日銀の国債引き受けをやって景気回復に成功した、経済的には成功したけれども、政治的には失敗したと言っちゃうと、二千ドルの壁とか一万ドルのワナとかという、ある一定のレベルにキャッチアップすれば後発国家は先進国になりますという評価に連続しちゃうんじゃないか。だからぼくは経済的に成功したけど政治的に失敗したという評価の仕方に納得してないんです。

浅井　戦後史の評価にもつながっているということですか。

伊藤　つながっている。でもそれは次のところで話した方がよいですね。

6　戦後史、貫戦史

吉川　『経済発展と民主主義』（岩波書店、一九九三年）が出たときには、ちょっと驚きました。中村先生がこの本を書かれた背景の一つに、一九八〇年代の大学院中村ゼミの状況もあったのではないかと思います。私は八三年にマスターに入りました。そのあとに永江雅和さんが入ったのが九四年なので、一一年間、中村ゼミでは日本人の院生が進学して来なかった。いろんな事情があったと思いますが、ひとつには日本経済史を専攻しようという学生にとっては、中村さんのような歴史学に魅力をあまり感じられなくなったということもあったのではないかと思います。一方で韓国、中国からの留学生が増えてきた。そういう人たちと議論すると、戦前期の日本を資本主義論争というような枠組みではなくて、一種の開発独裁ととらえる見方が強い。しかも経済を発展させるという点では、

吉川容
（三井文庫上席研究員）

日本は割にうまくいったほうじゃないか。なんだかんだ言っても相対的に見れば政治の腐敗もそれほどひどくはなかった。もちろん軍事的な肥大化、帝国主義的な対外進出という問題はあった。それと開発独裁とのつながりをどう考えるかは大事だけれども、開発独裁の一形態として考えて十分理解できるのではないかという考え方です。そういう捉え方の方が、当時の新興工業国（地域）と比較し、共通の土俵での議論が院生の間でできたという経験があります。中村ゼミでそういうことがどこまで議論されたか記憶がはっきりしませんが、中村先生もそうした流れを当然意識されていたと思います。それが『経済発展と民主主義』の発想につながっていることは否定できないのではないでしょうか。

この本では、「二〇〇〇ドルの壁と一万ドルのワナ」仮説というのが印象的で、これは図式的な把握にすぎる、いわゆる近代化論的なテイク・オフ理論と同じような発想に陥っているのではないかというような受けとめられ方がかなりあったと思います。中身を読むと、そうした単純化した議論を意図したわけではもちろんなくて、明治維新以来の経済発展と民主主義に関する日本の経験、その具体的分析を幅広く視野に収めながら国際的な広がりの中に位置づけようとする試みであり、日本の民主主義のあり方に関しても、戦後改革＝三層（現代化・近代化・前近代残存）の重層的改革論、「モダンとプレ・モダンの価値意識の二重構造」化など「前近代性」の問題に当然ながら目配りがなされている。あるいは「速度」の問題の提起や、「地球民主主義」への言及など示唆に富む点もあります。

ただそのときに、大門さんの整理によれば中村先生の前期の高い嶺の成果、そこで中村さんが獲得してきた概念や方法が、この本での長期の経済的発展と政治的社会的展開の分析にきちんと生かされているのか、繋がっているのかというと、正直言ってよくわからないところがありました。

浅井　今回読み直してみると、日本というのは半周辺であると、ウォーラーステインの議論を下敷きにして、『経済発展と民主主義』を書いている。そのウォーラーステインの理解が、周辺国が、最初に出発したイギリスのあとを追いかけていくという、それこそロストウ流の議論になっている。なぜそうなるかというと、やはり基本法則なのかなという気もします。

伊藤　最初に戻るわけ。

浅井　そうそう。関係性でとらえるという視点がウォーラーステインの場合にはあるけれども、中村さんの場合そこは学ばなくて、後を追いかけたというところだけを強調している。だから二〇〇〇ドルにいつ追いつくかどうかという話になっている。

伊藤　でもその前に問題になるのは、そういうセンター・アンド・ペリフェリーとかコア・アンド・サテライトとかいう関係と、もうひとつは、それぞれの国民経済の、あるいは国民経済間の関係も含みこんだ内発的な発展をどの程度見るかということです。浅井さんが中村さんの『経済発展と民主主義』は弱いというのは、内発的発展の部分をあまり具体的に書いてなくて、それで追い越せ、追いかけ理論を当てはめているように見える、ということなんじゃないですか。

浅井　ついでにいうと、これを読んで思ったのは、小生産者の評価が弱いんじゃないか。最近の日本経済史では地方産業に焦点が当てられ、小生産者を評価する視点が重視されている。大門さんの農民の理解も、やはりそういう流れの中にあると思うんだけど、中村さんは労働者と資本家はいるけれど小生産者はあまり評価していない。でもそこに戦前日本の資本主義の特質があるわけですよね。だから、中村さんは実際の日本資本主義をうまく総括できてないのかな、そんな気がしたんですけれど。

森 今の小生産者論だけど、中村さんは高度経済成長期の民主主義の階層的な基盤について、中産階級という言い方をしているんですよね。中産階級が増えることが、新しい民主主義を作っていく基盤になっていくと。だから戦前は労働者、農民が変革主体であったが、高度成長になると分厚い中間層が新たな民主主義を支えていくことになる。中村さんが『歴史家が語る戦後史と私』の中で言っていますが、フィリピン革命のように、開発独裁というものはどうやって倒れていくか。労働者を見て、広範な市民層がわーっと蜂起していく。そういうことで新中間層や労働者上層に力点を置いて、そこに現代民主主義の基盤があると見ている。

小生産者よりも、労働者上層の新中間層です。高度成長期になると、中産階級が分厚いダイヤモンド型になって形成されると。戦後改革によって所得が平準化して、高度成長によって富が増大して、戦後の民主主義の社会的基盤が作り上げられた。他の後発国もみんなそうなり、権威主義は最終的には崩壊する。天皇制が崩壊したように、労働者、農民の運動で開発独裁も崩壊するという論理ですよね。

だけど、民主主義の担い手とはだれなのか。中村さんはつねに民主主義を支える受容基盤を意識しています。研究対象が変われば研究方法も変えなければいけないと、中村さんはいつも言います。だから戦前の資本主義論と戦後の高度成長では方法を変えていると思う。一貫してないといえば一貫してないけれど。だから、民主主義の基盤は、労働者なのか普通の市民なのか、女性なのか、マイノリティなのか、そういう問題として現代をとらえなおそうとした。『経済発展と民主主義』は労農同盟論ではないという感じが、ぼくは読んだときにしました。中産階級論です。

大門 一九八〇年代以降になると、中村さんの戦後史に対する評価は高くなりますね。一九八三年の「講座派理論と我々の時代」では、講座派の特徴として一般と特殊の統一的把握を指摘し、戦後は戦前の天皇制や地主制など特殊な要因が解体されたと述べており、このことが戦後史の高い評価につながっていると思います。

森　高い。ただ中村さんの七〇年代の『講座日本史』の論文（「現代民主主義と歴史学」）では、戦後の高度成長は民主主義を圧殺することによって成立したと述べています。二・一ストとか安保闘争とか。

大門　それは基本的に人民闘争史観ですよね。

森　そう。民主主義というものは不安定で、つねに上から圧殺することによって戦後の成長があるという言い方もしています。

大門　でも八〇年代、九〇年代に入ると、戦後史に高い評価を与えるようになります。

森　最初は、民主主義が成立しない条件が日本の資本主義の発展にあるという議論だった。だから民主主義を大切にしろと。長幸男と家永三郎の人権論まで評価するわけでしょう。だけど戦後はそうじゃない。中産階級が民主主義の担い手だと言って非常に高い評価になる。高度成長の富の平準化も含めて経済成長の評価は高い。

大門　八〇年代以降、戦後史に対する評価もそうですが、『岩波講座日本通史20　現代1』での六〇年体制論（「一九五〇～六〇年代の日本──高度経済成長」一九九五年）のように高度成長に対する評価も高いですね。

森　そうです。

大門　中村さんの前期にあった重要な方法的な視座が、後期に十分に生かされているのかどうかというのがぼくの基本的感想なのですが。戦後民主主義の擁護は、前期・後期を通じた中村さんの一貫した研究モチーフだと思いますが、このモチーフと後期における戦後史や高度成長の高い評価とのかかわりが気になります。また、前期に見られたもう一つのモチーフである「個人」の視点は後期に継承されていません。

浅井　ゴードンの貫戦史とは同じなのでしょうか。

大門　アメリカから帰ってきてから中村さんは、明治維新と戦後改革という問題の立て方を繰り返し言っている。

外国に行ってもそれを求められるし、中村さんはおそらく八〇年代、九〇年代に自分なりに日本近現代史を総括しようと思っていた。そのときにその二つを比べようとした。中村さんは、「成立の論理は崩壊の論理を規定する」と言っていた。明治維新と戦後改革をつかめばかなりのところがわかるという感覚がある。それと貫戦史はたぶん重なっていて、中村さんの明治維新の評価で、絶対主義的な要素は減っていき、もうちょっと違う要素を含めて評価していくことになった。となると、戦後になって一般性の貫徹なのか、そうじゃなくて明治維新からずっとつながっているのか、明治維新と戦後改革と貫戦史の関係が気になります。

そろそろ時間になるので、ちょっとだけ補足をさせてください。

浅井 ではどうぞ。

大門 二つほど補足を。近代化論に触れることができませんでしたが、一九六二年に安丸さんが「日本の近代化についての帝国主義的歴史観」を書いているんです。これは最も早い近代化論批判で、当時、まだ高度成長期の前半ですけれども、近代化が日本社会と民衆に及ぼす影響について非常に警戒的です。反動的イデオロギーというとらえ方ではないんです。近代化論的な考え方は経済成長と親和的であり、そちらの方向に行ってしまうかもしれない。それは通俗道徳的な実践が民衆に内面化していくという安丸さんの議論とセットであり、近代化論的なものが広く内面化していくかもしれないので、歴史学はきちんと対応をしなければいけないという議論を早い時期からしていたのが安丸さんです。

そのことと先ほどの議論を重ねて、六〇〜七〇年代に人民闘争史が出てきて、いっとき人民闘争史が盛り上がったことを考えると、安丸さんによる近代化論に対する理解が受けとめられたのは七〇年代以降だったのではないか。この六二年の安丸さんの仕事を含めて近代化論の受けとめ方を同時代史的に考える必要があると思います。これが第一点です。

もう一点、今日の報告を用意するなかで自分自身を外在的に置いておくことができませんでした。ぼくは、中村ゼミを通じて歴史学を学び、中村さんの影響をも受けていたからです。自分なりに七〇年代を振り返ってみると、七七年に柴垣和夫さんが書いた「石油危機以降の日本資本主義」（『経済学批判』第三号、社会評論社、一九七七年一二月）で、今までに見たことのない高度成長と石油危機後の理解をそこで初めて読んだ。今からみればそんなに複雑な議論ではなかったのですが、高度成長前半に創出された重化学工業が、一九六五年不況の克服過程で国際競争力をともないながら本格的に展開し、それがニクソンショックとオイルショックで終焉を告げられ、オイルショック後の日本企業は「減量経営」と輸出増大で必死に経営回復をはかっているという話でした。日本資本主義の蓄積過程を正面からあつかった現状分析は、それまでにあまりなかったので、諸矛盾をかかえこみながらも、高度成長、経済成長が日本社会に及ぼした影響はただごとではないと思い始めたのが七〇年代半ばのころです。その一方で七六年に中村さんの『労働者と農民』が出て、中村さんの影響も受けていた。今日の中村さんに向けた問いは、同時にぼく自身が当時どうだったのかという問いでもある。ぼくは大学院の修士課程を出たぐらいから、森さんたちと一緒に共同研究をするなかで、統合の問題を考え始めた。運動論的な視点だけじゃなくて、運動と政策の統合の過程を考えようとした。ぼくの中で、七〇年代の人民闘争史研究への反省や、

柴垣さん的なとらえ方や高度成長の影響が組み合わさる形で、運動自体の中に統合的な側面が含まれているという考えを、八〇年代初めから模索していくようになった。だから中村さんへの問いは同時にぼくへの問いでもあるわけです。

浅井 他に補足される方、いらっしゃいますか。

森 ちょっとひとことだけ。中村さんの文章のうまさね。中村さんは復古と改革と革命とか、イギリス型、ドイツ型、イタリア型、中国型とか、非常にシェーマティックでありながら説得力のある議論をしているんですね。中村さんは「私の歴史学」（二〇〇〇年）の中で、一流の研究者は一流の文体を持ってなければいけないと、研究者の資質の最後に表現力を言うんです。だから研究者は歴史叙述のための表現力を鍛えなければいけない。持続力と努力と想像力と表現力をもたないと本当の研究者じゃないと言われて、ああこれは私にはできないなと（笑）。中村さんの能力は、学問的な実証や問題提起の鋭さもあるけど、文章のうまさというのもひとつですね。

浅井 それが落し穴だったような気もするけど（笑）。

大門 文章はうまいですね。

森 それでごまかしちゃいけないですね。

浅井 議論は尽きず、一日ではとても終わらないかと懸念していましたが、ご協力いただいたおかげで、ほぼ時間通りに終わりました。どうもありがとうございました。

（二〇一七年二月一九日（日）一橋大学 佐野書院）

第2部　「中村政則の歴史学」を歴史に位置づける

一　地主制史論

森　武麿

はじめに

はじめに、私事ながら中村政則先生との出会いから話しておきたい。中村先生と私の出会いは大学三年の一九六六年に始まる。私は後期専門ゼミとして永原慶二先生を指導教官として日本経済史を選択したが、その年中村先生が永原先生の下で一橋大学専任講師に採用された。その夏われわれ三年ゼミ学生一三人は、山梨県東山科郡平等村の二〇〇町歩所有の大地主根津嘉一郎家と東八代郡英村の七町歩中小地主関本家の調査に参加した。もちろん歴史調査の何たるかも全くわからない素人であった。この山梨ゼミ調査は、永原先生を責任者として、中村政則先生、松元宏さん、西田美昭さんによる山梨共同研究のための史料解読と整理が仕事であった。

その時の調査の指導をしてくれたのが、永原先生と専任講師になりたてほやほやの中村先生であった。中村先生は山梨共同研究において山梨県養蚕製糸地帯の七〇町歩地主奥山家と水田地帯の一〇〇町歩地主広瀬家を担当し、地方銀行と地主制の関係を分析していた。根津家の分析は主に大学院生の松元宏さん、関本家は大学院生の西田美昭さんが担当していた。われわれ学生は根津班と関本班に分かれ永原先生の統括のもとに、小作帳の読み込みと集計用紙に小作料の数値記入を行った。私は中小地主関本家の小作帳整理であった。山梨共同研究が中村先生との最初の出会いであった。その時私は二〇歳、そこで三〇歳の新任の中村先生に出会ったのである。歳の差は一〇歳。それ以来五〇年近く中村先生の指導を受けることになった。

この山梨共同研究への学生参加は単なる若手労働力の動員ではなく、その調査報告を学生自身が一橋大学学生機関誌『ヘルメス』に毎年発表することになっていた。永原先生の教育方針である。私も関本家の小作帳分析を同期の仲間四、五人とまとめて原稿を提出した。これを通して私は歴史学の面白さを体験することができたのである。このような山梨共同研究は永原・中村・松元・西田諸氏の共同研究であるのみならず、学生教育においてもきわめて実践的意義を持っていたのである。

その後この山梨共同研究の成果は中村先生によって総括され、一九六八年三月「日本地主制史研究序説――戦前日本資本主義と寄生地主制との関連をめぐって(1)」として発表されている。この論文は地租・地代(小作料)の資本転化を通して、日本地主制と資本主義の相互関係を明らかにしたもので一躍歴史学界に新風を巻き起こした。

私は歴史研究の面白さを大学三年のこの山梨共同研究によって知り、研究者の道を進もうと考えた。一九六八年四月に一橋大学大学院修士課程へ進学したのもこの山梨共同研究のインパクトが大きかったからである。

当時大学院ゼミ教官は助教授以上という決まりがあり、近代史の中村先生は専任講師であったために私の指導は中世史の永原教授に学生時代から継続してお願いした。もちろん私の研究対象は近代経済史である。そのため中世史が専門の永原先生は、大学院ゼミに近代史研究者の養成のために、中村講師を参加させており二人指導体制であった。私は永原先生のゼミで中村先生の指導も同時に受けることになった。

このとき大学院永原ゼミにはすでに松元宏、西田美昭両氏が先輩として参加していた。両氏は中村先生とは院生仲間という意識が強く、中村先生に対して指導教官という意識はなかったであろう。私が実質的には中村先生の指導を受けた最初の院生ということになるのかもしれない。

修士課程一年早々中村先生の「日本地主制史研究序説」の論文をいただいた。論文の抜き刷りを初めて受け取ったのである。これは私の研究者の道への励ましであるとしてとてもうれしかった。

その四年後に、永原慶二・中村政則・西田美昭・松元宏『日本地主制の構成と段階』(2)が山梨共同研究の集大成として、中村先生を中心にまとめられた。この時私はすでに博士課程に進学していた。ここで私は学生時代に参加した山梨共同研究の全貌を初めて知った。

私の研究者の道を決定づけたのはこの山梨共同研究と中村先生の論文「日本地主制史研究序説」、共同研究『日本地主制の構成と段階』であると思っている。

1　地主制史研究の問題意識

中村政則（以下中村先生の学問に関する叙述になるので先生という敬称は付けない）の地主制史研究の経緯については「地主制研究と私」(3)に自ら書いている。この中で中村は研究の出発点について、学生時代での幕末農村を対象とした卒論「幕末関東農村における領主支配と農民層分解」から、大学院での研究テーマを近代に転換したという。幕末期の地主制論争より資本主義論争により一層の関心があった。

「もともと都会生まれの私は、農村のことについては全くと言っていいほど無知であった(4)」と書いているように、東京新宿生まれで都会育ちのため、地主制より資本主義に関心があるのは当然である。

中村は一九六〇年安保闘争の時代に学生時代を送り一九六一年に学部を卒業する。六〇年安保の衝撃は大きく「大学で何のために研究するのか」「人民のために学問をしなければならない」という問題意識を終生持ち続けた。山梨共同研究に取り組んだのは東京オリンピックに向かう高度成長期である。時代は戦後復興から高度成長に移っていった。問題意識が農業から資本に移るのは当然であった。

さらに中村は「ぼくなどは、地主制度の基本的解体が明白となっていた昭和三五年以降に研究を開始していますから、そういう問題意識自体が間違っていると考えた」[5]と話している。ここでの「そういう問題意識」とは、一九五〇年代前半を中心に農地改革論争で展開された地主制温存説・復活説である。農地改革での地主制の解体を前提に地主制を論じる、新たな世代として中村が登場したともいえる。中村にとって地主制自体が主要な問題ではなく、資本主義論争で提起された天皇制、資本主義との関係で地主制を位置づけなおすことに最初から関心と目標がおかれていた。

中村はこうも言っている。「ぼくは地主制論争を見てまず思ったのは、どうも幕末以来成長してくる地主的土地所有が、そのまま成長して地租改正で法制的に追認を受けて、二〇年代にかけてずっと成長する地主制につなげていく。そのとらえ方に疑問を持っていたのです」「幕末をやったって明治以降の地主制はそう簡単に解けないという印象を持った」[6]と話している。

江戸時代の連続として明治以後の地主制をとらえるのではなく、地租改正を起点として編成替えされる近代の地主制を明らかにすること、すなわち幕末・明治初年の地主制研究との決別、幕末地主制形成論との断絶論を強烈に意識したものであった。といって労農派・宇野派のように地主制を近代資本主義の農業問題に流し込むのではなく、地主制固有の経済制度（ウクラード）と資本主義経済制度（ウクラード）の諸関係と諸段階を問うことによって、地主制の本質を明らかにすることを目指した。これが幕末・明治初期地主制論争とは距離を置いた中村近代地主制史論の問題意識であった。

じつは中村の最初の仕事は地主制ではなく、地方金融機関としての銀行類似会社の分析である。先にふれたように山梨共同研究は永原慶二が中村に提案し、古島敏雄が「資料収集と分析能力を早く身につけること」を中村に勧めたからという。頭で考えるそれまでから、体で覚える研究者への転換である。その転換に、古島・永原両先生の役割は大きかった。

中村の最初の山梨調査は、永原先生と佐々木潤之介（一橋大学）、山口徹（神奈川大学）と一緒である。その時に最初にぶつかった資料が、東八代郡錦村の野田家が経営する銀行類似会社斉通社である。このとき史料をマイクロフィルムに撮影したのは、佐々木と山口であり分析したのは中村である。これが中村の処女論文「地方産業の発展と下級金融機関」(7)である。これと同時に発表したのが「器械製糸の発展と殖産興業政策」(8)である。

中村は養蚕製糸地帯の銀行類似会社の分析を通して製糸業発展に対応した金融機能を明らかにした。また松方デフレを通して土地集中機能の役割をも果たしていることを明らかにした。地方銀行類似会社を通して初めて製糸金融機能と土地集中機能の統一的把握の視点を打ち出し、それまでの地方金融機関＝高利貸という一面的評価を覆すのである。

中村は先の回顧で「私の地主制研究における視角と方法が、戦後の地主制研究の支配的傾向とやや異質なところがあるとすれば、それは地方金融史から地主制研究へと入り込んでいった、私のいささかまっとうでない研究のすすめ方と関係があるのではないかと思っている」と述べている(9)。その後、中村は研究を地方金融史から地主制史に転換する。その対象は山梨県の一二〇町歩地主広瀬家である。広瀬家は養蚕製糸地帯ではなく水田地帯である。松方デフレから産業革命期に成長する戦前日本農村の近代地主制展開の一つの典型であった。

そこで中村は近代における地主・小作関係と地主資金の運用形態の二つを段階的に明らかにする。地租改正以前、地租改正以後、産業革命期（一九〇〇年代半ば以降）、大正中期以降に時代区分して、地主の蓄積資金の運動形態を明らかにする。これが中村の第三論文「明治・大正期における「地代の資本転化」と租税政策」(10)である。

この論文で中村は初めて「地代の資本転化論」を方法的主軸とする地主制研究の方法を構想することになる。中村説の中核が形成されたのである。とくに一八九〇年代と一九〇〇年代の地主の蓄積資金の運用形態の差異を指摘する。

個人貸金業、地主・米穀商投資から地方銀行への資金投下に転換していくことを実証する。産業革命期の資本主義発展に地主資金の果たした役割が如何に大きかったかを主張した。これまでの通説では、地主資金の株式投資は第一次世界大戦の好景気と小作争議激化後の大正中期以降であると見なされていたが、中村は一九〇〇年代の産業革命期、とくに日露戦争後に地主の有価証券投資が顕著にみられるとした。それだけでなくこの変化の原因を、国家権力を媒介させることによって説明した。すなわち一八九九年租税政策が抜本的に改正されたことに注目した。

なぜ租税政策に注目したかというと、広瀬家の小作帳に「所得税法の改正」が頻繁に書き込まれていることを疑問に思ったからという。そこからこの時代の租税政策を調べて、総合課税から分類所得税制に変化することを知った。その改正は株式配当所得を軽微な源泉徴収方式に改め地租増徴を実施することによって、土地所有重課、株式所有軽課という租税措置がとられたという。この租税政策が「地代の資本転化」を軌道づけたものと評価したのである。

さらに日露戦争による一九〇四～五年の第一、二次の非常特別税の創設がそれをおし進めたという。地主の蓄積資金の運用形態が一九〇〇年代の財政政策の変化に対応して変化すること、それが日本の産業革命を資金面から支えたことを明らかにした。地代（小作料）の資本転化論の完成であり、国家権力と地主制の関係を鋭く問う中村史学の誕生である。ここには天皇制権力、資本主義、地主制の相互関連を明らかにした資本主義論争の問題意識が底流に流れていた。これは講座派の特徴である経済と政治の統一的把握の問題である。

とくに中村の初期の三論文を通して、日本地主制の確立を産業資本確立規定との連携で規定し、これまで通説であった講座派の主峰山田盛太郎以来の明治憲法と同時期の明治二〇年代確立説に対して、明治三〇年代確立説を提起したことが注目される。

山田盛太郎は地主制は明治二〇年代に成立したと言いながら、「地主的土地所有が自己に照応する生産力構造を持つか否かは、そのものの命数がかかるところ」と言い、地主制の生産力構造を問題にして庄内本間家による乾田馬耕が進められた明治三〇年代に地主制が確立したと取れることも言っている。これがのちに学会論争に発展した。この点についてはのちの安良城・中村論争のところでふれたい。

また中村が「寄生地主制の問題とは、明治維新の問題ではなく、実は帝国主義の問題なのだ」という命題を提起したことは学界にとって衝撃的であった[11]。資本主義の関心から地主制を論じるだけでなく、帝国主義との関係を重視するところに中村先生のオリジナリティがある。すなわち地主制を山田盛太郎の産業革命論に焦点を移し、「産業革命と帝国主義への同時転化論」を意識しながら、幕末からの地主制形成論でなく帝国主義の問題として位置づけなおそうとしたところに、当時のわれわれ若い世代の圧倒的共感を呼んだ理由があると思われる。

ここでの帝国主義とは、日清・日露戦争での朝鮮・中国侵略の物質的背景に地主制があることを「地代の資本転化論」を方法として展開するものであった。先の租税政策を通して、天皇制国家が土地所有者の資金を資本主義に振り向け、産業革命から植民地侵略に地主の蓄積資金が動員されることを主張するものであった。のちに近代地主制の腐朽性を資本主義への寄生（株式配当）、小作人への寄生（小作料）、植民地への寄生（朝鮮土地投資）の三つの寄生と整理して、帝国主義・植民地支配の領域まで地主制論を展開したのである。今までの地主制論争を超える新たな地平を切り拓こうとする姿勢が鮮明であった。

このような中村の帝国主義への強い問題意識は、中村が研究をはじめた学生時代の一九六〇年安保闘争とアメリカ帝国主義への批判、一九六〇年代初頭のアフリカ諸国の植民地独立闘争と脱植民地化、またアジアにおいて一九六四年アメリカの北ベトナム爆撃（北爆）によるベトナム戦争の開始、一九六八年ベトナム民族解放闘争によるテト（正月）攻勢というように世界的に帝国主義問題が顕在化したことを背景としていた。

さらにこのような国際情勢に加えて、国内情勢として政府が進める一九六八年明治百年祭の復古的な明治礼賛論、近代化論がさかんにジャーナリズムをにぎわした。このような情勢のなかで、中村は歴史学研究会を拠点に明治百年祭批判の先頭に立っていた。日本の近代化は、日清・日露戦争による朝鮮の植民地化、「満洲」の勢力圏化という朝鮮・中国への帝国主義的侵略を抜きに語ることはできない、という中村先生の実践的問題意識がいやがうえにも研ぎ澄まされるのは当然であった。

実際に一九六七年から七〇年にかけて中村は歴史学研究会でめざましい活躍をしている。一九六七年歴史学研究会大会報告で江村栄一、宮地正人両氏と共同報告した「日本帝国主義と人民――「9・5民衆暴動」(=「日比谷焼打事件」)をめぐって」(12)と一九七〇年代歴史学研究会大会報告「日本資本主義確立期の国家権力」(13)、それを具体化した「日清「戦後経営」論」(14)、「日本帝国主義成立史序論」(15)、「京仁・京釜鉄道建設をめぐる官僚とブルジョアジーの動向」(16)に、その問題意識として帝国主義批判が見られる。

中村の近代地主制研究は、一九六〇年代の高度成長と帝国主義批判の時代状況が生み出したものであろう。一九五〇年代の地主制論争において幕末維新期の地主制形成について議論された、前近代的か半封建的かを争う地主制論ではなかったのである。一九六〇年代の時代変化に対応した若々しい問題意識の下に、地主制を資本主義の問題、帝国主義の問題としてあらためて論じたのである。

2 地主制の確立――安良城・中村論争

中村が地主制史研究を本格的に進める契機となったのは、一九六四年にスタートする大石嘉一郎の主宰する「産業革命史研究会」に参加し、地主制を担当したことによる。この研究会では当初のメンバーに大石嘉一郎ほか、安良城盛昭、中村政則、高村直助、石井寛治などが参加している。その成果が一九七五年の大石嘉一郎編『日本産業革命の研究』第七章「地主制」(17)である。

中村と当初のメンバーであった安良城盛昭との地主制確立をめぐる論争は、安良城・中村論争として学会に注目を浴び、地主制論だけでなく日本近代史の総体的把握をいかに行うかの方法的議論まで展開された。ここでの安良城との刺激が、中村地主制論を完成させたと言ってもいい。

このあと中村は「大恐慌と農村問題」[18]で地主制後退期の研究を行い、先の地主制論の第一論文となった「日本地主制史研究序説」を含めて『近代日本地主制史研究』（東京大学出版会、一九七九年）の一書にまとめている。これが中村地主制史論の集大成となった。

中村地主制史研究の焦点となったのは安良城盛昭との論争であり、地主制の確立をめぐるものである。これに関して中村は「地主制論争史」に書いている。[19]それを参考にしながら安良城・中村論争を追ってみよう。

安良城は一九六二年に「地主制の展開」[20]を執筆して近代地主制研究の先鞭をつけている。この論文は産業革命史研究会の前である。そのあと一九七〇年初頭に「地主制の成立」[21]、「地主制の体制的成立とその展開」[22]を執筆しており、ほぼ中村と同時代に近代地主制を論じていた。これらはのちに『天皇制と地主制』[23]に安良城地主制論として集大成された。

安良城は近代地主制確立に関して、明治二〇年代初頭の地主的土地所有を小作地率の趨勢、地価一万円以上の地主数（地主制のケルンとなる寄生的大地主）の趨勢ピーク、また明治二〇年代初頭に農村における階級配置の転換が起こったことに注目している。明治一〇年代が自由民権のように明治専制国家対農民が基本対立であったのが、明治二〇年代初頭には地主対小作に基本対立が転換するという。この結果地租軽減運動から地価修正運動に運動転換が起きるとした。農民的要求が地主的要求に主軸が転換するのである。さらには明治憲法体制成立、帝国議会開設と貴族院多額納税者制度、天皇制の物質的基礎としての皇室御料の設定、華族世襲財産法、華族への北海道土地払い下げ、など統治機構の再編と皇室制度、華族制度（天皇制の藩屏）の土地基盤形成をもって、明治二〇年代に地主制が確立したとする。安良城は地主数、小作地率など数量的変化だけによって地主制の成立をいうのではなく、天皇制の権力編成の在り方が明治二三年前後に整備されることを体制的成立と言ったのである。

安良城は一九七四年刊行の『シンポジウム日本歴史17 地主制』で「地主制の成立に対応して地主層とくに大地主層を支持基盤にして編制していくという形で明治憲法体制＝天皇制が成立した」と言う。ここには明治憲法と帝国議会開設時の天皇制の下部構造として地主制を捉える視点がつらぬかれていた。ここには講座派を継承した経済と政治を統一するすぐれた方法があった。

しかし安良城は同書のシンポジウムのなかで、中村の資本主義と地主制の同時確立説を批判する。安良城は次のように発言する。「ぼくの場合は地主制を基盤にして、その土台の上に資本主義がつくられてくるという感じですが、中村さんの場合には、並行して横の関係があって、その関連が問題になっているということであり、タテかヨコかという違いがある(24)」。

つまり安良城は中村の明治三〇年代の資本主義と地主制の同時確立説を批判し、地主制は明治二〇年代初頭に独自に成立すると考えた。この安良城の地主制論は、山田盛太郎が地主制を日本資本主義の「基抵」とした考えにそったものである。これに対して中村はよく「地主制を資本主義の構造的一環に定置する」と言う。これは商品・労働力・資本市場を通して、資本主義が地主制を横から包摂するというイメージである。それを安良城はタテとヨコの関係に比喩したのである。

もう一つの安良城の中村批判は、階級配置・結集のあり方への批判である。明治二二〜二三年の明治憲法体制の成立に対応して地主階級が成立するとして、中村が、一九一〇年帝国農会の成立をもって地主階級の全国的結集と評価することに、安良城は反対している。帝国農会より明治議会制度の確立を地主の権力基盤と見ている。

また中村は天皇制国家権力の確立を、一九〇〇年代を前後する明治三〇年代の日清・日露戦後経営による日本資本主義の確立（産業革命）に措定しており、明治二〇年代初頭の明治憲法・帝国議会の成立は天皇制国家の成立であり、確立ではないとしていた。地主制の確立の問題も天皇制の確立に照応して、地主階級の全国的結集を論じたのである。その意味で、地主制の成立・確立が明治二〇年代か三〇年代かの議論は、ともに地主制の数量分析だけでなく政治史まで視野を広げて議論が行われていたのである。

この時代、安良城・中村論争に代表されるように、経済史と政治史が画然と区別される現在の研究状況とは全く異なる。日本変革の戦略論として展開された戦前資本主義論争を踏まえて、天皇制、資本主義、地主制の統一的把握が経済史研究のひとつの焦点となっていた。一九三〇年代の資本主義論争が、六〇年代から七〇年代初頭まで歴史学界に影響を与えていたともいえよう。このように経済と政治の統一的把握、歴史学の一環として経済史を位置づけることは、戦前の講座派の良質な遺産であった。経済史と政治史が分離し、経済史が個別分散化し、政治を含めた総合化の道を失っている現在、このことから学ぶ意義は大きいといえよう。

安良城による地主制の明治二〇年代確立説に対して、中村は明治三〇年代に確立したと批判する。単なる時期の差異に見えるが、方法的な差異があった。中村は資本主義と地主制の構造的関連を商品市場、労働市場、資本市場の三側面から総合的に考察して、一九〇〇年代（ほぼ明治三〇年代）における地主制の体制的確立を規定した。中村が着目したのは、流通関係論であり、とりわけ資本市場であった。これが地主制第一論文「日本地主制史研究序説」のテーマであったことはすでにふれた。

前述した産業革命史研究会での「地主制」論では、それまでの地方金融史による流通史的方法から、地主・小作関係の段階的変化を明らかにする生産関係論に正面から取り組んでいる。山梨共同研究と産業革命史研究とは、それぞれ地主制の流通関係と生産関係を焦点とするもので補完関係にあった。

さらに中村は産業革命史研究会で、資本市場のみならず労働市場、商品市場もふくめて、資本主義と地主制の相互規定関係を総括的に論じた。労働市場では山田盛太郎が『日本資本主義分析』（岩波書店、一九三四年）で提起した「低賃金と高率小作料の相互規定関係」がいつ、いかなる条件の下で一般的に成立するかを問う。

地租改正を出発点にして一八八〇年代の松方デフレを通して近代地主制が一気に展開し、一八九〇年（明治二〇年初頭）にピークを迎え明治二〇年代に地主制が成立したように見えるが、中村はその後一八九〇年から一九〇〇年代に第二段階の地主的土地集中が進行していることに注目する。すなわち地主的土地所有と零細農民経営の圧倒的劣位という半封建的土地所有と半隷農的零細農耕の構成・対抗は松方デフレ後でなく、一九〇〇年代の日本資本主義確立過程で地主制も同時に確立したことを意味するという。この含意は、労働市場において絹綿二部門が日本資本主義全体の構造のなかで重要な位置を占めるようになると、小作農民家族はこれら繊維産業への「出稼型」賃労働を恒常的に送り出すことによって、安定的に家計補充的賃金を入手できるようになったことにある。それまでの幕末以来の明治前期の農家副業・農間余業収入の段階とは決定的に異なるという。産業資本主義の確立によって初めて「出稼型」賃労働が範疇的に成立することによって、近代地主制は安定的に定着するという。

山田盛太郎が言う「賃金の補充によって高い小作料が可能とされ、また逆に補充の意味で賃金が低められるような関係の成立」は、産業革命を待たなければならならなかったのだという。資本主義と地主制は相互依存関係にある。それによって戦前地主制が敗戦まで長く存続したのだという。まさに幕末・明治初年の地主制論とは異なる地租改正から農地改革に至る近代地主制の構造論を完成させたといえよう。

中村地主制論は、山梨共同研究と産業革命史研究会のなかで生まれてきたが、地代の資本転化論という地方金融史・流通関係的方法と地主制固有の地主小作関係の体制的成立という生産関係論的方法を統一した経済史研究として『近代日本地主制史研究』が集大成された。

『近代日本地主制史研究』は生産関係論を焦点とした。その中で養蚕地帯の小作料収取機構に注目し、水田における高率小作料収取を可能にするため養蚕収入と小作人女工の賃金労働による補填がなされる地域的特徴を指摘した。養蚕地帯の地主制が、養蚕・製糸業の発展に補完されることによって初めて成立することを明らかにした。この論理は、先に述べた山梨農村調査による『日本地主制の構成と段階』（一九七二年）において、根津嘉一郎家の小作料収取機構を明らかにした松元宏の実証を根拠としていた。山梨共同研究が中村地主制史論にとっていかに大きな役割を果たしていたかがわかる。

また中村は、製糸業の発展を基礎とする養蚕地帯固有の小作料収取メカニズムの解明から、養蚕型という地域類型を提唱したのである。地帯類型論はすでに一九五〇年代の地主制論争で論じられ、安良城も東北型の亜型として畑作＝養蚕型を提起していたし、安孫子麟も福島など東北の養蚕型に注目はしていた。資本主義の全国展開の中で農業・農村の分業体制が地帯的に完成し、地主制は地帯的分業＝地帯類型の成立をもって確立するとされていた。この延長上に中村は山梨地主制の実証分析の上にそれまでの東北型、近畿型に加えて養蚕型の三類型を措定する。一八九〇年代から一九一〇年代に地域的偏差をともないながら資本主義が展開・確立するが、それに対応して地主制の全国的地域類型として近畿型、養蚕型、東北型の地域編成が確立するとしたのである。「米と繭の経済構造」（山田勝次郎）といわれる日本の農業構造で注目される養蚕・製糸業地帯を、地主制の支配的類型までに概念化したのは中村であった。

またこの養蚕型の設定がとくに意味をもつのは地主制の解体期であり、昭和恐慌期の養蚕製糸業の破綻と体制危機によって深刻な矛盾に直面する養蚕製糸地帯から農村救済の叫びと自力更生運動が展開される。中村はその実態を『近代日本地主制史研究』の最終章で、養蚕製糸地帯の長野県浦里村村長宮下周の農村経済更生運動を通して思想史的に叙述した。ここで養蚕型の一九三〇年代に持つ意義を鮮やかに明らかにしている。

しかし『近代日本地主制史研究』では、「日本地主制史研究序説」で展開された国家権力と地主制の関係や、「日本資本主義確立期の国家権力」「日清「戦後経営」論」で展開した天皇制への言及は、経済史中心の本書では当然ながら後景に退いた。

だが他方で、この時代の中村は「服部之総と近代天皇制論」[25]、「序説 近代天皇制国家論」[26]を執筆している。とりわけ服部之総へのこだわりは、中村にとり経済と政治の統一の「模範」として大きな影響を与えた。服部の提起した幕末厳マニュ論（厳密な意味でのマニュファクチャー論）で述べられていた、工業面の急速な発展と農業における停滞、農工不均等発展、という幕末・明治初年の特徴を、とくに産業革命以後の日本資本主義発達史全体に拡大したのが中村地主制論であるともいえる。

さきの『シンポジウム日本歴史17 地主制』で安孫子麟は、服部の「地主・ブルジョア範疇」の提起は日本資本主義の権力構造につながるような性質を持っていた、と発言して中村の地主制論を服部の延長線でとらえようとした[27]。「地主・ブルジョア」と天皇制権力の関係を明らかにする議論は、服部以外に当時の地主制論争・厳マニュ論争からは出てこなかったのである。それだけ一九五〇年代の地主制論争というものが経済史の枠内に限界づけられていたのであろう。その方法的限界を打破しようとしたのが中村であった。

そこで中村が強調したのは「二頭立ての馬車」論である[28]。基本的ウクラードである資本主義と副次的ウクラードである地主制の二頭の馬を制御する馭者が天皇制権力（官僚）である。この異なる二つのウクラードの調整機能として天皇制の独自の役割があるという。ここに天皇制権力を媒介することによって資本主義と地主制の構造的結合を明らかにしようとしたのである。ただ地主制論を天皇制との関係で位置づける姿勢や方法は鮮明であったが、政治過程論としてその後の実証は十分果たされることなく、中村の関心はアメリカ留学を経て次の仕事、占領改革と天皇制の関係に移っていった。

なお、中村地主制論の研究史上の位置づけについて一つだけ触れておく。近代資本主義と地主制の相互規定関係について歴史具体的に実証し、集大成した研究書を最初にまとめたのは中村政則であったが、研究史において幕末・明治初年の地主制と地租改正・産業資本主義確立期の地主制を最初に二段階に区分したのは安孫子麟である。安孫子の地主制論の整理には「寄生地主制論」[29]がある。

一九五〇年代に安孫子麟は、日本地主制を、宮城県大崎地方を対象として幕末期の近世地主制の形成と明治以降農地改革に至る近代地主制の成立・衰退の二段階にわたって緻密な実証研究と理論的整理を行っていた。この近世・近代地主制の実証分析の上に理論的に総括したものが「日本地主制分析に関する一試論」[30]である。

安孫子は栗原百寿の地主制確立の理論、手作地主の寄生地主への転化論（地主の小営業・零細マニュ・商人資本的機能が消滅し小作料収取者に一元化）を継承して、明治二〇年代と三〇年代の二段階にわたって、手作地主の寄生地主化が進行し寄生地主制が確立するという。それだけでなくこの過程を通して地主制ウクラードの転換、すなわち地主制の範疇転換を主張する。まさに中村が主張した幕末・明治初年と産業革命期の地主制の異質性を全面的に押し出していたのである。さらに地主制の政治支配についても村落共同体支配から差配制度によって地主・小作関係の一元的機構的支配を完成させていくことを実証した。地主の経済的構成のみならず、政治的構成を村落社会の基底から明らかにしている。それら近代地主制の展開を明治、大正、昭和にわたる地主・小作支配体制の段階的変化として明らかにした。この実証の結果として先の「一試論」が提起される。

安孫子は、日本地主制研究の最大の問題点は、幕藩体制下の地主制と明治以降の地主制のギャップであるとする。そのギャップは明治三〇年代寄生地主制確立以前を、世界市場近代化の過程に現れる普遍的な過渡的ウクラードであり、それを「地主制」と呼ぶなら、明治三〇年代に確立する地主制は、日本資本主義機構の一環として体制的に把握されるように再編成されたもので「寄生地主制」と呼ぶべきであるとする。それを資本の蓄積様式の二段階に照応させ本源的蓄積段階と資本主義的蓄積段階に対応するものと範疇的に区分したのである。世界史的「地主制」は産業革命期にほぼ解体するが、日本の場合はその後も長く残ったという。その原因は早熟的な資本主義育成と農工間不均等発展による農業分野への負担転嫁の長期にわたる継続であったという。

以上が安孫子地主制二段階論である。これは一九六一年に発表され、中村地主制論が最初に発表された「日本地主制史研究序説」の一九六八年より早く、幕末の過渡的「地主制」と近代「寄生地主制」の範疇的区別として最も先駆的なものであった。

当時私は村落社会の共同体支配に関心があったので、安孫子地主制論に共感をもって読んでいた。しかし中村の『近代日本地主制史研究』では、研究史として安孫子地主制論が十分位置付けられていない。もちろんこのことは資本主義と地主制を媒介する商品市場・労働市場・資本市場の三つの構造的結合と解体の論理を提起した中村地主制論の成果を否定するものではないが、資本の蓄積様式の差異の中に地主制を位置づけたのは安孫子が先駆であろう。

3　地主制解体への展望

中村は地主制確立のみならず衰退・解体過程まで近代史全体を展望して地主制史を描いた。中村がよく好んで使う言葉に「確立の論理は崩壊の論理を含む、確立の仕方はその後の解体の仕方を規定する」というフレーズがある。(31)これは中村の学部卒論の近世史研究、一橋大学同僚の佐々木潤之介など近世史研究の成果を通して、幕藩制的構造の特質を十分理解していた中村ならではの近代史全体にわたる展望である。すなわち幕藩制成立の特質である石高制・鎖国制・兵農分離の三つが、その幕藩制特有の解体の仕方を決定した。すなわち商品経済による石高制の解体、開港による鎖国制の解体、兵農分離（領主階級の非在地性）が、明治維新による中央集権化、武士階級の官僚化とスムーズな解体をもたらしたからである。そのような確立と解体の論理を、近代地主制の確立と解体に適用したのである。

中村の衰退期地主制の研究は、確立期の資本主義と地主制の構造的結合が解体する過程として説明される。そのため資本主義と地主制を媒介する商品市場・労働市場・資本市場の三側面それぞれの関係について、第一次世界大戦、昭和恐慌、戦時統制への段階的な変化を明らかにする。その結果、資本主義と地主制の緊密な関係が次第に解体して、地主制の体制的機能が崩壊し、地主制の機能喪失から農地改革に至る過程を明らかにしていく。

中村は地主制の諸段階として、①地租改正（一八七三年）――地主制創出期、②殖産興業期（一八八〇年代）――地主制形成期、③企業勃興期（一八九〇年代）――地主制成立期、④資本主義確立期（一九〇〇年代）――地主制確立期、⑤独占段階への移行期（日露戦後から第一次大戦期）――地主制発展期、⑥独占資本主義確立期（戦後恐慌から昭和恐慌）――地主制衰退第一期、⑦国家独占資本主義への移行期（昭和恐慌から日中戦争）――地主制衰退第二期、⑧戦時国家独占資本主義の確立期（日中戦争から敗戦）――地主制の一般的解体期、⑨旧日本帝国主義の特殊構成解体期（農地改革）――地主制の最終的解体と区分する。

近代地主制は成立・確立の二段階を経過し一九〇〇年代に確立し、日露戦後から第一次大戦期を地主制の発展期と位置づけ、一九二〇年戦後恐慌から地主制の衰退期に入り、昭和恐慌と戦時統制の打撃をうけて衰退から解体過程に入り、敗戦後GHQによる農地改革で最終的に解体するという展望である。

地主制の発展期とした日露戦後から戦後恐慌までをどう評価するか議論はあるが、その後の後退期地主制の研究では、中村の見通しの正しさがほぼ認められている。中村は成立・確立期のみならず、近代地主制の全生涯を視野に総括的に論じたのである。ここに中村地主制史論のもつ大きなインパクトがあった。

中村は地主制確立の根幹条件となる高率小作料・低賃金システムの解体過程を、第一次世界大戦以後に認める。大戦景気を契機に重化学工業の発展、都市化により一九二〇年代に労働者階級の都市部での再生産が進み、出稼ぎ型賃労働の比重が下がり、高率小作料と低賃金の相互依存関係は衰退する。とりわけ昭和恐慌以後の養蚕製糸業の衰退を経て、出稼型から非還流・定着型の労働力流出が主流となるという。

しかし、この労働市場の研究では中村の山梨調査の実証とともに先行研究として、暉峻衆三『日本農業問題の展開』上、牛山敬二『農民層分解の構造　戦前期』の仕事が大きく影響しており、中村の議論もそれに依存するものであった。[32] [33]

とくに中村の地主制の段階論にとり、先行研究として暉峻衆三の議論が大きな影響を与えていた。暉峻は一九四八年東京大学農学部大学院に進学し指導教授は講座派系の近藤康男であったが、経済学部大内力の学部ゼミ第一期に飛び入り参加して、大内力『日本資本主義の農業問題』を勉強した。大内は宇野弘蔵の影響を受けて農業の封建性を否定する労農派的な資本主義観を持っていた。暉峻は、近藤康男から講座派系の地主制論と大内力から宇野派（労農派）系の農業問題を二つとも体系的に学びながらも、結局宇野派の「店子にならなかった」という。[34]

暉峻は労働市場の拡大を背景とする農民経営の「C＋V」（費用価格）の形成、それによる農民経営の前進が農民運動を引き起こし、地主制を衰退に導くとした。この暉峻の日本資本主義と農業問題の段階的把握は、一九七〇年代の農民運動研究と地主制衰退研究に大きな影響を与えた。中村が地主制の後退論で、暉峻の労働市場論を前提に論じるのは当然であった。

また中村地主制論の根幹として資本市場をめぐる資本主義と地主制の関係について、一九一〇年代の大戦景気で地主資金の株式投資は拡大するが、全資本に対する地主資金の比重は大正期を通じて急速に低下しており、産業革命期とは大きく異なるものであることを認める。しかし依然として地方経済での地主資金の比重は高かった。地主資金にかわり農民経済の成長により、産業組合の信用事業を通して農民資金がその比重を増大させ、地主経済の比重は次第に低下していたが、一九二〇年代から昭和恐慌へと度重なる不況で、高率小作料の重圧とともに農民的資金蓄積（民富）は十分形成されず、地方農村における地主資金の役割は依然として大きかったと主張している。

さらに商品市場（農産物）としてとりわけ米市場をめぐる資本主義と地主制の関係の矛盾の焦点となった。資本は低米価＝低賃金の関係から低米価を望み、地主は小作米販売を通じて高米価を望む、という基本的矛盾を抱えている。中村はこの資本主義ウクラードと地主制ウクラードの矛盾調整に、天皇制国家の果たす役割があるとする。このため政府の米価対策の段階的展開を通して地主的高米価から資本の要求する低米価への移行が、一九一八年米騒動以降展開する。植民地朝鮮での産米増殖計画もその一環である。米騒動、昭和恐慌、戦時統制を通した米価統制により、地主は米穀市場の直接売買から後退し、代わって米商人の地位が上昇する、また農民米の増加によって米市場からも地主米の比重が低下する。こうして昭和恐慌後は米穀商と農民との基本対立に移るが、農民が産業組合を通して農民米を共同販売する前に戦時統制経済で米市場は閉鎖され、地主米も農民米も米穀国家管理に移行するという。

資本主義と地主制のせめぎあいの焦点に米穀市場を位置づけ、二つのウクラード間の矛盾対抗を、国家権力を媒介として描いたのである。国家が資本主義と地主制の矛盾調整機能を果たすところに天皇制国家の独自的意義を見出していた中村ならではの政治史的意義づけである(35)。

これら中村の米穀市場の位置づけにおいても、守田志郎『地方経済と地方資本(36)』と持田恵三『米穀市場の展開過程(37)』の研究に依拠している。

中村による地主制の後退期の研究は、このようにこれまでの研究史で明らかにされた労働市場、米穀市場の研究に依拠している。すなわち後退期地主制研究は、確立期資本主義と地主制の相互規定構造の段階的変化を自己の論理から総括的に展望するものとなっている。研究というものはある水準に達すると、その展望台から全体を見渡して、他の研究者が明らかにした史実と論理を自家薬籠中のものにして体系化するのである。中村の『近代日本地主制史研究』の後退期地主制研究はそれを実践したものである。

さらに言えば、中村の後退期地主制の基本的関心は、地主制解体を促進した農民運動論に傾斜している。各地の農民運動家の聞き取りを精力的に進めたオーラルヒストリーを利用した名著『労働者と農民(38)』の経験が大きい。また永原ゼミの先輩・後輩関係にあり、『日本地主制の構成と段階』の共著者である西田美昭の存在が大きい。

西田は山梨調査のあと長野県を対象として、西田美昭編著『昭和恐慌下の農村社会運動――養蚕地における展開と帰結』(39)、大石嘉一郎との共編『近代日本の行政村――長野県埴科郡五加村の研究』(40)など共同研究のリーダーとして、近代農民運動を対象として、地主制の後退から農地改革による地主制解体まで実証的研究を着実に進めていた。

こうして二人は農民運動論で論争を通して対峙することになる。中村は『近代日本地主制史研究』の第三章第三節「農民運動の発展」で西田との基本的な見解の差異を述べ、「アメリカにおける最近の日本地主制・小作争議研究の動向――リチャード・スメサーストの批判に答える」(41)でアメリカのピッツバーグ大学のリチャード・スメサーストとも本格的論戦に発展している。中村と西田、スメサーストの基本的な差異は中農層の評価であった。

スメサーストは、西田の論文「小農経営の発展と小作争議」(42)における小作争議の担い手として中農に成長する小商品生産小作農論を評価しながら、中村を批判したのである。これに対して西田は「リチャード・スメサースト氏の近代日本農業史研究を告発する」(43)で逆にスメサーストの中農の過大評価を厳しく批判した。日本の小作争議研究は中村、西田、スメサーストの三者の国際的論争に発展したのである。

スメサーストは一九二〇年代の中富農を利潤目当ての商品生産農民＝小企業家（資本家）と高く評価し、昭和恐慌期の小作争議も中村のいうようなマルクス主義による窮乏化革命論的なプロレタリア的変革的なものではなく、漸進主義的で改良主義的なものであったという。マルクス・カウツキーの農民層の両極分解論を批判し、家族的小経営が主流であると主張し、ベルンシュタインが正しいとして、昭和恐慌期の貧農による革命的農民運動を否定した。これに対して中村は商品生産小作農（中農・富農）とは何であるかとして、農民的小商品生産概念の再整理を行い、スメサーストの議論が「裕福史観・数量還元史観」であり、日本農民のリアリティを失っていると厳しく批判した(44)。

これらの中村、西田、スメサーストによる地主制後退期・小作争議をめぐる論争の焦点は、栗原百寿が最初に提起した「農民的小商品生産の発展と地主制の対抗」という論理を深める役割をもった。

中村と西田の地主制後退期の農民的小商品の発展の評価、中農と貧農の評価を整理してみよう。昭和恐慌期の農民運動の評価をめぐって両者は異論を述べる。中農と貧農の階層間の差異を強調して中農の役割を評価する西田説に対して、中村は昭和恐慌下での貧農の役割を評価して西田・中村論争が展開する。西田の中農主体の農民運動論に対して、中村は貧農的農民運動を対置したのである。また、この昭和恐慌期の中村の貧農的農民運動論は林宥一に受け継がれていく。

西田は農民運動を支えた大正期の農民的小商品生産の発展を高く評価し、自小作中農の副業の補填によるぎりぎりの農民的剰余の形成を認めるが、中村は農民的剰余をそれほど高く評価せず、昭和恐慌のなかの地主制下で、中農層もあっという間にその剰余を失い、全般的に落層化し貧農ラインにシフトするという。地主制による小作農民への重圧が継続するという論理である。そのため中農層は自作農創設などに依存し農民戦線を離脱して貧農層が運動の主体となる。貧農と対立することになる在村中小地主との血みどろの闘いが権力の介入を招き、皇国農村成立の前提となる。すなわち農民的成長の挫折という大正デモクラシーを支える底の薄さと限界を強調し、ファシズムの制覇の背景を説明するという論理である。中村は戦前農村の地主制の構造的頑強性を強調したのである。

中村の議論は山田盛太郎の中堅農民の不安定性論にリンクする。戦前に地主制は敗戦まで基本的にはそれほど大きな変化を持たずに高率現物小作料体制を維持した、という考えが維持されていた。戦前と戦後の断絶を強調する論理である。これに対して、西田は昭和恐慌後の戦時に至る過程でさえ、地主に対する中農層の成長を認め、この延長線に農地改革を展望していた。戦時と戦後の断絶と連続の位相の違いが、二人に体現されていた。

中村政則、西田美昭のように山梨調査を通じた共同研究の仲間でさえ、その後の学問的見解の相違を、学問的な論争へと発展させることができるのである。二人のこの論争を身近に見てきた私は、研究者の厳しさとともに、両者に学問的誠実さを感じていた。中村にとって山梨共同研究は生涯を通じて人的にも知的生産的な場であったのである。

おわりに

これまで中村地主制史論の概要を述べてきた。最後に中村地主制史論の意義と限界を述べてまとめとしたい。

中村は、それまでの幕末・明治初年の地主制形成論を中心とした地主制史研究を、産業革命期の地主制確立論に転換させた新たなリーダーであった。さらに近代地主制を確立期のみならず、地租改正から敗戦後の農地改革にいたる近代地主制の全生涯を展望する論理を打ち立てたのである。その中核論理は資本主義と地主制の相互規定関係論である。

また中村地主制史論は、地主制論にとどまることなく、資本主義確立、帝国主義、天皇制論、さらには人民闘争、農民運動、植民地論まで、一九七〇年代の日本近代史全般に広く影響を与えた。それは緻密な実証分析とともに、大きく日本近代史全体を俯瞰する理論的視座を備えていたからである。

なぜなら中村地主制史論は、資本主義・地主制という経済史を超えて、天皇制国家論など地主・ブルジョアジーの動向を含めて、政治史を展望するものであったからである。経済と政治の統一が鮮明であったからである。さらに地主・ブルジョアジー論を超えて農民・労働者の民衆史へ架橋するものでもあった。経済史、政治史、民衆史など歴史学を総体として把握する論理と実証がいきいきと展開されていたのである。経済学的経済史でなく歴史学的経済史を近代史において実践した当代のトップリーダーであった。まさに一九六八年に登場した新しい歴史学であった。

中村の研究は、われわれ次の世代にとってこれから研究を進めるため、日本近代史の座標軸に位置する研究であった。こうして中村の影響のもとに多くの近代史研究者が刺激を受けて成長していったのである。一橋大学のみならず多くの後進を育てたことが中村政則の最大の遺産であろう。

また中村地主制史論の限界について一言述べておく。地価一万円以上の大地主を天皇制のケルンとした安良城と同様に、中村の地主制論が地域の頂点的地主を対象としており、その下での地主・小作支配関係に焦点があることは間違いない。その結果、その下の膨大な中小地主への視点が弱かったといえる。その点が近年の地主制研究で批判の対象となっている。

もちろん中村は「天皇制国家と地方支配」[45]で地方の中小地主に注目しており、「明治維新の世界史的位置――イタリア・ロシア・日本の比較史」[46]でロシア、イタリアと比較して、日本の地主制が頂点の少数の巨大地主と比較して、膨大な中小地主の圧倒的優位というピラミッド構成をとることに留意している。

しかし、地主制の全生涯における日本の中小地主、さらには在村耕作地主の果たした社会的政治的役割と意義については未完の仕事となった。これらの課題は、中村の壮大な問題意識と方法を批判的に継承しながら、後進の仕事として後世に託された課題であろう。

注

（1）「日本地主制史研究序説――戦前日本資本主義と寄生地主制との関連をめぐって」（『経済学研究』第一二号、一橋大学、一九六八年）。
（2）永原慶二・中村政則・西田美昭・松元宏『日本地主制の構成と段階』東京大学出版会、一九七二年。
（3）「補章Ⅱ　地主制研究と私」（『近代日本地主制史研究』東京大学出版会、一九七九年）所収。
（4）同前、四〇八頁。
（5）『シンポジウム日本歴史17　地主制』（学生社、一九七四年、以下『シンポ地主制』と略）二四頁。
（6）同前、一九～二〇頁。
（7）『土地制度史学』第二二号、一九六四年。

(8) 『歴史学研究』第二九〇号、一九六四年七月。
(9) 前掲「地主制研究と私」四二四頁。
(10) 『一橋論叢』第五三巻第五号、一九六五年。
(11) 前掲「地主制研究と私」四三四頁。
(12) 『歴史学研究』第三二七号、一九六七年八月。
(13) 『『歴史学研究』別冊特集　歴史における国家権力と人民闘争』一九七〇年一〇月。
(14) 『一橋論叢』第六四巻第五号、一九七〇年。
(15) 『思想』第五七四号、一九七二年四月。
(16) 『山形大学山崎吉雄教授還暦記念論文集』同論文集編集委員会編・発行、一九七二年。
(17) 大石嘉一郎編『日本産業革命の研究』下、東京大学出版会、一九七五年。
(18) 『岩波講座日本歴史19　近代６』岩波書店、一九七六年。
(19) 「補章Ⅰ　地主制論争史――その課題と方法」前掲『近代日本地主制史研究』所収。
(20) 『岩波講座日本歴史16　近代３』岩波書店、一九六二年。
(21) 『歴史学研究』第三六〇号、一九七〇年五月。
(22) 『思想』第五七四、五八二、五八四、五八五号、一九七二～七三年。
(23) 安良城盛昭『天皇制と地主制』上下、塙書房、一九九〇年。
(24) 前掲『シンポ地主制』一二六頁。
(25) 『歴史学研究』第三九一号、一九七二年一二月。
(26) 『体系日本国家史４　近代Ⅰ』東京大学出版会、一九七五年。
(27) 前掲『シンポ地主制』一七頁。
(28) 同前、一五八頁。
(29) 歴史学研究会・日本史研究会編『講座日本史９　日本史学論争』東京大学出版会、一九七一年。
(30) 『東北大学農学研究所彙報』第一二巻第二・三号、一九六一年。
(31) 前掲『シンポ地主制』一二頁。
(32) 暉峻衆三『日本農業問題の展開』上、東京大学出版会、一九七〇年。

(33) 牛山敬二『農民層分解の構造 戦前期——新潟県蒲原農村の分析』御茶の水書房、一九七五年。

(34) 暉峻衆三『わが農業問題の軌跡』御茶の水書房、二〇一三年。

(35) 天皇制国家論については、中村は講座派の絶対主義的天皇制論を最後まで維持していた。近代日本の国家権力は類型としてはブルジョア権力であるが、資本主義と地主制の二つの異質なウクラード間の調整機能としての天皇制国家の独自的役割とその支配階級からの相対的独自性を強調し、国家形態としては封建制終末期のブルジョアジーと領主階級の利害調整として絶対王政を範型とした「絶対主義形態」であるとした。『象徴天皇制への道』（岩波新書、一九八九年）以後もより明確に絶対天皇制と規定し権威主義体制論はとらなかった（「グローバリゼーションと歴史学」『神奈川大学評論』第五六号、二〇〇七年）。

(36) 守田志郎『地方経済と地方資本』御茶の水書房、一九六三年。

(37) 持田恵三『米穀市場の展開過程』東京大学出版会、一九七〇年。

(38) 『労働者と農民』小学館、一九七六年。

(39) 西田美昭編著『昭和恐慌下の農村社会運動——養蚕地の展開と帰結』御茶の水書房、一九七八年。

(40) 大石嘉一郎・西田美昭編著『近代日本の行政村——長野県埴科郡五加村の研究』日本経済評論社、一九九一年。

(41) 『歴史学研究』第五七九号、一九八八年四月。この論争の発端はスメサースト（Richard J. Smethurst）*Agricultural Development and Tenacy Desputes in Japan*, Prinston University Press, 1986 である。

(42) 『土地制度史学』第三八号、一九六八年。この論文はのち西田美昭『近代日本農民運動史研究』（東京大学出版会、一九九七年）に所収された。

(43) 『土地制度史学』第一二七号、一九九〇年。中村、西田のスメサースト批判に対して、スメサーストは「日本における農業の発展と小作争議——中村政則氏・西田美昭氏への反論」（『歴史学研究』第六五三号、一九九三年一二月）を発表する。それに西田、中村が再反論するという形で論争は続いた。

(44) 前掲「アメリカにおける最近の日本地主制・小作争議研究の動向」。

(45) 歴史学研究会・日本史研究会編『講座日本歴史8 近代2』東京大学出版会、一九八五年。

(46) 中村編『日本の近代化と資本主義』東京大学出版会、一九九二年。

二　近代天皇制と象徴天皇制――その方法の転回を中心に

安田常雄

はじめに

中村政則の「天皇制」論には、大きく見て二つの峰が存在している。第一は、一九七五年前後であり、第二は一九八〇年代後半から九〇年代前半である。周知のように第一の峰は、中村政則編『大系日本国家史4、5　近代Ⅰ、Ⅱ』（東京大学出版会、一九七五・七六年）に象徴されており、その議論の核はいわゆる「講座派マルクス主義」的天皇制論の学説に関する「総括」の試みである。それは言い換えれば、「講座派マルクス主義」を軸にした「戦後歴史学」の天皇制研究の理論的中間総括ともいえるだろう。そして第二の峰は、『象徴天皇制への道――米国大使グルーとその周辺』（岩波新書、一九八九年）がその代表であり、またこの前後の論考を集めた「一般書」である『戦後史と象徴天皇』（岩波書店、一九九二年）がまとめられ、またそれらの論考の基礎になった「資料集」（山極晃・中村政則編、岡田良之助訳『資料日本占領1　天皇制』大月書店、一九九〇年）が刊行された。

この二つの峰は、前者が近代天皇制研究の理論史的な学説史であり、後者がそのタイトルに「象徴天皇制への道」と書かれているように、象徴天皇制の国際的起源、特にアメリカと日本との政治的関係からみた起源論となっている。このように見てくれれば、中村政則の「天皇制」論は、二つの時期にわたる二つの異なった対象に即して展開されているのであり、今日からふり返れば、この二つの異質な「天皇制」論をいかに統一的に理解するかが重要な課題であると思われる。やや踏み込んで述べれば、この二つの時期の二つの対象による「天皇制」論は、その発想、理論的基礎、そしてその論理展開などにおいて、ある空白ないし飛躍が存在するのであり、その連続性と断絶性をどのように理解するかということになる。加えてこの時期は「講座派マルクス主義」（戦後歴史学）の転換点、あるいは「凋落」の時期にあたっており、また世界史における「一九六八年」の影響も加わり、世界システム論、国民国家論、社会史などの新しい歴史認識方法の影響力が、日本の歴史学界にも急速に波及する時期にあたっていた。その意味で、中村政則の「天皇制」論は、こうした世界史的な方法的激動の波に巻き込まれながら、転回していったといえるかもしれない。

私個人の記憶によれば、「象徴天皇制」論については、一九九一年秋の歴史学研究会臨時大会での報告を依頼されて以後、いくつかこのテーマに関連した文章を書くことになり、また一九九七年以後は、歴史学研究会委員会の研究部で大会テーマ「二〇世紀」論を企画することになった。さらに中村さんには二〇一〇年にオープン予定であった国立歴史民俗博物館の第六室「現代展示」では、外部リニューアル委員としてお力を貸していただいた。今からふり返ってみれば、それぞれ大変な仕事であったが、中村さんに対しては、その過程を通して、かけがえのない経験をさせていただいたことに対して、深く御礼を申し上げたいと思う。その上で、今回の文章については、できるだけ中村さんの議論に即した内在的な接近を心がけ、その「天皇制」論の特徴を描くことに努めたいと考える。そして今からみれば、著者自身の「証言」を聞いておくべきであったという悔恨が残っているが、ここでは遺された断片的な素材を通して、いわばエッセイ的なスケッチを記すことに限定することにしたい（以下、敬称は省略する）。

1　第一の峰──一九七五年前後

中村政則の「天皇制」論の第一の峰の中心論文は、「序説　近代天皇制国家論」[1]といえるだろう。この論文について、著者は「初心に立ち戻り、戦前以来の天皇制国家論史を再整理しつつ、講座派国家論の何を基本的に継承し、何を批判的に克服すべきかを論究する必要はいっそう高まっていると考える」。「本稿はそのような作業を通じて、天皇制国家論の七〇年代的到達を確定するとともに、国家論レベルで検討を要するいくつかの理論上の諸問題を提起しようとするものである」[2]と書いている。私はかつて「戦後歴史学」の「転換」の指標の一つとして、この『大系日本国家史』をあげ、「戦後歴史学のパラダイムの内側からの自己革新の最後の試み」と書いたことがある[3]。

この論文は、この意図の下で、次のような二点の特徴をもっている。その第一は戦前以来の国家論（戦略論争）をいわゆる「二二年綱領草案」から「三二年テーゼ」へたどり、その特徴をまとめている。ここで印象的なのは「マルクス主義陣営内の理論的未熟さ」[4]が抽出されていることである。具体的には野呂・猪俣論争に関して、講座派と労農派がともに「経済主義」に陥っていたことを指摘していた。中村は野呂の「最大の問題点」として「国家最高地主」説をあげ、山崎隆三に従って、野呂は「労農派」の経済主義とちょうど裏返しの経済主義」に陥っていたと評価している[5]。これは、日本資本主義認識において、労農派が「特殊性の一般性への解消」を特徴としていたとすれば[6]、講座派は、中村はこういう言葉を使っていないが、「特殊性の絶対化」への傾斜をもっていたということだ。それは当時の私たち院生の認識とも共通していた。こうした「理論的未熟さ」の要因は、第一に「天皇制を経済的下部構造から相対的に独自な性格をもつ専制的な国家機構として捉える観点が十分に認識できていなかったこと」。第二は「国家の本質的規定と革命の戦略規定とを機械的に直結させるという二者択一的思考」[7]と捉えられる。ここでのキーワードが「相対的独自性」と「国家機構」であり、この論理的関連をいかに把握するかにあったことはいうまでもない。

こうした流れのなかで、中村は「三二テーゼ」の特徴を次のようにまとめている。それは第一に「天皇制」を「専制的絶対主義的な国家形態ないし国家機構として明確化した点」、そして「天皇制支配の本質は「ブルジョアジー及び地主の勤労者に対する独裁の形態」であると規定する」点にある。つまり経済的基礎としての「寄生的封建階級とブルジョアジーとの緊密なブロック」の存在である。同時に重要なことは、こうした「三二テーゼ」にまで広がる「経済主義」は「講座派の盲点」（山崎隆三）として、戦後まで継続することになったことが強調され、「天皇制国家権力の相対的独自性と経済的下部構造との関連をどうつけるか」が「その後の「講座派」国家論の最大のアポリア」となったと結論づけられている[8]。

第二に中村論文の特徴は、服部之総と平野義太郎を対照させて、その特質を分析した点にある。中村によれば、服部の評価は「明治維新から東条内閣の成立までの天皇制の生涯を、天皇制絶対主義から軍・封《（ママ）》帝国主義へ、そして天皇制ファシズムの完成へと、ともかく首尾一貫した見通しのもとに把握しえた歴史家は、服部をのぞいてほかにいないのではないか[9]」という点に集約される。同時に服部の「天皇制」論の「最大の躓きの石」は、「服部が国家の本質と国家機構との関連、国家と政府との区別、絶対主義と帝国主義との関連とその相違など、総じて国家論の領域に属する独自の理論的検討をまったく不十分にしかおこなっていないことに、重要な原因があったといわなければならない[10]」。これに対して、平野義太郎の「天皇制」論には独自な「国家論」が背後に存在していたことが重要であるという（たとえば平野義太郎『国家権力の構造』理論社、一九五四年）。中村によれば、平野が「国家権力の本質をたんに経済的下部構造から規定するだけでなく、国家形態・政治形態なる概念を導入することによって、下部構造に対してそれなりの相対的独自性をもつ国家権力の本質を確定しようとしている点である[11]」と書き、マルクス主義的「天皇制」論の最大の難点と認識した「経済主義」の克服を目指していた。中村は、たとえば、封建国家や資本主義国家など国家の階級的本質を表現する概念として「国家類型」をおき、他方で、同一の「国家類型」においても、たとえば共和制、立憲君主制、ボナパルティズム、絶対主義など多様な政治形態をもつありかたを「国家形態」と概念化しようとしていた。そしてその結論は次のように規定されることになった。「国家の歴史的な階級本質を示す〈国家類型〉論レベルでは資本制国家範疇に属していても、〈国家形態〉論レベルでは絶対主義的本質を維持していることは、十分あり得ることであって、戦前日本の天皇制権力は、まさにそのような〈国家類型〉と〈国家形態〉とのあいだに埋めがたいズレをもつ権力として存在していたのであった。絶対主義的天皇制という概念はそのように理解されるのでなければならない(12)」。

しかし、この中村の「国家類型」と「国家形態」の概念は、さまざまな批判にさらされることになる。この点についてはのちに触れることにする。

こうして中村は「講座派マルクス主義」の「天皇制」論の再構成を「経済主義」の克服と押さえ、平野に起源を持つとされる「国家類型」と「国家形態」概念に即した二重の権力規定を軸に考えようとしていた。そのうえで中村は、明治維新以後の日本の近代における「天皇制」の構造的特質を時期ごとに捉えなおそうとしている。ここではその大きな特徴のみをたどることにする。

この分析の前提として、二つの点に注意を喚起していることが重要だ。その第一は「現状分析」としての天皇制と「歴史研究」としての天皇制のミゾ（死角）と表現されている(13)。要約すれば、本来、天皇制研究は、一九二〇～三〇年代の「現状分析」の概念であり、それは「帝国主義段階、独占資本主義段階の権力」を対象にしていたはずである。それが明治維新論に遡及する「歴史研究」の課題となることによって、この視点が後退していったこと。「近代天皇制が明治維新期を舞台に論じられるようになると、天皇制は封建社会解体期の最後の、過渡的な国家たる半封建的絶対主義国家としてのみ規定されることになり、しかもそれは、その後の資本主義の発展と構造的変化にもかかわらず依然として封建的絶対主義国家としての本質を脱却しきれないものと考えられるようになっていった。この主張は、一方で、天皇制を半封建的絶対主義国家と規定しないと二段階革命論を提起しえないのだという誤謬とむすびついていたのだが、他方でそこには明らかに歴史を発生史的《ゲネティッシュ》にとらえようとする考え方の一面的拡大とその固定化があったといわなければならない。とすれば、ここでわれわれはひとつの発想の転換をおこなう必要があるのではないか。それは天皇制国家の基本構造が確定する確立期の天皇制を明治維新の方から見るのではなく、むしろ逆の方向から、すなわち三二年テーゼが対象としたような軍事的・警察的天皇制の原型構造はいつどのようにして形成・確立＝定置したのかという観点から見直してみようということにほかならない」[14]。

ここで中村は、「天皇制国家」の「確立」というとき、「「確立」という概念は、磐石の、不動の体制の完成を意味するのではない。むしろ「確立」の論理は、「崩壊」の論理をふくむ、換言すれば、確立の仕方は、のちの崩壊の仕方を決定する矛盾的契機をふくみながら確立すると考えるべきであろう」[15]と注記している。これは今日からみれば、当然の指摘であるが、同時代の「講座派」理論では「確立」は「型の定置」というニュアンスで固定的に受けとめられる傾向が強く、その意味では積極的な提言であったといえるだろう。ただ問題は「三二テーゼ」自体がその内在的矛盾をどれだけ多角的に抽出しえたか、またそれが有していた同時代の「帝国主義」や「独占資本主義」に対する認識が問われることにもなるだろう。またそこには、「三二テーゼ」から明治維新論を逆照射することとともに、「戦後」から、戦前天皇制の「崩壊」を逆照射することへの展望も含まれているはずであり、それを含めた「三二テーゼ」の評価にも関わってくるのではないか。おそらく中村はこうした疑問が出ることを予想し、次のような問題を提起していた。その問いは「旧天皇制レジュームの崩壊期に着目したとき、旧天皇制支配体制はどこが崩れると崩壊したということになるのだろうか[16]」。私にはこうした問いの立て方に、中村らしい率直さが表現されていることに共感するが、そこで中村は「旧天皇制支配」の「崩壊」の六つの契機を挙げている[17]。それは、天皇制軍隊の解体、植民地の喪失、財閥解体、農地改革、新憲法制定、天皇制イデオロギーの機能喪失である。これらはいうまでもなく、戦後改革期の特徴であるが、すぐに気がつくのは「崩壊」しても残り続けた契機があり、それはたとえば「天皇制的」官僚制、植民地意識、「機能転換」した天皇制イデオロギー、家父長的家族制度などである。それらはいずれも「象徴天皇制」への転回以後も「戦後天皇制」の中軸を支えた要素に他ならないからである。

それはとにかくとして、中村はこうした前提の上で、近代天皇制（旧天皇制絶対主義）の主要な論点を論じている。この点については、この論文とともに鈴木正幸との分担執筆である「近代天皇制国家の確立」で展開された(18)。これもよく知られているのでその結論だけを記す。「近代天皇制の諸段階規定は、明治十年代＝「日本絶対主義」の体制的修正の開始、二十三年＝「日本絶対主義」の「修正・確立」ではなく、明治十年代＝日本型絶対主義の形成過程（「古典的絶対主義」から日本型絶対主義への移行開始）、二十三年＝日本型絶対主義（絶対主義的天皇制）の成立と再整理・再規定されることになる。このわたくしの所論の特徴は、明治維新の終期の確定と、日清・日露の両戦を通じて絶対主義的天皇制が確立するという二個の視点に支えられている(19)」。

こうした全体的見通しに立って、中村は同論文で「一　軍事的半封建的資本主義国家類型の確立――ブルジョア・地主ブロック論」という章を執筆している。そこでの分析対象は、日清「戦後経営」と日露「戦後経営」であり、二つの「戦後経営」の構想と構造が分析されている。やや具体的にみれば、この論文のモティーフは、第一に「天皇制国家が一方で、ブルジョア・地主国家類型をとりながら、他方で絶対主義的国家形態を維持しつづけえた歴史的根拠はいかに説明されるべきであろうか」というところにある。それは「国家類型」と「国家形態」との関連の仕方自体も歴史的に変化しているからであり、その「両者の関連の仕方の段階的な推移・変化を追究することは、近代天皇制国家の史的展開を固定的にではなく、動態的な過程として把握するうえからも不可避の観点」であるからである(20)。第二には、形成から崩壊にいたる全過程における「国際的契機（とくに戦争と植民地）」の問題があること。ここでは天皇制の存続→内部矛盾の「解決」→対外侵略と戦争→軍部官僚の肥大化という循環に注目している。この二点に留意し、近代天皇制国家の確立期である一九〇〇～一九一〇年にしぼり、類型と形態の統一的把握を試みるとしている。

ここは中村の本来のフィールドである経済史分析の実証的記述になっており、それ自体がすぐれた研究になっている。その背後にあるのは、中村の「日本ブルジョアジーの構成」（大石嘉一郎編『日本産業革命の研究』下、東京大学出版会、一九七五年所収）などであることはいうまでもない。具体的には、第一の環としての「官僚・財閥ブロック」の形成であり、それは一方で、日露戦後における国家資本の巨大化と官僚の独自性の強化があり、他方で、「非特権的ブルジョアジー」の「非増税運動」などがあったが、特権的ブルジョアジーのイニシアティブで主導された(21)。第二の環は、「官僚・地主ブロック」の形成であり、そこでは米穀関税問題にみる地主と資本の対立や「農本主義論」と「商工立国論」の対立が取り上げられる(22)。そして第三の環としての「ブルジョア・地主ブロック」の形成である。地主階級は、一八九九（明治三二）年の農会法以来、全国的結集をとげ、政治的存在として浮上し、「その意味で一九一〇（明治四三）年の第二六議会は天皇制官僚を媒介者とする独占資本と地主階級との「永続的」ブロックの完成にとって、重要な画期となった(23)」。

こうした官僚・ブルジョアジー・地主の「ブロック」は、相互に対立する要因を含みながら、社会経済的ブロックを構成しつつも、「解体」にまで至らない要因によって繋ぎ止められており、その要因は「戦争と植民地」問題と「国内的な階級対立」の問題であったとまとめている(24)。

このように見てくれば、中村の「官僚・ブルジョアジー・地主ブロック」論は、それ自体はすぐれた社会経済史的分析であるが、あくまで「近代天皇制」を支える基礎過程の研究であり、むしろ「近代天皇制」それ自体の内在的分析は、鈴木正幸が担当していることは明らかだろう。目次をみれば、鈴木の分担は「二 絶対主義的国家形態の確立」

として「1 国家機構の確立、官僚制・官僚機構の確立、ブルジョア・地主政党の確立」「2 ブルジョアジーと官僚」が、また「三　天皇制イデオロギーの確立」として「1 天皇制イデオロギーの確立」「2 イデオロギー的アパラートの確立」が割り振られている。つまり問題は、鈴木正幸との分担執筆が、どのような国家論としての方法的構想によって行われたかにあるだろう。鈴木に割り振られた部分にこそ、本来の「近代天皇制国家論」の基軸があるのであり、そこでは表題にこそ「絶対主義的国家形態の確立」とされているが、本文中には「絶対主義」という言葉は使われていない点に注意しておきたい。のちの中村は、鈴木の近代天皇制研究について次のように書いている。「鈴木は『近代の天皇』［一九九三］、『国民国家と天皇制』［二〇〇〇］などの仕事を通じて、一九八〇年代から天皇制絶対主義論を放棄していった(25)」。逆にいえば、中村の「近代天皇制論」はその議論の核心が揺れている立論となっているのであり、それは「講座派的視点」の動揺を表現しているといえるかもしれない。

それではこうした中村の「近代天皇制論」は方法的には「国家形態」と「国家類型」の二重規定に基礎をおいているが、その内容と意義について、コメントすることにしたい。

中村の規定によれば、確立期の天皇制国家とは「絶対主義的国家機構をもつ軍事的半封建的資本制国家」である。これは経済的には「資本制」であるが、「軍事的半封建的」「国家機構」をもつという意味であり、それは、官僚・常備軍・警察・検察庁・裁判所などの制度を組織化したものを指す(26)。言い換えれば、「国家類型」では「特殊後進国的構成をもつ帝国主義国家でありながら、機構が絶対主義的」であるという意味である(27)。

こうした「国家類型」と「国家形態」を設定する前提として「国家論」を組み立てる六つの指標をあげている(28)。その第一は、いかなる経済的基礎の上に立っているか、第二はいかなる階級的利害を代表しているか、第三には誰が執行権力を直接掌握しているか、第四は国家意志決定の仕組みとそれを人民に強制する機構＝アパラートの問題、第五には支配的ウクラードを保障している法体系、第六には支配的思想はなにかの六つである。このなかで中村が重視するのは、第一と第二に関わる「階級的基礎」と、第三と第四に関わる「国家機構」の二つである。特に「国家機構」の機能を表現する第四の要素が重要視されている。逆にいえば、「天皇制国家論」の中軸ともいうべき、第五の「法」と第六の「イデオロギー」はほとんど強調されていない点に特徴がある。

また中村はこうした近代日本における「国家類型」と「国家形態」のズレは、支配の「不安定性」を生むが、それは天皇制、地主、ブルジョアジーが「たえず内的矛盾の緊張に置かれていた」という意味で「不安定な均衡」とよばれ、この「ミゾ」が敗戦まで埋めることができなかったといわれている[29]。この「ミゾ」が埋められたのが「戦後改革」であったという展望を描いている。「換言すれば、八・一五を〈国家形態〉論のレベルで総括すれば、このズレを埋め、両者を一致させた点にこそ戦後改革の本質があったといわなければならない。そして日本国憲法の制定が絶対主義的天皇制の日本型ブルジョア君主制（象徴天皇制）への移行を画す一大画期となったと見ることができる。しかして、このズレを埋める起動力は長期にわたる国内人民の階級闘争（国内的契機）と戦争・アジア諸国の民族的抵抗運動・敗戦・連合国の圧力（国際的契機）の双方であった[30]」。こうした「国家類型」と「国家形態」の二重性の議論のモティーフは、いわゆる服部之総の「ビスマルク的暗転説」の克服を目指したものであり、服部がこの二つの概念の区別と連関を理論化できなかったことと、中村はその二つの間に「埋めがたいミゾがあったとみなしている」ことが特徴といえるだろう[31]。また「ミゾ」の強調には、次のような動機があったと書いている。「もっとも本稿は、一九二〇年代以降の天皇制権力について立ち入った考察を行なう余裕も準備もない。むしろ本稿の狙いは、明治維新期の天皇制絶対主義論と一九三〇年代の天皇制ファシズム論とがいわば通説としてほぼ定着していると判断されるのに反して、その中間の時期（帝国主義の形成・確立期）の天皇制国家論がきわめて不安定であることに着目して、そこに的をしぼって「講座派」国家論の再構築をはかることに最大の力点をおいたものである[32]」。

しかしこうした中村の「国家類型」と「国家形態」の二重性論は、かなり多くの批判に直面することになった。一方では「戦前以来およそ半世紀にもおよぶその長い論争の迷路から急速にぬけだして」新たな天皇制研究の「拠点」を築くものという評価（山崎隆三）もあったが、中村によれば三十数名におよぶ歴史学者・政治学者から批判を浴びたと書いている。やや煩瑣になるが、その批判の要点を振り返っておきたい。

「(1)国家形態は国家類型の下位概念であって、国家類型がブルジョア的ならば、国家形態もブルジョア的本質をもつものであって、類型と形態の間にズレはありえない。したがって、中村が主張するような絶対主義的国家形態をもつ資本主義（あるいはブルジョア・地主）国家類型なるものは理論的に存在しない。(2)国家形態＝国家機構論に偏しすぎている。そのため国家による支配の上から下への一方的貫徹のみが強調され、国家に対する下からの抵抗ないし支持の側面がうまく捉えられていない。国家が社会をいかに編成したか、言い換えれば社会的基礎論、社会関係論が欠如している」[33]。

それ以外にどのような批判があったかは不明であるが、(1)はいわば「三二テーゼ」に依拠した「土台」と「上部構造」の関係に関する原則的批判であり、(2)は「三二テーゼ」で表現された「上部構造」（天皇制）の「土台」（地主・ブルジョアジーの階級的経済的ブロック）に対する「独自の、相対的に大いなる役割」の認識を前提にしつつ、その内容を「国家機構」に集約して把握することへの疑問ということができる。ここでいわれている天皇制の「独自の、相対的に大いなる役割」という指摘は、いわば「三二テーゼ」のエッセンスであり、中村の「近代天皇制論」がくりかえし「天皇制」の「経済主義」的把握を批判してきた根拠になっているものであった。しかしそれはこの内容を「国家機構」に集約して捉えるところに難点があるのであり、これは戦前以来、戦後まで（この論文が書かれた一九七〇年代半ばまで）、いわゆる「講座派マルクス主義」の「天皇制論」の隘路になってきた論点であった。その意味で、中村の「近代天皇制」論はその最後の自己革新の理論的試みといえるかも知れない。

問題の焦点は、天皇制の「独自の、相対的に大いなる役割」の内実を理論的にも実証的にも深めていくところにあり、それは中村の議論に即していえば、前記の六つの指標のうち、第五の支配的ウクラードを保障している法体系、第六の支配的思想はなにかの二点が重要であったはずである。それは単純化していえば、法的ないしイデオロギー支配の構造を「天皇制」の「秩序」維持の根幹と捉えなおすことであり、それは中村の「近代天皇制」論から権力論、国家論が完全に欠落しているという論点であった。その意味で中村の強調する「経済主義」的天皇制論批判は、それ自体当たっているが、中村自身の「天皇制」論の抜きがたい「経済主義」的バイアスを示してもいたのではないか。歴史学のなかでは、一九八〇年代に入ってから、「近代天皇制論」については、国家意志論やイデオロギー論を含めたすぐれた研究が刊行されることになる(34)。

また中村の「近代天皇制」論には、いわゆる丸山学派の精神構造論が全く欠落していることがもう一つの特徴である。今日からみれば、丸山学派の法的・イデオロギー的精神構造論は、理念型的「近代」を設定し、それを基準として日本の「天皇制的精神構造」の特質（偏差）を抽出するという方法的特徴をもち、その意味で「講座派」マルクス主義の限界を補う重要な仕事であった。

さらに戦後日本のマルクス主義のなかでも、たとえば「昭和史論争」において、神山茂夫の『天皇制に関する理論的諸問題』（民主評論社、一九四七年）の系譜を引く浅田光輝によって「天皇制」の「イデオロギー権力」が課題化されており、同時に一九五〇～六〇年代には、在野の研究者である三浦つとむらによって「レーニン国家論」批判と「意志」論、「権力」論などが精力的に展開されていたのである(35)。

問題は、こうした批判を通して、中村の「天皇制論」は方法的にどのような転回を見せていったのかというところにある。

2　第二の峰——一九八〇〜九〇年代の象徴天皇制論

(1)　天皇制研究のモティーフ

中村の天皇制研究を考えるとき、注目すべき一つは「天皇制と私」という短い文章である。この文章は、歴史学研究会編『天皇と天皇制を考える』（青木書店、一九八六年）に所収された「戦前天皇制と戦後天皇制」の「序」のように書かれた文章であり、のちに『戦後史と象徴天皇』（岩波書店、一九九二年）に再録された（「戦前天皇制の本質と戦後改革」と改題）。ここで中村は「なぜ私は天皇制にこだわるのか」を自分史のなかに探ろうとした。「体験」記述（あるいは「体験」の経験化）は、研究のモティーフを支える重要な要素の一つなのであり、中村の場合も例外ではない。問題は、なぜ中村が一九八六年というこの時期に「体験」記述を書こうとしたのかだろう。

この文章の記述によれば、自らを「学童疎開派」と規定している。[36] 中村は、一九三五（昭和一〇）年、東京新宿区生まれ。敗戦は、国民学校四年生で迎える。一九四四年、「私が通っていた新宿区淀橋第三小学校の生徒のうちで、田舎のない者は群馬県草津へ集団疎開」し、日新館という旅館で集団生活をした。

中村が「体験」記述のなかで強調しているのは、二つの「断絶」の記憶である。その第一は、引率の教師が浅間山の遠足のときに語った「浅間山の煙がライオンの形をしている。これは日本軍が赫々たる戦果をあげている証拠だ」という言葉と、八月一五日の「玉音放送」の記憶との断絶である。中村にとって「「玉音放送」は雑音だらけで、私には何をいっているのか、わからなかった」。放送が終わると寮母の一人が、突然「うっ」とうめくような声を発し、駆けだしていった。寮母の部屋を覗くと、座布団に顔をふせて嗚咽していた。「私はそれを見てはじめて何かたいへんなことが起こったんだなと思った」[37] という。第二の記憶は、戦災の悲惨さと平和「憲法」を語った教師の言葉の「断絶」であった。敗戦後実家に帰ることになるのだが、迎えにきた父に「まるで犬が皮膚病に罹ったようだ」といわれた。そして実家の惨状。「家は丸焼け、赤茶けた焼けトタンのバラック（掘っ立て小屋）がたっていた。一面焼け野原で、私の家からデパートの伊勢丹が見えた」。「親が空襲のときに持ち出せたものは自転車と位牌と蒲団一組だけであった。しかも蒲団は留守中の台風でびしょびしょという状態であった。このとき私ははじめて「あぁ、戦争に負けたのだな」と実感した。〔中略〕やはり私は「ダマサレタ」という気がした。子ども心にこういう国家や軍部は許せないと思った」(38)。そして翌年秋、教師は黒板いっぱいに「憲法」と大きな字で書いて、戦争の放棄と平和国家をつくることだと子どもたちに語った。「満足に食べるものも着るものもない、廃墟の中で私は戦争はもうコリゴリだと思った。戦争にむすびつくもの、戦争につらなるもの一切に反対する。ごまかされない。こういう思いが私の心の隅にしっかり根をおろしたのは、以上のような学童疎開の体験、敗戦体験にあったように思う」(39)。

こうした中村の疎開体験、敗戦体験、「平和憲法」体験は、すでに多くの記録でくりかえし語られてきたものでもある。その個人的な切実性は十分に伝わる。だが問題は、なぜこの「体験」が「天皇制」へのこだわりの根拠なのか。その後の中村の戦後経験のなかでは、主として学問的必要性から「天皇制」研究が浮上していったと書かれている。それは農村史から明治期の経済史、さらに「日本近代史の全体像」の「構築」への道筋でもあった。「戦前日本の主要な三つの構成要素であった資本主義・地主制・天皇制、この三つをいっきょに捉える方法を見つけ出すためにも、天皇制の研究はさけて通れないテーマとなっていった」(40)。

これは本稿でいう「第一の峰」の方法的モティーフの説明である。ではそこから「第二の峰」への架橋はどのような経緯とモティーフのなかで展開していったのだろうか。これについても中村のモティーフの深部の構造はよくわからない。子どもの「天皇体験」と「講座派マルクス主義」の「天皇制論」はどのような内在的構造連関をもっていたのだろうか。また方法としての「講座派マルクス主義」の「天皇制」論から「第二の峰」の「象徴天皇制」論への転回は、どのような内的論理と感受性で遂行されたのだろうか。ただ、その重要な契機になったのは中村のアメリカへの「留学体験」であるように見える。

中村は、一九七九年、ハーバード大学東アジア研究センターに留学する。テーマは「一九三〇、一九四〇年代のアメリカの日本認識」という。中村によれば、その一つのきっかけは、T・A・ビッソンの未公開の「日本占領回想記」(Reform Years in Japan, 1945-47: An Occupation Memoir）をビッソン夫人の好意で入手し、その翻訳過程で「ビッソンの対極に立つアメリカ知日派の日本観についても知りたくなった」(41)。そして一九八〇年夏、ビッソン回想記の翻訳作業を打ち切り、ジョセフ・C・グルー（元駐日アメリカ合衆国大使）関係資料の収集を開始した。「グルー文書」はハーバード大学ホートン・ライブラリーに所蔵されていた。それは中村にとってアメリカ留学体験とは何であったかという問いに関わっている。

それではここから始まる「第二の峰」では、どのような「天皇制論」（象徴天皇制論）が展開されたのだろうか。

(2)　象徴天皇制への道、主要な論点

いまここに一つの「座談会」の記録がある(42)。やや私事にわたるが、この座談会の記録は、一九九一年に開催された「象徴天皇制」を主題とする歴史学研究会臨時大会での報告の日に中村さんからコピーをいただいたものであり、その主旨はのちに述べる「第三の道」論の提起であった。それは当日の私の報告のテーマと共振するものであった。ほぼ同じころ私も中村さんの「第三の道」論と似たようなことを考えていたことになる。

この三人の座談会では、前掲の中村著『象徴天皇制への道』をめぐる議論が行われており、この本の書評としてすぐれたものとなっている。それは言い換えれば、座談会を通して、中村政則の「象徴天皇制」論の枠組みが浮き彫りになった記録ということもできるだろう。このなかで、奥平康弘は、従来憲法学者は、占領軍の憲法制定とのからみ

で、当時の国際関係については議論してきたが、中村の本は「そのもう一つ前提の分析であり、グルーおよびその周辺の知日派がどのように動いていて、それが終局において、占領政策が作られるもう一つの前提の分析であり、グルーおよびその周辺の知日派がどのように動いていて、それが終局において、占領軍をどう規定したかの克明な分析になっていると評価している。「単にグルーの生まの記録だけでなくて、国務省の動き等も含めた一九四〇年代のアメリカ側の事情を非常にビビッドに書かれているのが、何といってもこの書物の特徴でありメリットだと思います」。また第二に、日本側の戦後政治に活躍する人物、たとえば吉田茂などが「見え隠れしながら戦前日本でグルーとどのような関係をもったかが分析されている」と評価している。さらに第三には、本書の後半で展開されている「象徴」という言葉の起源の分析については、「分析された結果は、一口にいってしまえば、中村さんには悪いのですが、格別に新しい知見はないという感じになります。しかし、それがどこから来たのかという問題を克明に分析されたことは重要です」と述べ、この「象徴」用語の起源という論点については、周知のように、一つの特定の流れに集約されないという結論になっているが、「いろんな可能性を探索されているところが、大変おもしろかった」と語っている[43]。また山極晃の書評では、刊行されたグルーの日記『滞日十年――日記・公文書・私文書に基く記録』（石川欣一訳、毎日新聞社、一九四八年）と原本を対照し、その違いや意味を探っていることが面白かった。ただグルーの影響力があったことはわかるが、国務省全体として戦後の象徴天皇制形成とどのように繋がるのか、またグルーはマッカーサーをどう評価していたかなどの問題点があると指摘している[44]。

この座談会の評価は、『象徴天皇制への道』の特徴を的確に指摘したすぐれた見解で、私も特に付け加えることはない。それは中村の「象徴天皇制」論としていわば「第二の峰」を象徴する作品ということができるだろう。そして重要なことは、こうした作品の基礎作業として、山極晃と共同編集で『資料日本占領1 天皇制』（大月書店、一九九〇年）が、編纂されていることである。この資料集は、周知のように、「米国政府内部の政策文書を中心に、連合国の日本国天皇制の取り扱いに関する資料を翻訳し、編集したもの[45]」であり、第一部として戦中の一九四二年末から四五年九月にわたる米国国務省文書、「天皇制をめぐる米国内外の論調」、「降伏条項と天皇制」の構成になっている。また第二部の「戦後」（一九四五年九月～四八年一一月）については、「天皇の戦犯問題」、「天皇制の取り扱い」、「占領政策と天皇制」に関する基本文書が収録されている。その意味で、この資料集は一九七〇年代以降の日本における象徴天皇制研究の資料的基礎になった文書の集大成であり、いわば「日米合作」によって創られた象徴天皇制形成の舞台裏を表現している。それはその後の「象徴天皇制」研究の基礎を固めた重要な成果ということができる。

中村の「象徴天皇制」論に即して言えば、山極が同書の解説で「I－2　天皇制をめぐる米国内外の論調」を執筆している。[46] この資料群に対する中村の捉え方をやや図式的にいえば、一方の極に孫科（中国立法院長）の「ミカドは去るべし」（資料三三）に代表される「天皇制打倒」論があり、アメリカでもビッソンの「日本にとっての平和の代価」（『パシフィック・アフェアーズ』一九四四年三月号、資料四四）における天皇崇拝に対する「深部からの革命」論が対応している。他方で、前駐日大使グルーの見解は、軍部の排除による穏健な「天皇制利用」と位置づけられる。

孫科論文は、日本帝国を打倒して、軍部とともに「天皇および天皇崇拝」を一掃し、共和国を樹立することによって、「真の民主主義を日本に導入し、世界の平和を守ることができる」としている。「そのときにのみ、権勢に目のくらんだ日本国民は、決定的敗北を経て、そのときから国家として新たな生きる営みをはじめなければならないと決意するであろう」「日本帝国を打倒し、そのあとに共和国日本を樹立しなければならない」[47]。またビッソン論文は、天皇崇拝は「深部からの革命」による以外、軍政府の命令によって解決できるものではないとする一方、「天皇を軍国主義者から切り離し、日本国民の間に合理的思想が自由に育つことを可能ならしめるような条件作りを［日本の］敗北後ただちに行なうことが肝要である」[48]と主張していた。

これに対し、一九四三年のグルー前駐日大使の「シカゴ演説」（資料三七）では次のように書かれた。

「天皇自身を含めて日本の最上層の多くの政治家が、米国および英国との戦争を回避するため軍部を制御すべく真剣に努力してはいるものの、それが功を奏していないことも知っていました。また、日本の多くの国民大衆が羊さながらであり、導かれる所へ無力について行くことも十分知っていました[49]」。「すべての日本人は、少なくとも精神においては、天皇に対して本質的に忠誠心をもっており、〔中略〕天皇統率のもとに、日本国民は、思想においても精神においても、疑いなくヒトラー統率下のドイツ国民にもまして団結が固いのであります[50]」。

「日本国民は全体として見ればいささか羊のようであり、新しい状況と新しい条件による影響のもとで容易に統率され、従順である。〔中略〕彼らは、まやかしの神を信仰してきました。彼らはギャング的リーダーシップのもとに置かれて、これまでも、そして現在も無力であり、自分の考えをはっきり述べません。そしてひとたびそれら指導者のまやかしの哲学が、敗北、屈辱、いたましい損失という形で日本国民に撥ね返ってくるならば、そのとき彼らは、軍事的暴力主義の代価である幻想から自らを解放することになるものと確信します[51]」。

　このように見てくれば、そこには「天皇制打倒」と「天皇制存続」（利用）という両極の政策選択があると同時に、その根底には「天皇」と「民衆」の関係をどのようなものとして認識するかという論点が潜在していたことがわかる。「天皇制打倒」論はそれが実現すれば、「権勢に目のくらんだ日本国民は、決定的敗北を経て、そのときから国家として新たな生きる営みをはじめなければならないと決意するであろう」とし、その方向は「共和国日本」の樹立と考えている（孫科）。またビッソンは「天皇を軍国主義者から切り離し、日本国民の間に合理的思想が自由に育つことを可能ならしめるような条件作り」の展望を描いていた。こうしたやや楽観的な展望に対し、グルーは「民衆」を天皇に対する「羊のような従順」と位置づけ、また別のところでは「女王蜂」と「働き蜂」の比喩を使って、「天皇」と「民衆」の基本性格を描いていた。「巣のなかの女王蜂は、その巣の蜂たちに手厚くかしずかれ、彼らは敬意をもって女王蜂を扱い、その安楽のためにあらゆる力を貸します」。そして女王蜂が外の世界に押し出される時がくると、蜂の群れは彼女のあとについて新しい巣へ移る。そして「女王蜂を群れから取り除くならば、その巣は崩壊するでありましょう」と書いていた。そして「もしも新しい状況が発生するならば、それだけいっそう結構なことです。しかしもう一つの可能性が現実となり、天皇は社会的安定を保つ唯一の勢力として残るかもしれません。そうだとすれば、崩壊しつつある七〇〇〇万人余の社会を無期限に維持し、管理するという重荷を背負うことになりかねないような方針に縛られたくはありません」と「暗い展望」を陳述し、自分は「戦後に日本国天皇を存置することも、排除することも、いまだかつて主張したことはありません」と付け加えている(52)。

こうしたグルーの冷めた「民衆観」は、かなり当たっているのであり、それは「天皇制」を支える「民衆」的岩盤の問題である。問題は、中村の「天皇制」論がこうした視点をどのように自己の問題意識に組み込めたかにあるだろう。

(3)　象徴天皇制の「第三の道」について

①　「第三の道」論の諸相

こうした戦中戦後にかけての米国における「天皇」関係資料の収集・分析を通して、中村政則の「象徴天皇制」論は、いわゆる「第三の道」論に集約されていったように思われる。この視点を最も早く提起したのは、すでに記した「座談会」での発言であったと思われる。それは「天皇」の「戦争責任を問う」問題と、別の人を立てて「天皇制」を残す問題とその「真ん中あたりは、どの程度真剣だったのかというのがよくわからない」という発言をうけて、次のように提起されていた。

「僕もそこは大事だと思うんですが、選択肢は二つではなくて三つだったと思うんです。天皇制廃止論が第一選択肢。第二選択肢は、支持はしないが利用する天皇制保持論。第三の選択肢は、天皇と天皇制を区別するわけですね。天皇裕仁には退位してもらうが、システムあるいは政治制度としての天皇制は残す。これはSWNCC〔国務・陸軍・海軍三省調整委員会〕でもかなり議論されていますね。日本側でも、裕仁天皇には道義的責任をとってもらいましょうという南原繁たちの意見があったわけでしょう。問題は、第三の道がとれれば、僕は戦後の日本の展開が随分変わったと思うのです」。(53)

この「第三の道」論は、もちろん中村の独創というわけではない。議論としては敗戦直後から断続的に浮上してきたが、その議論の整理の上で、戦後日本の方向性の議論として組み立て直したということができる。そしてその論理的要素は、〈天皇制と天皇の区別〉、〈裕仁天皇の退位〉、〈制度としての天皇制の存置〉という三つが含まれている。ここではそのすぐれた提起の意味をめぐって、中村の「第三の道」論をふり返ってみることにしたい。すでによく知られているように、「第三の道」論は多様であり、その論者によってさまざまな根拠をもっているはずである。問題は「第三の道」論を支える思想的根拠なのだ。私はすでにいくつかの文章で書いてきたように、同時代の日本でもっともすぐれた「第三の道」論の一つとして、中野重治の「五尺の酒」を想定しているが、それは戦前の「敗北」の経験をいかにくぐって、「民衆」の自立性＝ぬきがたい依存性からの脱却という場所から「天皇制」を再考するかという苦闘の表現だからである。(54)

中村はＳＷＮＣＣ文書によって、米国でも「場合によっては、天皇裕仁の退位のみを実現し、天皇の地位は皇太子に継承させることにより、天皇制それ自体は残す可能性のあることをかなり早くから検討していた」(55)という。また国内でも、四三年九月頃から近衛文麿の天皇退位工作が開始され、四五年一月には高松宮・近衛会談で、米国に戦争責任を追及される前に、裕仁を出家させ、京都に隠遁させる計画が練られていた。さらに四六年一二月の貴族院で、南原繁と佐々木惣一が道義的責任をとって退位すべきと述べ、同年六月には詩人の三好達治の「なつかしい日本」（『新潮』一九四六年六月号）が発表されていた。(56)それ以外にも安倍能成、山本有三、松本重治らの「第三の道」論が存在していたことが列記されている。しかし中村の議論は、多様な「第三の道」論のそれぞれの思想的根拠を深く問うという形はとらず、羅列的な現象の記述に終わっているのが残念だ。しかしそのなかで中村が最も重視しているのは、岡野進（野坂参三）の問題提起であり、それが中村の「第三の道」論の骨組みを構成しているのである。

②　根拠としての岡野進論文

周知のように、「反戦同盟」（日本人捕虜の教育と日本軍に対する反戦活動を担う）は一九四三年に日本人民解放同盟と改称され、岡野は「日本人民解放連盟綱領草案」を起草し、『解放日報』（一九四四年二月二〇日）に発表された（『野坂参三選集　戦時編』新日本出版社、一九六七年に日本語文あり）。これに対して、王芸生らの重慶『大公報』は、一九四四年三月二三日の社説で論評を行い、その中に「天皇打倒と財閥打倒」が含まれていないことを批判した(57)。これに対し、岡野は森健名で反論している(58)。岡野は、この綱領で「天皇制と財閥」打倒を掲げなかった理由として、次の二点をあげている。その第一は、綱領の対象が「単に中国非占領地区内の日本人だけでなく、日本軍隊内の兵士（および在華居留民）日本国内の広範な人民である。むしろ、われわれは、後者にその重点をおいている。従って、彼ら大衆の現在の気分、意識、要求、闘争、等々を土台にして、われわれは綱領の基調を決定した。だから、彼らの今日の意識程度から、かけはなれすぎた要求は、たとえそれが原則的に正しくても、われわれの綱領中にとり入れることを差し控えた(59)」という。第二はこの綱領が「統一戦線」の「最低綱領」であることである。「軍部とその他の支配勢力との関係をたとえてみると、馬と騎手との関係である。軍部は馬であって、その上に、天皇、大地主、大財閥が乗っている。この場合、われわれは一本の矢をもって、これらを討たねばならない。どうしたらよいか？　「将を射んとすれば、まず馬を射よ」という諺がある。われわれは、まず馬を射たおすならば、落馬した騎手を先頭から一人二人たおすのは困難ではない。ところが、このようにせずして、騎手と同時に馬も射んとするならば、それは必ず失敗することは極めて明らかではあるまいか？　これがわれわれの綱領草案中に、天皇打倒も財閥打倒も掲げなかった主要な理由である。そして第三に、民衆の天皇に対する「半宗教的」影響力についてである。「それは、日本の天皇が七十年間の欺瞞宣伝教育によって、人民の間に半宗教的（超階級的、神人的）な影響をもっていることである。この事実は、日本の事情を少しでも知っている者は、何人も知っているはずである。従って、皇室に対しては、われわれは、軍部や財閥に対するよりも、もっと用心深い闘争の方法が必要である。人民の間に相当深く浸みこんでいるこの迷信を打破するためには、天皇が人民の敵であることを、具体的事実をもって、比較的長期にわたって、執拗に大衆に説明し、教育することが必要である。この過程を経ずして、今すぐに、天皇打倒のスローガンを掲げることは、かえって人民の反感と反対を買うだけである。これは過去において、われわれが日本および中国の戦場において、味わった苦い経験である。天皇（および天皇制機構）を打倒するための第一歩は、天皇（および天皇制機構）の主柱であるところの軍部の権力をまず打破し、これによって天皇を実際に無力にすることである。また軍部を打倒することは、天皇制機構全体を瓦解に導く道でもある」[60]。ただ重要なのは、この文書が基本的に「戦略論」であり、同時代の人びとの「半宗教的」性格の一般的指摘はあるが、特に踏み込んで「分析」しているわけではない。

そして中村は、こうした岡野進論文を「日本のマルクス主義者の天皇制認識の最高の到達点」と評価した犬丸義一「マルクス主義の天皇制認識の歩み」[61]に依拠しているように見える。しかしこの観点に対しては、すでに安丸良夫によって行き届いた批判が表明されている。

第一に、野坂（岡野）は、日本兵捕虜に対する質問の結果、日本の勝利を信ずる者は全体の半分、最高指揮官を信頼する者は三一％にすぎないのに、天皇崇拝はほとんどすべての兵士に共通する回答だったという事実から、この結論を導いている。ルース・ベネディクトも捕虜たちが政府や軍の指導者、自分たちのすぐ上の上官に対してはきびしい批判的態度をとることと対照的に、天皇への崇拝と忠誠の感情がきわめて強く、それにはほとんど例外が認められないことを驚異の眼で記述してあり（『菊と刀』社会思想研究会出版部、一九五一年、四七～五一頁）、こうした事実認識が、日本敗戦後のアメリカ側の対天皇制政策の背景にあったと思われると書いている。加えて安丸は、次のように書いて、日本マルクス主義の「三二テーゼ」に基礎をおく、天皇制認識の一面性（歪み）を指摘している。「こうした事実に注目することになれば、三二年テーゼのような理論的枠組ではまったく不充分だということになり、かりに野坂に重要な理論的貢献を認めるにしても、それもやはり一般的な現象の指摘にとどまっていたのだから、日本マルクス主義の天皇制認識には重大な欠陥があったと自認することになろう。マルクス主義に即した理論問題としては、フランクフルト学派の権威理論やアントニオ・グラムシのヘゲモニー論などが想起されるべきところかもしれないが、日本マルクス主義にはそうした方向への内在的発展はなかった。丸山学派によって開拓された天皇制的精神構造にかんする諸研究は、今日からふり返って概括すれば、こうしたマルクス主義の欠落部分を埋めあわせるような位置と意味をもっていたということになろう(62)」。

おわりに

これまで見てきたように、中村政則の「天皇制」論の特徴は、第一に、戦前期については、「三二テーゼ」に対する修正的補強の試みであり、特に「天皇制」の社会・経済的基礎を、構造的に分析しようとするところにあった。戦前の「天皇制」社会の構造分析は、もちろん重要な課題であるが、その解明が直ちに「天皇制」の解析に直結するわけではない。「天皇制」とは何よりも「イデオロギー権力」として「民衆」の「幻想」過程を救いあげる構造にこそ、その「半宗教」的威力の根拠があったからである。合わせて世俗的には、戦前期における「立身出世主義」のシステム（かつて「顕教」と「密教」という比喩で語られ、支配層と「民衆」それぞれの「上昇志向」と密接に関わる二重性）をその社会意識的基盤としていたからである。第二に中村の提起した「国家類型」と「国家形態」の概念規定とその適用については、すでにその時点においても、多くの批判があり、今日あらためてくりかえす必要はないだろう。要点は、日本のマルクス主義における「権力論」と「国家論」の弱さであり、安丸も書いているように、フランクフルト学派やグラムシを引くまでもなく、同時代の世界におけるマルクス主義の水準との隔絶であり、さらに不幸はこうした問題性が、戦後のある時期まで引き伸ばされたところにあったと考えられる。さらに第三に、戦後の「象徴天皇制」論については、「第三の道」論を積極的に提起したことにある。しかし結論的にいえば、その問題提起も現象を並列した状況主義的な記述にすぎず、その「第三の道」論の思想的根拠を問うという姿勢は存在しなかった。素朴にいえば、「第三の道」と概括される近衛文麿、三好達治、南原繁、木戸幸一について、その同一性と異質性の分析はなく、この時期においてもっとも重要な一人である中野重治の「天皇論」の位置づけも不明なのである。

そしてたぶん大事なことは、そうした学説史の争点を批判的に受け継ぎながら、現在における「象徴天皇制」の構造を考えることであり、そこには、たとえば「民衆」に内在する「支配層」への「統合指向」と、「天皇」および「天皇制」への「幻想」的同調指向との区別と連関という問題など、多くのむずかしい課題が残されているからである。

注

（1）中村政則「序説　近代天皇制国家論」（原秀三郎・峰岸純夫・佐々木潤之介・中村政則編『大系日本国家史4　近代Ⅰ』東京大学出版会、一九七五年）。
（2）前掲、中村「序説　近代天皇制国家論」三頁。
（3）安田常雄「方法についての断章」（歴史学研究会編『戦後歴史学再考――「国民史」を超えて』青木書店、二〇〇〇年）一六頁。
（4）前掲、中村「序説　近代天皇制国家論」一二頁。
（5）同前、一〇頁。
（6）同前、六頁。
（7）同前、一〇頁。

（8）同前、一四・一六・一七頁。
（9）同前、二二～二三頁。
（10）同前、二四頁。
（11）同前、二九頁。
（12）同前、三三頁。
（13）同前、三五頁。
（14）同前、三五～三六頁。
（15）同前、三六頁。
（16）同前、三六頁。
（17）同前、三六～三七頁。
（18）中村政則・鈴木正幸「近代天皇制国家の確立」（原秀三郎・峰岸純夫・佐々木潤之介・中村政則編『大系日本国家史5　近代Ⅱ』東京大学出版会、一九七六年）。
（19）前掲、中村「序説　近代天皇制国家論」四八頁。
（20）前掲、中村・鈴木「近代天皇制国家の確立」四～五頁。
（21）同前、二二・二七頁。
（22）同前、三〇～三一頁。
（23）同前、三四頁。
（24）同前、三四～三五頁。
（25）中村政則「現代歴史学と天皇制」（歴史学研究会編『現代歴史学の成果と課題　一九八〇―二〇〇〇年Ⅱ　国家像・社会像の変貌』青木書店、二〇〇三年）一三四頁。なお中村は次のようにも書いている。鈴木の「外見的立憲制に関する一考察」（『歴史学研究』第四五六号、一九七八年五月）では、「ドイツ憲法史などの研究に依拠しつつ、範疇的には近代的国家形態と規定し直した。この作業自体、優れたものであった。ただ、その後の鈴木の議論は非常に思想史的色彩を強め、「しらす」など資料的（尺貫法的）表現を概念化し始めた。また思弁的傾向を強め、その分だけ文章が生硬になった」（同前、一三四頁）。
（26）前掲、中村「序説　近代天皇制国家論」四九頁。
（27）同前、五一頁。

(28) 同前、五〇頁。
(29) 同前、五六～五七頁。
(30) 同前、六四頁。
(31) 同前、六三頁。
(32) 同前、五八頁。
(33) 前掲、中村「現代歴史学と天皇制」一二一～一二二頁。
(34) 代表的な研究としては、渡辺治「日本帝国主義の支配構造――一九二〇年代における天皇制国家秩序再編成の意義と限界」(『歴史学研究』別冊特集 民衆の生活・文化と変革主体』一九八二年一一月)、安田浩『天皇の政治史――睦仁・嘉仁・裕仁の時代』(青木書店、一九九八年)、増田知子『天皇制と国家――近代日本の立憲君主制』(青木書店、一九九九年)など。
(35) 三浦つとむに関しては、すでに一九五七年に刊行された『マルクス主義の基礎』(青春出版社)以来、国家意志論を独自に進め、最もまとまった論考としては「個人意志・階級意志・国家意志の区別と連関」(『現状分析』第二九号、一九六六年二月、のち吉本隆明編『国家の思想』〈戦後日本思想大系5〉筑摩書房、一九六九年所収)が書かれていた。また天皇制国家論については、三浦の視点を継承した滝村隆一「天皇制研究の視角」(初出は『試行』第二四号、一九六八年四月、のち同『革命とコンミューン』イザラ書房、一九六九年所収)があり、滝村の一連の論考は、『マルクス主義国家論』(三一書房、一九七一年)に集約されている。こうした点については、安田常雄「石母田正 その国家と政治の捉え方」(『歴史評論』第七九三号、二〇一六年五月)を参照。
(36) 中村政則「戦前天皇制の本質と戦後改革」(同『戦後史と象徴天皇』岩波書店、一九九二年)二九頁。
(37) 同前、三〇頁。
(38) 同前、三一頁。
(39) 同前、三一～三二頁。
(40) 同前、三五頁。
(41) 中村政則『象徴天皇制への道――米国大使グルーとその周辺』岩波新書、一九八九年、「あとがき」二一五頁以下。ここで中村は日本国憲法制定によって、「戦前の絶対天皇制は象徴天皇制へと転換した」とする(二〇六頁)。ここでは戦前の「天皇制」は「絶対主義天皇制」ではなく、「絶対天皇制」とよばれている。
(42) 奥平康弘・山極晃・中村政則「象徴天皇制」(『日本学』第一六号〈特集 戦後昭和誌〉、一九九〇年一一月)。
(43) 同前、三～四頁。

(44)　同前、四～五頁。
(45)　山極晃・中村政則編『資料日本占領1　天皇制』大月書店、一九九〇年、「凡例」iii。
(46)　同前、六二五～六三二頁。この「I－2」節は山極の執筆であるが、資料の選択、論理の構図は、中村の見解に拠っているため、中村の考え方と捉えることができるだろう。
(47)　同前、一九六～一九七頁。
(48)　同前、二四五頁。
(49)　同前、二二〇頁。
(50)　同前、二二一頁。
(51)　同前、二二二頁。
(52)　上院外交委員会聴聞会におけるジョセフ・C・グルーの陳述、一九四四年一二月一二日、前掲『資料日本占領1　天皇制』二七七頁。
(53)　前掲、奥平・山極・中村「象徴天皇制」一五頁。
(54)　最近のものでは、安田常雄「「天皇退位問題」と象徴天皇制」(『歴史評論』第八一四号、二〇一八年二月)を参照。中野の「五尺の酒」や同時代の論考からみたとき、〈天皇制と天皇の区別〉、〈裕仁天皇の退位〉、〈制度としての天皇制の存置〉という中村の設定した「第三の道」を構成する三つの視点で充分だったのだろうか。それは将来にわたる皇室の安定のための「自由」の表現としての「退位」という現代の通念の問題でもあるだろう。
(55)　前掲、中村『戦後史と象徴天皇』一八三頁。
(56)　同前、一八五頁。
(57)　重慶『大公報』社評「日本人民解放連盟綱領草案」を論評する、一九四四年三月二三日、前掲『資料日本占領1　天皇制』二五〇～二五二頁。
(58)　森健「日本人民解放連盟綱領草案に関する重慶『大公報』の評論について」(『解放日報』一九四四年四月一八日)、前掲『資料日本占領1　天皇制』二五三～二五六頁。
(59)　前掲「日本人民解放連盟綱領草案に関する重慶『大公報』の評論について」二五三頁。
(60)　同前、二五五～二五六頁。
(61)　犬丸義一「マルクス主義の天皇制認識の歩み」(遠山茂樹編『近代天皇制の展開』岩波書店、一九八七年)。

(62)　安丸良夫『近代天皇像の形成』岩波書店、一九九二年、一九～二〇頁。

三　民衆史論

市原　博

はじめに

長年の旺盛な研究活動を通して、中村先生の研究が及んだ領域は実に幅広い。それは、本書の座談会で取り上げられた多岐にわたる論点や、本書のテーマの多さに反映されている。中村先生は、研究の個別化・専門化が進んだ今日ではすでに存在し得なくなった歴史学会のまさに「巨人」であった。

「民衆史」も、その広範な研究の一角に位置づけられる。しかし、一見するとそれは、中村先生の研究の中では、やや特異な位置にあるようにも見える。一般に、一九六〇年代半ばから始まり、一九七〇年代以降は歴史学研究の一つの中心的地位を占めるようになった民衆史研究は、それまで日本の歴史学研究の主流であったマルクス主義を中核とする「戦後歴史学」と呼ばれる研究潮流への不満に根差し、より強く言えば、ある種の「異議申し立て」という性格を持っていたと認識されている。「戦後歴史学」の旗手にしてその中核を占めた講座派のリーダーであり、日本資本主義と地主制、天皇制国家の三者の関係性から戦前期日本経済・社会の全機構的把握を中心的課題とした中村先生の研究と民衆史とは、本来緊張関係を持つものであったはずである。本章は、両者の緊張関係に視点を置いて、中村先生の「民衆史」の独自の性格とその意義を考察することを課題としている。

中村先生の「民衆史」の中心が、代表作にして名著と呼ばれる『労働者と農民』(1)であることは衆目の一致するところであろう。しかし、この本は中村先生のそれまでの研究とはかなり異質なものであった。そのため、中村先生は本書の執筆に長く悩まれることになった。後の中村先生の回想によれば、小学館の『日本の歴史』シリーズの一巻として本書の執筆依頼が一九七二年に寄せられてから材料集めと構成案の作成に二年を費やしたが、まとまらず、一九七五年夏になって構想を全面的に改変し、ようやく執筆が進むようになったという(2)。この間の経緯については後述するが、ここでは、その結果中村先生が取られた立場が次のように述べられていることだけ紹介しておきたい。

「私はいっぽうで社会や資本主義経済の仕組みを叙述しながら、他方で、労働者や農民がその社会や経済の仕組みにいかに翻弄されながら、生きていかざるをえなかったか、あるいは彼らがそれにいかに立ち向かっていったかを事実をもって描くことに全力を集中した。たんなる民衆史でもなければ、構造史でもない、いわば、両者がきりむすび、せめぎあう、緊張にみちたその拮抗の姿を解明することに全精力を集中した(3)」。

中村先生の「民衆史」は「たんなる民衆史」とは異なるものであった。中村先生の言う「緊張に満ちたその拮抗」は、中村先生と一般の民衆史研究の間にこそ存在したのである。このことは、中村先生の研究者としてのあり方を理解する一つの鍵となっているように思う。学部時代に中村先生の下で日本経済史の勉強を始めながら、中村先生とは遠く離れた場所で研究をするようになってしまった不肖の弟子の視点で、この点に関する私見を述べてみたい。

1　「戦後歴史学」と民衆史

言うまでもないことだが、「戦後歴史学」とは、第二次世界大戦の敗戦後に日本で行われた歴史学研究一般を指す言葉ではない。それは、戦後の歴史学研究に大きな影響力を持ったいくつかの立場の研究をまとめて一つの潮流と認識し、それを指し示した言葉である。それらの研究は、戦前期に行われた日本資本主義発達史研究に起源をもち、戦時中に権力の抑圧に耐えながら進められていた研究を引継いで、敗戦後の解放的な環境の中で一気に隆盛となり、歴史学のみならず、社会・人文科学全体に大きな影響を及ぼすようになった。

この「戦後歴史学」について、中村先生は、後述する人民闘争史研究を回顧する座談会で、「相当議論が必要ですけど、簡単に言えば」と前置きした上で、「マルクス主義歴史学プラス大塚久雄の比較経済史や丸山真男の政治思想史を中軸に組み立てられた学問」と規定した。さらに、「戦後歴史学」を科学性と民主主義性だとする山口啓二氏の言葉を紹介して、「科学性というのは、法則性とか発展段階の社会構成体論とかの問題」であり、「民主主義性っていうのは、当時はまだマルクス主義が強い時代ですから、ブルジョワ民主主義の狭さを突破しようというのがあった」と発言している。(4)

この認識は、「戦後歴史学」に関する一般の捉え方にほぼ合致していると言ってよいであろう。フランスからアナール学派の歴史研究を日本に紹介して、社会史研究の興隆を主導した二宮宏之氏は、批判的見地から、「戦後歴史学」を「マルクス主義を基調としつつ、近代社会科学の概念と方法に準拠した科学的歴史学の追求」をしたものと大きく括ることができ、「講座派以来の伝統を踏まえ、世界史の基本法則を前提としたうえで日本社会の特質を型として把握すること」を自らの課題としたと押さえている。(5)中村先生の前置きにもあるように、「戦後歴史学」についての定義は定まっているわけではない。しかし、「西洋」をモデルに設定された「典型的な近代化」から逸脱し、遅れたものとして日本の「近代化」を理解し、その根拠と認識された日本社会の「封建遺制」の克服という問題意識を共有していたこと、マルクス主義の強い影響下で、古代奴隷制社会から中世封建制社会、近代資本主義社会を経て社会主義社会へ移行するというその発展段階論を「世界史の基本法則」とする視点で歴史過程を分析し、やはりマルクス主義の概念である「社会構成体」(6)の「世界史の基本法則」に則った移行を解明しようとする学問的営為をその中核とするものであったということでは合意を得られるであろう(7)。

中村先生は、上記の座談会で、一九四〇年代末から五〇年代前半くらいが「戦後歴史学」の「第一次黄金時代」、一九六〇年代が「第二次黄金時代」で、一九七五年前後で「戦後歴史学」の時代が終わって、「現代歴史学」の時代に入ったという史学史認識を述べている。一九六〇年代半ばに発表し始めた地主制の研究で学会から高い評価を受けるようになった中村先生は、「第二次黄金時代」の「戦後歴史学」の若き担い手として歴史学会に登場したことになる。「戦後歴史学」の中では、講座派の視点・方法が圧倒的な影響力を持ち、その中核を構成していたこともよく知られている。中村先生は講座派の立場に立ち、すぐにそのリーダーと目されるようになった。中村先生の講座派理論への確信の強さは、すでに若い世代の研究者への講座派の理論的影響力がほぼなくなったと認識されるようになっていた一九八二年に行った講演で、戦後改革の経緯を見ると戦前の講座派の見通しは正しかったと言ってよいであろうとして、講座派理論の継承を呼び掛けたことに見て取ることができる(8)。「戦後歴史学」および講座派の立場に立つ研究者たちの主要な研究活動の場になったのが歴史学研究会であり、中村先生は、そこでも、一九六六年から委員として積極的な活動を展開した。

前出の座談会で中村先生は、一九七五年前後に「戦後歴史学」に取って代わったとする「現代歴史学」について、「社会史とかポストモダニズムとか、そういったようなものを考えている」と発言している(9)。中村先生の「民衆史」の意義を考えるという本章の課題にとって、一九六〇年代に本格的に始まった民衆史研究が、中村先生の言う「現代歴史学」への道を切り開く先駆けとなったとしばしば位置づけられていることは重要な意味を持っている。それは、民衆史研究が中村先生の立場である「戦後歴史学」や講座派の研究とは異質なものとして、より強く言えば、それへの不満から生まれたものと考えられるからである。

戦後に民衆史の研究書として最初に出版されたのは、西岡虎之助『民衆生活史研究』(10)だとされている。本書にまとめられた西岡氏の研究は、一九二〇年代後半から四〇年頃に書かれたものであり、それ故、民衆史研究はすでに戦前期に存在していたということができる。[11]ただ、本書は、主に古代から近代までの文学作品を資料として、それに描かれた民衆の生活や文化を叙述するという歴史研究としては特異な方法をとった作品で、本書をもって民衆史研究が本格的に立ち上がったということはできない。東京大学史料編纂所から早稲田大学に移動した西岡氏を中心にした一大学派を作ることを目指して一九六〇年に民衆史研究会が発足した際にも、その準備過程で「「民衆史研究」というのは〝一揆的すぎる〟との批判があった」とされるような状況だったのである。[12]

民衆史研究の本格的な始まりを告げる鐘は、色川大吉氏により鳴らされた。民衆思想史の世界を切り拓き、民衆史研究を定着させる上で決定的な役割を果たした安丸良夫氏は、本章で扱っている「狭義の「民衆史」研究とは、私の考えでは、一九六〇年の色川論文「困民党と自由党」に始まり、六〇年代半ばから七〇年代にかけて大きな知的衝撃力をもち」[13]と述べている。負債問題の解決を求めて困民党に結集した三多摩地域の農民の活動と自由民権派の関係を探究した「困民党と自由党」[14]で、通説的見解であった自由民権派と農民層との指導同盟関係の存在を否定し、両者の乖離・敵対的関係と困民党の活動の独自性を見出した色川氏は、その一年後に「自由民権運動の地下水を汲むもの」[15]を発表して、北村透谷とその親友で豪農の息子として自由民権運動に関わった石坂公歴を中心とする三多摩地域の青年たちの揺れ動く思想形成のあり方を描き出した。そして、一九六四年に、自由民権思想との出会いを軸に三多摩の土着の世界に生きる明治期の青年たちの生活や行動と未分化の思想形成を描き、「「底辺の視座」からする新しい思想史的研究への実験」と呼んだ『明治精神史』[16]を刊行した。頂点的な思想家の思想ではなく、「底辺」に生きる一般民衆の思想を対象とした色川氏の研究は、発表直後から大きな注目を集め、民衆思想史と呼ばれる研究領域を生み出すことになったのである。

この色川氏の研究は、北村透谷の青年期の思想形成の探究を目的として、一九五八年から研究仲間と一緒に行った三多摩地域の集中的な資料調査に基づくものであり、実証的なものであった。しかし、その背後には、六〇年安保闘争での色川氏の体験、具体的には日本共産党の「指導」への不信と反感が存在したと言われており[17]、永原慶二氏が「法則認識的科学主義は彼の場合、初発からとるところでなかった[18]」と述べられているように、「戦後歴史学」とは全く接点を持たないものであった。

色川氏にやや遅れて、西洋をモデルに「理念化された近代思想像」ではなく、徳川時代に民衆の間に広く普及した勤勉や倹約と言った徳目からなる通俗道徳を日本の近代化を支えた民衆のエートスとして重視する見解を提起したのが安丸良夫氏である[19]。この安丸氏の研究は、西洋をモデルとした「近代」の実現を目指す「近代主義」の歴史学を根本的に批判するものであり、マルクス主義の立場に立つ「戦後歴史学」もその批判の対象となっていたとされる[20]。

この色川氏と安丸氏の民衆思想史が歴史学研究に与えた影響は大きく、以後、思想史の枠を超えて、民衆の生活や行動を対象とする民衆史の研究が進展した。その全体像をここで示す準備はできていないが、困民党の運動を支えた論理を、「近代的な経済関係の原理（自由・契約）」に対置されたモラルエコノミーに通じる近世以来の「伝統的・道徳的な共同体的関係の原理」に求めた鶴巻孝雄氏の研究[21]や、同様の視点に立ちながら、困民党に結集した農民たちの要求を、明治政府の土地政策により否定された近世の質地請戻し権につながる土地への強い所有意識から説明した稲田雅洋氏の研究[22]など、民衆史の代表的な研究には、社会構成体の法則的な移行を「発展」として認識する「戦後歴史学」とは相いれない見地に立つものが目立ったのである。

2 中村先生の民衆史への契機

上述してきたように、中村先生の研究上の立場と民衆史とは決して親和的ではなかった。中村先生が民衆史の領域に踏み込むに当たっては、両者をつなぐいくつかの契機が存在した。それがまた、中村先生の「民衆史」の特質を生み出す役割を果たしたと考えられる。

その一つは、全国の農村を歩き回った農村調査の経験である。中村先生は、大学院進学後すぐに、指導教授だった古島敏雄教授の強い勧めもあり、永原慶二教授の指導する山梨県の農村調査に参加した。これは、古島先生が主導し永原先生も参加した東京大学社会科学研究所を中心とする農村調査グループが行った共同調査の方法を一橋大学に持ち込んだもので、他の院生や学部のゼミ生も参加した共同調査として、一九六一年から六五年まで十数回にわたって実施された。中村先生は、当初「わざわざ遠くまで調査にでかけていってもいったい何がわかるのだろうか」と不安だったと言うが、山梨県の農村を歩き廻って個別地主資料の掘り起こしに成功し、製糸事業に関与した地主の経営文書の分析から、地主資金＝地代の資本への転化という予想もしなかった事実を発見し、学会で高い評価を得た(23)。

それまで「いつも抽象的・観念的な議論をふっかけていた(24)」という思弁的な性格の強かった中村先生にとって、この初期成功体験は大きな意味を持ったのであろう。学部でゼミを持つと、中村先生は一五年間にわたり、ゼミ生を引率して農村の調査を行った。その対象地は、山梨・長野・新潟・山形・秋田・岐阜・和歌山県など、中部・東北・近畿地方という広範囲に及んでいた(25)。私的な思い出を書いて恐縮だが、筆者は学部三年生の時に中村先生に長野県旧浦里村（現上田市）に連れて行っていただいた。その際、中村先生が「この調査をしなければ論文を一本書けるのだがといつも思う」と言われたのを記憶している。中村先生にとって、ゼミ生の農村調査の指導は大変な負担感を感じる教育実践だったが、それは、一方で、現場の生の資料から歴史を把握し、一般の民衆という歴史の当事者の実際の行動や考えに触れて歴史を考える中村先生の研究姿勢を作り上げることにつながったのではないだろうか。

中村先生は、この農村調査と個人の調査旅行の中で、多くの当事者の聞き取りを行っている。一般の民衆の行動と考えを把握する手段となったこのオーラルヒストリーの取り組みが、中村先生と「民衆史」をつなぐもう一つのルートになったように思われる。当時歴史学研究では、資料として文書資料しか評価されず、聞き取りの資料的価値はほとんど認められていなかった。そうした状況下で、中村先生が先駆的にオーラルヒストリーに取り組んだ理由は筆者にははっきりとはわからない。ただ、『あゝ野麦峠』の著者である山本茂実氏を自宅に訪ねて、一九七二年の夏に飛騨での調査に同行したこと、その際に山本氏から言われた「歴史家の書くものは、二一天作の五とソロバンをはじくように、結論がわかっているようでおもしろくない(26)」という言葉や、「物言わぬ女工たちの歴史を明らかにしたことへのお礼」として山本氏に「お布施」を渡す元女工の老人の姿に接して、「女工や農民の生の声を扱ったことは一度もなかった」自らの歴史研究を反省したこと(27)、歴史学の方法論としてオーラルヒストリーを検討した座談会で、一九七〇年代以降オーラルヒストリーが注目を集めるようになった理由として、聞き取りに基づくノンフィクションの作品が多く出されたことの影響を強調したことなどから(28)、学会の外で行われたオーラルヒストリーの取り組みに刺激されたことは推測できる。

中村先生は、「各地の小作農民や農民運動の指導者、製糸・紡績女工、炭坑労働者などと会い、膨大な取材ノートやテープを蓄積していた(29)」と書かれている。これが後に『労働者と農民』の執筆で活用されることになる。ただ、中村先生は、オーラルヒストリーで作られる口述資料の利用方法について、慎重な態度を取る必要性を主張していた。山本氏の「その時のムードで人は別のことを平気でいうものなのです。こわいですね」という発言を引きながら、中村先生は、「話し手の記憶が曖昧であったり、自慢話に終わったり、時・場所・聞き手がちがうたびに話の内容が変ってしまうことがある」ので、「関連する文献史料・記録によって、たえずチェックする必要がある」と、口述資料に全面的に依存した歴史研究を否定したのである(30)。上記のオーラルヒストリーを検討する座談会でも、中村先生は、「私などは、オーラル・ドキュメントをむしろリトゥン・ドキュメントの補完資料と位置づけています」と発言して、イギリス労働史・社会史を専門とする松村高夫氏から、信憑性の面でも両者は同等の権利を持つと反論されている(31)。

中村先生にとって、オーラルヒストリーはあくまで文献資料を補完するものという位置づけだったのである。これは、後述する中村先生の「民衆史」の特質に直接つながっていくものであった。

3　人民闘争史と中村先生

中村先生と「民衆史」を媒介したと考えられるのは、人民闘争史への取り組みであろう。前出の人民闘争史を回顧する座談会で、中村先生は、一九六七年を画期として人民闘争史が興隆したが、その研究は一九七〇年代半ばで終って、一九八〇年代に消えてしまったという認識を述べている[32]。この人民闘争史研究は、一九六〇年代の政治状況に対する歴史学研究者のある種の危機意識から生み出されたものであった。それは、一九六六年に「建国記念の日」として「紀元節」を復活させ、一九六八年を「明治百年」と捉えて日本の近代史を近代化の成功事例として賛美した保守政府の「反動イデオロギー」攻勢、そしてそれを理論的に支えたロストウやライシャワーらの「近代化論」などの「帝国主義的歴史観」に有効に対抗するためには、「人民こそ歴史の主人公であり、歴史を造るのは人民のたたかいである」[33]という基本認識に基づく人民闘争史の発展が不可欠であるという歴史学会で広く共有された意識であった。そうした歴史学に課された要請にもかかわらず、「学会の大勢は、社会経済史学が主流をしめ、経済主義的傾向は、今なお克服の対象であり」[34]、「労働者階級の成長の過程について、ほとんど実証的・理論的整理がなされていない状態」であって、「大多数の研究者がこうした見地〔「歴史は人民がおしすすめる」――引用者〕からの研究をしておらず、われわれの研究も量的に乏しく、質的にも未熟である」[35]という現状認識に基づいて、人民闘争史研究への取り組みが呼びかけられたのであった。

人民闘争史研究において、マルクス主義の基本概念である「階級闘争」と「人民闘争」の関係についての合意は関係者の間で形成されていなかった。ただ、人々の運動の研究が「階級闘争史」ではなく「人民闘争史」として提唱された背景には、当時の左翼政党の政治戦略が広範な国民諸階層を結集した「統一戦線」の形成に置かれていたことがあった。一九七一年度の歴史学研究会大会で「人民闘争史研究の課題と方法」と題する報告をした増谷英樹氏は、「階級闘争史」ではなく「人民闘争史」と言った理由について、「労働者階級を中心にしながらも、多くの階級・階層をまきこんだ統一戦線の形成が重要な意味を持ってきたことが認識されてきたこと、そしてそのさいには、諸階級・諸階層の連合を人民としてトータルにとらえる視点が要求されてきた(36)」ことを挙げていたのである。

中村先生はこうした危機意識と歴史学会の状況への批判をもっとも痛切に感じていた歴史家の一人であった。一九六八年に『日本史研究』第一〇〇号に寄稿した論文で、中村先生は、一九六〇年代に歴史学研究の個別細分化傾向が予想以上のスピードで進み、「帝国主義的歴史観との対決の必要性が増大しつつあったそのときに、実は研究の流れとしては孤立分散化の傾向がいっそう進展しつつあった」ことが「近代化論的歴史理解の浸透をより容易にさせるひとつの原因になっていた」として、「個別研究にたてこもった研究者」の姿勢を厳しく批判していたのである。その批判は、「地味で手堅い実証研究」と言っても、「それらの研究のもつ社会的・研究史的意義を十分に考えぬいているわけではないから、一般的には無視乃至軽視されることに終っているケースがあまりに多い」という辛辣な表現まで取るものであった(37)。

人民闘争史研究の中心的な推進体となったのは、一九六七年に結成された歴史科学協議会と歴史学研究会であった。その主要な研究領域となったのは、佐々木潤之介氏、林基氏、青木美智男氏、深谷克己氏らが行った近世・幕末維新期の農民・都市民衆の運動に関する研究であった。佐々木氏が提起した幕末の「世直し状況論」はそれを代表する研究であった(38)。その中で、中村先生は、自ら人民闘争史の画期となったと評する報告を江村栄一氏・宮地正人氏と共同で一九六七年度の歴史学研究会大会の近代史部会で行った。この報告は、日比谷焼き討ち事件で知られる日露戦争の講和条約に反対する民衆の運動を、全国を視野に入れながら人民闘争史の観点から検討したもので、「近代的賃労働者への展望を持つ職工＝「労働者」」を中心に、「職人も含めた広義の都市雑業層」、非特権ブルジョアジー＝プチブルらの運動における関係性とその主体形成、支配階級との対抗関係のあり方を分析している。ただ、中村先生の担当は運動や主体形成には及んでおらず、日清戦後経営から日露戦後経営において「強行的に帝国主義国家に転化」するために日本政府が採用した租税増徴・大衆課税の政策が困窮した農民の都市流入と「都市貧民問題」を引き起こし、暴動の原因となったことを指摘し、さらにそこに「労農同盟」の原型構造ができたと主張する部分であった[39]。人民闘争史においても、「構造的把握」を重視する中村先生の姿勢は維持されていたのである。

　中村先生にあっては、人民闘争史はその後二つの方向へ展開していった。一つは国家史である。中村先生は、一九六九年の歴史学研究会大会の近代史部会で「なぜ国家論をとりあげるのか」という報告をし、人民闘争史にとって「国家形態が階級闘争の形態を規定するという側面[40]」を真剣に検討する必要性を強調した。この方向の研究は『大系日本国家史』全五巻（東京大学出版会、一九七五～七六年）の編集とそこに収録された論文に結実していくことになる[41]。

　いま一つは、『日本民衆の歴史』全一一巻（三省堂、一九七四～七六年）に結実する民衆史である。中村先生は、このシリーズの編集委員の一人として、江村栄一氏と共同で明治初年から日露戦後を扱う第六巻『国権と民権の相克』を編集した。この大規模なシリーズには、様々な民衆史研究者が参加したが、全体の基調は、「民衆を生産と生活においてだけでなく、その政治的主体としての形成と発展をえがくこと」を方針としたという編集委員の言葉に示されているように、民衆の運動主体としての形成の解明、言い換えれば闘う民衆の姿を描くことに置かれていた。その点は『国権と民権の相克』でも明確であった。ただ、中村先生の執筆部分が運動の局面にはほとんど及んでおらず、民衆がその中に置かれた支配体制や経済構造の部分を中心としていたのは、変わらなかった[42]。

4 『労働者と農民』における「民衆史」

人民闘争史研究と民衆の運動・政治主体としての形成を解明するという切迫した問題意識を持ち、民衆を取り上げたノンフィクション作品からの刺激や、特に山本茂実氏との交流を通して民衆を描くことに意欲を持つようになっていた中村先生は、小学館の『日本の歴史』シリーズの一巻として『労働者と農民』の原稿依頼を受けたことを、絶好の機会と思われたのではないだろうか。中村先生によれば、初めての通史の執筆で、その上それまで類書の存在しない種類の本であるから、材料集めと構成案作成に二年を費やしたが、構想がなかなかまとまらず、執筆が進まなかったという。当初は、明治維新期から第一次世界大戦期までを対象に、造船・鉄鋼などの重工業と炭鉱、繊維産業の労働者と、地主・自作・小作農民の労働と生活を描くという構想を立てたが、それでは他人の研究成果に依拠して執筆することになり、情熱が湧かず、筆が進まなかったのである。そこで、一から考え直し、上述した農村調査の中で蓄積していたオーラルヒストリーの資料を活用した歴史叙述とすることを考え、女工、炭坑夫、農民を三本柱とする構成を固めたという(43)。『労働者と農民』に対しては、重工業労働者が取り上げられていないという根強い批判があるが、もし取り上げていれば、同書が名著と評価される要因となっている生き生きとした歴史叙述はできなくなっていたのであろう。

女工、炭坑夫、農民の三者を柱に選んだのは、中村先生のオーラルヒストリーの蓄積状況にその一因があったが、それだけではなく、「日本資本主義の発達の歴史的特徴をもっともよくしめし、かつ戦前日本の労働関係の前近代的本質を解明するうえで格好の対象となる」と考えたからであった。中村先生は、単に民衆の姿を描くのではなく、日本の社会や資本主義経済の構造を一方で押さえながら、それに時に翻弄され、時に立ち向かう存在として民衆を描き、それを通して日本資本主義の歴史的特徴を明らかにしようとしたのである。

その「構造」の捉え方は、もちろん、中村先生の立場である講座派理論に基づくものであった。それは「労働関係の前近代的本質」という言葉に表されているし、また、日本資本主義が「半封建的な地主制度をもつ農村と切りはなしがたくむすびついて発展してきた」ことに「日本資本主義の発達の歴史的特徴」を求めたことに示されている。(44) 中村先生はさらに『労働者と農民』を、「歴史をささえ、前進させる原動力は民衆の側にある」が、「歴史の進歩・発展は、ただ漠然ともたらされるものでなく、そこには一つの社会発展の法則がはたらいている」のであって、「この二つの命題をできるかぎり具体的事実をもって統一的に叙述すること」(45) が本書で目指した中心テーマだという説明で締めくくっている。ここでは明確に「戦後歴史学」の立場が表明されていると言ってよい。中村先生の「民衆史」は、一般の民衆史が批判し、対抗しようとした「戦後歴史学」に民衆史を取り込もうとする試みであり、それは、むしろ、一般の民衆史に「戦後歴史学」の立場から対抗しようとしたものと理解することも可能であろう。

『労働者と農民』の内容は、まさに中村先生のこの意図を実現したものになっている。まず冒頭に置かれた「日本資本主義の原罪」の項で、日本における「資本の本源的蓄積」による労働者階級の形成の特質が、明治維新による領主的土地所有の不徹底な撤廃、地租改正で許された半封建的地主の広範な存在から説明され、地主小作関係の重圧の下で余儀なくされた農家子女の出稼ぎ労働を中心に労働者階級の形成を描くという講座派理論を踏まえた叙述がなされる。続く「地主と小作人」、「生糸と軍艦」、「地底の世界」、「綿糸とアジア」では、そうした日本資本主義の構造の下で、小作農民、製糸女工、炭坑夫、紡績女工が半封建的な抑圧下に置かれている様相が、口述資料を活用しながらビビッドに描かれる。それを受けて、本書の後半の「目覚めゆく女工と坑夫」、「土地と自由」、「女工の叫び」、「窮乏の農村」では、そうした抑圧に立ち向かう彼らの運動とその中での主体形成が、日本経済・社会の動向を踏まえながら、現地の運動指導者からのオーラルヒストリーも活用して解明されている。

これらの叙述の中で、「民衆史」に関する中村先生の立場をよく示しているのが、民衆の主体形成、「人間の主体的営為」と「客観的な社会発展の法則」の関係に関する記述である。民衆の主体形成については、中村先生が感銘を受けたという鳥取県の箕蚊屋争議の指導者大山初太郎氏の事例で典型的に論じられている。民衆運動の指導者は、大山氏に代表されるような最下層ではない精勤者で、周囲の人々の信頼を得ている人々であり、彼らが自分たちの厳しい状況に疑問を持ち、その原因を感得し始めている時に、何らかの解放思想に触れて火花《スパーク》が起こることにより指導者に成長するというのがその主張である。(46) 中村先生の認識の特徴は、こうして生まれた民衆の主体的行動＝「人間の主体的営為」の意義を「社会発展の法則」との関係性において評価するところにある。平行四辺形モデルとして知られている主張だが、平行四辺形の一方の辺に「人間の意思から相対的に自立した客観的な歴史発展の法則の力が作用し」、「他方の辺には、社会発展の法則にそったり、あるいは逆にそれにさからって動く人間の主体的営為の力が作用して」いて、この二つの力が同一方向に向くと歴史発展のテンポが加速し、逆に対立しあうと歴史の歩みは緩慢となり、場合によっては逆行現象を呈することさえあるので、「歴史を前進的におしすすめてゆくためには、社会発展の法則と人間の主体的営為とが同一方向にむかって合体され、作動することが望ましいし、事実、歴史とはそのようにすすむものだ」という考え方である。(47) この観点から、大山氏の行動も、二次にわたる箕蚊屋争議での指導者としての活動は高く評価されているが、争議での二度の入獄体験を経て農民運動から離れ、農民の生活防衛を目指して産業組合をつくり、さらに独自の自作農創設（自創）事業に取り組んだことに対しては、中村先生は、「『裏切り』ではないのか、『転向』ではないのか」という辛辣な問いかけをし、大山氏が自創事業の詳しい回顧を書き残していたことに対して、「自分のしたことはけっしてまちがっていなかったのだということを、自己にいいきかせるために記録したものにちがいない」と、大山氏も自分の「まちがい」に気づき、苦しんでいたことを確信したのであった。(48) 中村先生にとって、民衆の行動も「歴史発展の法則」に沿っているかどうかで評価されるべきものだったのである。

この点は、山一林組の女工争議に際しての森山政吉氏の行動を、人間の意図と結果の乖離の事例として論じた叙述にも現れている。自村出身の女工の保護に努めた森山氏が、激化する争議を心配する善意から自村の娘たちを村へ連れ帰り、その善意の行動が結果的に「ストライキ切りくずし」になってしまったことに関して、中村先生は、「人間の主観・意図から自立した、客観的な社会発展の法則が作用し、人間の行動を規制する条件がはたらいている」(49)ことを認識すべきだと主張していたのであった。

おわりに

中村先生にとっては、民衆の思想も行動も、「歴史発展の法則」を基準に評価されるべきものであった。その意味で、中村先生の「民衆史」は「戦後歴史学」に民衆史を組み入れようとする性格を持ち、一般の民衆史とは真逆の立ち位置にいたということができる。その基本的立場は、一九八〇年代以降も変わらなかったようである。周知のように、一九七〇年代に二宮宏之氏によりフランスのアナール学派の社会史の紹介がなされ、また、阿部謹也氏や網野善彦氏らの社会史研究も発表され、日本の歴史学研究に大きな転換がもたらされた。民衆史もこの転換の重要な一角を構成していた。中村先生自身がこの転換を、「戦後歴史学」の終焉と「現代歴史学」への転換と位置づけて認識していたことは前述の通りである。

しかし、「戦後歴史学」の立場に立つ中村先生は、この転換を受け入れなかった。一九七七年に行った講演で中村先生は、「情念論的民衆史批判」という項目を立てて、主に色川大吉氏の研究を念頭に、民衆史・民衆思想史研究は「情念論的な傾斜を見せる傾向があり」「歴史の発展法則とか、社会構成史的な把握を軽視する傾向におちいりやすい」と批判し、それでは「科学的歴史認識は一向深まらず、というようなことになりかねない」と懸念を示していた(50)。一九八二年に行った講演では、「私は「世界史の基本法則の再々検討」をおこなう時期が三たび到来したと考えます。そうでないと法則嫌いの社会史だとか民衆史がはびこるだけです[51]」とまで言って、社会史や民衆史の「戦後歴史学」への挑戦に対抗する姿勢を取ったのである。中村先生のこうした姿勢にもかかわらず、歴史学研究の転換は止まらなかった。中村先生は、一九九三年から九六年まで歴史学研究会（歴研）の委員長を務めたが、その頃歴研の学問がどこに向かっているかがわからなかったと前出の二〇〇二年の座談会で述懐している。その上で、「歴研的なもの」を「変革の問題を捨てないとか、科学性と民主主義性というものを、一つの魂にしていた[52]」ことに求めた。ここでいう「科学性」とは、言うまでもなく社会構成史を基盤とする「歴史発展の法則」を意味しているので、変革の問題をこの法則に沿って研究することの重要性がここでは主張されていたのである。

中村先生の研究は、一九七九〜八〇年のハーバード大学留学頃を境に前期と後期に分けて位置づけられる傾向がある。この前後で研究関心やテーマに変化があったことは、本書の大門報告で詳しく論じられている通りであり、この把握が間違いとは筆者も思わない。しかし、中村先生の「民衆史」を辿ってきた本稿の考察からは、中村先生の基本的立場の不変性に強い印象を受ける。中村先生の歴史学研究に対する影響力が後期に低下したとすれば、その理由を「変わった」ことにではなく、歴史学研究が転換する中でも「変わらなかった」ことに求めることもできるのではないだろうか。

この点で、私的な思い出に触れることをお許しいただきたい。筆者が大学院で中村先生の御指導をいただくようになったのは、一九八一年である。一九八三年に龍谷大学におられた西成田豊先生が現代経済史の担当者として一橋大学に戻られる際に、大門正克さんから、「中村先生が西成田さんを一橋に戻したのは、お前と籠谷（直人氏）のためだ。市原と籠谷が何を考えて研究しようとしているのか自分には全く分からないので、西成田君に指導してもらうと中村先生がおっしゃっていた」と言われたことを記憶している。永原慶二・中村政則両先生に指導された一橋経済史の教え子たちは、ジャーゴンではあるが、三つの世代に分けて語られることがあり、筆者から後の世代は「没落の第三世代」と先輩たちから呼ばれてきた。筆者の研究業績の貧弱さと研究能力の低さはその通りだが、こうした評価に、一九八〇年代以降に研究者として自己形成した「第三世代」と中村先生の距離が反映されていたような気もする。

注

（1）中村政則『労働者と農民』小学館、一九七六年。
（2）中村政則「私の歴史学」（同編『近現代日本の新視点』吉川弘文館、二〇〇〇年）三五四頁。
（3）中村政則「民衆と歴史」（同『歴史のこわさと面白さ』筑摩書房、一九九二年）四一～四二頁。
（4）座談会「人民闘争史研究と現在の歴史学」（歴史学研究会編『戦後歴史学を検証する』青木書店、二〇〇二年）での中村先生の発言、七七～八三頁。
（5）二宮宏之「戦後歴史学と社会史」（『歴史学研究』第九二九号、一九九九年一〇月、のち二宮宏之『二宮宏之著作集4　戦後歴史学と社会史』岩波書店、二〇一一年所収）六頁。
（6）一定の生産力に照応する生産関係の総体がある社会の下部構造（土台）を構成し、その上に上部構造として、政治や法律、文化やイデオロギーが下部構造に規定されて存在しているという考え方により、社会を総体的に捉えた概念が「社会構成体」である。
（7）「戦後歴史学」を論じた著作は数多いが、それを推進した立場から論じたものに永原慶二『20世紀日本の歴史学』（吉川弘文館、二〇〇三年）、克服する立場からの著作に須田努『イコンの崩壊まで』（青木書店、二〇〇八年）がある。
（8）中村政則「講座派理論と我々の時代」（同『日本近代と民衆』校倉書房、一九八四年）。講演は、『日本資本主義発達史講座』刊行五〇年を記念する会の主催で、一九八二年一一月二七日に早稲田大学で行われた。
（9）前掲、座談会「人民闘争史研究と現在の歴史学」一〇八頁。
（10）西岡虎之助『民衆生活史研究』福村書店、一九四八年。
（11）松島栄一「民衆史研究の出発」（民衆史研究会編『民衆史を考える』校倉書房、一九八八年）三八頁。
（12）奥野中彦「民衆史研究と戦後の歴史学」（前掲『民衆史を考える』所収）六一頁。
（13）安丸良夫「色川大吉と戦後歴史学――「民衆史」の構想力」（安丸良夫・喜安朗編『戦後知の可能性』山川出版社、二〇一〇年、のち安丸良夫『安丸良夫集5　戦後知と歴史学』岩波書店、二〇一三年所収）七一頁。

(14) 色川大吉「困民党と自由党――武相困民党をめぐって」(『歴史学研究』第二四七号、一九六〇年一一月)。
(15) 色川大吉「自由民権運動の地下水を汲むもの――北村透谷と石坂公歴」(『歴史学研究』第二五九号、一九六一年一一月)。
(16) 色川大吉『明治精神史』黄河書房、一九六四年、引用は「まえがき」。
(17) 前掲、安丸「色川大吉と戦後歴史学」八八～八九頁。色川大吉『若者が主役だったころ』岩波書店、二〇〇八年、九九～一〇〇頁。
(18) 前掲、永原『20世紀日本の歴史学』二一〇頁。
(19) 安丸良夫「日本の近代化と民衆思想」上下(『日本史研究』第七八～七九号、一九六五年五月・七月、のち安丸良夫『日本の近代化と民衆思想』青木書店、一九七四年所収)。
(20) 前掲、永原『20世紀日本の歴史学』二一二～二一三頁。
(21) 鶴巻孝雄『近代化と伝統的民衆世界』東京大学出版会、一九九二年、引用は三〇～三一頁。
(22) 稲田雅洋『近代日本社会成立期の民衆運動』筑摩書房、一九九〇年。
(23) 中村政則「地主制研究と私」(同『近代日本地主制史研究』東京大学出版会、一九七九年)四〇八～四三三頁。森武麿「私の現代史研究」(『年報・日本現代史』二一、二〇一六年)一四五～一四六頁。
(24) 前掲、中村「地主制研究と私」四〇八頁。
(25) 前掲、中村「私の歴史学」三五三頁。
(26) 座談会「底辺史研究への直言」(『日本の歴史　月報』29、小学館、一九七六年)での中村先生の発言、一頁。
(27) 中村政則『昭和の記録を掘り起こす』小学館、二〇〇八年、六～七頁。
(28) 座談会「オーラル・ヒストリー」(『歴史学研究』第五六八号、一九八七年六月)での中村先生の発言、二～三頁。
(29) 前掲、中村「私の歴史学」三五四頁。
(30) 中村政則「〝聞き書き〟と歴史学」(前掲、同『歴史のこわさと面白さ』)七三頁。山本氏の発言は、前掲、座談会「底辺史研究への直言」六頁。
(31) 前掲、座談会「オーラル・ヒストリー」での中村先生の発言、四・九頁。
(32) 前掲、座談会「人民闘争史研究と現在の歴史学」での中村先生の発言、七八～八一頁。ただし、この認識が他の参加者の賛同を得たわけではない。
(33) 増谷英樹「人民闘争史研究の課題と方法」(『歴史学研究』別冊特集　世界史認識と人民闘争史研究の課題』、一九七一年一〇月)二頁。

(34) 犬丸義一「歴史における人民・人民闘争の役割について」(『歴史評論』第二〇二号、一九六七年六月)二八頁。
(35) 土井正興「人民闘争史研究の課題と方法」(歴史学研究会編『現代歴史学の成果と課題I　歴史理論・科学運動』青木書店、一九七四年)六〇・六四頁。
(36) 前掲、増谷「人民闘争史研究の課題と方法」三頁。
(37) 中村政則「「日本近代化論」批判をめぐる問題点」(『日本史研究』第一〇〇号、一九六八年九月)一二～一三頁。
(38) これらの研究については、前掲、須田『イコンの崩壊まで』が詳しく論じている。
(39) 中村政則・江村栄一・宮地正人「日本帝国主義と人民」(『歴史学研究』第三二七号、一九六七年八月)引用は、五・一四頁。
(40) 中村政則「なぜ国家論をとりあげるのか」(『歴史学研究』第三五二号、一九六九年九月)三七頁。
(41) 本書第2部二「近代天皇制と象徴天皇制」を参照。
(42) 江村栄一・中村政則編『日本民衆の歴史6　国権と民権の相克』三省堂、一九七四年、引用は三頁。
(43) 前掲、中村「民衆と歴史」三八～四一頁。中村政則「日本近代と民衆」(『歴史評論』第三三〇号、一九七七年一〇月、のち前掲、中村『日本近代と民衆』所収)二八頁。
(44) 前の引用とも、前掲、中村『労働者と農民』三三～三四頁。
(45) 同前、四二五頁。
(46) 同前、二七〇～二七二頁。
(47) 同前、四二四～四二五頁。
(48) 同前、三四六～三四七頁。
(49) 同前、二九八頁。
(50) 前掲、中村「日本近代と民衆」二四～二七頁。
(51) 前掲、中村「講座派理論と我々の時代」二五七頁。
(52) 前掲、座談会「人民闘争史研究と現在の歴史学」での中村先生の発言、八三頁。

四　日本帝国主義史論

柳沢　遊

はじめに

若き日の中村政則の研究活動のなかで、歴史学研究会の委員としての経験は大きな位置を占めており、そのなかで、日本帝国主義論も模索されていった。一九六七年ころから、歴史学研究会委員会は、総力をあげて、「明治百年史観」との対決、ロストウ（W. W. Rostow）などの「近代化論」の克服を目指す活動を展開していた。中村政則は、自ら近代史部会での大会報告を引きうけ、一九〇〇年代に形成される日本帝国主義と資本主義・地主制との関連追求にまい進した。その試みは、大石嘉一郎編『日本産業革命の研究』上下（東京大学出版会、一九七五年）、に結実する経済史研究者の産業革命史研究の進展とも並走するものであった。本稿では、中村政則の日本帝国主義論への問題意識がどのように準備・培養され、自らの地主制史研究、近代天皇制研究との連携を深めながら、本格的な日本帝国主義形成論に彫琢されていったか、という問題を今日の時点から振り返り、当時の中村の問題提起が、その後の経済史研究者にどのように受け継がれていったのかについても、筆者なりの視点から跡付けていく。その際、二点に留意したい。

第一は、一九六〇年代後半の日本帝国主義形成論の盛行である。東京では、歴史学研究会と一部の経済史研究者が中心になり、関西では日本史研究会が中心になる形で、「一九〇〇年代史」研究が盛んになっていた時代的背景を指摘しておきたい。日清・日露戦争をステップとして極東における植民地帝国を形成する日本の「帝国主義化」をめぐって、関東・関西の若手・中堅の近現代史研究者の間で、熱心な議論が交わされ、実証研究がすすめられていた。たとえば、歴史学研究会・日本史研究会編『講座日本史』第六巻は、「日本帝国主義の形成」というタイトルのもと、九本の論文を配置しているが、その「序論」では、「この時期に日本は、日清戦争・日露戦争という二つの大陸戦争に勝利して、極東の強国の地位をしめ、植民地を領有するにいたった。」「第二次大戦にいたる日本の国際的地位は、この時期にほぼできあがったといえる」と述べている(1)。また、日本史研究会は、一九六〇年代に、年次大会報告で、「帝国主義」に関連するテーマを六年間も継続してとりあげていた。世界史的に「帝国主義時代」の開幕期であるこの時代に産業革命を遂行しつつ、二つの戦争を闘って植民地領有国となった日本の歴史的位置を、どのように把握すべきかをめぐって、多くの近代史研究者が模索していたのである。そのなかで、経済史研究者として、地主制史研究との関連を意識しながら「日本帝国主義の形成」論に参入したのが、中村政則であった。

第二の留意点は、日本帝国主義史研究のその後の展開と中村政則の議論との関連を意識することである。一見、問題意識が異なるように見える帝国主義史研究が、切り拓いた地平の今日的意味を振り返っていきたい。

そのことは、一見すると無関係に展開したかにみえる欧米の帝国史（帝国主義史）研究と日本帝国主義史研究の間に、実際は、共通の課題意識が存在していた可能性を示唆することになろう。

1　日本帝国主義成立論の形成過程――帝国主義転化の指標をめぐって

まず、「日本近代史研究の当面する課題――日本近代史上の一九〇〇年代と一九二〇年代」において、中村政則は、「明治百年論」および「近代化論」に対抗できる日本近代史像の構築には何が必要かを問い、当面する課題として、「帝国主義の史的究明」以外にないという結論をだしている。(2)とくに、義和団鎮圧戦争と治安警察法にはじまる一九〇〇年代は、「藩閥専制権力対全農民階級との敵対関係から地主・ブルジョア・官僚を一体とする帝国主義権力対労働者・農民との基本的階級関係の転換」がなされる重要な画期であると位置づけられ、一九〇〇年代後半の日露戦後は、農村問題が発生し、天皇制国家権力が支配構造の亀裂をみせる時期として、日本近代史の「展望台」の位置にあると主張する。(3)さらに、日本資本主義の戦争への道を準備する「一九二〇年代」研究の重要性を示唆し、一九〇〇年代「展望台」説と一九二〇年代「分水嶺」説の両者を統一して把握する歴史学方法論の彫琢が求められるとむすんでいる。

上記の問題提起による歴史研究として注目されるのが、中村政則・江村栄一・宮地正人「日本帝国主義と人民――「9・5民衆暴動」(＝「日比谷焼打事件」)をめぐって」(『歴史学研究』第三二七号、一九六七年八月)であった。これは、「日本人民の革命的伝統を故意に歪曲し、抹殺しようとする帝国主義イデオローグ」に対抗するために、「歴史学における人民把握」の問題に立ち向かうべきという立場から、一見排外主義的な民衆暴動の側面も持つ「日比谷焼打事件」の実証研究を行った歴史学研究会の近代史部会大会報告である。中村は、「この事件をひきおこした究極の原因は何であったか」という問いをたて、「国家財政主導型の日本帝国主義」の構築のされ方に、注意を払うべきと主張する。結論的には、日清戦後経営のなかでの軍拡財政の構造を説明し、日本帝国主義の日露戦後における危機状況の歴史的特徴を二点で把握する。一つは、「日本が公債・租税増徴に依存しつつ、強行的に帝国主義国家に転化したことが、国際金融資本への従属と後進国への侵略という日本帝国主義の世界帝国主義体制における特殊な位置を必然的に決定し」たことである。具体的には、「資本輸入」と「資本輸出」の同時併存という現象が指摘される。もう一つは、「国内的に租税増徴・大衆課税の強化が、まず地方民力の疲弊をもたらし、それが、農村問題発生の現実的基盤を提供すると同時に、都市への人口流出を媒介にしてさらにこれが都市貧民問題を呼び起こし、かかる関係においてこの時期に農村問題と都市貧民問題とが構造的にむすびつけられ」たことである。(4)

このように、一九六〇年代の後半期から日本帝国主義の構造的特質についての理論的模索を積み重ねてきた中村政則は、一九六八年には、自らが専門とする地主制史研究と帝国主義史研究を結び付けて把握するようになり、さらに、天皇制国家論を意識した独自の日本帝国主義論を打ち出すに至った。

近代地主制史研究を精力的にすすめていた中村政則は、歴史学研究会の大会報告の翌年に、「日本地主制史研究序説――戦前日本資本主義と寄生地主制との関連をめぐって」という論文を一橋大学研究年報『経済学研究』第一二号、に掲載した[5]。

この時期の中村政則の問題意識は、次のようなものであった。「寄生地主(制)が当時(一九〇〇年代――引用者)の世界史的な段階である帝国主義段階に、固有の歴史的所産=概念であるという基本的な論点」を深化させるために、「われわれは、日本資本主義の帝国主義転化を軌道づけ、決定づけた日清「戦後経営」の決定的な意義を重視し、その展開過程を追求するなかで、地主的土地所有がいかなる形態規定を受けるにいたるかに全問題の焦点を定めたのである」[6]。中村にとって、寄生地主範疇の「確立を決定づけた基本的契機は、「戦後経営」における帝国主義的財政・金融政策と農業政策との体系的確立であった」という。「これによって、地主は国家権力の保護の下にますます小作農民の搾取を強化し、他方では、帝国主義的財政・金融政策に誘導されつつ、「金利生活者」としての姿態を完成させていった」という帰結になる。ここで、中村政則の念頭にあったのは、レーニン『帝国主義論』の第八章「資本主義の寄生性と腐朽」のなかの一節であった。「帝国主義とは、少数の国に貨幣資本が大量に蓄積されることであって」「金利生活者」、「遊惰をその職業とする人々の階級」「そういう人々の階層が異常に成長するようになる。帝国主義のもっとも本質的な経済的基礎の一つである資本輸出は、金利生活者の層の生産からこの完全な遊離をますますつよめ」る、という規定である。ここで、中村は、日本における金利生活者の存在形態の独自性に留意する。「わが国の場合には、この寄生階級が――少なくともその重要な部分が――独占資本の未発達という国内条件に規定されて、ヨーロッパの場合と異なり、農民の上層部から生み出されたということが決定的に重要である」。では、ここでいう金利生活者としての寄生地主とはどのような階層・職種の人々をさしているのであろうか。中村は、一九〇一年の『時事新報』を用いて、「一九〇一年の、日本全国の五〇万円以上の資産家、四四一名のうち八八名＝二〇％は「農業」「林業」「大地主」であり、さらに多くの場合、地主が兼業している「金貸」「酒造業」をこれに含めれば、これら資産家の主要部分は、大地主であったとして差し支えない。」としている。(7)

中村政則の「寄生地主」概念とは、このように帝国主義における資本輸出をなす階層との関連で把握されており、その歴史的イメージは、「五〇万円以上」の全国各地の地主・資産家が想定されていたことを、ここで確認しておきたい。その後、全国五〇万円以上層の資産家の職種の実態分析をすすめた中村は、株式所有において「ブルジョアジー」が一九〇〇年代には五割強を占めることを発見し、日本の資本主義は、「商人資本の産業資本への転化→産業資本の資本制的蓄積を基軸とし、これを補完するものとしての国家資本・地主の蓄積資金・旧領主階級の貨幣資本の資本転化の問題があった」(8)というように、「地租および地代の資本転化」に日本資本主義確立の資金基盤をみていた旧来の自説を部分修正した。こうした一九〇〇年代前半の日本資本主義確立に対応した国家が天皇制官僚国家であり、その国家が遂行する日清戦後経営こそ、日本の帝国主義への転化も準備したということを指摘したのが、中村説であった。

中村政則の帝国主義理解が、最も体系的に提起された作品は、『思想』第五七四号（一九七二年四月）に掲載された「日本帝国主義成立史序論」であった。以下、中村論文の骨子を紹介しておこう。

この論文では、一九〇〇年代の日本を日本資本主義の確立期＝帝国主義転化の時代ととらえ、「戦前日本帝国主義の基本骨格あるいは基本構造が確定する時期」として重視している。まず、日本帝国主義の成立をめぐる井上清「一九〇〇年代」説、「二重の帝国主義」説、日露戦後成立説などを批判的に紹介したあと、日本帝国主義成立過程の特質に立ち入って言及した。中村は、これらの諸説の問題点を、日本帝国主義成立を可能にした内在的要因との関連が不明確であり、「日本帝国主義の構造的特質とその上に聳立《しょうりつ》する天皇制権力との独特の絡み合い＝相互関係をいかにとらえるかという、研究史上の重大な論点」を回避する点にあるという。成立期日本帝国主義の構造的特質の究明と、天皇制権力との関係の把握、これこそが、本論文で中村がテーマとした論点であった。中村は、日本資本主義は何に依拠して帝国主義転化を完遂していったかという問題を提起して以下の四つの特徴をあげた。

①　私的独占の未発達を代位・補完するものとしての国家独占・国家資本
②　低賃金労働者の供給源であり、資本源泉であった寄生地主制
③　紡績業と製糸業の役割
④　植民地領有の問題

以下、この四点に即してこの論文は、「帝国主義の成立」を考察していく。

①の国家資本では、産業構成におけるウエイトの高さだけでなく、日本資本主義の軍事的型制を決定的にした砲兵工廠などの国家資本の役割が重視されるとともに、国家資金の散布・貸付を通じて、軍事機構―植民地領有の相関が担保されていたことに注意をうながしている。第二の「寄生地主制」では、地主制の階級的利益の保証のみならず、日清戦後経営期に地主層の蓄積資金の資本制部門への移動を促進させる法体系・税体系が新設されたことを重視している。③の「絹綿二部門」については、東アジアの国際環境の成熟により、「近代的」軍装備、軍隊の構築を迫られた日本は、清国の賠償金の入手が金本位制の採用、軍拡資金への充当を可能にしたこととともに、兵器や生産手段の輸入のための外貨確保という死活的課題にとって、絹・綿二部門の意義が浮上するとしている。

④では、朝鮮における鉄道建設の意義が詳述される。朝鮮鉄道の建設は、日本帝国主義の先進帝国主義国に対する従属的側面とアジア諸国に対する侵略的側面をあらわにして、民間資本蓄積が低位のままに、「資本輸出」を敢行し

たことによって、国家的独占と軍事力の優位という日本帝国主義の構造的特質が、「植民地領有」との関連において鮮明に表れたと述べている。すなわち、朝鮮における鉄道利権獲得競争が、日露の対立を基軸として、英米独の利害もからんできており、帝国主義的角逐の中心問題となっていたことを指摘する。帝国主義国間の利害の調整を通じて朝鮮における鉄道利権を確保した日本も、朝鮮人民の激しい抵抗にあい、それに対応できる技術と資本力が不足していたとしている。それでも、日本による朝鮮鉄道建設の意義は、「日本帝国主義の大陸侵略の重要な動脈」として重要であるとされ、朝鮮侵略のみならず、大陸進出の橋頭堡となったとしている。

以上のような四つの特質をもつ帝国主義成立過程から、戦前日本帝国主義の本質規定を展望するのが、中村論文である。そこで中村氏は、山田盛太郎の「軍事的半封建的資本主義」の概念に注目し、特殊後進国的類型概念としての「軍事的半封建的帝国主義」と把握することの必要性を述べる。そして、この軍事的半封建的帝国主義は、日露戦争後の「戦後経営」によって大軍備拡張、鉄道国有、満鉄確保、朝鮮の植民地化およびそれを基礎とする軍部勢力の肥大化等によっていっそう完成された姿態を整えていくという見通しを述べている。

この一九七〇年前後に「日本帝国主義の成立」を論じた歴史研究者は少なくなく、経済史研究者の石井寛治も、ほぼ同様に日清日露戦後経営期に帝国主義への転化が行われたとした[9]。石井寛治の場合には、「植民地台湾の統治」とともに「朝鮮植民地化政策」に力点を置いた叙述を行っており、両者あわせて、四〇頁中一一頁を割いている。ただし、石井寛治は、帝国主義的対外活動の担い手として、「国家資本の力」とともに、「政商＝財閥資本の存在」、「大倉・藤田・安田・古河・住友・浅野もそれぞれ対外投資に意欲を燃やしていた」事実を重視していた[10]。石井寛治と中村政則では、日清戦後経営論の力点が若干異なるといえ、いずれも、一九〇〇年代に日本の資本主義が確立し、それが、帝国主義に転化を遂げつつあったという歴史認識では共通していたのである。中村は、一九八〇年代になると、天皇制国家の地方支配体制との関連で、日本帝国主義の世界史的地位の変化を捉え返そうとしている。すなわち、これまでの自説を世界システム論で補強して次のように述べていた。「一九〇〇年、同じく第二次山県内閣は、軍部大臣現役武官制を確立させ、文官任用・分限・懲戒令の枢密院諮詢事項化を決定した。これは、軍部が独自の政治勢力として国政を左右する途をひらくものであり、官僚機構への議会・政党の容赦《ママ》を基本的に絶つものであった。同じ年、天皇制権力は、義和団鎮圧戦争に積極的に参戦し、「極東の憲兵」としての地位を獲得する。〔中略〕天皇制国家の確立は、近代世界システムにおける、この日本の「半周縁」から「半中枢」への移行を抜きにして語ることはできない。天皇制国家が、一方で絶対主義的統治理念・国家形態を維持・強化しながら、他方で、ブルジョアジーの利害を第一義的に、地主階級のそれを副次的に代弁する帝国主義権力として自己を確立させたのは、一九〇〇年代以降のことであり、それは帝国主義段階における以上のような内外の諸要因に深く規定されていたのである」[11]。「半周縁」から「半中枢」への世界史的地位の変化を重視したこの論文は、中村政則の帝国主義史論の到達点をみることができよう。

以上のように、一九〇〇年代を日本近代史の「展望台」的な画期とみなす中村政則は、産業資本確立＝帝国主義転化説にたって、資本主義・地主制・天皇制国家体制の三者が一体として確立する一九〇〇年代に日本帝国主義も成立するという議論を展開した。この「一体確立」の議論は、同時代の多くの日本近代史研究者にとって了解しうるものとして流通したのである。しかし、一九七〇～八〇年代に、朝鮮、台湾、「満洲」などの植民地・勢力圏について個別的な実証分析が進展し、帝国主義の植民地支配の段階的変化をふくめて、新しい研究が続出するようになると、日本帝国主義の支配の歴史的特質についても、植民地側の動向と帝国主義本国側の支配方式の相互関連の視点から動態的に把握されるようになっていった[12]。中村の帝国主義形成論は、問題提起としての光彩を放ちながら、さまざまな理論的実証的挑戦を受けていくことになる。

2　日本帝国主義の経済的基礎過程分析——高村説・武田説を中心に

中村政則は、日本帝国主義の転化にあたり、「私的独占の未発達を代位・補完するものとしての国家資本・国家独占」の重要性を指摘したが、一方で、私的独占の対外活動の分析から、日本帝国主義の形成における商品市場確保の意義を重視する研究者が存在した。ここでは、その代表的論者として高村直助の議論を振り返っておきたい。

高村は、これまでの帝国主義をめぐる議論を批判的に検討し、それを「独占資本成熟説」と「帝国主義世界体制参入説」にわけて整理したうえで、後者を井上清、藤井松一などの「早熟的独占説」と、猪俣津南雄、中村政則などの「国家資本重視説」に分類し、「問題は、軍事的・政治的対外進出や「国家資本」の対外進出が、私的資本に担われる日本経済とどのように係《ママ》わっていたのか」という論点であるとする。そして、「国家主導の帝国主義的進出とそれに伴う私的資本への国家的バック・アップは、〔中略〕独占資本の形成に伴う対外商品市場支配の利害と対応していた」というのが、高村説の要点である。ここで高村は、「対応」という言葉を用いて、国家的保護・国家資本の活動と、形成期の私的資本による市場進出を関連付けている。高村が重視するのは、日露戦後から一九一〇年代初頭の時期の三井物産、紡績独占資本、石炭資本であるが、とくに綿糸輸出と三井物産の役割が重視されている。結論として、日本の中国への「帝国主義的進出とそれに伴う私的資本への国家的バック・アップ」は、「満洲」においてはきわめて強力に、漢口を中心とする長江中流域においてもかなりの程度に遂行され、それは、「満洲」における日本綿布の、長江中流域における日本綿糸の市場独占をもたらしたと結論づける。それは、産業資本による市場独占でなく、形成期独占資本である紡績資本・貿易資本による市場独占であったというのである。高村直助の帝国主義形成論は、従来の帝国主義論が、レーニンの「帝国主義論」の五つの規定に基づいて、産業独占を重視したのとは異なり、日本の対外進出の具体的存在形態に注目して、三井物産という商社の進出の意義を重視し、「市場独占」の重要性を喚起した。単に「私的独占」の重要性を指摘することにとどまらず、帝国主義的対外進出における商業的利害の重要性に視野を拡大したところに高村説の研究史上の意義が存在した。それは、高村自身が自覚的であったかは、さておき、レーニンとヒルファディング（Rudolf Hilferding）に依拠した帝国主義理論の相対化に途を開いていく可能性を有する研究であった(13)。

一九七〇年代後半には、日本経済史研究者の間で、両大戦間の日本資本主義の産業構造についての研究関心がひろがり、日本帝国主義の「形成過程」についても、実証分析に基づく新たな方法的革新をもたらした。この時期に戦間期日本帝国主義研究をリードしていた歴史学研究会近代史部会の大会報告に、その方法的革新をみてみよう。

一九七九年度の歴史学研究会近代史部会報告である武田晴人「日本帝国主義の経済構造――第一次世界大戦ブームと一九二〇年恐慌の帰結」は、一九七〇年代前半期までの日本史研究における帝国主義形成論を理論面・実証面で塗り替えるものとなった。この報告で、武田晴人は、日本帝国主義の経済構造を論じることの積極的含意を三点述べている。

第一には、帝国主義国家を論じるにあたって、「国際分業関係に一面化するのではなく、産業構造論のレベルでいかなる意味で帝国主義的性格を持つに至ったかを国民経済的な自立性を重視しつつ検討しなければならない」という方法的含意である。この「国民経済的な自立性の枠組み」の重要性は、今日に至るまで経済史研究者に必ずしも理解されていないが、帝国主義世界体制のなかで「帝国主義国家」が出現する過程で、考慮すべき重要な論点であろう。

第二は、産業構造の重化学工業化という問題は、それ自体が重要であるが、資本制的蓄積の変容という問題、すなわち、「個々の産業資本の自己蓄積を超える資本調達が必要になって社会的遊休資金を資本市場を通じて動員する機構が形成されるとともに、この投資の巨大化が固定資本の制約を介して産業部門での独占形成に連繋していること」

が留意されなければならない。それゆえに「帝国主義移行期の資本主義は産業資本確立期とは異なる経済構造へと進展していく」として、従来の日本帝国主義形成論の弱点であった経済的基礎構造についての方法的提言を行った。

武田は、第三の方法的含意として、労使関係の変化をあげ、「独占組織の活動が、恐慌を槓桿とする「相対的過剰人口」の形成によるドラスティックな資本賃労働関係の再編成を歪曲せしめることによって、独占資本自身に労働力の管理統括機構の再編を余儀なくさせる」ことを重視した。

以上のように、日本帝国主義が、帝国主義国家としての普遍性を獲得するためには、産業構造の同質化傾向を前提として、資本調達の変化、独占形成、労使関係の変化の三点を論証する必要があり、それによって、「帝国主義的経済構造」の実態が解明され、同時に日本帝国主義国家による「対外的進出の基盤」も明らかになるというのが、武田「帝国主義論」の方法論であった(14)。武田は、国内体制としての帝国主義的経済構造の内実形成を実証しただけでなく、植民地米の移入、朝鮮人労働者の大量流入、植民地が資本輸出に占める意義の増大など、対外的帝国主義政策の変化についても言及している(15)。ここにおいて、「産業資本の確立＝帝国主義への転化」という古典的枠組みそのものから自由になり、政治的軍事的な帝国主義的実践と、その基盤となる「経済構造」の両者を、いちおう区別して二つの事象の間に時間差をみとめて分析する道が切り開かれたのである。それを可能にしたのは、第一次世界大戦期の日本の対外膨張と資本主義の高度化についての理論的実証的研究の進展であった。その後三〜四年間にわたり、歴史学研究会近代史部会は、両大戦間期の日本資本主義とその対外関係に報告の力点を置くようになるが、これは、武田の近代史部会報告の衝撃力の強さを傍証するものであった。

翌年の近代史部会報告は、第一次大戦期から一九二〇年代前半期までの労働問題・労働政策がテーマとされ、安田浩は、工場労働者を中核とする労働者階級の形成、労働争議の変化、「下層社会」的落伍者意識克服の一般化、「治安警察法体制」の変質と労働組合の実質的容認政策、などを論証して、日本における「帝国主義的社会構造」の形成が、一九二〇年代になされたと結論づけた[16]。

このように、第一次世界大戦後になって「帝国主義的経済構造」および「帝国主義的社会構造」が定着をみるという歴史把握が、一九八〇年代になると、主流を占めるようになっていった。武田晴人は、一九二六～二七年に、基軸部門ではカルテルが結成されて、独占体制が成立し、周辺の労働者・農民問題に対しては、「調停法体制」で国民統合を行う帝国主義的経済構造が、確立することを指摘した。注意すべきは、武田の帝国主義論が、政治的軍事的な帝国主義を捨象し、経済的内容だけに重点を置くものではなかったことである。別稿で、「帝国主義」概念が、「世界体制の問題であり、帝国主義戦争・植民地支配のもとで内外の民衆を抑圧する体制を意味し、他方で、資本主義の特定の段階における経済構造、資本蓄積の在り方を内容とする概念でもある」ことを認めていた[17]。武田のいう「調停法体制」とは、「実体法を制定せずに、〔中略〕官僚的な支配が末端まで下降し、伝統的な村落秩序を再編しつつ統合することを通して」支配体制を再編するものであり、「天皇制支配の枠組を、その根本においては変えなかった[18]」ことが明示されていた。ここに、天皇制支配秩序の再編形態としての「調停法体制」論の政治経済的特徴があった。中村政則の視点に立ち帰れば、「展望台」から「分水嶺」にかけての「統一的把握」のためには、第一次大戦期の急激な産業構造の変化と対外経済膨張の実態分析が不可欠であり、経済的基礎に限定するかぎり、「展望台」と「分水嶺」とでは、資本主義の発展段階が異なることが明らかにされたといえよう。それは、近代日本の帝国主義化における動態的把握の重要性を示唆するものであり、「十五年戦争」への途は、「東アジアに対して能動的な帝国主義国家」となった戦間期の日本帝国主義の問題として、把握され直される必要性を提起したのである[19]。

3　日清・日露戦争期の対外進出をどう把握するか――天皇制権力と帝国主義支配の関連

日本帝国主義成立論は、一九七〇～八〇年代初頭に進展した第一次大戦期・戦間期の資本主義史の実証分析によって、戦争や植民地領有などの帝国主義政策の実践と本国の帝国主義的経済構造の実質的形成には、時期的なタイムラグが存在したこと、資本主義的蓄積構造の変容は、天皇制国家の支配体制の再編を引き起こしたことが明らかになり、日本の帝国主義国家としての世界史的普遍性が政治経済史的に検証された。

そのうえで、一九〇〇～一〇年代に、日清戦争と日露戦争を遂行した日本が、対外的、特にアジアの人々には「帝国主義」国家としての外見を持つに至ったことの根拠の究明は、依然として重要な論点であり続けている。換言すれば、近代天皇制国家＝日本が、帝国主義的国際環境の東アジアでの整備に対応しつつ、日清戦後経営において、軍備拡大と殖産興業に突き進んで、「極東の憲兵」としての国際的評価を獲得し、日露戦争後の日本は、東アジアで唯一の「植民地帝国」に転化し「半周縁」から「半中枢」への移行をなしとげた。この史実の歴史的根拠の究明である。石井寛治『日本の産業革命』（朝日選書、一九九七年）、同『帝国主義日本の対外戦略』（名古屋大学出版会、二〇一二年）や原朗『日清・日露戦争をどう見るか』（NHK出版新書、二〇一四年）などの近年の諸研究では、あらためて近代日本の歴史過程における日清戦争と日露戦争の意味が問い直され、対外政策における帝国主義政策の歴史的位置の確定に向けての理論的実証的模索が続いている。一方で、欧米帝国主義史研究の中で、日本史と同様に、帝国主義的経済構造の形成と対外侵略との時間的乖離を究明する動きがさかんになり、あらためて、「帝国主義現象」を、「政治・経済・社会・思想などさまざまな次元・要因のどれか一つの強調によってではなく、これら諸要因の構造的組み合わせ、相互作用の結果として説明」すべきであるとする研究潮流が強まっていることに注意を喚起しておきたい。(20)

ここでは、近年の石井寛治、木村健二の研究によりながら、一九〇〇年代の日本の対外膨張と植民地進出の性格についての研究史の到達点を示しておく。近年の石井寛治は、かつての研究が山田盛太郎の「産業資本確立＝帝国主義転化」説に影響された日本帝国主義形成論になっていたことに批判的に言及して、次のように述べている。「近代帝国主義に固有の対外膨張は、剥き出しの軍事力による膨張でもなければ、自由貿易を通じる公式・非公式の支配の拡大でもなく、しばしば貿易とセットになった資本輸出による膨張であり、日本も、帝国主義世界の支配者の一員として対外膨張を遂げようとする場合には、そうした世界史的共時性を踏まえた活動スタイルが必要とされた」というのが、石井の日本帝国主義把握の基礎にある視点である(21)。国内の経済が独占段階に到達して過剰資本が形成されていなくても、対外膨張に際しては資本輸出という手段が求められるというのである。この主張は、前述した高村直助の対外経済進出論とも一面では通底しているが「貿易とセットになった資本輸出」を重視しているところに新しい研究の方向性が示されている。石井は、日本と朝鮮との貿易の進展と民間資本輸出の担い手を考察し、第一銀行の役割、外資排除、山県有朋と桂太郎の積極的支援策の歴史的意義を強調した。京仁・京釜鉄道の資金調達にこだわっていた中村政則と同様に、石井もこの鉄道の資金調達の仕組みに分け入り、そこに、財閥ブルジョアジーの資本輸出への消極性と、それを代位・補完した東京以外の株主層の株式購入、「地方の中小商人・地主」の投資、第一銀行と渋沢栄一の積極的役割を見出した。前述した高村直助の日本帝国主義形成論も、商品市場の拡大・深化に対応した商業資本の活動空間の膨張（高村のいう「市場独占」）から、日本の帝国主義進出を把握するものであり、資本輸出とならんで商品輸出機構の重要性を説くものであった。私見では、こうした資本輸出の多義性とともに、朝鮮半島の諸都市に進出した日本人中小商人の活動と日本人居留民社会の形成、朝鮮各地の商業会議所の活動もまた、日清・日露戦争期の朝鮮への帝国主義支配進展の大きな槓桿となったと思われる。すなわち、朝鮮への鉄道投資の動態を歴史学的にとらえ返すと、そこには、日本本国内の多様な株主層の問題と、植民地勢力圏で、商業・サービス業を営む居留民と進出企業の問題が大きく浮上してくる(22)。

たとえば、木村健二は、中村政則と石井寛治が重視していた京釜鉄道の株主分析を中小株主層もふくめてさらに進展させた。すなわち、広島、岡山、山口各県において京釜鉄道会社の発行株式を引き受けた株主層の経済的社会的出自を問い直し、各地の有力商業者、名望家的役割をはたしていた中小地主、商業会議所関係者が、相互に情報を交換して京釜鉄道株式購入を行っていることを明らかにした(23)。木村が重視したのは、株式募集にあたって、各県の有力者が、県の指導・斡旋のもとで、京釜鉄道敷設についての遊説活動を行い、それに西南各県の中小資産家、商人、金融業者が呼応している事実である。石井寛治が解明した華族や財閥資本、第一銀行の関係者のすそ野を形成した地域レベルでの零細株主層の存在とその活動の歴史的意味が木村によって明らかにされたのである。一九〇〇年代には、山口県、広島県、などから中小貿易商、仲買商、廻船業者が、朝鮮半島の諸都市に進出しており、さらに日露戦争後には、「朝鮮居留地に進出・定着した日本人は、〔中略〕居留民団や商業会議所の組織を通じて定着基盤の整備、戦争への加担、朝鮮人の圧迫といった諸活動を行い、朝鮮併合に寄与していった」と指摘している(24)。すなわち、朝鮮の植民地化は、天皇制国家官僚の支配欲求によるだけでなく、西南日本の山口県などの中小地主、中小貿易商人、廻船業者などの朝鮮進出と居留民団形成、商業会議所の活動によって「下から」支えられており、朝鮮を拠点とする日本帝国主義の形成は、上は第一銀行から下は国内外の商人、中小地主の株式購入、外地進出という重層的編成をなしていたことが判明した。よく考えてみると、中村政則が重視していた「五〇万円」以上資産家層とはやや異なるものの、近代日本の地域社会をささえた中間的諸階層の一部が、京釜鉄道株を引き受け、さらに朝鮮の諸都市・港湾に進出し、そこで貿易商人や廻船業、金融業を展開していた事実が相次いで明らかにされてきたのである。さらに、かつて中村政則が、「天皇制国家と地方支配」で重視していた天皇制国家の地方支配機構が、京釜鉄道の株式調達においても一定の機能を果たしていた可能性が示唆されたといえよう。以上のように、帝国主義形成の経済的担い手のみならず、それを支えた社会的基盤がいかなる回路で作られたかについて、木村健二と石井寛治の一連の研究は、示唆的な論点を提示している。

最後に、中村政則が強い関心を持っていた近代天皇制権力と日本帝国主義の経済構造との関連について、近年の研究の到達点を示しておきたい。小川原宏幸は、精力的な実証研究によって、日本の植民地化は、実質的には「日韓議定書」から開始されていること、日露戦争時の日本による各種利権の強引な獲得と苛酷な軍政が、朝鮮社会各層の反発を招いたこと、その最大の抵抗である義兵闘争の高揚に対しては、伊藤博文の統監在任中に最大の死者を出すなどの圧政を行ったこと、こうした義兵闘争の高揚と激しい弾圧が、伊藤の高宗利用政策を挫折させて、「韓国併合」の道を速めていったことを詳細に解明した(25)。小川原説は、石井寛治の近著でも紹介されており(26)、日露戦争後の天皇制権力は、支配層内部での統治形態をめぐる構想の差異が存在したものの、朝鮮社会の動態との関係に深く規定されて、「治安維持」の観点からも韓国併合に突き進んでいくことを明快に示した。この韓国併合は、日露戦争後の南満洲鉄道付属地支配、租借地支配とともに、アジアにおける帝国主義的抑圧者としての日本の国際的位置を確定していくことになった(27)。ただし、統監在任末期の伊藤博文の対韓政策は、義兵闘争へ苛烈な弾圧を行う一方で、高宗を用いた「韓国本位韓人本位」の外観を呈していたことも事実であり、そのことを在朝日本人社会の諸団体から厳しく糾弾されていたことも留意しておきたい(28)。日清戦争を契機に形成され、日露戦後に居留民団や商業会議所に結集する在朝日本人は、日本の朝鮮植民地化を促進する先兵として活躍したことがうかがわれる(29)。木村健二が作成した「併合「功績」日本人表彰者一覧」によれば、朝鮮各地の居留民会議長、商業会議所有力者が、一五人中一三人を構成していた(30)。また、駒込武は、一九一〇年の「教化意見書」に関連して、日本の朝鮮に対する「同化」政策の根本的矛盾を指摘し、日本人植民者の流入により、併合前後に居留民の発言権の強さが、「内地人」の「外地人」に対する優位を強化する方向に総督府の施策を誘導する一因になったことを指摘している(31)。

以上から、日本帝国主義形成過程における天皇制権力と経済的利権との内的関連についても、今日の時点での研究史的応答をなしうると判断できよう。中村政則が直面した難問「日本帝国主義の構造的特質とその上に聳立する天皇制権力との独特の絡み合い」を解く手がかりは、「独占資本の朝鮮進出」ではなく、西南日本の各都市や地域社会から朝鮮諸都市に進出した中小の貿易業者・廻船業者・雑貨商人の活動と彼らが形成した社会組織と人的ネットワークの植民地権力への規定性に存在するように思われる。それを日本国内の地域レベルで補完していたのは、町村合併の結果創出された行政村であり、天皇制国家の地方支配機構であった。とりわけ、山口県は、長州閥の官僚・軍人を輩出している地域であるが、そうした政治家・官僚層の下位にある村長や地主、廻船業者の一九〇〇年代における朝鮮進出の動きが、居留民団・商業会議所の活動を媒介にして日本の朝鮮政策の一端に、影響を与えていることは、重要であろう[32]。外地の在留日本人商人が、日本の帝国主義的行動の「触媒」ないし「先兵」として活動する時代が開始されていくのは、中村の重視した一九〇〇年代以降、とりわけ日露戦後のことであった。

木村健二以外にも、波形昭一、柳沢遊など一九八〇年代に日本勢力圏における在外居留民の階層と活動を実証的に考察した研究者は、中村政則や石井寛治、武田晴人、高村直助などが援用していたレーニン／ヒルファディングの「資本輸出論」を大幅に拡張ないし修正して、帝国主義国日本の対外侵略を説明している[33]。それは、帝国主義論における「商工移民」「中間的諸階層」の位置づけを要請するものであった。最後にこの点に言及しておきたい。

帝国主義についての学説史を追究した川崎修は、ハンナ・アーレントとホブソン（J. A. Hobson）の帝国主義論を詳細に検討したうえで、政治史・経済史さらに社会史を重視したこの二人の理論家が、「帝国主義の経済的基底を、具体的な受益者・担い手に着目して論じていること」、「過剰資本」の所有者層と「過剰」となった労働力の、国外での「むすびつき」に留意することの重要性を示唆していると述べている[34]。また、帝国主義研究に「社会史・文化史」を取り込むことを指摘する木畑洋一も、ホブソンの帝国主義論の後半部「第二編」の叙述から学ぶことで、帝国史研究のみならず、帝国主義史研究もさらに活性化していく展望を示していた。[35] 柳沢遊も、二〇〇六年の札幌大学での講演記録で、日本帝国主義研究に、ドイツやイギリスで盛んな「帝国主義の社会的基盤」の議論を導入すべきと主張していた。[36] 近代天皇制国家の地方支配において、不可欠な役割を果たしていた中間的諸階層が、地域社会の統合機能のみならず、対外進出や株式購入の宣伝においても、枢要の役割を果たすようになった時代、それが一九〇〇年代であったということができよう。ここにこそ、天皇制国家と日本帝国主義との媒介項のカギが存在するのではないだろうか。

おわりに

今日、日本経済史研究者の多くは、戦争や帝国主義侵略の問題をあえて回避して、研究をすすめている傾向がみられる。また、「経済史の領域のなかでは、「帝国主義」を使わないほうが、日本経済の実態を論じるうえではより有効で明確な分析ができるだろうという方向にすすんできました」という研究史総括も提起されている。[37] 戦後七〇余年が過ぎて、戦前期の日本帝国主義の侵略衝動についての切実な問題意識は、経済史研究者の生活世界から、遠のいたという厳然たる事実があり、そのことが、帝国主義の理論と実証双方の研究の進展ともあいまって、帝国主義史研究への参入の低調の一因をなしているのかもしれない。しかし、筆者には、中村政則が提起した、「資本主義経済を確立する産業革命期に日清・日露戦争を遂行した日本は、何故に東アジアの抑圧国になったか」という問いかけは、戦前期の日本の植民地帝国の形成のメカニズムを明らかにするうえで依然として不可欠な問いでありつづけている。

「明治百年」の一九六七〜六八年は、「いざなぎ景気」の絶頂期であったが、人々は生活向上を実感しながらも、身近な人々を失ったアジア太平洋戦争の痛苦な経験をけっして忘れることができず、悲惨な戦争をもたらした「帝国主義」の究明という学問的課題に近現代史研究者の多くが真剣に取り組んでいった。中村政則が、「日本帝国主義の史的究明」に力を注いだのは、そういう時代であった。それから四〇～五〇年の月日が過ぎた。「経済大国」化、バブル経済の崩壊、社会主義体制の崩壊を経験した日本の民衆は、高度成長経験の残影への憧憬をもちつつも、戦前期日本資本主義と天皇制国家の骨格が形成された時代への関心は大幅に低下した。歴史研究者の知的世界も、こうした日本社会の風潮と地続きの場所で存続している。

しかしながら、資本のグローバリゼーションの作用とも関連して、国家権力の民衆への抑圧的側面が二一世紀に入ってから先進資本主義諸国のなかでも、露出するようになった。近代以降の「帝国主義権力」とその経済的基盤、社会的基礎の歴史学的究明は、「明治一五〇年」「日中戦争八〇年」をむかえている現在、多くの経済史研究者が正面から向き合う必要性が増しているテーマであると筆者は考える。小稿は、そのためのささやかな準備作業である。

注

（1）岩井忠熊「序論」（歴史学研究会・日本史研究会編『講座日本史6　日本帝国主義の形成』東京大学出版会、一九七〇年）一頁。

（2）中村政則「日本近代史研究の当面する課題――日本近代史上の一九〇〇年代と一九二〇年代」（『歴史学研究』第三二三号、一九六七年四月）。

（3）同前、二八～二九頁。

（4）中村政則・江村栄一・宮地正人「日本帝国主義と人民――「9・5民衆暴動」（＝「日比谷焼打事件」）をめぐって」（『歴史学研究』第三二七号、一九六七年八月）。

（5）中村政則「日本地主制史研究序説――戦前日本資本主義と寄生地主制との関連をめぐって」（一橋大学研究年報『経済学研究』第一二号、一九六八年、のちに、中村『近代日本地主制史研究』東京大学出版会、一九七九年所収）。

（6）前掲、中村『近代日本地主制史研究』八三頁。

（7）同前、八四頁。原論文は、前掲、中村「日本地主制史研究序説」三四三～三四五頁。

（8）中村政則「日本資本主義確立期の国家権力――日清「戦後経営」論」（『歴史学研究』別冊特集　歴史における国家権力と人民闘争』一九七〇年一〇月）九三頁。

(9) 石井寛治「日清戦後経営」(『岩波講座日本歴史16 近代3』岩波書店、一九七六年)。
(10) 同前、八八頁。
(11) 中村政則「天皇制国家と地方支配」(歴史学研究会・日本史研究会編『講座日本歴史8 近代2』東京大学出版会、一九八五年)八〇~八一頁。このほか、中村政則の帝国主義理解については、藤井松一ほか『シンポジウム日本歴史19 日本の帝国主義』(学生社、一九七五年)六二~七五頁も参照。帝国主義論と世界システム論との関連については、さしあたり木畑洋一「帝国主義と世界システム」(歴史学研究会編『現代歴史学の成果と課題 一九八〇—二〇〇〇年I 歴史学における方法的転回』青木書店、二〇〇二年)五八~六一頁、柴田三千雄『近代世界と民衆運動』(岩波書店、一九八三年)を参照。
(12) 柳沢遊・岡部牧夫「解説・帝国主義と植民地」(柳沢・岡部編『展望日本歴史20 帝国主義と植民地』東京堂出版、二〇〇一年)三~七頁。このほか、岡部牧夫「帝国主義論と植民地研究」(日本植民地研究会編『日本植民地研究の現状と課題』アテネ社、二〇〇八年)第一章、小川原宏幸「日本の歴史学における植民地認識——朝鮮史を中心に」(歴史学研究会編『「韓国併合」100年と日本の歴史学』青木書店、二〇一一年)を参照。
(13) 以上、高村直助『日本資本主義史論——産業資本・帝国主義・独占資本』ミネルヴァ書房、一九八〇年、第五章、引用は一〇七~一〇八頁。「商業帝国主義」については、さしあたり、竹内幸雄『自由貿易主義と大英帝国——アフリカ分割の政治経済学』(新評論、二〇〇三年)を参照のこと。これに対しては、「ジェントルマン資本主義」の評価とも連動しており、経済史研究者の間で評価が分かれていることにも留意が必要である。秋田茂・籠谷直人編『一九三〇年代のアジア国際秩序』(渓水社、二〇〇一年)第三章、第五章、第八章を参照のこと。
(14) 武田晴人「日本帝国主義の経済構造」(『歴史学研究』別冊特集 世界史における地域と民衆』一九七九年一〇月)一四二~一四三頁、なお、武田晴人の日本帝国主義の把握について、一九九六年時点で再論したものとして、「帝国主義の経済構造について」(武田晴人『異端の試み——日本経済史研究を読み解く』日本経済評論社、二〇一七年、第一三章)が最近刊行された。本稿に関連する記述として、二二九~二三七頁を参照のこと。
(15) 同前、一五四頁。
(16) 安田浩「日本帝国主義確立期の労働問題」(『歴史学研究』別冊特集 世界史における地域と民衆(続)』一九八〇年一一月)一二四~一三七頁。
(17) 武田晴人「一九二〇年代史研究の方法に関する覚書」(『歴史学研究』第四八六号、一九八〇年一一月、のち武田・中林真幸編『展望日本歴史18 近代の経済構造』東京堂出版、二〇〇〇年)一七七頁。

(18) 同前、二〇〇頁。

(19) 武田晴人と同様に、第一次大戦を画期とする能動的日本帝国主義の成立と展開を重視する研究として、浅井良夫「従属帝国主義から自立帝国主義へ――外資導入を中心とした日本の対外経済関係、一八九五～一九三一年」(『歴史学研究』第五一一号、一九九二年一二月)、金子文夫「第一次大戦後の対植民地投資――中小商工業者の進出を中心に」(『社会経済史学』第五一巻第六号、一九八六年三月)があげられる。当該テーマについては、柳沢遊「近代日本の帝国主義化」(『経済』第二七八号、新日本出版社、二〇一八年一一月)も参照。

(20) 引用は、木谷勤『帝国主義と世界の一体化』(山川出版社〈世界史リブレット40〉、一九九七年)二六頁。同書のほか、アンドリュー・ポーター(Andrew Porter)／福井憲彦訳『帝国主義』(岩波書店、二〇〇六年)第一章、木畑洋一『イギリス帝国と帝国主義――比較と関係の視座』(有志舎、二〇〇八年)第一章は、いづれも帝国主義概念の各国史への適用における経済史的アプローチの意義と限界を適確に指摘している。

(21) 石井寛治『帝国主義日本の対外戦略』名古屋大学出版会、二〇一二年、九四頁。

(22) 柳沢遊「移民と植民」(前掲『展望日本歴史20　帝国主義と植民地』)一三〇～一三一頁。

(23) 木村健二「京釜鉄道株式会社の株主分析――岡山・広島・山口を中心として」(姜徳相先生古希・退職記念論文集刊行委員会編『日朝関係史論集』新幹社、二〇〇三年)。この点につき、石井寛治も近著で、静岡県の事例から、「県庁から郡役所を通じて町村役場に応募の勧誘が降りてきたさいに、個人で応募できる者が少ない場合は、村の財産を用いて共同投資をしたのではないか」と推察している(前掲、石井『帝国主義日本の対外戦略』一〇二頁)。

(24) 木村健二『在朝日本人の社会史』未来社、一九八九年、一〇一頁。日露戦争直後の在満日本人社会については、柳沢遊『日本人の植民地経験――大連日本人商工業者の歴史』(青木書店、一九九九年)第一章を参照。

(25) 小川原宏幸「朝鮮の植民地化と韓国併合」(趙景達編『近代日朝関係史』有志舎、二〇一二年)第一二章。小川原『伊藤博文の韓国併合構想と朝鮮社会』岩波書店、二〇一〇年。

(26) 石井寛治『資本主義日本の歴史構造』東京大学出版会、二〇一五年、九〇頁。

(27) 前掲、小川原「朝鮮の植民地化と韓国併合」。原朗『日清・日露戦争をどう見るか――近代日本と朝鮮半島・中国』NHK出版新書、二〇一四年、石井寛治『日本の産業革命』朝日選書、一九九七年、なども参照。

(28) 前掲、小川原「朝鮮の植民地化と韓国併合」二四四頁。

(29) 前掲、木村『在朝日本人の社会史』九九～一〇一頁。日露戦後、日本の勢力圏各都市に形成された在留日本人居留民組織については、柳沢遊「日本人の居留民社会」（和田春樹ほか編『岩波講座東アジア近現代通史3　世界戦争と改造』岩波書店、二〇一〇年）参照。

(30) 同前、一〇一頁。

(31) 駒込武『植民地帝国日本の文化統合』岩波書店、一九九六年、九二頁。

(32) 前掲、木村『在朝日本人の社会史』第二章。前掲、木村「京釜鉄道株式会社の株主分析」一二八〜一三一頁参照。

(33) 波形昭一『日本植民地金融政策史の研究』早稲田大学出版部、一九八五年。柳沢遊「侵略の社会的経済的基盤」（石井寛治・原朗・武田晴人編『日本経済史3　両大戦間期』東京大学出版会、二〇〇二年）など。

(34) 川崎修「帝国主義と全体主義」（『思想』第九四五号、二〇〇三年一月）一八頁。

(35) 前掲、木畑洋一「帝国主義と世界システム」五七頁。注20で言及した木谷勤、アンドリュー・ポーターも帝国主義の経済的基盤と社会・文化史を重視している。

(36) 柳沢遊「日本帝国主義史研究の現段階——一九三〇年代帝国主義の中国侵略と経済団体」（『地域と経済』第三号、札幌大学経済学部附属地域経済研究所、二〇〇六年三月）。前掲、柳沢「侵略の社会的経済的基盤」。

(37) 前掲、武田「帝国主義の経済構造について」二三七頁、武田晴人「はしがき」（前掲、石井ほか編『日本経済史3　両大戦間期』）ix〜xi頁も参照。

五　戦後史

永江雅和

はじめに

中村政則はアカデミズムの領域において『近代日本地主制史研究』を中心とする地主制史研究の研究者として広く知られ、また一般書領域においても『労働者と農民』、『昭和の恐慌』といった戦前期日本を対象とした研究で知られていることが多い。しかしその研究歴の後半においては『戦後史と象徴天皇』、『戦後史』といった戦後史に関する著作を精力的に執筆している。本稿では中村の戦後史を巡る業績を検討しつつ、その同時代史研究における方法論の推移と同時代史認識の変化を明らかにすることを試みる。方法としては中村の方法論と同時代史認識を知るうえで重要と思われる四つの著作、①『日本近代と民衆』[1]、②『歴史のこわさと面白さ』[2]、③『現代史を学ぶ』[3]、④『戦後史』[4]を軸としていくつかの論点を巡る言説の推移を見てゆくという手法をとることとする。

まず各文献の概略を簡単に説明しよう。①『日本近代と民衆』は中村による最初の論説集である。個別論稿の初出は一九六八～八三年のものであり、中村の研究歴初期の主著である『労働者と農民』（小学館、一九七六年）、『近代日本地主制史研究』（東京大学出版会、一九七九年）の執筆背景を中心に自身の歴史観が語られている。基本的にはマルクス主義歴史学のグランドセオリーの枠内において議論がなされている点に特徴がある。この時期の中村は戦後史研究に本格的に進出しておらず、戦前期研究者としての方法論が示されており、それが戦後史(同時代史)研究進出以後にどのような変化を見せたのか、という観点から参照したい。

②『歴史のこわさと面白さ』は一九九二年刊行の書き下ろし単著である。中村は一九七九年から二年間のハーバード大学留学時の調査を元に『象徴天皇制への道』(5)をまとめ、本格的に戦後史研究に進出する。『歴史のこわさと面白さ』はこうしたアメリカ留学と戦後史研究進出時の中村の歴史認識を示す書として好適である。また本書は「いつだったら戦争を防げたか」という、中村の問題意識の根幹にあるテーマを一九八二年に刊行した『昭和の恐慌』(小学館)等での分析を基に記している点でも注目される。執筆時期はソ連崩壊という戦後歴史学のフレームの根幹に関わる事件を受けてのことであり、グランドセオリーの前提が揺らぎつつあった時代の中村の戦後史認識の変化に注目する。

③『現代史を学ぶ』は①『日本近代と民衆』の続編という体裁が意識された論説集である。個別論稿の初出は一九九〇~九七年のものである。同書の特徴は、いわゆる歴史認識問題に多くの紙幅が割かれている点にある。一九九〇年代はいわゆる「自由主義史観」に代表されるような保守的・右翼的歴史認識の攻勢が強まった時期であり、中村はこうした論調への批判を強く意識した議論を展開するようになる。

一方で冷戦構造の崩壊と東・東南アジア地域における開発独裁諸国の民主化のインパクトを受けて執筆された『経済発展と民主主義』(6)での主張とその評価を巡っては、経済成長と政治的民主化の関係性をポスト冷戦状況のなかで再構築しようという問題意識とその苦心が記されている。

④『戦後史』は二〇〇五年に刊行された書き下ろし単著であり、中村の戦後史研究の到達点を示す作品であると言える。冒頭は二〇〇一年の九・一一テロの衝撃から綴られており、ポスト冷戦状況の世界史的変動を意識しながら、一九四五年から二〇〇〇年代に至るまで約六〇年間の日本現代史を叙述している。中村の作品のなかでは一九七〇年代以降の叙述が充実している本であると同時に、ポスト冷戦状況を反映した、戦後歴史学の継承と再構築を意図して

執筆が行われている点に特徴があると言えよう。また同書はアンドリュー・ゴードンの歴史概念トランスウォー・ヒストリー（以下貫戦史）の概念を冒頭に掲げたことにも特徴がある。

1　方法としての「戦後史」認識

(1)　中村のライフヒストリーと戦後史認識

かつて中村はその研究歴のなかで参照することの多かった服部之総を論じるなかで、「研究者にとって、最初に抱いた問題意識は、良きにつけ悪しきにつけその後も一貫して自己の研究活動を規定してゆくものだ(7)」と述べている。では中村にとって自らの研究活動を一貫して規定した、最初に抱いた問題意識とは何であっただろうか。中村はかつて江口圭一の「戦前の日本人民はなぜ戦争とファシズムへの途を阻止することができなかったのだろうか。この問いは誰しもが一度は自責の念をもって発せずにはいられない問いである(8)」という問題提起を紹介し、これに積極的に賛同する姿勢を示した。

中村にとっての人生の原体験は戦時期の疎開体験と戦後の焼け跡の風景である。中村は著作のなかでこの経験について繰り返し述べている。中村は国民学校四年生時に敗戦を体験している。「敗戦の年までの約一年間の疎開生活はいまでも忘れることのできない経験であった。旅館の一室でおこなわれる授業はおざなりそのもの、食べ物は不足し、虱にくわれて、皮膚病にかかった犬のように肌は赤くただれた。敗戦間際には米がなく、大豆のなかに米が数粒いりまじっているだけの食事だった。九月に親がむかえにきたころには、私は黄疸にかかっていた(9)」、「九月末になって父親が草津まで迎えに来て、新宿の実家に戻ると、回りは焼け野原、赤茶けたトタンで作ったバラック（掘っ立て小屋）が点在していた。二、三キロ離れた伊勢丹デパートが丸見えだった。あとは東京ガスの巨大なガスタンクが見えるだけ、通っていた学校を見に行くと、焼け落ちて黒ずんだ土台石だけが残っていた」[10]。疎開体験や敗戦後の焼野原となった新宿を自己形成の原体験とする中村にとって、上記のような問題意識は自明のものであり、かつその一生を規定するものであっただろう。そのうえで「戦後民主主義とは、政治的には軍国主義の除去、専制支配からの解放と国民主権主義の採用および基本的人権の保障を意味し、経済的には貧困からの脱出と富の平等な分配を意味していた。「日本再生物語」の核心は、一にこの戦後民主主義を実現できるか否かにかかっていたといえよう[11]」と、戦後の日本経済の復興と成長を戦後民主主義との関連のなかで内面化してきたのが中村の基本的な同時代史認識であった。その意味で中村の人生の歩みはまさに「戦後史」の歩みと多くがシンクロするものであったのである。

(2)　中村の「戦後史」把握

中村は「戦後」という時代をどのように定義したのだろうか。「戦後」の始期が一九四五年八月の敗戦であることはほぼ自明であるが、「戦後」の終わりをいつと考えるのかについて、中村の時期区分には変化が見られる。時期区分の変化は「戦後」という歴史概念の定義の変化でもあると考えるべきである。

『現代史を学ぶ』において中村は戦後の終わりについて、「七〇年代半ばに戦後の風化、戦後への訣別が始まったように思う[12]」と述べている。おそらくこの時期の中村は、「戦後」を「戦時、あるいは戦後の焼け跡の風景が共有されている時代」というイメージで語っているように思われる。復興から高度経済成長を経て日本が戦後の国内目標であった絶対的貧困からの脱出を達成したのが七〇年代と位置づけられ、そしてその一方で冷戦構造のなかでアメリカと東・東南アジア諸国の開発独裁体制の下で押さえつけられてきた「過去の克服」の問題が浮上してくるなど、「終わらなかった戦後」が顕在化するという認識が示されているが、同書の時点では中村にとって歴史認識問題は「戦後」のゆらぎと終わりを示す歴史的現象として把握されているように思われる。

その後『戦後史』において中村は、「戦後」の定義を自覚的に行っている。「戦後とは、私見では、戦前の反対概念である。戦争、侵略、専制、貧困などで象徴されるのが〝戦前〟であり、〝戦後〟は反戦・平和、民主主義、貧困からの脱出を指している。そしてそれらの戦後的価値理念を実現し、支える外交・政治・経済・社会システムの総体を「戦後」と規定したい」[13]。中村の問題意識では「戦後」とは（少なくとも日本国内で）戦争のなかった時代であり、「戦前」は戦争の繰り返された時代ということになる。また同書では世界史的観点から、戦後を米ソ冷戦構造に規定された「二〇世紀システム」の時代として位置づけている。産業革命と自由主義経済、帝国主義に規定された「一九世紀システム」が第二次世界大戦によって最終的に崩壊し（崩壊の端緒は第一次世界大戦と世界恐慌）、その後一九八九～九一年のベルリンの壁崩壊、ソ連邦の解体をもって冷戦体制が終結したという認識が示される[14]。その後も米ロの対立構造は継続しているが、この対立構造が世界を規定しているという意味では一九九一年は時代の転換点であるということになるだろう。

以上、中村の「戦後」認識の少なくとも一部は世界史的には米ソ冷戦構造とイコールである。その意味で「戦後」の終わりの始まりは、一九九〇年に発生した湾岸戦争に求められる。イラクのクウェート侵攻を契機とする同戦争は、その後の日本の針路に大きな変化をもたらすことになった。当時の海部内閣が一三〇億ドルもの資金提供を行いながら直接の多国籍軍派遣に協力しなかったため、当事国のクウェートから感謝の意が示されなかったことは、新しい時代における「国際貢献」について日本国内での問い直しを迫られる事態であったし、「保守の論客の中から「一国平和主義批判」という形で、憲法を改定し、集団的自衛権の行使を容認すべきだという声高な議論が強まったのである」[15]。その後、今日まで続く中東情勢の混迷を見れば、ソ連崩壊とほぼ同じタイミングで発生し、従来の日本の対外政策にそれまでと違った議論を迫るようになった同戦争を、時代の転換点と位置づけることは適切であるように思われる。

もう一点、一九九〇年前後に生じた大きな事件として「バブル経済の崩壊」が指摘される。一九八五年以降のプラザ合意以降の円高とこれに対する金融緩和政策がもたらしたバブル契機の崩壊は、不動産価格の高騰に依存してきた日本の金融システムに深刻なダメージを与え、その後の不良債権問題を含めて日本経済に「失われた一〇年」と呼ばれる長い停滞をもたらした。日本経済が右肩上がりの成長を止め、その後の新興国の経済成長のなかで日本経済の「相対的衰退」の段階を迎えたことも、日本の歴史が新たな段階に入ったことを示していると言えよう。つまり中村にとっての日本の「戦後」とは、冷戦構造と二〇世紀システムのもとで日本がアジア太平洋戦争による焼け跡から経済成長を成し遂げてきた時代、ということになるだろう。

ただし中村は一九九〇年をもって完全に「戦後」が終わったと断じることを避けている。世界史的構造でいえば、一九九〇年前後に大きな変化を遂げたことは間違いがない。一方で日本には歴史認識問題をはじめとする「終わらなかった戦後」が浮上したことも関係していると思われる。しかしおそらくもう一つの理由は、「戦後」が戦争のない時代であったことを強く意識してのことであると思われる。「戦後」の終わりは、あるいは新たな戦争の時代であるかもしれない。「戦後」に「平和」を重ねあわせてきた中村の立場からすれば世界史的構造の変化をもって即、日本の「戦後（＝平和）」が終わったと規定することには躊躇《ちゅうちょ》があったものと思われる。

2　戦後改革の位置付け

(1)　中村歴史学と講座派理論

中村を指して「最後の講座派」という呼称を冠することがあるが、それは中村自身が自ら称したものではない。しかし他者からそのように呼ばれること自体を中村が積極的に否定しないことはしばしばあった。ただし、「講座派」という呼称に対して周囲の人物が想起するイメージと、中村自身が自ら以て任じていたイメージとの間には乖離があった可能性がある。言い方を変えれば「最後の講座派」という呼称を否定しなかったことによって中村が誤解を受けていた可能性もあると筆者は考えている。たとえば戦後史認識との関連で言えば、「講座派」の一般的理解としては山田盛太郎の「再版原畜論」に代表される「戦前―戦後断絶論」のイメージが想起されよう。しかし後年の中村は『戦後史』における「貫戦史」概念の採用に見られたように、連続説的な主張をすることが見られた。ここで中村が展開した連続説には経済史における「戦時―戦後連続説」のケースと、歴史認識問題における人々の認識の連続といった問題とが併存するが、いずれにせよ中村が「最後の講座派」という呼称をしばしば否定しなかったのは、講座派の個々の主張を固守していたからではなく、その方法への共感ゆえであると筆者は理解している。

研究初期の中村はマルクス主義歴史学への信頼を強く保持していた。「おそらく一九五〇年代いっぱいは、歴史学のどの分野と比較しても、たとえば丸山真男氏とか大塚久雄氏たちの仕事を除けば、マルクス主義歴史学は、ブルジョア史学、その他の歴史学にたいして圧倒的優位に立っていたと言ってまちがいないと思うんです[16]」と述べている。この発言は同時に一九六〇年代、すなわち中村が研究者として自立し始める二〇代後半から近代化論の台頭を意識しつつあったことをも意味しているが、それでも地主制史研究を中心に取り組んできた時期の中村にとって、近代資本制を導入したはずの明治日本において、なぜ地主制のような前近代的ともとれる制度が残存したのか、という問題意識と、地主制史研究を農業史分野に限定することなく、地方金融史、財政史にまで拡張して把握しようとする中村の研究手法が日本資本主義の「全機構的把握」を提唱する講座派理論と矛盾なく合致していたことにより、中村は講座派的方法と立場に疑問を抱く必要性がなかったものと思われるのである。

さらに中村は後年『戦後史』において、戦後歴史学がマルクス主義歴史学と同義であったと規定している。「戦後歴史学は革命の歴史学であり、民主化の歴史学であった。侵略戦争・天皇制・封建制批判を通じて、近代的で民主的な日本を建設し、究極的には社会主義を展望していた[17]」として、一九五〇年代はマルクス主義に基づく戦後歴史学の黄金時代であったと規定したのである。しかし一九五六年のスターリン批判、ハンガリー事件を境にマルクス主義（ソ連型社会主義）に対する懐疑がめばえ、「さらに一九六〇年代の高度成長とアメリカ流「近代化論」の浸透によって、マルクス主義の影響力は次第に低下していった(18)」と、当時の情勢を回顧している。

そのような情勢下で中村の研究対象が戦後史へ広がっていった結果、自身の歴史認識においても、狭義の講座派的歴史認識との差異が明瞭化していった。その意味で、一九八二年の講演原稿をベースとする「講座派理論と我々の時代」は、中村の研究方法の大きな転換点を示す論稿である。講演が行われた時期は中村の米国留学帰国直後であり、同時に中村の研究射程が戦後にも伸びようとしていた時期であったからである。この講演内容は「はたして講座派理論と現代とをストレートに結びつけることができるのかどうか(19)」という問いに代表されるように、中村が戦後史へと研究射程を延ばすにあたり、講座派理論と自らの関係性を問い直したものと言えるだろう。ここで中村は「ひと昔、ふた昔前は戦前日本資本主義の後進性とか構造的脆弱性ということが強調されてきました。ところがこの一、二年のいくつかの学会に出てみると、むしろ戦前日本資本主義のしたたかさとか、強靭性を強調する、あるいはその側面に光を当てようとする見解が目立ってきました(20)」と近代化論、および「日本的経営論」の台頭を意識した発言を行っている。また講座派をはじめとするマルクス主義歴史学の参照軸となる西洋史研究の分野において、ウォーラーステインがフランス革命を相対的後進国革命と位置づけるなど、「自明の前提としてきた世界史の基本法則的命題そのものに、懐疑が寄せられてきた(21)」との認識のもとに、「私は、いま世界史の基本法則の再々検討が必要な時代に入ったと考えます(22)」と述べているのである。

そのうえで中村は講座派的伝統を「絶対主義的天皇制論や半封建的地主制論」という結論のキーワードだけで把握することを否定し、講座派理論の方法的特徴の現代的継承を提唱している。中村は同講演において自らが「最後の講座派」と呼ばれることを肯定的に述べているが、それは以上のような文脈上においてのことであると理解する必要がある。[23]そのうえで継承されるべき講座派の方法として①一般と特殊の統一的把握、②政治と経済の統一的把握、③歴史分析と現状分析の結合の三つを挙げ、「私は戦前日本資本主義分析、戦前日本社会の分析にかんするかぎり、講座派理論の方が方法的に優位に立っていたことは明らかだと考えます。〔中略〕ただ問題は、先に指摘した日本社会の特殊な構造が〔戦後改革によって――引用者注〕解体されたとき、いったい講座派理論の有効性はどうなるのか、ということです。現在、日本の経済・政治・社会・文化の構造は戦前と比べれば大きく変化しています。戦後改革が、そして高度成長が戦前的構造を大きく変容させてしまったことは誰の目にも明らかです」と、従来の同時代史認識からの転換を認めているのである。

(2)　戦後改革評価の変化

地主制史研究を中心とした時期の中村にとって、戦後改革は地主制という「前近代的」なシステムが解体された時期であると認識されており、基本的には講座派的断絶説の立場で戦後改革が把握されていたものと思われる。しかし一九八〇年代以降、中村が戦後史研究を本格化させて以降は、このような認識に変化が見られるようになる。変化したというのは、単純に連続説に移行したということではなく、古典的「戦前・戦後＝連続・断絶論」の二元論を相対化する試みを模索するようになったということである。中村が断絶論・連続論の構図について述べた叙述として「講座派理論と我々の時代」に次のような一節がある。「若い学生諸君に戦前と戦後の違いを「断絶説」的立場から説明してごらんなさい。学生諸君は、「戦前はそんなにひどかったのか。戦後は戦前ほどひどくなくてよかった」という具合に反応することでしょう。これではまずいのではないか。むしろ教科書問題をふくめて、最近の動きは戦前的なものとつながりが目立ってきた。あるいは戦後改革によって民主化されたというが、その民主化とははたして何であったのか、改めて戦後改革を問い直さなければならない時期が来ているように思います[24]」。この発言は一九八二年の講演原稿であり、大学教育現場において、歴史認識問題をはじめとする日本の問題を考える際に、断絶説を用いることが「戦前の日本と戦後の日本は別のものだという認識をもたらす」難しさを述べているものである。同原稿で中村は「戦後改革と資本主義の現状分析とを結合させるべきだ」という主張を述べており、戦後改革研究を現状的課題と接合して理解するために、戦後改革によって何が変わり、何が変わらなかったのかという複合的視点を保持することの重要性を訴えている。これが中村の戦後改革理解が断絶説から離れてゆく背景にあったものと思われる。

一九八〇年代以降の中村は、戦後改革を高度経済成長と結び付けて考える作業を進めてゆく。ひとつは戦後改革が高度経済成長を準備したという主張である。「経済学者のなかには、明治以来の日本経済の年平均成長率（一八八〇～一九四〇年で四％）を見れば、制度的変化はなくても一九五〇～六〇年代の高度成長は可能であったと主張するものもあるが、これは戦後改革の歴史的意義をまったく無視した議論といわざるをえない[25]」と述べ、セオドア・コーエンの日本人の自己改革能力不足の指摘に同意し、戦後改革が「日本人の活力を解き放った」という主張に同意している。また日本国憲法第九条による軽武装という「憲法要因」を高度成長の原因であると主張する。一九八〇年代に入り日本の高度経済成長を積極的に評価するようになった中村は、高度経済成長を可能にした条件として平和憲法と経済的民主化を重視するという立場を明確にしたのである。

しかし一方でこの時期においても、中村は日本の戦後の成長を手放しで礼賛したわけではない。「逆コース」やその後の保守勢力の復帰などを念頭に、「アメリカの占領改革が日本の再生に大きな力となったことは疑いないが、他面で、占領改革それ自体のなかに、改革の成果を否定する要因がはらまれていることに人々は気づきはじめた〔中略〕戦後民主主義を手放しで評価できない理由がここにある[26]」と、戦後改革がアメリカ主導の占領改革であった故に、その改革がアメリカの冷戦構造のなかでゆがめられたこと、さらに「負け取った民主主義」であるがゆえに、経済面以外での主体性が不足している、対米従属的側面があり、その後もアメリカの反共主義に強い影響を受けた結果、その過程で保守勢力の復活を許した一連の経緯を戦後民主主義の限界面として指摘したのである。

以上のような中村の戦後改革認識の「転換」は、中村自身の戦前・戦時期評価の再検討を迫ることになった。中村は一九九〇年代に入ると「対日占領が世界史的にみてもまれにみる「成功」をおさめた背景には、それを受け入れるだけの「受け皿」が日本側にあったことが重要である」として、戦前日本以来の内発的な力や持続的支持という「主体性」（と連続性）の存在も重視する視点を主張している。これは九〇年代に勢いを増してきた、自由主義史観的な「押し付け憲法論」に対抗する意図もあったように思われる。つまり戦後憲法についてもそれが制定当初は占領軍による（日本の支配層に対する）「押し付け」であったとしても、その後の改憲を再三阻止してきた「占領後の日本国民の主体的な努力」を重視するという主張である。[27] このような戦後改革に対する複雑な理解を中村は、ひとつの要素で説明することを避け、①近代化、②現代化、③前近代残存の三つの要素が重なり合った「三層の重層的改革」と位置づけたのである[28]が、総じていえば、以上一連の改革をつうじて、「戦前社会とは非常に異なる構造がひとまずできあがったことは誰しも否定できない（断絶説[29]）」と、その意義を高く評価したのである。

また『戦後史』においては、戦後改革のなかでの日本国憲法の位置付けについても言及されている。戦後憲法、特にその第九条については、当時の国際世論の主流が昭和天皇に対して何らかの処罰を要求するなかで、「国体」を護持するために、平和国家の宣誓としての憲法第九条が必要とされたのだという制定時の文脈を説明し、天皇制の存続が戦後憲法の第一条と引き換えに認められたことを示している。いわゆる押し付け憲法論については、「押し付けられたのは支配層であって、日本国民ではない[30]」と、幣原内閣等の当時の支配層が潜在的に国民が新憲法を支持するであろうと考えていたことから述べている。戦後改革が基本的に占領軍が主体となって行った「誘導された革命」、「管理された革命」であるとするセオドア・マクネリ、ジョン・ダワーらの規定を承認しつつも、その改革成果が長く維持された背景には大正デモクラシー期を中心とする戦前日本のデモクラシー運動による受け皿の用意があったという自らの見解を補足しているのである。[31]

(3) 「逆コース」による対米従属の表面化

中村は戦後改革について記した諸著作において、戦後改革期途中に発生した「逆コース」現象に特に注目してきた。初期占領改革ののち、GHQの対日占領政策が急速に反共的性格を強め、さらに日本の経済復興を後押しする方向へと舵を切ったことは、日本では「逆コース」と呼ばれてきた。この過程で日本の岸信介に代表される戦前支配層の復権が進んだことも、その後の日本の権力構造に強い影響を与えたと言える。中村は「逆コース」を、戦後日本を冷戦構造のなかでアメリカを中心とする「西側」に強制的に組み込むものであったと同時に、対米従属を条件(日米安保と沖縄基地化)とすることにより、日本の経済復興(およびその後の高度成長)が保証される転機であったものと位置づけている。

『戦後史』において中村は、戦後日本が戦後改革と戦後憲法体制の下で経済成長し、貧困から脱出できたことを肯定的に評価しているが、その反面で戦後日本最大の負の側面を逆コースと片面講和、そして安保条約以降固定した軍事・外交面における対米従属にあるとしている。講和と独立の「対価」としてアメリカの沖縄占領が継続されたことも、返還後も残る基地問題として、今日に至るまで日本社会に大きな影を落としている。一方で講和条約を巡る議論のなかで日本の知識人が果たした役割も高く評価される。「南原繁、都留重人、丸山真男、中野好夫、湯川秀樹など進歩的知識人とよばれた学者たちは平和問題談話会「講和問題についての声明」を発表し、全面講和・中立不可侵・国連加盟・軍事基地反対・経済自立を訴えた。〔中略〕この講和論争のときほど進歩的知識人が世論形成に大きな役割を演じたことはなかった。さらに全面講和運動が戦後民主主義を育てたことを忘れることはできない[32]」と、結果としては片面講和が採用される背景で、国民的議論を通じて民主主義の受け皿が育ったことも重視しているが、沖縄問題、在日朝鮮人問題などが未解決の問題として残されるなど、「戦後民主主義は生まれたときから、「天皇制民主主義」「冷戦民主主義」としての性格を帯びていたのだった」[33]と規定する。

しかしその一方で「一九五〇年代は、何よりも貧困からの脱出が最大の国民的課題であった」わけであり、吉田茂はこの総意を理解したうえでリアリズムの観点から対米従属と引き替えに復興を優先する「基地付き講和」の途を選択したと説明され、また安保闘争についても、それが「戦争はもうこりごりだ」という反戦・厭戦感情が広く国民に共有され、またそれを推進した内閣が東条内閣の閣僚であった岸信介であったことに対する反感に根差したものであり、その基本的性格は「革命運動でも反米運動でもなかった」[34]という理解を示している。つまり戦後知識人と国民意識との間には、距離があり、特に国民多数のなかで「天皇制民主主義」「冷戦民主主義」に対する批判意識は熟成していなかったという理解を示している。

3　近代化理論との対峙と高度経済成長の評価

(1)　文部省史観・ライシャワー史観と司馬史観

中村がその研究歴において長年批判対象としてきたのは「近代化論」と呼ばれる歴史観であるが、それは仔細にいえば幾つかの歴史観を抱合するものといえる。ひとつは中村が「文部省史観」と呼んだいわゆる国内保守史観である。これは「明治維新における近代化の成功と戦後の経済大国としての成功という日本近代史観（これを「成功―成功」モデルと呼ぶことにする）が文部省史観の底流にあるからである。この「成功―成功モデル」の特徴は、その中間にある一九〇〇年代の日本帝国主義の成立と台湾・朝鮮の植民地化、そして一九三〇年代の日本軍国主義のアジア侵略という冷厳な歴史の事実を、ことさらに軽く扱うか、「日本近代史の逸脱」として低く評価する」[35]点にあると説明され、戦後の保守勢力のみならず一般国民にも広く影響を与えている歴史観であると位置づけられる。また同史観による戦後の経済成長認識についても、「国家（政治）と経済をきりはなして、意図的に経済における高度成長のみを高く評価する」[36]史観であると批判されている。こうした歴史認識に対して中村はマルクス主義史観を「日本資本主義の発展は国内での人民抑圧およびアジア侵略と不可分の関係にあることを明らかにし、その高度成長賛美史観に激しい批判を加えた」[37]ものと評価し、支持してきたのである。

近代化論のもう一つの柱、というよりむしろその名称の核をなすのがロストウに代表される経済成長理論である。同理論は、米ソ冷戦構造の激化のなかで、人工衛星スプートニクの打ち上げ成功に代表されるように、ソ連経済がアメリカ経済を脅かす状況下で生まれた「共産主義・マルクス主義を敵視する対抗イデオロギーであった」[38]と位置づけられている。ロストウに代表される近代化論は、ケネディ政権下の駐日大使ライシャワーが説いたことで日本に普及し、明治維新後の日本をアジア唯一の近代化の成功事例として位置づけ、アジア太平洋戦争を歴史の「逸脱」と位置づける「ライシャワー史観」として、日本では保守勢力を中心に歓迎的に受け入れられていった経緯がある。近代化論の特徴は明治維新以降の日本の近代化を総じて肯定的に描く点にあるが、その議論の背景には冷戦構造下のアメリカの世界戦略があったことが指摘されている。すなわち他のアジア諸国が近代化を進めるために、社会主義革命を経由する必要はなく、西側領域で推進された開発独裁型の近代化推進が唯一の途であることを主張する点に主眼があったとされるのである。つまり戦前日本天皇制は開発独裁の成功モデルとして近代化論のなかで位置づけられたということになる。中村は日本の高度経済成長が続くなかで、ロストウやライシャワーに主導される近代化論の影響力が広がってゆく傾向に対して、その理論が内在するイデオロギー性を批判してきた。

また晩年の中村が注力した研究のひとつに、国民的歴史小説家である司馬遼太郎の作品分析と歴史観についての検討がある。この研究は『『坂の上の雲』と司馬史観』（岩波書店、二〇〇九年）にまとめられた[39]。直接戦後史に関わる研究ではないが、中村が司馬の歴史観に焦点を当てた事情について考察を加えたい。中村は初期の作品において昭和史論争に強い関心を示し、歴史叙述と歴史小説の関係性について強い関心を払ってきたが、後年は特に戦後日本を代表する歴史小説家であり、保守を中心に左派リベラル層にも一定の支持を持つ司馬遼太郎作品とその背景にある歴史観を「司馬史観」として分析の対象とした。二二歳で敗戦の年を迎えた司馬遼太郎（本名福田定一）は「昭和史への痛覚」[40]がある人物であると位置づけられているが、「昭和はひどい時代だが、昔は違ったろう。少なくとも明治は違ったはずだ」と、「失敗した昭和」と「成功した明治」という対立構図で把握するのが司馬の歴史観であると解釈する。その解釈に従えば、司馬の歴史観は戦争（と敗戦）への批判意識はあるものの、昭和初期を「逸脱」と捉えるライシャワー的近代化論と親和性の高い歴史認識であるということになる。一九九〇年代以降、歴史認識問題を巡る国民意識が難しい局面に向かいつつあることを懸念した中村は、一部右翼層に留まらず、国民の幅広い層に影響を与えた司馬史観の構造を解き明かすことで、国民に伏流する歴史意識の構造を明らかにすることを目指したものと思われる。

(2)　「二〇〇〇ドルの壁」説の背景

以上のように中村が近代化論を批判したのは、近代化論に内在する反マルクス主義イデオロギーと、冷戦イデオロギーを警戒したからであったと考えられる。しかし国内の非マルクス系経済史研究の全てが上記のイデオロギーを共有していると、次第に中村は考えないようになっていった模様である。特に数量分析の分野における非マルクス系経済学、経済史研究が、実証分析においてそれまでのマルクス主義歴史学を上回る成果をも挙げるようになると、中村はそれに衝撃を受けつつも、これらの手法・成果を受け入れつつ自らの歴史分析手法の発展を指向するようになったと言える。この試みが形になったものが、一九九三年に公刊された『経済発展と民主主義』である[41]。同書では冒頭部で経済成長と政治的民主化のどちらを優先するかについて述べるシンガポールのリークァンユー首相とフィリピンのラモス大統領の論争を紹介することにより、民主主義と経済発展の相互関係を巡る議論に注目している。[42] 日本については明治期の工業化が地主階級と特権的商人資本に依存して行われたことが「日本の政治構造、民主主義の質を決めて[43]」いったものという民主主義の抑制という評価と、外国資本に依存しない工業化を達成したという、おそらくは民族独立の観点からのポジティブな評価を並列的に述べている。一方でその後の自由民権運動を民主主義運動として一定の評価を与えながらも民権派について「経済構想について弱い[44]」と民主化勢力の経済構想の弱さを指摘している。そして「第二次大戦以前の日本では、経済発展と民主主義はパラレルには進まず、むしろ民主主義を犠牲にすることによって経済発展を図るというパターンが基本でありました。この経済発展と民主主義の逆説的な言いましょうか、パラドキシカルな結合の構造を解体して近代化、現代化をやり直した、これが戦後改革です[45]」とまとめられる。

また戦後改革については、農地改革、労働改革、財閥解体といった経済民主化が戦後の高度成長を用意したと位置づけられている。ただし「戦後民主主義とは軍国主義の除去、専制政治からの解放、国民主権主義の採用などの「政治的民主主義」だけではなくて、貧困からの脱出と富の公平な分配といったような「経済的民主主義」を伴うものでなければならなかった。政治的民主主義だけで経済的民主主義を伴わないと、政治的民主主義も形骸化してしまうのです。フィリピンやペルーの例を念頭に置くとわかると思うのです[46]」と、戦後改革のなかでも「経済的民主主義」改革が「政治的な民主主義」を担保するために必要な措置であったとの認識が示される。

そのうえで自らの「二〇〇〇ドルの壁」仮説について言及するが、これについて「二〇〇〇ドルの壁を突破するためには農地改革、土地改革をやっていないとだめだと思います」と述べ、「二〇〇〇ドルという数字は農地改革の有無あるいは産業構造、第一次産業から第二次産業への産業構造の転換、都市化、比較的分厚い中産階級の存在、教育水準の高まり、総じて市民社会的状況の成立の数量的反映としてとらえるべきであって、二〇〇〇ドルになれば民主主義が定着するという独立変数として言っているわけではないのです[47]」と述べる。つまり新興国が工業化の初期段階では民主主義を一定抑制した開発独裁的手法によって経済成長を実現するが、そこから先進国段階に到達するためには、「経済的民主化」（その中核が土地改革）を実現する必要がある。そのタイミングの目安が国民の主体性がある程度形成され「市民社会的状況」が成立しやすくなる一人当たりGNP二〇〇〇ドル水準であるというのが中村の主張であることになる。

この「二〇〇〇ドルの壁」仮説を巡っては、開発独裁を肯定するニュアンスが含まれることを中村自身認めているが、それは一九八六年のフィリピン民衆革命と韓国民主化運動がきっかけとなったという。「あれを見ていて私は自分の世界史認識に狂いがあることに気がついたわけです。つまり「開発独裁の下では民主化は達成できない」と思い込んでいましたけど、そんなことはない。権威主義体制の下でも経済発展に成功すれば、その基盤を掘り崩されるという歴史の弁証法がはたらいているということに気づいた時に、自分の世界史認識というものがいかに間違っていたかという反省を迫られた訳です」[48]。この告白は従来の戦後歴史学が韓国をはじめとする開発独裁体制を評価してこなかったことに対する率直な反省と自己批判が含まれているものといえるだろう。

(3)　高度経済成長の評価

一九六〇年代を中心とする高度経済成長期は、中村にとって当初、歴史研究の対象というよりも現状認識の対象であった。中村は一九七一年発表の「現代民主主義と歴史学」において、一九六〇年代を「日本の支配階級がそれまで出したくてしようのなかった反動攻勢のあらゆる道具だてをすべて出しきった段階ということができる。日米共同声明、第四次防〔衛力整備計画〕、教育・司法の反動化、マスコミ統制、東南アジアへの経済侵略、国家主義的イデオロギー政策等々、そのインデックスは枚挙にいとまがないほどである」[49]と位置づけ七〇年代を切り開く歴史学をどのように構築するのかを模索している。六〇年代の市民的状況を「現代民主主義（帝国主義段階の民主主義）とそれを担うべき主体の問題をめぐって、もっともはげしく対立ないし動揺を繰り返した時代であった」と規定し、「それまで自明のこととされてきた「平和と民主主義」の理念に懐疑の声が浴びせられ、また「戦後民主主義の虚妄性」を鋭く指摘する声のあがった時代(50)」と位置付けている。これは安保闘争やベトナム反戦運動を経るなかで、アメリカの世界戦略に対する批判意識と、日本の政治体制の対米依存への批判意識が中村の一九六〇年代における現状認識の多くの部分を占めていたことを示す一文である。そのため同時期の日本の経済成長に対しては注意が向いていたとはいえず、むしろ七〇年代初頭における高度成長の終焉をもって近代化理論のイデオロギー的影響力が失われたという現状認識を示していたのである。(51)後年の著作『戦後史』において中村は、「安保と三池」に代表される対決型政治から「寛容と忍耐」をモットーとする経済の季節への転換について、それが「何から何へ向けての転換なのか、当時の私にはわからなかった(52)」と率直に回顧している。

しかし一九八〇年代以降、中村は一九六〇年代における経済成長の側面に注目した議論を積極的に行うようになる。これは、前述したように戦後改革という経済民主化が高度経済成長を用意したという評価を行うようになったことと関係していると言える。一九九六年発表の「戦後日本社会の変貌」では、池田勇人内閣の性格を「吉田路線の忠実な継承者でありました。池田は吉田の政敵であった鳩山一郎とか、前任者の岸信介とは違いまして、日米関係を基軸に限定された軍備の下で経済成長を最優先させる道を選んだ(53)」と位置づけ、池田内閣の提言した「所得倍増計画」について「〝安保後〟は政治から経済へと国民のエネルギーの向けどころを変えていく。これが当たったわけです」、「解き放たれた日本人のエネルギーが、もう「政治の季節」に飽き飽きしていたということもあって、経済に向かって集中したということもあると思います」ということを背景に「日本は歴史的な勃興期を迎えていたのです」と評価している。(54)もちろん経済成長の負の側面として公害問題があり、そしてなによりも高度成長期の貿易における対米依存率の高さが日米安保体制と相乗して戦後日本の対米依存的性格を規定してきたものという批判的視座は維持している。(55)

また「この成長至上主義は、効率主義を第一義とするから、福祉、医療、教育などの社会保障は切り捨てられ、大企業中心の会社主義が優先された。こうして日本は世界経済史上でもまれな高度経済成長を達成しながら、ついに福祉国家をつくりだすことはできず、世界にもまれな効率的で、管理された企業社会、企業国家を産み出すことになった。ここでは資本の論理が第一義的に貫徹し、労働者の自由や人権は会社の利益に反しない限りでのみ認められるにすぎない。残業、配転、単身赴任などを拒否する自由は、サラリーマン、工場労働者には与えられていない。工業企業の労働組合は、公害反対の市民運動と手を組むどころか敵対すらした」(56)と、戦後日本の企業社会化を批判的に評価している。

そしてこの時期の日本社会党を中心とする野党勢力に対しては、自民党の所得倍増計画に対抗できる経済政策を提示できなかったことを指摘し、経済成長に対して野党勢力が自らの方針と政策を持ちえなかったことを批判的に回顧する一方、(57)共産党が極左冒険主義から脱却して、ソ連、中国への盲従を捨てた憲法擁護・議会闘争重視路線に転換したことを高く評価している。(58)また市民レベルにおいて、ベトナム反戦運動、日韓条約反対運動、消費者運動などの学生運動、市民運動が隆盛したことを指摘し、(59)経済成長のなかで民主主義的な運動が興隆していった過程を、戦後日本の民主主義の成熟過程として評価しているのである。

おわりに――「ポスト戦後」への展望

『戦後史』では終章において二〇〇一年の九・一一テロとその後のアフガン戦争、イラク戦争を経た二一世紀の歴史段階に触れられている。冷戦構造が解体された後の時代を、アラン・ジョクス『〈帝国〉と〈共和国〉』(逸見龍生訳、青土社、二〇〇三年)が示す「帝国」アメリカが世界に混乱をもたらす時代との認識を支持している。日本にとって「戦後」の最終的な終わりは、戦争への途と平和への途の二パターンがあり得ることを展望し、後者の途は日米安保条約を廃棄し、新たに友好条約を結ぶことによる対米依存からの脱出（沖縄基地問題の解決を含む）。そしてアジアにおいては中国、韓国などとの過去の清算を実現することであるとまとめられている。

しかし今後の日本が上記の提言の方向に進むためには大きな困難が予測される。中村が同書において「貫戦史」という概念を導入した理由は、この歴史認識問題と関連がある。

中村は戦後日本を規定した負の要因として、ＧＨＱによる「「上からの革命」が革新政党の「革命」を代行[60]」したことにより、革新勢力の政治力が保守勢力に対抗できるところまで育たなかったこと、また戦前日本ではイタリア・ドイツなどに比べて反戦平和運動が弱かったことなどを指摘し、歴史認識問題をはじめとする現代日本の諸問題が、戦前の歴史からの積み重ねの上で成り立っていることを指摘したかったのであろう。「私がわざわざ「貫戦史」という方法を持ちだしたのは、たんなる「連続か断絶か」の二者択一ではなく、その両面を国際的要因をふくめて把握したかったためである[61]」という叙述は中村がしばしば用いてきた「終わった戦後と終わらなかった戦後」という問題意識と共通する。構造分析における「断絶」と主体の認識レベルにおける「連続」を総合的に把握する歴史認識を「貫戦史」というキーワードに託したものと思われるのである。

人生の大半を日本近現代史研究に捧げた中村が、日本の「戦後歴史学」の精神を体現する歴史学者のひとりであったことを否定する者は少ないだろう。研究歴が長く、その間の日本と世界を取り巻く環境が激変するなかで、その分析手法については変化が見られ、その方法上の変化を指摘することは可能である。しかし中村の歴史研究の根幹にある問題意識には変化がなかったと言うべきである。中村は終生持ち続けた問題意識に取り組むために、その価値観に反しない限りにおいて、あらゆる方法を貪欲に取り入れ、試行錯誤するタイプの研究者ではなかったかと筆者は考える。そしてその問題意識とは言うまでもなく、近現代日本史のなかで生じた様々な悲劇を「逸脱」と捉えて忘却に導くことなく、その原因を深く掘り下げて再度繰り返されることを防ごうという意識である。
社会構成体論的な発展段階史観を自明のものとできなくなったポスト冷戦段階の我々戦後史研究者が、個々の実証に埋没することなく、いかなる歴史の「法則」を再発見し、歴史の過ちの再発防止へと導くことができるのか、中村をはじめとする戦後歴史学の先達から後進世代が託された最大の課題と言えるだろう。

注

(1) 中村政則『日本近代と民衆――個別史と全体史』校倉書房、一九八四年。
(2) 中村政則『歴史のこわさと面白さ』筑摩書房、一九九二年。
(3) 中村政則『現代史を学ぶ――戦後改革と現代日本』吉川弘文館、一九九七年。
(4) 中村政則『戦後史』岩波新書、二〇〇五年。
(5) 中村政則『象徴天皇制への道――米国大使グルーとその周辺』岩波新書、一九八九年。
(6) 中村政則『経済発展と民主主義』岩波書店、一九九三年。
(7) 前掲『日本近代と民衆』一八九頁。初出は「服部之総と近代天皇制論」(『歴史学研究』第三九一号、一九七二年一二月)。
(8) 同前、一四七頁。初出は「現代民主主義と歴史学」(歴史学研究会・日本史研究会編『講座日本史』第一〇巻、東京大学出版会、一九七一年)。
(9) 前掲『歴史のこわさと面白さ』一六三～一六四頁。
(10) 前掲『戦後史』一四頁。
(11) 前掲『歴史のこわさと面白さ』一七〇頁。
(12) 前掲『現代史を学ぶ』二七頁。初出は中村政則編『近代日本の軌跡6　占領と戦後改革』(吉川弘文館、一九九四年)。
(13) 前掲『戦後史』九頁。
(14) 同前、一八三～一八六頁。
(15) 同前、一九五頁。
(16) 前掲『日本近代と民衆』二一頁。初出は歴史科学協議会創立十周年記念講演会講演記録(一九七七年五月)。
(17) 前掲『戦後史』四三頁。

(18) 同前、四三頁。
(19) 前掲『日本近代と民衆』二三一頁。初出は「現代の課題と社会科学」(早稲田大学大隈講堂、一九八二年一一月二七日)における講演記録。
(20) 同前、二三二頁。
(21) 同前、二五六頁。
(22) 同前、二五六頁。
(23) 同前、二三四頁。
(24) 同前、二五七頁。
(25) 前掲『歴史のこわさと面白さ』一八八頁。
(26) 同前、一九二頁。
(27) 前掲『現代史を学ぶ』二二～二五頁。初出は前掲『近代日本の軌跡6 占領と戦後改革』。
(28) 同前、三八頁。
(29) 同前、七二頁。初出は「占領とはなんだったのか」(歴史学研究会編『日本同時代史』2、青木書店、一九九〇年)。
(30) 前掲『戦後史』二七頁。
(31) 同前、六三頁。
(32) 同前、五七～五八頁。
(33) 同前、六七頁。
(34) 同前、七三頁。
(35) 前掲『現代史を学ぶ』五～六頁。初出は「アジアの視点と近現代史学習」(歴史教育者協議会編『近現代史の授業づくり 日本史編』青木書店、一九九四年)。
(36) 前掲『日本近代と民衆』一二八頁。初出は「『日本近代化論』批判をめぐる問題点」(『日本史研究』第一〇〇号、一九六八年九月)。
(37) 前掲『現代史を学ぶ』七頁。初出は前掲「アジアの視点と近現代史学習」。
(38) 前掲『戦後史』一〇九頁。
(39) 中村政則『『坂の上の雲』と司馬史観』岩波書店、二〇〇九年。
(40) 前掲『現代史を学ぶ』一一〇頁。

(41) 前掲『経済発展と民主主義』。
(42) 前掲『現代史を学ぶ』一二二～一二三頁。初出は『エコノミア』第四四巻第四号、一九九四年三月。
(43) 同前、一三〇頁。
(44) 同前、一三二頁。
(45) 同前、一三五頁。
(46) 同前、一三六～一三七頁。
(47) 同前、一四四頁。
(48) 同前、一六〇頁。
(49) 前掲『日本近代と民衆』一三八頁。初出は前掲、歴史学研究会・日本史研究会編『講座日本史』第一〇巻。
(50) 同前、一四〇頁。
(51) 同前、二一～二二頁。初出は歴史科学協議会創立十周年記念講演会講演（一九七七年五月）。
(52) 前掲『戦後史』八六頁。
(53) 前掲『現代史を学ぶ』一八六頁。初出は「戦後五〇年と日本社会の変貌」（『八潮市史研究』第一八号、一九九六年）。
(54) 同前、一八八頁。
(55) 同前、一九一～一九二頁。
(56) 前掲『現代史を学ぶ』二三〇頁。初出は前掲「占領とはなんだったのか」。
(57) 前掲『戦後史』、八七頁。
(58) 同前、八八頁。
(59) 同前、八六頁。
(60) 同前、二七七頁。
(61) 同前、二七八頁。

第3部　中村政則の研究活動の場をたどる

一　産業革命史研究会発足のころ

高村直助

中村さんは一九三五年生まれであるが、私は一年後、石井寛治さんはさらに一学年あとの生まれだから、同世代の人間である。

我々が経済史研究に関心を持ち始めた一九五〇年代には、経済史の主流は西洋でも日本でも「封建制から資本主義への移行」であり、日本では幕末に資本主義の萌芽がどの程度成長していたか、具体的には農村部のマニュファクチュアの存否が論争点になっていた。しかし六〇年安保を一つのきっかけとして、吉岡昭彦氏の提言もあり、今こそ資本主義そのものに取り組まねばという気運が高まりつつあった。

大学院で、中村さん（六一年進学）が資本主義と地主制、私が綿紡績業、石井さんが製糸業をテーマとしたのは、そのような気運を意識したものであった。

以下、多分に私的な回顧になることをお許しいただいて、産業革命史研究会発足のころを振り返ってみたい。

中村さんとの出会い

私は修士課程在学中は、もっぱら綿業関係の資料探しと分析に集中し、いわば閉じこもっていた。二年目からは経済学部の山口和雄ゼミに参加させていただいたように思うが、石井さんも、当初は私の研究対象を知らなかったと回顧されているように（「座談会「体験的」経済史研究」石井寛治・原朗・武田晴人編『日本経済史6　日本経済史研究入門』東京大学出版会、二〇一〇年、九頁）、いわば傍聴だけだったように思う。

東洋紡績が所有していた大阪紡績会社の初期の営業報告書を主な史料として、何とか修士論文をまとめて、どうやら博士課程への進学が認められた頃から、これからは国史学科以外で同世代の人達と交流してみたいと思い始めた。六二年の春先であったと思う。勝沼出身ということもあって山梨県を対象に卒業論文をまとめた後輩が、一橋大学に面白い研究をしている人がいると教えてくれた。そこで、突然ながら新宿十二荘の中村さんの自宅におじゃました。もちろん初対面であったが、快く二階の勉強部屋に上げていただいた。当時、修士論文の準備中だったと思うが、山梨県統計書を見ていると、製糸場と銀行類似会社が多く、地域も重なっている、これはなぜだろうと考えていると言う。

銀行類似会社イコール金貸しイコール前期的資本として、産業資本とは敵対的と捉えるのが当時は常識だったのに対して、製糸業の発展と関係づけるという発想は新鮮に感じ、すっかり話し込んでしまったことを記憶している。この研究は、のちに「地方産業の発展と下級金融機関」（『土地制度史学』第二二号、一九六四年）として発表されている。史料との対話のなかで、特に通説的に対立的ないし異質とされてきたものを「と」という言葉でつないでみて、そこから新たな問題を発想して展開して行くという学風は、その後の様々な研究に生かされていったように思う。

「と」でつなぐ発想

初期の地主制研究をまとめた『近代日本地主制史研究』の「あとがき」で、中村さんは、「戦前日本資本主義と寄生地主制とはいかなる意味で「と」で結びつけることができるのか、極端にいえば、本書の最大の課題は、この一点の解明にしぼられていたといっても過言ではない。私の研究はこういう素朴な疑問からスタートした」（四四〇頁）

と述べている。

後年の『戦後史』も、「貫戦史」と帯に記されているように、戦前・戦中「と」の関係で戦後を考えた成果とも言えよう。

明治史研究会

先のようなきっかけで中村さんとの付き合いが始まったが、山口ゼミの石井さんや経済学部助手になる水沼知一さん達と、たぶん一九六二年度歴史学研究会大会を契機につくったのが明治史研究会であった。一世代前の人達によって明治史料研究連絡会という組織があり、御茶の水書房から「明治史研究叢書」という論文の復刻集を何冊か出版し、ガリ版刷りの『明治史料』を出していたが、当時はもうあまり活発な動きはなかった。そこで我々の世代は、議論の場に飢えていたとも言える。

私の手元に「明治史研究会　一」という大学ノートが残っている。最初が六二年六月二七日で、「蚕糸業史の総括と展望」をテーマとして、石井（福島）・藤井光男（群馬）・中村（信州・甲州）三氏が報告している。中村さんはまた九月に朝倉孝吉『明治前期日本金融構造史』（岩波書店、一九六一年）を書評し、六三年四月には「明治中期の製糸金融」を報告している。有泉貞夫氏・藤原昭夫氏・岩崎宏之氏などもメンバーであったが、顔ぶれは必ずしも固定的ではなかった。また、六三年度歴研大会を前にして、三月からはその準備会を兼ねることになったようである。五月一一日には大江志乃夫氏が「成立期紡績資本の再生産構造」を報告し、大会直前の五月一七日には「大石嘉一郎氏をかこむ会」を開き、これには遠山茂樹委員長・永井秀夫氏・間宮邦夫氏・伊牟田敏充氏らが出席している。そしてこのノートは一九日の歴研部会での討論メモで終わっている。

一九六三年度歴研大会と大石嘉一郎氏

実は私は、一九六二年度一年間だけであったが、歴史学研究会の委員を務めたことがある。その際、西洋史の委員であった米川伸一氏が、次の大会の近代部会は「産業資本期」でやろうと言い出され、大いに賛同した。日本の報告を、当時福島大学におられ『日本地方財行政史序説――自由民権運動と地方自治制』（御茶の水書房、一九六一年）を刊行されていた大石嘉一郎氏にお願いすることになったのは、遠山委員長の発案だったと思う。

大会少し前に保原のご自宅を訪れて初めて大石さんにお会いしたが、明治史研究会でも大いに期待したのであった。大石さんの報告内容は翌年一二月になって『歴史学研究』第二九五号に「日本資本主義確立期に関する若干の理論的問題」として活字になっている。

その大石さんが六三年一〇月、東京大学社会科学研究所助教授として着任された。三六歳になられたばかり、水沼さんはじめ明治史研究会の経済史関係の若手が、大石さんを中心とする研究会を立ち上げようとしたのは、ごく自然なことであった。

産業革命史研究会の発足

若干の打ち合わせの上で研究会が、社研会議室を会場として発足したのは一九六四年四月のことであった。当時、講座派の立場で政治中心の近代史が論じられる際に、経済関係で引き合いに出されるのは平野義太郎の『日本資本主義社会の機構』であり、山田盛太郎『日本資本主義分析』（以下『分析』）が取り上げられることは稀だったというのが、私の印象であった。それだけに、大石さんが『分析』の本格的検討に取り組まれていることは、私には賛否以前に新鮮に感じられた。

当初のメンバーは社研同僚の安良城盛昭氏をはじめ、水沼知一（東大経済・助手）・加藤幸三郎（専修大）・村上（西村）はつ（東大経済・院）・中村・高村・石井で、間もなく大石さんの福島時代の教え子であった佐藤昌一郎（法政大）、少し後に若手の村上勝彦（東大経済・院）の各氏が加わった。

私の手元に「産業革命史研究会㈠（六四・四〜六五・二）」という薄っぺらいノートがある。当初は月二回を原則としたようで、まず四月一〇日、大石さんが『分析』の骨組みを解説した上で、問題点として、基本的矛盾は何か、独占段階を「型の分解」と把握する妥当性、農業自体の発展法則如何の三点を指摘している。討論では、「日本型」、「分解」の推進力、編別の相互関係、外国貿易が論点になったようである。以後、水沼（三編と一・二編との関係）、石井（一編と二編との関係）、村上（一編）、高村（二編）、中村（三編）と、『分析』の検討が続いている。

山田盛太郎氏をかこんで

その上で一九六四年六月二六日著者の山田盛太郎氏に出席していただき、かこむ会を開催している。五七年に六〇歳定年で東大経済学部を去られた山田氏は、当時は専修大学社会科学研究所所長であった。まず安良城さんが質問要項を提示し、それに返答があったのち、各自からの質問と返答がなされた。

中村さんによれば質疑応答は六時間近くも続いたそうで、「把握は全機構的でなければならない」という発言がもっとも印象に残ったという（大石先生追悼文集刊行会編『日本近代史研究の軌跡』日本経済評論社、二〇〇七年、一三六頁）。石井さんは「非常に慎重に言葉を選んで答えられる」ことに驚いたという（石井寛治・田﨑公司「日本経済史研究の半生――石井寛治氏に聞く」『大阪商業大学商業史博物館紀要』第五号、二〇〇四年七月、六〇頁）。私の印象は大分違っていて、読むとゴリゴリの理論家のように思うが、案外感覚的なものを手掛かりに考察されているのではないかということであった。というのも、農民の天皇崇拝について「ナポレオン的観念」という指摘があるが、マルクスが言ったのはフランスの分割地農民についてであって、それを日本に持ってくるのはおかしくないかという質問に対して、「軍隊に行けば白い飯が食えるのです」という返答が意外だったからである。

その後は大内力『日本経済論』上、宇野弘蔵『経済政策論』などの書評が続いたが、一二月一八日には今後の方針が問題とされ、「産業資本確立期」を各人が部門を分担して検討することになった。中村さんは翌年二月一二日「明治大正期における地主資本の動向と租税政策」と題して報告している。

箱根合宿のことなど

六四年夏に箱根合宿を開催した。中村さんは出された五つの課題の一つを選んで、資本主義と地主制の関連の段階的変化を七期に分けて報告したという（前掲『日本近代史研究の軌跡』一三五頁）。福島大学の山田舜氏が招かれ、各人が自己紹介を兼ねて研究テーマを述べた。私は「紡績業です」と言ったところ、「せめて日本資本主義と言え」と一喝されたことを覚えている。

研究会を始めて直ぐ私にはわかったのであるが、自分以外の人はいずれも『分析』を批判的にではあれ基本的には継承しようとする立場なのに、私だけが頑固な反講座派だったことで、この点は変わることがなかった。国家が主体であるような資本主義とは形容矛盾ではないか、という基本的違和感がつきまとっていたのであるが、それを異常とする人はいなかったようである。

ただ、大石さんが幅広い理解力を持たれていたこともあって、具体的問題についての議論は、特定の立場を前提としないで、あくまでも史料や史実に基づいて論理的に論じようという共通の了解が存在したので、中村さんや石井さん達とも、お互いに学友と呼んでもよい関係が維持できたと思っている。

議論としては、「労働手段生産の見透しの確立」に関しての「一般的」「特殊的」の意味につき、「特殊的」とは歴史具体的だとする大石説と、特殊日本的だとする石井説との対立、地主制の「確立」は、議会制度で国家の体制に組み込まれるとして明治二〇年代だとする安良城説と、資本主義および国家と構造的に連携するとして三〇年代だとする中村説との対立などがあった。

研究会のあとの飲み会は楽しく、西武池袋線在住者は池袋で二次会をやるのを常としていた。

諏訪製糸業の調査など

産業革命史研究会にやや先立って、山口和雄先生を代表とする産業金融史研究会が一九六三年五月に発足した。経済学部にできた産業経済研究施設から豊富な調査費を得て、再三調査に出掛けた。私自身は、鐘紡など紡績業の調査に先生にお供する形で再三行くことができ、大変ありがたかった。

製糸業では、諏訪岡谷の調査に石井・中村両氏と三人で出向いた。当時の最新研究は矢木明夫『日本近代製糸業の成立』（御茶の水書房、一九六〇年）であったが、取り上げられた経営は幕末まではともかく、タイトルに反して明治期にはあまり発展しておらず、この点に不満があった。明治期に諏訪の器械制製糸業の発展を代表するような経営史料に出会いたいというのが目的であった。

郷土史家伊藤正和氏の御世話で市役所や個人のお宅を資料を探して回ったが、幸い林瀬平家や笠原房吉家といった明治後期に拡大を続ける経営の資料に出会うことができた。笠原家の帳簿を熱心に見ていた中村さんの姿を記憶しているが、間もなく山口和雄編著『日本産業金融史研究　製糸金融篇』（東京大学出版会、一九六六年）に「龍上館笠原家の経営」をまとめている。ちなみに、一昨年夏、上田の常田館に行幸という話題があったが、常田館は笠原家が一九〇〇年に開設した分工場である。

その調査の帰途であったと思う。私が持参していた折りたたみ式の将棋盤で、中村さんと将棋を指した。何局やっても飽きないようで、とうとう新宿駅に着いてしまった。あげく、是非この将棋盤を譲ってくれと言う。文具店で売っていると言っても、どうしてもこれがほしいと言い張って、結局進呈することになった。それ以来、会う機会があれば盤を挟むのが毎度のようになった。

また、西日本大地主の共同研究に中村さんとともに加わり、現地調査に一緒に行ったのが、六七年から六八年にかけての岡山県倉敷市大原家（および倉敷紡績）、七六〜七七年度の岡山県邑久郡西服部家である。夜の飲み会で、中村さんの最上川舟歌を聞かせてもらったことなど思い出があるが、長くなるので省略する。研究成果は、東京大学社会科学研究所調査報告第一一集『倉敷紡績の資本蓄積と大原家の土地所有』（一九七〇年）、大石嘉一郎編『近代日本における地主経営の展開』（御茶の水書房、一九八五年）として刊行されている。

『日本産業革命の研究』の刊行

大石さんの「はしがき」によれば、一九六五年末までに、視点を「国際的契機と国内的契機、資本主義と地主制、国家と経済的諸階級」に置くこととし、分野を分担して研究を進めることになった。ただ、当初幹事役だった水沼さんに続いて安良城さんもメンバーから去られたが、それは理論的対立を理由とするものではなかったことは確かである。

この共同研究の成果はもっと早く出てもよかったのであるが、大学紛争の時代が挟まったこともさりながら、有り体に言うと、大石さんが書くべきであった財政がどうしてもできなかったのが最大の原因だったと思う。結局、発足後一〇年を過ぎて七五年に、上下二冊の『日本産業革命の研究――確立期日本資本主義の再生産構造』（東京大学出版会）が刊行された。中村さんは第七章「地主制」と第八章第一節「日本ブルジョアジーの構成」を執筆している。

日本帝国主義史研究会

日本帝国主義史研究会は、一九七九年一月の発足であるが、テーマもメンバーも産業革命史研究会の延長だったといってよい。ただし、今回は、原朗氏・西田美昭氏が加わったほかに、伊藤正直氏・橋本寿朗氏・武田晴人氏など当時新進の若手が積極的に参加してきて、一二人になった。当時中国で盛んに言われていた言葉を真似て、「老壮青三結合だ」などと言ったものである。

月一回の研究会と休暇期の合宿を活発に行い、八二年夏の合宿で、「第一次大戦期」「大恐慌期」「第二次大戦期」の三巻構成とすることとした。大石嘉一郎編『日本帝国主義史』（東京大学出版会）は、第一巻は八五年、第二巻は八七年と、比較的順調に刊行された。ただし、中村さんは、この間に在外研究に従事したために執筆に加わっていない。第三巻「第二次大戦期」の準備は難航し、ようやく九四年に刊行されている。それはこの頃から内部の理論的対立が次第に露わになり、戦後改革を含む時期区分や戦時・戦後の関係、さらには編別構成のあり方についても、容易に一致を見なくなったからであった。若手有力メンバーの橋本氏が離脱したのも、このような理論的対立が関係していた。

中村さんは、この巻の総括とも言うべき第十一章「国家と諸階級――戦前日本帝国主義の終焉」を執筆している。

軍配組合の研究

中村さんとの最後の共同研究になったのは、軍配組合の研究であった。その資料の存在を指摘して共同研究を呼びかけてきたのは、小林英夫氏と児嶋俊郎氏であった。

軍配組合とは一九三八年八月に設立され四四年に廃止された中支那軍票交換用物資配給組合のことである。日中戦争で占領地支配を進める際に、現地で物資を調達するために多くの軍票が用いられた。それが物資調達の用をなすためには、一方で軍票で購入できる物資を用意することで軍票の価値を維持する必要があり、そのための組織である。

上海の軍配組合の建物の一室に、軍配組合史編纂室が設けられ、そこに集積されていた資料が戦争末期に東京商科大学に引き継がれ、そのまま一橋大学図書館の書庫の片隅に多数の木箱に入れられて眠っていたのである。八九年から三年間の科学研究費を得て、柴田善雅氏や大学院生などを含めて資料整理をし、分析を進めた。

その成果は、中村・高村・小林編著『戦時華中の物資動員と軍票』（多賀出版、一九九四年）として出版されたが、執筆者は中国史の古厩忠夫氏・久保亨氏を含めて一〇人に上っている。出版社を見付けてくれた中村さんは、「序章　軍配組合研究の現状と課題」を執筆している。

資料整理のために、当時私は度々一橋大学を訪れることになったが、それはまた中村さんと将棋を指す機会が増えたということでもあった。集合時間前だったこともあるが、皆が資料運びに汗を流している時に、中村研究室で将棋にふけっていたこともあった。負けず嫌いな中村さんとの将棋は、なかなか終わらないことが多かったことを、懐かしく思い出している。

二　歴史学研究会でご一緒して

保立道久

書架の『歴史学研究』を点検してみると、私が読んだ中村先生の論文でもっとも早く発表されたものは、一九六七年の歴史学研究会の大会報告「日本帝国主義と人民――「9・5民衆暴動」（=「日比谷焼討事件」）をめぐって」であった（『歴史学研究』第三二七号、一九六七年八月。共著者、江村栄一・宮地正人）。「人民闘争史研究」といわれた研究動向が始まったころの論文であり、民衆暴動についての詳細な事実説明と堅い概念的分析がかもしだす論文の独特な雰囲気にあてられて読んだ。「七月二六日読了」とメモがあるから、発行後すぐに読んだのだろう。私は高校を卒業して一年浪人していた。

次は『歴史学研究』第三四一号（一九六八年一〇月）の特集に載せられた論文「独占資本のイデオロギーと「明治百年祭」」であった。この特集号は、赤刷りの枠の中に黒字で「天皇制イデオロギー――「明治百年」批判」という特集名が印刷してある印象的なもので、いま探し出して確認すると、色川大吉、芳賀登、安丸良夫、鹿野政直、有泉貞夫、松本四郎などの研究者の論文が並んでいる。先生の論文にも線を引いてよく読んだ痕跡がある。ちょうど国際基督教大学に入学した年で、大学は紛争によって授業がなくなるころだった。私は、武田清子先生がアドヴァイザーであった社会科学研究会という研究会と、革マル系のマルクス主義研究会という二つの研究会に参加して動揺しながら、「明治百年」、ベトナム反戦運動、沖縄「復帰・返還」運動などの動きを目前にしていた。

『歴研半世紀のあゆみ』（一九八二年）によると、この特集のころ、先生は三年目の歴研委員をつとめている。大学は翌年一九六九年一月に東大七学部確認書が勝ち取られ、全体としては方向が明瞭になったころで、先生は、その直後、東大法学部の学生が始めた自主講座の講師を依頼されたという。依頼に来たのは、前年一一月に安田講堂に連れ込まれて暴行をうけた松井坦氏で、テキストは野呂栄太郎『日本資本主義発達史』を指定されたという。私も、高校時代の恩師から、この自主講座の動きに高校の先輩の小森田秋夫さんが参加していると聞いていた。その頃は中村先生が講師をされていることは知らなかったと思うが、後に松井氏とは歴研の委員を一緒につとめた。松井氏が、暴行事件の一二年後、一九八〇年一一月に不慮の交通事故で亡くなったことは、我々の世代にとっては大きなショックだった。中村先生は、ちょうどハーヴァードに留学中で、この事件を西田美昭氏の手紙で知った時の悲嘆は、先生の「大胆、屈託のない松井坦君」（松井坦遺稿・追悼集刊行会編・発行『松井坦——その人間と学問』一九八一年）という文章につぶさである。

次に読んだ先生の論文は、一九七〇年五月の歴研大会報告「日本資本主義確立期の国家権力」である。大学は激しい紛争状態であったが、学部三年になっていた私は、もう大塚久雄先生の授業を聞いていた。それを前提にして、独占資本と寄生地主制が同時的に成立する中での国家の役割という中村先生の議論をともかくも理解した記憶がある。ただ、この論文の載った『歴史学研究』の別冊特集をどのように入手したのかはわからない。国際基督教大学には歴史学会に関わるという雰囲気はなかった。それ故に、直接に雑誌を購入して読んだのか、あるいは武田先生のところで助手をやられていた小沢浩さんに話を聞いて雑誌を入手したのかもしれない。ともかく国家装置（アパラート）という言葉がなにか恰好がよいと印象的だったという記憶が残っている。

ちょうどこの年四月から、歴史学研究会・日本史研究会編の『講座日本史』（東京大学出版会）の刊行が始まり、新しい巻がでるとすぐに購入していたが、その最終巻の第一〇巻が出たのは、翌一九七一年六月であった。その巻頭に掲載されたのが中村先生の「現代民主主義と歴史学」で、幕末から戦前期までの歴史学論争を整理したこの論文によって、歴史学の問題意識や方法論というものを自分なりに整理することができたように思う。そのしばらく後にでた『歴史学研究』第三七五号（一九七一年八月）がいわゆる「大塚史学批判」の特集で、私には納得できない部分が残ったが、しかし、前後して、この二つを読んで、ともかく歴史学の方法論というものがどういう問題をはらむのかはおぼろげに理解したように思う。

当時、歴史学の勉強を始めた人々で中村先生のものを読んだ人は多かったのではないだろうか。そのはっきりとした歴史的視野と理論にひかれた私たちは、後にいわれるようになったように、中村先生を「最後の講座派」として読んだのだと思う。私は、大学が近かったので、藤原彰・佐々木潤之介・増島宏などの諸先生の授業を一橋まで行って盗聴した。それもあの時代の雰囲気だった。ただ、中村先生の授業を聞くことはないまま、結局、私は「中世」から「古代」にまで遡ってしまったので、それ以降は先生の仕事を詳しく読むことはなくなった。奇妙なのは、目は通したはずなのに、『労働者と農民』をどう読んだかの記憶が残っていないことで、最近、『〈ブックガイドシリーズ〉日本史学』（人文書院、二〇一五年）という本を書くので、『労働者と農民』を改めて熟読した。そして『近代日本地主制史研究』にも目を通して、「日本資本主義確立期の国家権力」を読んで以来の時間の経過を実感している。

以上、やや長々と、個人的な経過を述べたのは、これは、あの時代に歴史学に興味をもって勉強を始めた人々に共通する経験だったのではないかと思うからである。そういう形で中村先生は私たちのなかに棲みついていると思う。

歴史学研究会委員長のころ

ここら辺から中村さんと呼ばせていただくが、私が中村さんと直接に話をするようになったのは、一九九三年に中村さんが歴史学研究会の委員長になられてからで、私は二年目の事務局長であった。中村委員長の前は西川正雄さんが委員長で、その時の全体会テーマは、一九九〇年が「歴史認識における〈境界〉」、一九九一年が「歴史認識における〈境界〉Ⅱ——国民国家を問う」、一九九二年が「歴史の転換と民衆運動——国民国家を問う」。全体として国民国家論に収斂するものだった。

その議論が一応は終わって、中村さんが委員長に就任された一九九三年五月の全体会テーマは、「歴史のなかの情報」となった。これは西川さんの委員長の時期に準備されたものだが、『歴史学研究』の「情報と歴史学」という特集号（第六二五・六二七号、一九九一年）を前提に組まれたもので、中村委員長は、その趣旨を「全体会は、ここ数年「国民国家」をめぐる諸問題を取り上げてきたが、今年度は地域社会と国家をつなぐ共同空間を「情報」をキー・ワードに見直す作業を行った」と説明している。

これに対して、一九九四年大会は、中村委員長の下で準備が取り組まれたが、そのテーマは結局、「歴史における「奴隷包摂社会」——奴隷論の新展開」となった。テーマ選択の背景は、ちょうど西洋史の委員に、ヨーロッパ史・アメリカ史における「奴隷包摂社会」の議論に通じていた関哲行氏がいたのが大きかったように思う。結局、関氏が責任を取らされて「一五世紀末〜一六世紀のスペインの都市社会と奴隷」というテーマで報告し、さらに鈴木薫氏の「伝統的オスマン社会における奴隷の諸相」、磯貝富士男氏の「日本中世社会と奴隷制」をあわせて三本の報告が行われた。

この大会テーマがどのように決まったのか、具体的な記憶はないが、いわゆる単系発展段階説をどう考えるかという議論があったと思う。また、今から考えると、このテーマは安良城盛昭氏が一九九三年四月一二日に逝去され、翌年一月二九日に「戦後歴史学と安良城理論」というシンポジウムが明治大学大学院南講堂で開催されたという経過に何らかの関わりがあったのかもしれない。このシンポジウムは委員の中でも大きな話題となった。中村さんは、このシンポジウムの開催の実際の中心となられた。中村さんは、このシンポジウムで「地主制・天皇制論」という報告もされている。また磯貝富士男氏も、このシンポジウムで報告したことの延長で歴研大会での日本史側の報告者になったのではないかと思う（安良城盛昭『日本封建社会成立史論』下、岩波書店、一九九五年に記録が収められている）。

歴研大会テーマ「奴隷包摂社会」と中村さんの性奴隷論

しかし、中村さんは一年目の委員長だからと遠慮されて、この大会テーマの設定をめぐる議論ではほとんど発言されず、奴隷制を問題にする以上、「性奴隷」という概念について論ずるべきではないかと示唆されただけだった。これはいうまでもなく、当時、国連人権委員会が第二次大戦における日本の「従軍慰安婦」問題の議論を開始するなかで使用した概念である。その議論の結果が国連人権委員会特別報告者のラディカ・クマラスワミによる、一九九六年の有名な報告になったことはいうまでもない。中村さんは、この概念の重要性をいち早く認められたのだと思う。今から考えると、その鋭い現状認識はいかにも現代史家らしいものだったが、委員会の場では、この「性奴隷」の問題を「奴隷包摂社会」論のなかにうまく組み込むのはむずかしいのではないかという印象が強く、議論は発展しなかったように覚えている（あるいは夏過ぎに大会テーマ決定のために行われていた委員会合宿の場、またはその懇親会の場であったかもしれない）。

私よりもよくご存じの方がいると思うが、中村さんは、結局、日本の歴史の社会構成論的な理解については安良城理論を支持されていたように思う。私が、そのころ「奴隷包摂社会」との関係で、「峰岸純夫氏もいうように、一六世紀の日本でも奴隷存在が拡大しており、そこには東アジアにおける奴隷売買の盛行という条件もあるのかもしれない。しかし、日本の「中世」社会を奴隷制社会とする安良城理論にはまったく賛成できない」と申しあげたところ、中村さんは疑わしそうに反問されたのである。

しかし、今から考えると、「奴隷包摂社会」論と中村さんが問題提起された「従軍慰安婦＝性奴隷」問題を関係させて議論することは可能であったのかもしれないと思う。そもそも議論の中心となった関氏の報告は視野の広いもので、欧米史研究が、⑴単系発展段階論で強調された奴隷制社会図式とはことなる、「奴隷包摂社会」の概念を作り出したこと、⑵それは古代から中近世に至る地中海世界において広く連続的に奴隷が存在し続けたことに対する注目から始まったこと、⑶この奴隷をめぐる諸関係は一六世紀にはアメリカ大陸にまで拡大していることなどを強調するようになっていることを紹介した上で、スペインの奴隷存在について詳しくふれている。

私は、関氏の議論を長く受けとめることができないままでいたが、最近、アイラ・バーリンの『アメリカの奴隷制と黒人』（明石書店、二〇〇七年、原書二〇〇三年刊行）を読んで、その意味をようやく理解した。バーリンはアメリカ史家学会会長（ＯＡＨ）をつとめた歴史家であるが、同書は、関氏が紹介した研究動向を引きついで、「奴隷のいる社会」という概念をフルに利用して一六世紀から一九世紀のアメリカ社会の通史を見事に描き出している。とくに重大なのは、バーリンが奴隷制はアメリカにおいて人種と階級を作り出したと述べていることである。

実は、私はこのバーリンの著書を読んで、初めて一九九四年の大会テーマが「奴隷包摂社会」であったことを想起し、あの時の議論と中村さんがいわれたことの意味を思い返した。そして、それを探っているうちに、当の関哲行氏が大会の翌年、一九九五年にエリー・ケドリー編『スペインのユダヤ人』（平凡社）を翻訳し、そこには一六世紀スペインにおいて、現在にまで続く白人人種主義が発生する様子が活写されていることに気づいた。それがヨーロッパ・アフリカ・南北アメリカをふくむ環大西洋地帯を場として展開した世界史的な状況であったことはいうまでもない。この点では、鈴木薫氏の報告もぴったり焦点があっていたことになる。

いまさらながらということであるが、この大会の設定した問題はきわめて興味深いものだった。とくに、アメリカにおいて人種差別が厳然と維持されており、またアメリカが一種の人種主義にも似た「対アラブ」十字軍を呼号したという最近の事態からすると、その現在的意義が無視できないように感じる。人種主義とその基礎としての奴隷制という問題である。これはたとえばジョージ・Ｍ・フレドリクソン『人種主義の歴史』（李孝徳訳、みすず書房、二〇〇九年）を読めば明らかなように、人種主義論の側からみても古代から続く根深い問題である。フレデリクソンによれば、アメリカにおける南北戦争後の奴隷解放はむしろ人種主義イデオロギーを異常に強化し、一九六〇年代まで続く苛烈な人種差別の体制をもたらした。こうして、一九世紀末から二〇世紀初頭の世界において、アメリカはドイツとともにもっとも醜い人種主義国家となったという。現在のアメリカがまだその延長線上にあることはいうまでもない。

そして、いうまでもなく、二〇世紀前半におけるもう一つの人種主義国家は日本である。日本の神道が世界に共有されるべき神であるというのは、平田篤胤以来、明治時代には一般的な感じ方であったが、それがはじめて学術的な形をとったのは、ドイツに留学した井上哲次郎（一八五六～一九四四年）が帰国後に執筆した『釈迦種族論』（哲学書院、一八九七年）であろう。鍾以江「釈迦は如何なる種族なのか」（『アリーナ』第一九号、二〇一六年）によると、井上はマックス・ミュラーの「アリアン・セム・チュラニアン」という人類の「人種」的三分類説をうけつつ、しかし、当時のヨーロッパで一般的であった釈迦をアーリアとする見解に異議を呈し、中国の漢文史料の解釈を援用して、釈迦は中央アジアにいた「塞種」がインド北方に下ってきた種族であり、アーリアではなくチュラニアンに属し、これが日本の「天孫民族」につながると論じたという。こうして、「天孫民族」が「アーリア人種」と並んで世界を支配する選ばれた民族であるという、「大東亜共栄圏」の人種主義イデオロギーの原型が作られたのである。これがシュメール族をヒマラヤ最高頂に「天宮」を営む須弥山人と解釈して、そこに釈迦の姿を重ね、アジア統合のための神話の中核にすえようとしたインド哲学の高楠順次郎（一八六六～一九四五年）につらなった。

問題は高楠がイングランドで直接にマックス・ミュラーの指導をうけていることで、さらに天皇制ファシズムを代表するイデオローグ・大川周明は、高楠の弟子であった（安藤礼二『場所と産霊』講談社、二〇一〇年）。レオン・ポリアコフ『アーリア神話』（叢書ウニヴェルシタス、法政大学出版局、一九八五年）によれば、ナチスのアーリア神話の原型を作ったのはマックス・ミュラーである。その意味でも、ナチスと天皇制ファシズムは類似品だということになる。

日本軍の性奴隷制（＝「従軍慰安婦」）は、この妄説を中核として作り出された大アジア主義の人種主義イデオロギーの下に組織された戦争奴隷制であったことはいうまでもない。ここにも、あきらかに奴隷制と人種主義という問題群が潜在しているのである。

歴研委員長二年目の中村さん

以上は、いわゆる後知恵である。残念ながら、一九九四年の歴研大会「歴史における「奴隷包摂社会」」の議論はあまりうまくいかなかった。反響も大きくはなかったと思う。大会特集号の巻頭には例年のように委員長の大会についての感想が載っているが、中村さんは「奴隷包摂社会」という概念について、「この概念は、奴隷制を古代社会だけに限定する従来の社会構成体論への一種の「異議申し立て」の意味をもっていたが、報告者・質問者双方における「禁欲」もあって、壮大な議論に欠けるきらいがあった」としている。

これは委員長の巻頭言としてはやや厳しい方に属する。中村さんは、従来の社会構成体史論を見直し、しかもその延長線と評価できるような壮大な議論を期待されたのだろうと思う。しかし、そのためには、以上のようなことを世界史の構想の下に十分な歴史理論を用意して議論しなければならず、それは結局、当時の段階では無理であったのだと思う。

いま、中村さんが生きていれば、本当に御意見を伺いたいと思うが、この結果から中村さんはいろいろなことを考えられたように思う。目覚ましかったのは、委員長二年目で、中村さんが次の大会テーマにむけて発揮したイニシアティヴであった。一九九五年度大会「第二次世界大戦と戦後五〇年」はほとんど中村さんの提案であり、その趣旨は、歴史学は現代世界の現状分析から出発しなければならないというものであった。そしてその姿勢のまっとうさに委員会は説得された。その背景には、すでに一九八九年に『象徴天皇制への道——米国大使グルーとその周辺』（岩波新書）

をだされて、御自分の研究の方向を近代史から現代史に舵を切っていた中村さんの強い自信と自負があったのだろうと思う。

大会特集号の委員長巻頭言を引用すると、「歴研委員会内部では東アジアのもつダイナミズムを歴史的に明らかにするため、「アジアにおける近代国家の形成と国際秩序」を全体会テーマとしてはとの意見もあったが、「戦後五〇年」の節目としての意義を明らかにするため今年度はあえて「第二次世界大戦と戦後五〇年」をテーマに掲げることとした。大会当日はあいにく他の学会やシンポジウムと重なってしまったが、幸い二日間を通じて大会参加者は過去五年間でもっとも多かった（約二一〇〇名）」となる。報告は豊下楢彦「第二次世界大戦と冷戦体制」、木畑洋一「戦後帝国主義とアジア太平洋国際秩序」、吉田裕「十五年戦争と日本人の歴史観・戦争観」の三本。

中村さんは、参加者が多く、反響も大きかったことをたいへんに喜び、「現代的な課題を明瞭に立ててよかった」「歴研はこうでなくっちゃ」とおっしゃるのを何度か聞いた。これに続いて、中村委員長の下で、一九九六年の「世界史における二〇世紀」も準備された。報告者は浜下武志「宗主権の歴史サイクル」、伊藤定良「国民国家の重層性」の二本。ここで二〇世紀論が詰められたことは大きな意味をもっていたと思う。そしてこれらの報告はいまも生き続けている論点を提出しており、勉強になることが多い。

私は、それ以降は、歴史学研究会で年に一度御会いする程度で過ぎてしまったが、どうされたのだろうと思ったのは、ある年の歴史学研究会大会の帰り、たいへん疲れたご様子で気力なげにおられる先生と偶然に電車でご一緒になったときだった。つねに闊達な感じの先生になれていただけにショックをうけた。韓国の日本史学研究会に呼ばれて講演をしたとき、懇親会で中村先生の教え子たちが何人もいて、先生のご様子を心配したことをよく覚えている。

三　自治体史編さん

荒川章二

(1) 中村さんと自治体史編さん

中村さんが関わった自治体史は、私が知る範囲で、刊行年代順から並べると、後掲の表の通りであり、記載した章節名称は、中村さんが直接に執筆・史料選定を行った個所である。

こうして整理してみると、中村さんが関わった自治体史は、少なくもないが多いわけでもない。自治体史は、長期戦で手間のかかる仕事であるが、特に中村さんのような編者・監修の立場で依頼される研究者の場合は、編さん基本方針策定から専門委員・執筆委員の選定、編さん体制始動後は、責任者としての会議運営、さらに行政側・編さん事務スタッフとの調整業務も期待される。こうした責任と負担に鑑み、請け負った自治体史を、手間を惜しまずに質の高い作品として刊行するためにも、同時に複数の自治体史に関わることは慎重に避けたのではないか。私も参加した沼津市史においても、年数回、数日にわたる共同調査を繰り返しつつ史料に対する情報・認識を共有し、編集段階では、章別構成を何度も練り直し、通史編執筆段階の会議では、各自原稿を用意しての報告会形式を積み重ねた。初の編者であった新潟県史の場合、二年がかりで一三回の改定に及ぶ章別構成案を策定し、その後さらに二年間、一一回に及ぶ執筆者会議を行い、原稿提出後、八回の会議で入念な原稿の内容・表現の検討を行ったという（中村「通史編近代二の編集を終わって」『新潟県史しおり　通史編7　近代二』一九八八年）。

関わった自治体史は、①県史として新潟県と長野県の二つ、②東京都内の自治体史として、八王子市・中野区・国立市、③地方都市として沼津市（静岡県）に分類される。ただし、このうち長野県史近代通史編の三冊は、いずれも「監修」という立場で、執筆者への「助言・指導」を行ったもので直接の執筆分担はない。中村さんを含む執筆者会議で「執筆細目案から本原稿にいたるまで終始研究討議にかけ」とあり（『長野県史　通史編　第七巻　近代一』の配本にあたって」）、様々な示唆を行ったと見られるが、具体的関与は確認できない。実質的に編さん責任に関わる仕事を行ったのは、したがって中村さんの自治体史に対する考え方が総合的に反映される可能性をもったのは、新潟県史・国立市史・沼津市史である。

中村さんが直接に史料選定・解説、通史執筆を行った時代や内容を見ると、八王子市史では、近世後期のこの地域での地主制経営の特徴や製糸・織物（賃織）の成立・展開過程を担当している。自治体史というより、高度な論文の水準であり、農作物・余業の種類と領主支配要因（小領主が入り組んだ分散支配地帯）の両側面から、分析枠組みとしての地域区分の設定を試みたうえで、地主経営や賃織関係の分析に入っている。中村さんの地主制・農業研究が近世村落の個別実証をくぐっていることが確認できる。

中野区史は、名称の通り、一九三二年の大東京市誕生により、中野区が誕生して以降が主たる対象である。中村さんの担当は、農業・農村だけでなく、財政、都市化・人口動態、産業動向、戦後の引揚者問題、そして自治権拡充の運動を含め広い分野に及ぶ。特定の地域をフィールドに、戦中から占領復興期・高度成長期にいたる激動期を、多様な視点からそれぞれの領域を通貫して分析する知的営みであり、この頃ようやく育ちつつあった近現代史研究の成果を自治体史に反映させた最初の試みとも言える中野区史での経験を通じて、戦時戦後を貫いて考察する確かな歴史感覚を獲得したと思われる。特に、自治権拡充運動の経緯を戦前から戦後まで一貫して叙述しており、つなげて読み通すと、区史を越えた東京特別区の自治権拡充運動に関する優れた、今でも価値ある分析として評価できる。

国立市史も、明治以降を対象としているが、全体のほぼ八割を戦後期（～一九八七年）に振り当てた通史である。中野区史に続く、東京都市圏（都市化の先進地帯としての中央線沿線地帯）における戦後史を、戦後改革・農業・自治体住民運動（文教地区指定運動）を軸に詳細に検討している。中村さんが、中野区史と国立市史を通じて、都市化を都市住民の増加や都市的生活様式の浸透、近代産業の広がりという側面からだけでなく、都市近郊農業の変貌との関わり、都市と農村・農業の関係性を常に押さえつつ、歴史的変化を見続けていること、および、東京特別区の自治権拡充運動と国立の住環境保全運動をそれぞれ詳細に追うことで、地方自治とは、地方自治体とは何かという、「自治体史」編さんの根底をなす問題群に取り組み続けてきたことに注目しておきたい。

これに対して、新潟県史での中村さんの仕事は、明治憲法体制の成立期から大正半ばまでを対象としており、「裏日本」化が進展する日本海側の大県、そして日本で最大級の地主王国という側面に注目し、近代日本国家・近代社会の形成に関する新進研究者の集団研究を組織した。中村さんが特に執筆したのは、序章での、近代日本における新潟県の位置をどうとらえるかであり、自治体史研究の中心的命題に、（そして恐らく、それぞれ個性的な像を結ぶ多様な地域像を総合して近代日本国家総体をどうとらえるか、という課題に）、着実な個々の実証を踏まえて、極めて自覚的に取り組んでいた。

沼津市史近現代編は近代の初発から二一世紀までを対象として全五冊を刊行、編さん開始から二〇年に及ぶ事業であり、その全過程で中村さんは、近現代部会の責任者として編さん方針、編さん内容をリードし続けた。それまでの中村さんの自治体史の仕事は全て通史の執筆・編集であるが、ここで初めて史料編を編さんした上で、通史編を執筆するという編さん方針を実践し、大部の戦前編史料集二冊・戦後編史料集一冊を先ず編さんし、それを土台にして、戦前編・戦後編各一冊の通史を刊行した。静岡県東部の中心をなす地方都市史ではあるが、中村さんの自治体史編集・執筆としては最大の大仕事であったはずである。史料編三冊目の現代（戦後）史料編刊行の「あとがき」に、中村さんは、「史料編近代一（一九九七年刊行）から近代二（二〇〇一年刊行）の刊行を経て、現代編の完成に至るまで、約七年の歳月を閲《けみ》した。長い道のりであったが、現在望みうる最良の史料編を完成することが出来たと自負している。」と記している。そして、最初の通史編である近代通史編刊行にあたってのあとがきには、沼津市史は「史料編、通史編の順序で編集の仕事をすすめた。これは正解だったようで、通史編の実証的密度は格段に高まった。特に注目されるのは、中央から地方を見るのではなく、地方の目から中央をみる姿勢が定まったことである。」と記した。中村さんにとって、近現代市町村自治体史のモデルの提示を期した知的実験だったのではなかろうか。

この沼津市史の執筆担当分野では、政治行政の骨格（地方制度、議会、合併、各時代の基本政策・政治理念など）に関わる部分は、専門とする農業分野以上に、全ての時代にわたって直接目配りし続けた。中村さんは、すでに新潟県史のころから「政治過程と行政をきちんと描く」（前掲新潟県史しおり）ことを意識していたが、その後の国立市史や沼津市史では自ら政治過程や各時代の行政的仕組み、政治行政の実態の個所を担っていた。中村さんの仕事は、経済史を越えて天皇制論や政治論に及ぶが、その基底には、限定的ではあるが、前述の自治権拡充運動等も含めて、地方政治行政史での実証的取り組みがあったことを確認しておきたい。

(2)　中村さんの自治体史認識

次に、自治体史の編集者として、自治体史編さんの意義を中村さんがどうとらえていたのかを見てみよう。幸い、中村さんは一九八七年、『新潟県史研究』第二一号で「自己認識による地域史」と題して、自治体史に対する考え方を、大きく三つの論点としてまとめている。第一は、自治体史とは何か、第二は、史料をどう選択するか、第三として、同論考の標題に関わる、自己認識による時期区分である。

第一の問題については、四つの課題があるとして自論を展開している。最初の、そして最も重要な課題は、「それぞれの自治体は、いまどんな問題に直面しているか。過去への問いかけは、ここからスタートするのだと考えます。現在から過去をみる、現在の意味・位置を過去との関係を通じて確認する、このことが自治体史には課されていると思います。……自治体史とは、県なり市町村の歴史を「上から」あるいは「中央から」見るのではなく、あくまでその地域に即して、その地域の中から、その地域特有の歴史的個性を明らかにするのが、第一の課題だと考えます」、という。歴史学そのものの課題に、地域史の意義・課題を重ねあわせた考え方であり、この捉え方が、以下の議論の全ての土台をなしている。第二は、にもかかわらず、地域を相対化する視点の重要性を指摘し、その相対化の媒介的論理として、第三に、地域圏（新潟であれば、上越・中越・下越など）的な「場の論理」を提唱する。そして、第四として、地域の中の階層の論理への注目を喚起する。地域ナショナリズムで塗りつぶさないで、地域社会の矛盾・対抗という複雑性へ分け入り、地域民衆の実相をつぶさにとらえていこうという発想である。中村さんは、各自治体史において米騒動の分析にこだわったが、米騒動の担い手、暴動の発現形態（都市下層・都市民衆暴動）のなかに地域民衆の実相を見分けようとしていた。

　第一の、現在の意味・位置の確認という課題にもどると、中村さんは自治体史においていち早く、可能な限り現時点の分析・課題まで叙述するという非常に難しい課題に取り組んだのではないかと思う。国立市史では、国立地域における都市近郊農業をめぐる具体的な現状分析を踏まえて、「都市農業の問題は、いまや農業問題の枠内では解決できないところまできてしまっている。総合的な見地に立った土地改革が今ほど望まれているときはない」という。そして沼津市史においても、この難しい叙述・評価を自ら引き受けた。それは多くの場合、史料編が対象とした時期以降まで踏み入れた叙述とならざるを得ないのだが、一般論としてではなく、「地域の現在」の具体的状況・課題を見極めた上で、そこから過去の意味を確認するという歴史家の基本的作法を実践し続けた姿を見て取れる。中村さんが、専門分野である産業経済を越えて、地方自治制度（政治と行政）と実態に目を配り、特に自治権拡充運動や住民自治要求の運動に注意を払っていたことは、この第一の課題意識と密接に結びついていたと考えられよう。中村さんは、『沼津市史　通史編近代』の「あとがき」にも「歴史認識とは「何処から来て、今どこにいて、これから何処へ向かうか」を明らかにする知的作業である。過去は現在の母胎であり、今後の行く末を遠望する鏡である」と改めて記している。個々の地域に即して、現在と過去をみつめ続けようとした歴史家の姿が浮かぶ。

第二の問題、史料をどう選択するかは、常に自治体史編さんの難問中の難問である。中村さんは、「史料の選択には、自治体史編さん者の史眼が問われているのです。そのためには、何のために自治体史をつくるのか、何を明らかにしたいのか、その点についての十分な討論があらかじめ、行われていなければなりません。……しかし、（史料選択の）最終決定は最後にやればよいことで、何よりも先ず、手広く史料を探し、収集することです」という。その通り、私も参加した沼津市史編さんにおいても、市役所所蔵資料、区有文書（旧村史料群を含む）、学校関係文書、組合関係文書、個人文書類まで、その調査には時間と労力を惜しまずに投入し、そのこだわりは、あとがきにほぼ毎回記された調査先一覧からも見て取れる。『新潟県史研究』での「その地域の産業的・政治的・文化的特徴を示すものは、草の根をわけてもできる限り広く集めることです。」という言葉は、その後も文字通りに実践されていたと思う。

また、聞き取りも重視し、特に沼津では市長経験者については可能な限り行ったが、私には、中村さんとの沼津市清掃局現場職員への聞き取りが大事な記憶である。そして、「とくに私は、聞き書きを有効に使うことを薦めたいと思います。……良い聞き書きが得られれば叙述に迫力というか、臨場感を出すことができる」（新潟県史研究）というように、沼津市史通史編の中村さん執筆部分には、これらの聞き取り記録が各所で利用されている。中村さんは、『新潟県史研究』で、「住民から単に史料を提供してもらうだけでなく、それらの史料から何がわかるのか、編さん者は中間報告の意味もかねて、公民館かどこかで住民を対象とする講習会を開くのもよいと思います」と述べている。現実には、沼津市史では実践できなかったが、私はこの提言を参考にして、後に、静岡県西部の「竜洋町史」で年数回の自治体史講習会を数年にわたり開きつづけることを試みてみた。効果は絶大で、史料の集まり、町民の関心は飛躍的に高まり、町史通史編には、町民自身の体験記を、関係各所に、コラム的に取り入れることができた。

史料編纂方式としては、総花式と重点式のうち、この時の中村さんの考え方は、特に市町村史では、史料の保存・公開（史料館設置）とセットにしつつ、重点式を推奨している。この考え方が、どのように中村さんの中で熟成したのかは、沼津市史での編集方針から見てとれる。沼津では、沼津近代史上の重要な歴史的出来事については基本的史料を優先的に選び、採録する方針を採用し、特に、各事象と沼津市民とのかかわりや、市民がそれぞれの時代をどう認識し、それにどう対処しようとしたかを知ることのできる史料の採録を重視している（『沼津市史　史料編近代1』「あとがき」）。特に、市民生活の基盤を根こそぎ奪い、復興への歩みの起点ともなった一九一三年の沼津大火を史料編近代1の結びに据えたことは注目される。中村さんが、地域民衆の歴史認識に即して、地域史の画期を見いだそうとしていたこと、そして地域史における災害体験の意味をいち早く史料選定の視点として示していたことが注目されよう。

沼津市史史料編での史料解説の方法としては、章節ごとの解説文の流れの中に各史料を位置づける方式ではなく、一点解説にこだわった。その意図は、「各史料のほぼ一点一点につき解説を付し、歴史史料になじみの薄い読者にとっても利用しやすい工夫を凝らしてある。」（『史料編現代』「あとがき」）と記され、この他にも、史料集の各章ごとに概要（章全体のねらい。章の中に配置された各節の位置付け）を配置し、あとがきでも、異なる角度から、各章の内容、特徴を紹介する念の入れようで、難解な史料集を、市民が最大限利用しやすいようにする配慮を幾重にも取り入れた。この編集の方法は、第三の論点となる「自己認識による時期区分」に関わる布石であるのだが、編集にあたる我々からすれば、まさしく第二の論点の実践場面であり、なぜその史料を選定したのか、そして、一点史料を並べる中で担当した節構成において何を浮かび上がらせたいのか、常に自問自答しながら作業を行う、という教育的？　配慮も含

自治体史一覧

（下線は、直接執筆・担当個所）

(6)－②『沼津市史　史料編近代２』(2001年)（近・現代専門部会部会長）
第一章　沼津市の誕生と市民文化――大正デモクラシー
第二節 米価問題と米騒動／第五節 沼津市の成立
第二章　昭和恐慌下の沼津――普選・恐慌・満州事変
第五節 北伊豆地震と経済更生運動
第三章　戦時統制と沼津――日中戦争・アジア太平洋戦争
第七節 愛鷹村満州農業移民と拓南訓練所／第一〇節 戦時下の四村合併
(6)－③『沼津市史　史料編現代』(2004年)（近・現代専門部会部会長）
第一章　沼津の復興と戦後文化
第二節 地方自治制の改革（のうち第１項：戦後復興と自治体警察）
第二章　沼津市域の拡張と地域開発―講和から高度経済成長
第一節 大沼津市の成立（のうち第１項：各市長施政方針と市村合併）
第三章　公害・環境対策と革新市政―高度成長から石油危機
第一節 高度成長と沼津市政（のうち第１項：市長所信表明と沼津・カラマズー都市提携）
第四章　文化都市の建設
第一節 市制施行六〇周年と行政改革（の一部）
終章　高齢化・国際化・情報化の時代（共著）
(6)－④『沼津市史　通史編近代』(2007年)（近・現代専門部会部会長）
第二章　沼津の文明開化と自由民権
第三節 地租改正と農業
第三章　沼津町の成立と日清・日露の時代
第一節 憲法発布と帝国議会開設／第二節 町村制の施行／第五節 地主会の設立
第四章　商工業の発達と沼津市の誕生
第二節 大正デモクラシー期の沼津（のうち第１項：米価問題と米騒動、第２項：民力涵養運動）／第三節 沼津市の成立
第五章　昭和恐慌下の沼津
第四節 北伊豆地震と経済更生運動（共著）
第六章　日中・太平洋戦争期の沼津
第四節 満州農業移民と拓南訓練所（共著）／第七節　戦時町村合併
(6)－⑤『沼津市史　通史編現代』(2009年)（近・現代専門部会部会長）
第一章　終戦と沼津の復興
第二節 終戦直後の沼津市政（のうち第１項：戦後復興期の沼津市政）
第二章　高度経済成長と沼津市政
第一節 大沼津市の成立（高木恵太郎市政、塩谷市政の時代、沼津カラマズー都市提携）
第三章　公害・環境対策と革新市政
第一節 政治の変動と総合計画の時代（原精一市政、革新市政の誕生）
第四章　文化都市の建設
第一節 庄司辰雄市政
第五章　二一世紀にふさわしいまちづくり
第二節 にぎわいあるまちづくり――桜田市政／第三節 人が輝く躍動のまち沼津―斎藤市政
(6)：付　『沼津市史研究』創刊号（1992年）
座談会シリーズ――塩谷六太郎氏　沼津市政の思い出を語る

中村政則の担当

(1)『八王子市史　下巻』(1967年)

第四章（近世）　第四節　製糸と織物

一　地域区分／二　地主の経営／四　在方縞買と賃織

(2)-①『中野区史　昭和編一』(1971年)

第一章　中野区の成立　　Ⅰ　区成立以前の中野／Ⅲ　成立当時の区内／Ⅳ　区内産業の発達

Ⅰ-2 農村から町へ／Ⅰ-5 住民の変化／Ⅲ-2 区の財政／Ⅳ-1 都市化の進行——農業の衰退

第二章　戦時下の中野区　　Ⅰ 戦時体制下の区制／Ⅲ　経済統制の強化と区内の産業

Ⅰ-1 財政問題をめぐる市と区の対立／Ⅰ-4 都政の施行と特別区制／Ⅲ-2 中小企業の整備／Ⅲ-3 報国会と区内業界

(2)-①『中野区史　昭和編二』(1972年)

第三章　復興期の中野区　　Ⅲ　復興期の財政経済

Ⅲ-1 区財政の構造と展開／Ⅲ-2 区内の農地改革／Ⅲ-3 引揚者問題

(2)-③『中野区史　昭和編三』(1973年)

第四章　発展期の中野区　　Ⅱ　区の財政と人口・住宅の変遷

Ⅱ-1 自治権拡充運動／Ⅱ-2 発展期の財政経済／Ⅱ-3 文化公共施設の整備／Ⅱ-4 人口の急増／Ⅱ-5 地価の高騰とアパートの増加

(3)『新潟県史　通史編7　近代二』(1988年)　編さん主任

序章　近代と新潟県

第一章　明治憲法体制と県政　第三節 地主王国（第4項 米商と地主を除く）

第四章　第一次大戦と社会の変貌　第四節 米騒動

(3)：付　『新潟県史研究』21号 (1987年) 「自己認識による地域史」(講演記録)

(4)『長野県史 通史編 第七巻近代一』(1988年)　執筆者会議における指導・助言

『長野県史 通史編 第八巻近代二』(1989年)　同上

『長野県史 通史編 第九巻近代三』(1990年)　同上

(5)『国立市史　下巻』(1990年)　第七編　近代・現代　(編さん委員)

第一章　明治の国立

第一節 明治の新政と谷保村／第二節 地方自治制の始まり／第三 谷保村の生活史

第三章　敗戦後の国立

第一節 さまざまな終戦体験／第二節 食糧難／第三節 谷保村の農地改革／第四節 戦後初期の谷保村政／第五節 青年団活動の再開

第四章　文教地区国立の誕生

第一節 町名問題／第二節 浄化運動／第三節 文教地区指定運動／第四節 国立文教地区協会の設立

第七章　現代の国立

第三節 国立の農業

(6)-①『沼津市史　史料編近代1』(1997年)(近・現代専門部会部会長)

第二章　江原素六の活動と沼津中学校——文明開化

第二節 徴兵制の施行／第三節 行政・司法機関の設置

第三章　観光社・積信社・借金党——自由民権の時代

第六節 産業の発達（のうち第3項：諸会社の設立と破綻）

第四章　沼津町の成立と沼津御用邸——日清戦争の時代

第一節 憲法発布と帝国議会開設／第二節 町村制の施行

まれていたのではないかと思う。当然ながら、史料選定・解説執筆過程では、集団討議でその是非を厳しく問われ、そのハードルを越えたものが掲載に至った。いま、改めて沼津市史史料編の中村さん自身の資料解説を読み返すと、解説文は非常に丁寧であり、史料と解説から、取り上げられた各問題の意味と経緯、その問題に関わる全体的構造がわかりやすく伝わってくる。

第三の論点（自己認識による歴史）について中村さんは、「新潟県なり、各市町村が、それぞれの時代にどんな問題に直面し、それをどう克服しようとして来たか、その先人の苦闘・失敗・成功の歴史から現在に生きる教訓を学ぶことに自治体史の目的があるとするならば、もう少し違った時期区分もできるのではないか。ここで私が提案しようとするのは自己認識による時期区分の方法とでも言うべきものであります。歴史とはよく言われるように、自己認識の歴史にほかなりません。それぞれの時代の人々が、自己の生きる時代をどう認識していたか、どんな課題を抱え、それをどう克服しようとしていたか、この同時代認識をさぐりあて、それを基準に各時代の特徴を明らかにする。こうした方法もあっていいのではないか」。そして、「新潟県レベル、あるいは市町村レベルで、それぞれの人々が、自己の属する自治体の歴史をどう認識していたか、何が問題でそれをどう解決しようとしていたか、新潟県人の自己認識の歴史を歴史貫通的に整理してみたら面白いと思う。いわゆる社会構成体的時期区分とは違う、自己認識による時期区分が可能になると思うのです」と提言している。さらに最後に、「「歴史とは、現在と過去との対話である」以上、新潟県人の、新潟県人による、新潟県人のための自己認識の歴史は、必ずある筈です。それらを示す資料・文献を広く探し出して、新潟県なり、各市町村の自画像を描き出す作業は、まだ誰によっても行われていません。しかし、これは相当にやり甲斐のある仕事だと私は考えます」と呼びかけて締めくくった。

先に述べたように、中村さんの史料編編纂方針では、一見取り付きにくい史料集を市民が最大限活用することを期待していた。沼津市史近現代史料編三冊目の「あとがき」において、これらの総頁二五〇〇頁（B5判）にも及ぶ史料集を「市民各位が「郷土の歴史」や「自分史」を書く際にも、大いに活用していただければ、これに過ぎる喜びはない。」と結んでいた。したがって、自己認識の歴史形成とは、地域民衆が自己の歴史的立ち位置を主体的に確認するという営為をも意味していたのだが、同時に、自治体史編さん責任者としての自己の課題としても強く意識していたと思われる。沼津市史最終巻のあとがきにはこう記す。

「『沼津市史　通史編』もこの現代編をもって終わる。最終巻の現代編は昭和二〇年（一九四五）八月の終戦から市制施行八〇周年（平成一五年）までの五八年間を叙述の対象とした。」「これほど激しい激動の時代を日本人はいまだかつて経験したことはない。いったいこの五八年間に何があったのか。これから沼津市はどこへ向かおうとしているのか。この根本問題をできるだけ新しい史料をもちいて描くことに全力を集中した。」

「自己認識の歴史を歴史貫通的に整理」する作業、地域毎に史料に基づく「自画像を描き出す作業」はどこまで達成されたと自己評価していたのか、中村さんに伺っておくべき事項であったことを今になって気づいた次第である。

四　欧米の歴史研究者との交流――私たちの世代にとっての中村先生

ハーバート・ビックス

中村政則は二〇一五年に七九歳で死去した。一九三五年一二月末に東京で生まれた中村の生涯は、彼の仕事に影響を与えた日本のマルクス主義の勃興から衰退までの期間と一致する。中村は、亡くなるはるか以前にすでに、説得力に富み、巧みに描かれた近現代史の多産な執筆者としての名声を確立していた。

中村は、よき友であるとともに、数十年もの間、思慮ある助言者であり、さらに、私を含む何人もの人々にとって、人生をも変えた教育者でもあった。同時代の歴史・政治論争に幅広くかかわり、みずからの研究テーマを深く追求した中村が、国内・国外の日本研究に与えた影響は測り知れない。

中村の学問的関心は多岐に及んでいる。一九五五年――その二年後に中村は一橋大学に入学した――の頃、日本の国民感情は、平和運動の支持者と、戦没兵士たちを国家主義的に擁護する人々との間で分極化しており、岩波新書『昭和史』の刊行は戦争に関する有名な論争を引き起こした(1)。それ以前の一九三〇年代とニュールンベルクと東京で行われた戦犯裁判の時期には、マルクス主義者の論争があったが、昭和史論争は、占領が終結し、アメリカにより分断された朝鮮半島における戦闘が休止した後に、大きな大衆的関心を呼び起こした最初の論争であった。研究者たちは、今日でもこの本を再検討の対象として取り上げている(2)。

『昭和史』は、マルクス主義歴史家である遠山茂樹（一九一四～二〇一一年）、今井清一（一九二四年～）、藤原彰（一九二二〜二〇〇三年）の作品であった。論争は、多様な分野の人々が参加して、一般誌を舞台に繰り広げられた。その一人は、国家主義的な日本浪漫派の主要メンバーであり、その時すでに大きな政治的転向を行っていた文芸評論家亀井勝一郎（一九〇七〜六六年）であった。亀井は、『昭和史』の著者たちが「人間を抜きにした歴史」を描いたと批判した。批判の焦点は、歴史は現実の人間を中心に描かれるべきだという点にあった。遠山は批判者たちに応えて、『昭和史』の著者たちは、帝国日本を戦争の泥沼に導き、現在（一九五五年）においても「戦争の力と平和の力」（『昭和史』の最終章のタイトル）とが依然として対抗している過程を、感情を排して客観的に描こうと努めたのだと主張した。論争は一九五九年まで四年間続いた。その時までに「冷戦」は朝鮮からインドシナに移り、アメリカはベトナムとラオスの非白人諸民族への直接的・間接的侵略を開始した。この論争は中村に深い印象を残した。後に中村はこの論争を振り返って、「亀井の洗練された文章は私を魅了した」、どのようにして歴史家は人間を描き、歴史を書くべきかという問題は、「将来の私の課題」となったと書いている。

歴史学と経済学の訓練を受けた中村は、地方史、産業発展、地主制、明治維新といった一連のテーマについて、本、論文、パンフレットを編集・執筆した。中村の大学院ゼミの卒業生の一人は、二〇〇編以上の歴史に関する著作目録を作成した（本書、巻末）。中村は、二〇世紀の資本主義を村落構造と関連付けること、歴史の問題提起をすること、複雑なシステムをわかりやすく説明することに長けていた。大正、昭和、平成時代を対象とした彼の詳細な研究は、日本国内では広く読まれており、また海外でもある程度読まれている。

中村は晩年に三回、二〇〇六、二〇〇八、二〇一一年に、過去の事件を直接に体験した人々に対して行ったインタビューをもとに歴史を執筆しようと試みた。沖縄戦開始の際、一九四五年三月にアメリカ海兵隊が最初に攻撃した島である沖縄座間味島を訪れた時に中村は、「オーラル・ヒストリー」に含まれている多くの問題を考え抜いていた。二つの著作、『昭和の記憶を掘り起こす――沖縄、満州、ヒロシマ、ナガサキの極限状況』（小学館、二〇〇八年）と「沖縄戦とオーラルヒストリー」（『世界』第七七七号、二〇〇八年四月）において中村は、極限状態において人々がどのように行動したのかを明らかにし、住民に対して帝国陸軍が罪を犯したことを否認する右派の論客、曽野綾子を批判した。集団自決を迫る帝国陸軍の命令と心理的圧迫から生き延びた沖縄の離島の住民たちへのインタビューを通じて中村は、日本の兵士たちの住民に対する犯罪を示そうと意図したように思われる。

中村は英米の歴史と歴史家をよく知っていたために、欧米の日本研究の潮流を適切に評価することができた。彼は数多くの外国の学者と知己であり、また、外国の学者たちが日本をどのように見ているかを熱心に知ろうと努めた。中村は、ハーバード大学とオックスフォード大学セント・アンソニーズ・カレッジで教えた。また、シェフィールド大学、ピッツバーグ大学でインフォーマルな形で発表を行った。ハーバード大学の歴史家のアンドルー・ゴードンは中村流の歴史の問題提起の方法を引き継いだ。そのほか、中村が影響を与えた人々には、E・パトリシア・ツルミやプリンストン大学のシェルドン・ガロンなどがいる。欧米の日本史研究に対して中村が影響を与えたことは疑う余地がない。

一九七二年に中村は、永原慶二、西田美昭、松元宏とともに『日本地主制の構成と段階』を執筆した。その四年後の七六年に、現在は古典になっている『労働者と農民――日本近代を支えた人々』が出版された。そして一九七九年、彼が在外研究に出発する前に、東京大学出版会から『近代日本地主制史研究』を刊行した。これらの本を読んで私は、日本資本主義の矛盾的性格と不均衡発展の両面を体現し、また、村落の政治・文化の徳川封建遺制をも包含する、きわめて論理的な構築物としての地主制の視点から農業問題を分析する中村の優れた能力に目を見張った。中村が、二〇世紀初期の資本主義を、村落構造や徳川時代の遺制と関連付けたことは、とりわけ印象的であった。

もしも、これらの本が英語で書かれていたならば、あるいは、「冷戦」（一九四五～九一年）という誤解を招きかねない名前で呼ばれる時代において、アメリカの学界がマルクス主義的視点に立って書かれた文献を受容する価値観を持っていたならば、より広範な読者を引き付けたであろうし、日本語を解さず、アメリカの研究者の「近代化理論」的な問題の立て方に慣れ親しんでいる学生たちにとって有益であったに違いない。中村は、「テイク・オフ（離陸）」に至る経済成長の諸段階を一九六〇年に提示したアメリカの経済学者ウォルト・W・ロストウの反マルクス主義宣言を非常に滑稽だとみなした。三三年後に中村は、『経済発展と民主主義』（岩波書店、一九九三年）において、ある国が一定の所得水準に達した時に民主主義の「テイク・オフ（離陸）」が起きるはずだという中村自身の理論を提起した。

農村社会、地代や小作争議の指導者たちの動機に関する社会学的示唆に富む中村の議論は、一九八八年にアメリカの歴史家リチャード・スメサーストとの論争を生んだ。スメサーストは、大正・昭和初期の農民運動は革命的ではなく、改良主義的であった、なぜならば、農民はおもに市場における合理的交換を通じて効用を最大化することに関心を持っていたからだという一見、現実主義的な議論を展開して、中村を批判した(3)。

中村の『労働者と農民』より約一〇年前から、色川大吉、安丸良夫、鹿野政直らのマルクス主義の歴史家の著作に代表される民衆思想（民衆史）への関心の高まりが起きていたので、日本の研究者が利用可能なモデルと情報は豊富であった(4)。中村の本は、同じ領域を扱ったミキソ・ハネ（羽根幹三）の『農民・反逆者・追放者』（一九八二年刊行）にも影響を与えた。ハネは一九三〇年代に地方で日本の農民とともに生活した経験があり、中村と同様に、農民や女性や反逆者たちの声を、聞いていた。しかし、ハネは英語で書いたために、西洋の人々にはより接しやすかった。ハネの本の、農民と繊維産業労働者に関する章の複数の注において、中村の研究がふんだんに引用されている(5)。

＊＊＊＊＊

私が初めて中村に手紙を書いたのは、私が大学院生だった一九六〇年代末であった。中村は私に返事をくれ、その後、彼は私の人生の重要なタイミングで私に影響を与え、私自身が研究を形成するための扉を開いてくれた。

中村の歴史に関する思考を方向づけた要因として、敗戦、戦争による甚大な人的被害、戦争による広範な物的破壊があげられる。そうしたなかでとりわけ重要な要因は、日本人の戦争に対する考え方を変え、同時に日本のアメリカ帝国への包摂を促すイデオロギー運動を解き放ったアメリカによる占領である。さらに、高度成長期における日本資本主義に関する新たな考え方の影響も要因として加えることができる。しかし、彼自身が言っているように、彼の思考の背後にあったのは、一九五〇年代半ばの『昭和史』をめぐる学問的論争であった。その論争こそが、資本主義的経済構造に振り回される現実の人間の思考と行動、そして、弾圧に対して断固として抵抗する運動の指導者たちの思想を、中村がかくも熱心に説明しようとした理由の一つだったのである。

一九六〇年代を通じて中村は農業における社会関係について執筆を続けた。一九五〇年代末には政治的対立が激化し、一九六〇年の日本史上最大の反政府デモへと発展した。中村は安保反対運動に関心を持っていたが、あまりにも過激な最左翼の学生運動の暴力は負の遺産になると考えていたのかもしれない(6)。自民党政権下で労働運動の政治的影響力が急速に衰退したことから見ると、彼の考えは間違っていたとは言えない。

その後、反対運動が鎮まったのち、永原慶二教授は農村の共同フィールド調査のやり方を教えるために、大学院ゼミ生を農村共同調査に連れて行った。その一人であった中村は、初めて農村のフィールド・ワークに参加し、熱心にこの作業に取り組んだ。四年後に中村は一橋大学専任講師となり、仲間とともに、山梨県の農村調査に参加した。その後、中村は自分の学生たちを調査旅行に連れて行った。

『日本近代と民衆』（校倉書房、一九八四年）のなかで、中村は「講座派とは何か」という問題提起を行っている。彼は、当時著名であった古島敏雄の著作のなかで講座派的見解に接する以前に、すでに講座派的な見方を熟知していた。のちに、みずから山梨県でフィールド調査を行うなかで、講座派の議論に関する知識を深めた。知れば知るほど、中村は種々の国家機構の社会的基盤に引き付けられていった。戦前の講座派の学者たちは、社会主義と政治的民主主義を育むという意図で、日本資本主義の全機構を把握しようと努めた。ある者は、そうした構造は、徳川時代末から事実上そのまま引き継がれた半封建的土地所有制によって世紀転換期頃に確立したと考えた。講座派の学者たちは、また、日本軍国主義の支配的な特徴は農村によって規定されていると考えた。

一九八三年に中村は「講座派理論と我々の時代」（『歴史評論』第三九七号）を書き、三人の戦前の講座派マルクス主義歴史家の山田盛太郎（一八九七～一九八〇年）、服部之総（一九〇一～五六年）、羽仁五郎（一九〇一～八三年）を讃えて、かれらを継承した。これらの学者は、戦時下のレーニン主義者、スターリン主義者に対する弾圧の下で研究を行った。日本歴史に関するかれらの柔軟で開放的な考え方や、歴史研究者に対して問題を提起する非常に創造的な方法は中村を魅了した。講座派の知的環境のなかで中村の関心が育まれたにもかかわらず、彼は実践においては、機械的なシェーマは歴史の変化を説明し得ないことを示した。

資本主義に関する歴史家として中村は最初から世界史的な視点を持っていた。しかし、約一〇年間にわたって、農村、近代地主制とその歴史的起源、地主制と地方産業・高利貸的銀行・信用制度との関係を調査するために、学生を連れ、テープレコーダーとノート・ブックを携えて日本各地をめぐった。占領改革が実施される以前に、地主制全般は急速な衰退過程にあった。中村は、貧困ゆえにわずかな賃金を得るために家を離れ、紡績工場や織物工場の非衛生的な環境で働き、また、生糸生産のために養蚕に従事した農婦や少女たちから、直接に聞き取りをした。地主制と小作は彼の主たる関心の対象であった。それ以外に中村が持続して関心を持ったテーマは、民主主義、植民地主義、明治維新によって樹立された帝国国家であった。これらのテーマに関して彼が書いたことは、彼の世代の進歩的知識人たち全体が抱いていたラディカルな信念と理想主義と全面的に一致している。その世代の知識人たちは、戦争と占領を経験し、復興の時代を生き抜いて、中村と同様、大学のゼミナールで学問の技術を磨いた。

戦後日本のマルクス主義歴史家の多くは、当初、原始共産制から奴隷制、封建制、資本主義へ進み、最後に共産主義に至るという社会経済構造の発展の継続的発展段階という考え方を受け入れていた。このヨーロッパ的思考をアジアに教条的に適用しようとしてもうまくいかなかった。一九四九年の中華人民共和国の出現や、アジア・アフリカ民衆の欧米帝国主義からの解放運動に触発されて、遠山茂樹のような講座派の影響下にあった歴史家たちは、欧米帝国主義の圧力の下でなぜ中国、朝鮮、日本が明らかに異なる対応をしたのかを説明しようとした。一九六〇年代に遠山は、地域、国家、世界の歴史を区別するとともに、東アジアを中国、朝鮮、日本の間の具体的関係のなかで解釈しようとした。しかし、当初中村は、遠山の現実主義的な世界史の地域像に対して留保をしていた。中村が人民闘争史に関するレーニンの理解に強く影響されたこともあって、遠山に対して性急な批判を行ったものと推測される。中村は一九九三年に、遠山の歴史学とみずからの歴史学の類似性について心を込めた文章を書き、この問題に終止符を打った(7)。

中村の文章をごく大雑把に要約すればつぎの通りである。資本主義に対するインド、中国、日本の異なった対応をもたらした一九世紀半ばの外圧の役割について、遠山が芝原拓自と論争を始めた一九六〇年代初めに中村は立ち戻る。彼らが論争を行っていた頃、中村の遠山との接触が始まった。中村は、地主制と日本資本主義との関係を探っていた。両者は、質的に異なりきわめて入り組んだ経済構成体（ウクラード）に基盤を置いていることを見出した。国家権力が資本主義と地主制とを結びつける環であり、それが両者を媒介すると同時に、両者の間には絶え間なく矛盾が起きていると中村が結論づけるのに、遠山の著作は役立った。その後中村は、遠山とは方法が異なることを発見するのであるが、そうした違いは、決して、遠山の知的柔軟さと創造性に対する中村の評価を減じさせなかった。中村は遠山を信頼するようになり、近代日本資本主義の誕生がどのように地主制、帝国主義、戦争、天皇制と結びついているかを示したことを遠山の功績に帰した。中村は、遠山に倣って、研究者を二つのタイプ、すなわち大胆な「職人的」歴史家と、彼自身のような「生活者的研究者」に分け、彼自身の文章を締めくくっている。

中村は、明治憲法下と現在の戦後憲法下の両方の昭和天皇の歴史的役割に関心を持ち続けた。一九八九年にこの関心は、『象徴天皇制への道――米国大使グルーとその周辺』（岩波新書）として実を結んだ。当時、たまたま私が教えていたシェフィールド大学を中村が訪れた際に、私は中村からその本をもらった。ジョナサン・ベーカー＝ベイツ、デレク・ボーウェンと私の三人でその本を翻訳し、数年後に英語版が出版された[8]。この本は叙述の濃淡が著しく、天皇の戦争責任には間接的に言及しているだけであるにもかかわらず、「象徴天皇制」の形成に繋がっていった様々な道を探り出した中村の技量の高さを示すものとなっている。中村は、「第三の道」を示すために昭和天皇を天皇制と区別し、もし日本の進歩的勢力が「第三の道」を取っていたならば、異なる展開がありえたのではないかと論じた。興味深いことに、二〇〇四年に中村は、高橋紘、安田浩との座談会「日本近現代史のなかの昭和天皇」（『年報・日本現代史』9）のなかで、天皇の戦争責任についてより明確な指摘を行った。

中村は日本史研究の動向を、とりわけ彼が一九七九～八〇年をハーバード大学で過ごしたアメリカを、つねに観察し、再検討を行った。かれのアメリカ帝国主義に関する理解は深まっていった。アメリカ帝国主義はワシントンの政策立案者たちに日本政府に対する絶大な影響力を与えたにもかかわらず、また、沖縄の日本住民と沖縄の自然環境に深刻な被害を与えているにもかかわらず、日本の指導者たちはアメリカ帝国主義を支えることから利益を得ていると中村は見た。次第に、中村の日米関係を見る目は変わっていった。二国間の相互的関係は、アメリカが世界中に張り巡らしている外交・軍事・プロパガンダのネットワークのたんなる一部分にすぎないことを、中村はより明確に理解するようになった。

在外研究の成果として、トーマス・A・ビッソンの『ビッソン日本占領回想記』（三省堂、一九八三年）の翻訳と、『昭和の恐慌』（昭和の歴史2、小学館、一九八二年）ほかいくつかの本と論文が刊行された。それらは、史学史、戦後改革、経済成長を扱っている。中村が欧米の歴史学に馴染んでいたことは、彼が研究対象を転換し、それに伴い歴史の問題提起の方法を変えるのに役立った。ある印象的な論文のなかで中村は、政治の新たな展開に照らして歴史家は自己の視野を広げ、問題を再考することによって歴史的認識を深める必要があると述べたことがある。

私の学問的キャリアの鍵となるいくつかの時点で、中村は大きな影響を与えた。私が日本で教えていた時には、われわれには日常的な交流があった。一九七八年に私が翻訳の雑誌である『ジャパン・インタープリター』（*The Japan Interpreter*）で働いていた時、私は中村に、階級闘争と世襲制をベースにした日本史を書いてみたいと話した。中村は一橋大学の国立キャンパスに私を招いてくれた。午後遅くに私が到着すると、彼は私を佐々木潤之介の研究室に連れて行ってくれた。それからわれわれ三人は、私が調査し、論文を書くために必要なケース・スタディーを選び出す作業を行った。

ほかのアメリカの研究者たちが、日本が近代化してゆく過程で労働者と農民が置かれた状況に関する中村の叙述から影響を受けたことは間違いないと思う。一九九七年に、今度は教えるために、中村は私を一橋大学に招いてくれた。外国人研究者としての三年間の滞在に、天皇制、立憲主義、戦争責任問題に関してパイオニア的な本や論文を書いていた、私と思想的に近い歴史家たちから多くを学ぶことができた。

中村は、その想像力を活かして、自分が書くテーマを理解しようと努めた。彼は同時代の日本の歴史や政治の論争に全面的に関与したが、西洋の日本研究者が実際彼からどれほど深い影響を受けたかは私には明言できない。彼は、搾取、不正義、一般民衆の抵抗といった非常に広い階級的視点から、さまざまな歴史的時期に焦点を当てた。

今日、豊かな中心資本主義諸国において、マルクス主義への関心が高まり、政治運動が拡大し、民主社会主義が復権のきざしを見せている。それぞれの国および国の間における世界的な不平等と貧困に対する関心は依然として高い。このような不安定な時代に、若い読者たちは中村の問題の立て方から得るものがあるだろう。アメリカが直接・間接に引き起こしている絶えることのない戦争、代理戦争を背景に生活を送っている若い読者たちは、講座派マルクス主義自体はもちろん、中村の歴史に関する著作を読めば、それを彼らに役立つものにするには大幅な修正が必要であるとはいえ、その複雑さに驚嘆することだろう。

［付記］　私の質問に懇切に答え、資料を提供してくれた浅井良夫、森武麿、大門正克の諸氏に感謝の意を表したい。私の文章を翻訳してくれた浅井氏にはとくに謝意を表したい。

注

（1）　浅井良夫の示唆を参考にした。
（2）　大門正克編著『昭和史論争を問う――歴史を叙述することの可能性』日本経済評論社、二〇〇六年、四頁。
（3）　Richard J. Smethurst, *Agricultural Development and Tenancy Disputes in Japan, 1870-1940*, Princeton University Press, 1986.
（4）　前掲、大門編著『昭和史論争を問う』二四頁。
（5）　Mikiso Hane, *Peasants, Rebels and Outcastes: The Underside of Modern Japan*, Pantheon Books, 1982.
（6）　第1部報告大門正克「「中村政則の歴史学」の歴史的位置」参照（レジュメ）二〇一七年二月一九日。
（7）　中村政則「遠山史学と私の歴史学――明治維新と帝国主義」（『歴史評論』第五一九号、一九九三年七月）二五～三五頁。
（8）　Nakamura Masanori, *The Japanese Monarchy: Ambassador Joseph Grew and the Making of the 'Symbol Emperor System', 1931-1991*, translated by Herbert P. Bix, Jonathan Baker-Bates and Derek Bowen, M.E. Sharpe, 1992.

五　韓日の歴史研究者間の人間的交流——中村先生との縁

金容徳

自分の感情や信念を安心して話せる人がいる時は、誰でも心が温まるものである。中村先生は私にとってそのような方であった。一九七九年夏に私が明治初期の地租改正をテーマにした博士論文の最後の部分を書いていた時、中村先生がハーバード大学にいらっしゃった。以前から地主制に関する多くの先生の論文を読んでいた私の目の前に、もっともお会いしたかった方が現れたのだ。ちょうど研究室が隣同士だったので、足しげく行き来をして、たくさんの話を交わすことができた。われわれは日本近代史に関する論議を超えて、家族の生活、さらには韓日間のあらゆる問題にわたり、率直な対話を続けた。ハーバード大学があるケンブリッジにおける交遊では、とくに子供たちが互いに交わり、おおいに楽しんでいたようだ。私は一九八〇年二月初め、論文を仕上げて、日本史の助教授としてソウル大学に赴任するため、ケンブリッジを離れたので、中村先生と日常的にお会いすることは叶わなくなったが、その後も日本、アメリカ、韓国、その他国際会議などで引き続きお会いする機会があった。

中村先生を思い出すとき、いつもセント・メアリー大学（カナダのハリファックス）で一九七九年冬に開催された「E・H・ノーマンに関するコンファレンス」に参加した記憶がよみがえってくる。この会議は限られた参加者（二〇名余りだったかと思う）だけの集まりのこじんまりした雰囲気のなかで、カナダの悲劇的な歴史学者ノーマンの歴史の世界を論議する場だった。ノーマン夫人も参加するなかで行われた、E・O・ライシャワー教授の回想談がとくに印象的だった。ライシャワーとノーマンは互いに競争的な立場にある同年輩の日本史学者として、仲があまりよくないと聞いていたが、二人は互いの立場を尊重していた日本の宣教師の家族の二世であったため、ノーマンがアメリカで博士の学位（ハーバード大学）を得た時まで、良好な関係を持ち続けていたことがわかった。

ただし、農村での宣教に従事したカナダ・メソジスト教会の伝統を受け継ぐノーマンと、東京で大学を運営していたアメリカの宣教師一族のライシャワーとは日本を見る立場と観点が異なっていた。その時、私はノーマンに魅了されていた。丸山真男のノーマンへの追悼文（「無名なものへの愛着」『パシフィック・アフェアーズ』第三〇巻第三号、一九五七年）において語られているように、ノーマンは農民、迫害を受けた人々や疎外された「無名の人々」に集中的に光を当てた、当時としては例外的な西洋の歴史学者であった。ノーマンの歴史学者としての立場が中村先生と私をいっそう近づける媒介となったようだ。そのうえ、冬の寒いカナダ東部の小都市で会議を行いながら、歴史学研究の基本姿勢に関して、われわれは多くの共通点を共有していることを確認することができた。当然ながら、人間的な親近感もその後さらに深めることができた。

中村先生がソウル大学を中心とした韓国の歴史学者たちと深い関係を持つようになったのは二〇年前のことである。その時は、韓国と日本との関係において歴史教科書問題の葛藤が深刻化していた時だった。ちょうど一橋大学のグラウンド・ホッケー・チームの顧問としてソウル大学との親善試合のためにソウルを訪問する途中、わたしの家を訪れてくれた。歴史の葛藤の問題をどうしたら解決できるかを話すなかで、二大学（ソウル大学と一橋大学）を中心に歴史学者たちが集まり、虚心坦懐に論議することにしてはどうかと中村先生が提案された。私はその提案をソウル大学の韓国史の李泰鎮教授と、韓国の近代国際関係に深い関心を持っている国際法の白忠鉉教授に伝え、一緒に主導していくという約束を取り付けた。

教科書問題が二つの国の国民の間の歴史の葛藤へと拡散することを防がねばならないという憂慮と義務感から、われわれはこの集まりを、政府やいかなる機関の助けも借りずにただ純粋に集まり、真実を把握するための学術集会として引っ張ってゆくことで合意をした。毎年、韓国と日本において交替で、八月下旬に開催するこの集まりは今年（二〇一七年）で二〇年目を迎える。

主たるテーマは、二つの国の間の歴史認識問題を扱うということであった。最初は両国の教科書分析、ついで歴史教養書の分析、さらには互いに気になっていた歴史的事実に関する深い研究発表を通じて、歴史学者たちの間の対話などが続いてきた。特に、研究集会を持つ折には、かならず歴史の現場の踏査を行うこととし、お互いに大いに助け合う集まりに発展した。さらに、中村先生の忠告にしたがい、どのような意見の違いも謙虚に理解しようとする態度を堅持しながら、学者たちのいっそう深い友誼も重ねてきた。一橋大学の側には、中村先生とともに、吉田裕教授、糟谷憲一教授などが会議を主導した（事務局は若尾政希教授と南基鶴教授が担当）。このような集まりがこれまで一度も欠かすことなく続いてきたことは中村先生の指導力と韓日両国の平和的な関係を希う参加者たちの願望があったためである。

私にとって中村先生は外国人という気がしないほどに、最も誠実な人だった。先生は韓国について何でも理解しようとし、キムチやコチュジャンのような食べ物も好まれる方だっただけでなく、韓国の困難な政治的、学問的状況を心から理解し、助けようとして下さった。韓国の軍部独裁に心を痛め、民主化運動に心情的に参加して下さり、われわれを孤立しないようにして下さった。そのためでもあるのだろうか、韓国の学生たちの一橋大学留学を積極的に支援して下さり、ソウル大学の私の弟子たち（故・金光玉・前釜山大学教授、元智妍・全南大学教授、姜泰雄・光云大学教授等）を受け入れ、助けてくれたばかりでなく、韓国留学生たちを真心尽くして育てて下さり、今や韓国内では一橋グループといってもいいくらい中村先生の弟子たちが活発に活動している。例えば、権赫泰・聖公会大学教授、李香哲・光云大学教授、梁義模・新世界研究所研究員、許光茂博士などだ。

中村先生の韓国史に関する本格的な論文は多くはない。京釜鉄道と京仁鉄道に投下された日本資本に関する研究が存在することはもちろんだが、彼の韓国史に対する関心は、弟子たちの論文指導を通じて絶えず深まっていったようだ。それよりも日本帝国主義の膨張過程で生じた韓国の被害に関して、いつも言及しただけでなく、司馬史観の批判を通じて日本人の歴史認識を正そうと努力する際には、つねに韓国を念頭に置いていた。不幸な過去に対する徹底的な認識を強調する中村先生は日本の軍国主義体制のもとで日常化した「悪の凡庸性」のような現象を、学問的に、倫理的に暴こうとしたのではないだろうか？　現在の日本社会の無気力な知識人の態度に対し、はっきりと先生は声を大にして、学問的立場から抵抗し、先頭に立って進んでいったように見える。

中村先生の学問的業績に関して私は言及する立場にはないが、先生は、休むことなく研究をし、著述する「勉強する機械」といった印象をいつも私に与えた。満足するだけ勉強をして初めて、一日を充実して送ることができるというような話を聞いて、先生は学問に対する使命感を持っておられるだけでなく、そこから楽しみとやりがいを感じる生来の「学人」であるという印象を持つようになった。

そこで私は先生を学者としてうらやましく思うとともに、先生の態度を学ぼうとした。しかし、何よりも、歴史的真実、その実体の追究に向けた熱い情熱が欠けていれば、先生が「勉強する機械」になることは難しかったことと思う。

中村先生はつねに正義を念頭に置いて生きて来た方であった。いつであったか、一九六〇年の「安保闘争」に積極的に参加して、情熱を燃やしたことがあったという話を聞いて、「勉強する機械」のイメージとは、また異なる一面を垣間見ることができた。おそらく、このことは、生涯を通じて不義を明らかにし、それに抗する生き方の芽となり、その芽を一貫して育ててこられたのではないかと考える。

私は、正義、平和、民主主義のような価値を大事にして生きてきた先生のような方と一生おつきあいできたことは、大きな幸運だったと感じている。さらに、韓国と日本の両国の友情を、このような価値を根本的に共有しつつ、進めていくことを願う立場において、先生は韓国の知人たちの心強い後援者でもあった。

一方、現在、日本社会の雰囲気がわれわれが望んでいた方向とは違った方向に流れているように見えるのは、もどかしい。知識人たちも、一部の批判的な少数を除いては、発言もせず、問うこともしない異常な雰囲気に埋もれているのではないかと憂慮するばかりである。韓国と日本の良心的リベラルが、なにかを発言し、行動を起こすべきではないかという思いがよぎる状況である。中村先生が生きていらしたら、いかにこの状況を切り拓いていかれたであろうかと想像するに、今更のように先生のリーダーシップが思い出され、残念でならない。

この世の人生を終えて、あの世に行くことになったら、そこで中村先生と会うことになったら、おそらくわれわれは韓国人、日本人といった国家の隔てなく、だれもみな神の民としてまみえることになるのではないかと夢想してみる。

第4部　「中村政則の歴史学」を読む

一 『日本地主制の構成と段階』・『近代日本地主制史研究』

『日本地主制の構成と段階』(永原慶二・中村政則・松元宏・西田美昭共著、東京大学出版会、一九七二年)

〔章別構成〕

序　章　課題と分析の対象(永原慶二)
第一章　養蚕製糸地帯における地主経営の構造――個別分析(1)　二百町歩地主根津家の場合(松元宏)
第二章　養蚕製糸地帯における地主経営の構造――個別分析(2)　七〇町歩地主奥山家の場合(中村政則)
第三章　養蚕製糸地帯における地主経営の構造――個別分析(3)　七町歩地主関本家の場合(西田美昭)
第四章　水田地帯における地主経営の構造――個別分析(4)　百町歩地主広瀬家の場合(中村政則)
第五章　地方銀行と地主制の進展(中村政則)
第六章　総括――地主経営の展開と地主制の諸段階(松元宏・中村政則・西田美昭)
終　章　日本資本主義の諸段階と地主制(中村政則)

『近代日本地主制史研究――資本主義と地主制』（東京大学出版会、一九七九年）

第一章　資本と地主的土地所有
第二章　地主・小作関係の構造
第三章　寄生地主制の衰退
第四章　大恐慌と農村危機
第五章　経済更生運動と農村統合――長野県小県郡浦里村の場合
補章Ⅰ　地主制論争史――その課題と方法
補章Ⅱ　地主制研究と私

1

加瀬和俊

（1）

本稿の課題は、地主制史についての中村の主要な二著作、すなわち、『日本地主制の構成と段階』（四人の共著。一九七二年、中村三七歳。以下『構成と段階』と略称）と『近代日本地主制史研究』（一九七九年、四四歳。以下『研究』と略称）について論評することである。このうち『構成と段階』は共著ではあるが、同書の論旨が「中村の意見を中心として次第に展望がひらかれていった」（同書の「あとがき」五五二頁）と言われ、かつ総括にあたる「終章　日本資本主義の諸段階と地主制」を中村が執筆していることに示されているように、中村の理解が同書の基本的主張となっている。

地主制を確立期日本資本主義にとっての不可欠の構造的基盤と捉え、その観点から地主制の全生涯の論理を描こうとした中村にとって、主要な論点は二つに区分される。すなわち、論点A・地主経済と資本主義セクターとの関連をめぐる論点と、論点B・地主制の基盤をなす小作農経営・地主小作関係をめぐる論点である。

中村の著作の順序から見ると、一九六〇年代にはもっぱら論点Aが追究され、一九七〇年代に入って論点Bが付加されたと言える。すなわち、地主制についての最初の著作というべき「地方産業の発展と下級金融機関」（一九六四年、二九歳）は、寄生地主・豪農層の資金を集めた銀行類似会社が一八八〇年代において地域内産業資本（製糸業）の成長を支えると同時に地主の土地集中も可能にしたことを実証して、地主制と産業資本が併進的に発展する状況を描いている。これに租税としての地主資金が国家政策を支えた点を加えて資本主義体制と地主制の関係をより体系的に提示した著作が「日本地主制史研究序説——戦前日本資本主義と寄生地主制との関連をめぐって」(一九六八年、三三歳)であった。

一九七〇年代に入ると地主制の基盤としての小作農家経済・小作争議の研究によって論点Bが付加されて地主制論が補強されることになるが、その過程での著作が『構成と段階』(特に地主制衰退過程の分析を含むその第二章、第四章、終章)、「地主制」(大石嘉一郎編『日本産業革命の研究』下、東京大学出版会、一九七五年、四〇歳)——この論文について中村は、一九六八年論文が「地主制の生産関係的側面を捨象して叙述されているため、それを補うべく執筆したもの」と位置付けている(『研究』四三八頁)——、昭和恐慌期とその回復期の農家経済と農民の動向を扱った「大恐慌と農村問題」(『岩波講座日本歴史19 近代6』岩波書店、一九七六年、四一歳)、「経済更生運動と農村統合」(東京大学社会科学研究所編『ファシズム期の国家と社会1 昭和恐慌』東京大学出版会、一九七八年、四三歳)等であった。

以上のような諸著作の中で共同研究『構成と段階』は重要な位置を占めている。序章・終章を含めた全八章のうち中村は五つの章を執筆しているが、もっぱら論点Aを扱った「第五章 地方銀行と地主制の進展」を除くと、二つの地主家の経営分析(第二章＝養蚕製糸地帯の七〇町歩地主、第四章＝水田地帯の一〇〇町歩地主)で地主経営の衰退過程の実証分析を論点Bを含めて展開し、「終章 日本資本主義の諸段階と地主制」では、地主制の「創出」・「成立」・「確立」の後に「凋落」の節を置いて、地主制の衰退の論理を初めて本格的に展開している。

このように、この共同研究のまとめの段階で中村は論点Bについて本格的に議論することになったが、それに大きな影響を与えたのは共著者の西田美昭(同書第三章での七町歩地主の経営と小作争議の分析)、松元宏(同書第一章での二〇〇町歩地主の地主小作関係の分析)であったと思われる。その意味で、論点Aだけでは地主制史論は完結しないことを中村に意識させ、論点Bへの展開を迫ったものがこの共同研究であったと推測される。実際、それ以前の中村の著作には農業史関係の記述はほとんどなかったし、同書においても論点Bについては共著者の実証結果の要約にほぼとどまっており、氏自身の創見が示されたとは言いがたかった。

『研究』は以上の諸著作を集大成し、第一章＝一九六八年論文、第二章＝一九七五年論文、第三章＝書き下ろし、第四章＝一九七六年論文、第五章＝一九七八年論文で構成されている（補論・補章がこれに加わる）。各章の主たる課題は、産業革命期における論点Aが第一章、論点Bが第二章、一九二〇年代についての論点A・論点Bが第三章、一九三〇年代の論点Bが第四章・第五章とみなすことができる。『研究』の刊行によって中村は地主制史研究に事実上、終止符を打ち、以後この分野でオリジナルな論点提起をすることはなく、研究の比重を他の分野に移していったから、本書は中村の地主制論の到達点とみなすことができる。

(2)

『研究』の論旨をごく簡単に要約すれば以下の通りである。第一章「資本と地主的土地所有」では産業資本確立期までの地主制の役割が資本市場・資金市場の動きを中心に検討され、銀行類似会社・地方銀行の役割を含めて、国家政策が①地主の高率小作料取得を保証すると同時に、②地主が取得した経済余剰を資本主義セクターへの投資に誘導する役割をはたしたことが実証的に明らかにされる。

第二章「地主・小作関係の構造」では、地主制の確立とは地主への土地集中の量的増加だけではなく、地主的搾取を支える農家経営の兼業基盤の定着（養蚕収入等）と「直接生産者の小ブルジョア的農業経営への発展の展望が閉ざされ」ること（一二〇頁）――その事実は農民層分解が両極分解になっていないことで実証されたとされている――を意味するとして、それぞれの実態が整理され、地主制の明治三〇年代確立、すなわち資本主義と地主制の同時確立が主張されている。

第三章「寄生地主制の衰退」は一九二〇年代を主たる対象として、地主制の衰退の論理を検討している。資本主義にとっての地主制の意義が独占資本主義段階に入って低下した状況の下で、小作争議が「稲作経営における小農民経営の成長・発展」（二二九頁）を基盤に増加して小作地経営の採算を悪化させ地主制衰退の起動力となるが、小作農経営の「発展の度合はきわめて限定的」（二四二頁）であり、地主制の重圧が簡単に減ったわけではないことが強調されている。

第四章「大恐慌と農村危機」は、一九三〇年代を対象として、昭和恐慌の下で小作農の所得が急減し、地主が従前通り小作農から高率小作料を取得し続けることができなくなるとともに、小地主の自作化のための土地取り上げが増加してそれに小作人が対抗せざるをえない守勢的状況に追い込まれたと述べ、さらに農業恐慌対策として地主・小作関係を微温的に調整しようとする農業政策が運動への直接的な弾圧と相まって農村のファシズム的再編をもたらしたとする。

第五章「経済更生運動と農村統合」は、一九二〇〜三〇年代における養蚕地帯の農村青年の動向や村政をめぐる農民各層の動きを通して、左翼的思想を含む農民の自律的動きが高揚から沈滞に向かい、代わって半官製の農村指導者層が主導権をとって「農村のファシズム的再編」が進展する様相を描いている。この運動の推進階層は自作地主と中農層（自作・自小作上層）とされ、零細農は役員に入っていないことなどがふれられているが（三六二頁）、各階層の農業経営上の課題と運動へのコミットメントの対応関係には言及がない。

本書の成果は日本資本主義の成立にとっての地主制の積極的役割を資本主義セクターと地主経営との市場関係――主たる注目点は資金市場・資本市場であるが、労働市場・商品市場も視野に入っている――にそくして明確にした点にある。中村自身は本書の成果を「地主制史研究への「地代の資本への転化論」、国家的契機の導入、地主制の三類型設定、一九二〇・三〇年代の統一的把握」と提示しているが（四三七頁）、山田盛太郎が「地租の線」、「地代の線」として直感的に把握した論点を理論的にも実証的にも明確にしようとした点が最大の貢献であったし、それは中村が自負する通り、「これまでバラバラに行なわれていた財政史研究と金融史研究と地主制史研究の三者を方法的に結合させること」（一五頁）によって達成されたといえる。

(3)

とはいえ、本書にも論旨の不明確な部分、論じ残された部分がないわけではない。本書刊行以後の地主制史研究も含めれば論ずべき点は広範に及ぶが、紙幅の制約に配慮してここでは中村自身が研究史への自らの貢献と自己評価した議論の範囲内に限定して評者の感想を二点に限って述べておきたい。

第一に、地主制衰退の論理については、資本主義の自立化による地主制の役割の低下を前提として、小作争議の増加と地主制抑制的な農業政策の強化に言及してはいるが、その限界は大きく、地主制の重みは大きな修正は受けなかったとみなしている。小作農経営の内部に地主に対して主体的に対抗する内発的条件が不可逆的に形成されていたことを強調した西田美昭の農民的小商品生産論を批判して、小作農の所得は日雇労賃水準を超えることはなく経済余剰を取得してはいなかったと反論し、一時的に高揚した小作争議も昭和恐慌で防衛的で小規模な反発に終わってしまっていると述べている。

このように中村は小作農経営の性格を地主制確立期と大きくは変化していないととらえているが、この点は農業経済史の諸研究がほとんど参照されていないことと強く関わっているように見える。明示的に検討されているのは栗原百寿と西田美昭の見解だけであり、暉峻衆三の「ｖ」意識論（暉峻『日本農業問題の展開』上、東京大学出版会、一九七〇年）は、小作農の所得は日雇労働者のｖ水準にとどまったと主張するために触れられているだけであるし、定免協定成立による小作料の制限、生活費節約による剰余搾出、農外賃金の取得等によって純小作農も農地を購入していたといった事実にもとづいて提唱された牛山敬二の農民的土地価格論（牛山『農民層分解の構造　戦前期』御茶の水書房、一九七五年、一八三頁）は言及もされていない。

こうした欠陥が生じた一つの形式的な根拠は、本書に本書全体に関わる研究史の検討がないことである。本書には序章が無く、第一章冒頭の「研究史の批判的検討と課題の設定」は論点Aについての研究史の検討に終始しているし、「補章Ⅰ　地主制論争史」では一九五〇年代までの研究史は「地租・地代の資本転化論」の視点がなかったことの確認にとどまっているし、一九六〇～七〇年代については他の研究者の見解には一切ふれずに、自身の仕事を回顧しているだけである。膨大・緻密な農業経済史研究を素通りしているために、小作農経営の変化を強調する西田の論点に個別的に反論して、静態的で変化のない小作農像が対置されてしまったといわざるをえない。

加えて長期的にみた小作料率の低下（地租改正時に一・四石基準であった反収が戦間期には二石になり、増収分が比例的に契約小作料の引き上げにはつながらなかった事実）、戦間期における米価の下落傾向による小作料の貨幣換算額の低下等、小作料収入の減少の事実の論理化もなされていないため、地主制の「凋落」の事実は記述されていても、その根拠については指摘された要因がどの程度に作用したのかのイメージがつかめないのである。中村が一九七六年に刊行した『労働者と農民』で強調されたトーンのように、小作農の窮乏化を強調するのであれば、その論点を積極的に打ち出して昭和恐慌による小作農経営の破綻によって結果的に収奪の度合いが緩和されざるをえなかった事実――負債整理に際して地主の貸金が棒引き対象とされたり、戦時インフレ期まで催促無しの状態になったりした実情を想起せよ――を強調するべきであったとも思われる。

第二に、国家政策の意図と効果の評価について。途上国が外資に依存することなく資本主義化を進めるためには、農業部門の経済余剰を新興産業＝工業部門に誘導して新規投資を進めなければならないが、その課題が地主を介してなされなければならないとは必ずしもいえないはずである。寄生地主を介することなく、より多数の富農・豪農、さらには広範な小農からも直接に地租を徴収し、零細預金を受け入れるという方式もあり得たはずである。現実の歴史的選択は、経済余剰を相対的に少数の地主層に集中したことによって国民所得のより多くの部分が再投資に向けられ、それだけ短期間に資本主義化が実現できた――農家全体から平均的に租税を取り上げ、預金を募る方式では経済余剰の相当部分が農家の生活水準の向上に向けられてしまい、税や預貯金額がそれだけ減ってしまう恐れが強い――と思われるのであるが、政策がこの点で意図的に寄生地主制を作り出そうとしたのか、それともそれは政策の思わざる帰結として、市場経済的に実現されたものなのかが問われてよいのではないだろうか。

国家が地主経営の利益を保証した手段として本書の中で決定的に重視されている地所質入書入規則等（一九頁）は自作農を小作農に転落させて寄生地主を育成することを目指して制定されたものではなく、先進国にならって債権の優位性を確実にするための条件整備策の一環として採用されたはずである。政治史が描くように明治憲法体制を支えるために地主層の強化が必要であったとされることと同じ意味で、農業部門で生み出される経済余剰の産業資本への転化のために地主層を分厚くすること（換言すれば小農を没落させて小作農に転落させること）が目指され、松方デフレ期における小作地率の上昇につながったのだろうか。評者にはそのようには考えられず、政府が意図的に準備したのは農村における経済余剰が資本制部門に流れる基礎的条件作りに留まったのであって、意図して政商＝財閥を育成したようには、農民の没落を条件とする地主層の育成を意図してはいなかったと考えている。

そうであるとすれば、松方デフレによる小作地率の急伸は国家が寄生地主の手に農村の経済余剰を集中するために意図的に引き起こしたのではなく、近代国家のインフラ整備として避けられなかった紙幣整理を貫徹する過程で、市場メカニズムにもとづく意図せざる結果として生じたことになろう。松方デフレ期に前田正名の『興業意見』に代表される農業・地方産業振興論が熱心に唱道され、その構想の多くが財政面での条件を得た日清戦後経営期に実現していることから見ても、中村の主張のうち「地主の手に農村の経済余剰を集中する」側面は外し、「地主の経済余剰を資本制セクターに誘導する」側面に限定した方が事実に近いのではないかと思われるのである。

ちなみに三和良一は評者とは視点は異なるが、松方蔵相が低賃金労働力を潤沢に引き出すために農民層分解を促進することを意図していたのかと設問して、小作農への転落は「意図せざる政策効果」であったと主張している（三和『経済政策史の方法』東京大学出版会、二〇一二年、一二五頁）。財閥育成と同じ意味で地主層を強化しようとする政策が意図されていたとすれば、それは地主階級に主導された前資本主義的国家となってしまい、中村の国家論とも大きくずれてしまうのではなかろうか。

2

坂口正彦

はじめに

永原慶二・中村政則・西田美昭・松元宏『日本地主制の構成と段階』は、山梨県内の四家の地主経営について、その「小作料収取・小作米販売・蓄積貨幣運用」を日本資本主義との関連において検討し、(1)「地租および地代の資本への転化論」(後述)や、地主経営の段階性を提示したものである。地主経営の段階性とは、地租改正から明治二〇年代の地主制創出・形成・成立期、明治三〇年代から第一次世界大戦の確立・発展期、一九二〇年代以降の衰退・解体期を指す(明治三〇年代地主制確立説)。序章は永原、本論は松元、中村、西田が実証し、終章を取り纏めたのが中村であった(以下、敬称略)。

中村の単著である『近代日本地主制史研究』は全国を対象として、「明治維新から昭和恐慌にいたる日本地主制の形成・確立・展開・衰退の過程」を、日本資本主義との関連において検討したものである。「資本主義と地主制とを媒介し、連繫させる経済的契機」として、労働力商品流通、貨幣商品＝資本流通、生産物商品流通の三側面がある。なかでも中村は貨幣商品＝資本流通に焦点を当て、寄生地主の蓄積した貨幣が株式投資という形で資本に転化されていった点、この地主資金が日本資本主義の発展にとって不可欠であった点を実証した(地租および地代の資本への転化論)(2)。さらに、地主の存在形態が地域によって異なることに着目し、地帯構造論(東北型・養蚕型・近畿型)を展開した。このうち、東北型・近畿型は山田盛太郎が発案したものである一方、東北・近畿の中間類型たる養蚕型は中村が設定した(3)。また、日本資本主義と地主制との結合について、山田はとくに労働力商品流通、中村はとくに資本流通に焦点を当てるという違いがある。

(1) 地主制史研究の現段階と今後

中村政則は地主のなかでも寄生地主(不在地主、不耕作地主)の動向に注目した。中村以後の地主制史研究は、在村耕作地主(中小地主)、零細地主を分析する傾向にある。なかでも大栗行昭は、地主制は容易に衰退するものではなく、在村耕作地主の支配は両大戦間期においてもなお強靭であった点を明らかにした(4)。加えて、在村耕作地主、零細地主の検討を通して、地主制史研究の枠組みを変えようとする研究が現れた。玉真之介は、「農民的小土地所有とその結果としての多数の零細地主が、日本の土地制度の固有の特質」であり、「そこで展開されている農業生産は、家族労働力を基本とした小経営」である。こうした「小経営的生産様式が商品経済にどのように包摂され、どのように対応し、どのような市場問題を現出させるのか、という観点」、いわば「市場問題史観」を選び取るべきであり、中村等を「土地問題史観」と規定し、批判した(5)。

坂根嘉弘はアジア諸国と比較した場合、日本は土地貸借市場が発達しており、「土地所有の不平等性が土地貸借市場を介して経営面で緩和され」ていると指摘した。また地主・小作関係の長期性・安定性が日本農村の特質であり、その背景には「「家」や「村」が醸成した信頼関係の強さ」があるとの見方を提示した(6)。さらに地主が地域における政治・行政に貢献する姿が、名望家論という形で登場した(7)。名望家論は、経済史研究にも組み込まれ、地域経済に対して「短期的な経済的利害を超えた投資行動」をとる少なからぬ地主の存在が明らかになった(8)。こうした見方は、いずれも中村政則等の示した地主像の対抗学説として妥当性のある見解だと考えられる。

しかし、近現代日本農村史研究は現状で満足すべきものでもないだろう。こうした研究が蓄積されてもなお、中村等が明らかにした諸点は、一部であっても、農村社会に歴然と存在したからである。すなわち中村等が、山梨県の地主経営分析から導き出した、「田の小作料を養蚕、製糸工女賃金などによる現金収入で補填しなければ完納できないほどに高額・高率に定めることによって地主が小作農民の生産物を限界まで収取できるメカニズム」、地主による「小作地引揚げは最後の手段として、なるべく完納できるように、種々の脅しあるいは方法を講じていた」[(9)]点、「大地主の小作人支配・管理機構は伝統的な村落共同体の頂点に位置する没落在村地主、あるいは村落有力者を差配あるいは支配人に登用することによって、小作農民の地主に対する直接的反抗を緩和せしめるとともに、検見を通じて小作農民の生存ぎりぎりのところまで小作料を取り立てることを基本的特徴としていた」[(10)]点、こうした状況を受けて小商品生産者として成長しつつあった小作農民が争議を起こした点である。

今後の近現代農村史研究は、中村政則等が提示した地主制の桎梏、農村社会における支配と抵抗の態様と、玉、坂根、「名望家論」等の知見の双方を踏まえて、いかなる社会像を提示するのかが問われているものと考える。少し大きくいえば、農村史研究にかぎらず、中村を含む戦後の歴史学は権力（国家、地主など）が人びとの財を収奪し、社会を統合していく側面、およびこれに対する人びとの抵抗を描き出した。その際、着目されたのは人びとのあいだの階層性である。その一方、おおよそ一九八〇年代以降の歴史学では、権力が人びとを支え、強権を伴わずして社会を運営していく側面を描く場合がある。その際、人びとのあいだの共同性に焦点が当てられる。こうした見方の双方を、端的にいえば、社会に存在する階層性と共同性の両者を踏まえて、次の研究段階を模索する時期に来ているものと考える。

(2)　農村社会分析を引き継ぐ

『近代日本地主制史研究』の第五章「経済更生運動と農村統合」は、「大正デモクラシー」＝一九二〇年代から「ファシズム」＝一九三〇年代への「移行の道筋を論理的一貫性をもっていかに把握する」かという課題に迫ったものである。[11] 具体的には、長野県小県郡浦里村の宮下周村長に焦点を当て、一九二〇年代において「左翼農民運動」や社会主義青年が台頭するものの、一九三〇年代において宮下と、宮下に集った青年層が反社会主義、反資本主義を掲げて、社会運動勢力と対抗し、勝利した。宮下等は経済更生運動の理念である「自力更生」を内面化し、経済更生運動を通して、農村建て直しをはかったのである。浦里村は全国的な模範村（更生村）になると同時に、宮下村長を頂点とした挙村一致体制は戦時体制を準備するものとなった。この論文は今後も読み継がれていくものと考えられるが、問題はどのように批判的に継承していくのかという点である。[12]

ここで筆者の体験談を挟むことを許していただきたい。二〇〇三年の修士課程一年当時、筆者は長野県飯田・下伊那地方を対象地として調査を開始した。しかし中村が描いたような国県から模範とみなされた村や、鋭い社会運動が展開された村については、すでに論文が存在していた。役場史料が残されているという理由で、別の村（下伊那郡下久堅村）を選んで研究を開始した。筆者はこの村の微弱な社会運動や、結果として失敗に帰した経済更生運動の展開を必死に拾って修士論文を書いたが、一定のレベルには達しなかった。数年後、村落の文書（区有文書）、村役場助役の日記などを発見・整理させていただいた。また、郡内他村の調査もさせていただいた。そのうえで、なぜ筆者の調査村は国県から模範とみなされなかったのか、という問いを立てた。その際、中村政則の描いた農村を先進事例とみなし、筆者の調査村を先進事例とは異なる固有のパターンとして描いた。すなわち、事例研究における典型とは何かと問いかけ、典型といっても先進的な事例と、中間的（平均的）な事例の少なくとも二つが存在するのではないか、中村政則が焦点を当てたのが先進事例であるのに対して、筆者は推定を重ねながらも、複数の村を比較することによって中間（平均）事例を析出しよう考え、実践した。[13] 以上は、中村政則の歴史学を引き継ぐ方法の一つにすぎないが、こうした思考法そのものも、中村から学んでいる。歴史における普遍と特殊を判別するために、三つ（以上）の地域を選んで比較せよと提起したのは中村だからである。[14]

(3) 社会を分けて説明する——養蚕型をめぐって

前述のように、「養蚕型」とは中村政則の編み出した型である。養蚕型は、世界恐慌（養蚕製糸業の凋落）に伴う急激な社会変動（デモクラシーからファシズムへの急転）を直接的に表現する地域である。こうした学問的魅力を持った場であるがゆえに、養蚕型という分け方が提示されるや、長野・山梨・群馬など東山養蚕地帯の研究が飛躍的に増え、一九七〇・八〇年代における近現代農村史研究の多くが養蚕型地域から生み出されていった。[15] たしかに、こうした類型設定によって視野から外れた問題群もある。一例を挙げれば、近現代日本山村・林業史は近年になって、若手・中堅研究者を中心に取り組んでいるように見受けられるが、[16] 東北型・養蚕型・近畿型という区分が山村の持つ固有性の探求という課題を見難くさせていた可能性がある。また、民俗学では関東と関西を分けて、その慣習の差異を指摘する論述パターンをみかけるが、[17] こうした知見が近現代農村史研究にいかされることは少ない。このような点があるにせよ、中村政則による養蚕型の創見は一九二〇・三〇年代研究を大きく進展させた。すなわち、新たな分け方で社会を捉えることが、新知見を導くことにつながったのである。今後は、どういった分け方が有効になるのかを、分けることにより何がみえなくなるのかに注意を払いつつ模索していく段階であろう。[18]

(4) 全体を説明する——現段階における全体理論構築の困難と可能性

中村政則の地主制史研究は、近現代日本社会に関する包括的な説明（「全機構的把握」）を志向するというきわめて理論的なものである。一例を挙げれば、『日本地主制の構成と段階』では、「総括」と「終章」の二つがある。「総括」では、各章において地主経営、農民運動、地方金融機関を検討した松元宏、西田美昭、中村政則が実証結果を再整理している。共同研究の「総括」としてはこれで十分にも思える。ところが本書では「総括」に続けて「終章」が設けられ、中村の単独執筆によって明治三〇年代地主制確立説が提起されている。なお、「最近の地主制史研究には理論的な厳しさに欠ける傾向にある」とは中村の言葉である。[19]

現在において中村政則のような「全機構的把握」は可能であろうか。たしかに、分散した諸研究を総合せよとは、ずいぶん前から研究史整理における定型句となっている。しかし各分野の実証研究は日々進展しており、それゆえ近現代日本社会に関する「全機構的把握」、全体理論の構築は相当の困難を要するだろう。こうした段階において可能なのは、実証から無理のない範囲で抽象化をほどこすこと、すなわち時期、地域など対象範囲をあらかじめ限定した、中範囲理論の構築であると考えられる。[20] 中範囲理論がいくつか提起されれば、研究分野ごとの孤立分散化もある程度は解消されるであろう。したがって、中村政則の歴史学の醍醐味である「全機構的把握」については敬意を表しつつも、それは中村だからこそ、また、実証研究がそれほど進展していない時代だからこそ可能だったと考える反面、それでもなおグランドセオリーの構築を成し遂げる第二の中村政則の登場を待望したい。

注

（1）永原慶二・中村政則・西田美昭・松元宏『日本地主制の構成と段階』東京大学出版会、一九七二年、三頁。

（2）中村政則『近代日本地主制史研究――資本主義と地主制』東京大学出版会、一九七九年、四～五・四三七頁。

（3）正確には、安良城盛昭が東北型の「亜種」として養蚕型を捉え、中村政則が東北型・近畿型に独立するものとして養蚕型を設定した。大石嘉一郎「本書の課題と構成」同編著『近代日本における地主経営の展開――岡山県牛窓町西服部家の研究』御茶の水書房、一九八五年、六頁。

（4）大栗行昭『日本地主制の展開と構造』御茶の水書房、一九九七年。森元辰昭『近代日本における地主・農民経営――岡山県の事例』御茶の水書房、二〇〇七年も参照。

（5）玉真之介『グローバリゼーションと日本農業の基層構造』筑波書房、二〇〇六年、一四五・一五七・一五八頁。

（6）坂根嘉弘『日本伝統社会と経済発展――家と村』農山漁村文化協会、二〇一一年、一五三～一五七頁。同「地主制の成立と農村社会」大津透・桜井英治・藤井讓治・吉田裕・李成市編『岩波講座日本歴史16　近現代2』岩波書店、二〇一四年。

（7）研究史レビューとして、飯塚一幸『明治期の地方制度と名望家』吉川弘文館、二〇一七年、序章。

(8) 谷本雅之「動機としての「地域社会」――日本における「地域工業化」と投資活動」（篠塚信義・石坂昭雄・高橋秀行編著『地域工業化の比較史的研究』北海道大学図書刊行会、二〇〇三年）二六四頁。
(9) 前掲、永原・中村・西田・松元『日本地主制の構成と段階』七六・八七頁。
(10) 前掲、中村『近代日本地主制史研究』一七九頁。
(11) 同右、三二一頁。
(12) 庄司俊作は浦里村経済更生運動を再分析・再評価しており、詳しくは庄司俊作『日本の村落と主体形成――協同と自治』日本経済評論社、二〇一二年、第五・六章。
(13) 坂口正彦『近現代日本の村と政策――長野県下伊那地方一九一〇～六〇年代』日本経済評論社、二〇一四年。
(14) 中村政則「自分史・地域史・国民史」（『飯田市歴史研究所年報』第二号、二〇〇四年八月）一一～一二頁。
(15) 紙幅の関係で体系的に示すことはできないが、西田美昭編著『昭和恐慌下の農村社会運動――養蚕地における展開と帰結』（御茶の水書房、一九七八年）、大江志乃夫編著『日本ファシズムの形成と農村』（校倉書房、一九七八年）、大石嘉一郎・西田美昭編著『近代日本の行政村――長野県埴科郡五加村の研究』（日本経済評論社、一九九一年）、森武麿、大門正克による経済更生運動研究、安田常雄による民衆運動研究等を指す。
(16) 紙幅の関係で氏名のみ挙げれば、福田恵、泉桂子、竹本太郎、山口明日香、松沢裕作、青木健、小島庸平、池田さなえ等の論稿を指しており、筆者も取り組んだことがある。
(17) 福田アジオ『番と衆――日本社会の東と西』（吉川弘文館、一九九七年）ほか。
(18) 坂根嘉弘は、「族制」（家族・親族）の違いが村落社会の違いを生み、族制の違いとともにその村落社会の違いが経済発展の違いを生む」との知見から、北海道・鹿児島・沖縄・奄美と、その他の「日本」を区分している。新しい分け方が新知見（族制と経済発展との連関）を導く事例といえる。前掲、坂根『日本伝統社会と経済発展』二頁ほか。
(19) 前掲、中村『近代日本地主制史研究』三九八頁。
(20) 中範囲の理論とは、「歴史的実証分析の質を保ちつつ、特定の時代と空間に限定された範囲の中でのみ通用する理論」を指す。保城広至『歴史から理論を創造する方法――社会科学と歴史学を統合する』勁草書房、二〇一五年、三五頁。

二　『労働者と農民』

『労働者と農民』（〈日本の歴史〉第二九巻、小学館、一九七六年〔小学館文庫版〈日本史の社会集団7〉、一九九〇年、小学館ライブラリー版、一九九八年〕。小学館ライブラリー版刊行の際に、「日本近代をささえた人々」のサブタイトルが付された）。

〔章別構成〕

1

春日　豊

著者は、高度成長期まっただ中の一九六〇年代初頭に研究者としての道を歩み始め、五〇年代に盛んであった地主制研究を手始めに、産業革命研究・近代天皇制研究を担い、さらに日本帝国主義研究へと駒を進め、一九七〇年代前半までにそれぞれの研究分野で代表的研究者としての地位を確立した。これらの研究と並行して、著者が絶えず問題としていたのが歴史学の方法の問題であり、それは多方面に及ぶが、その重要な一つが民衆の歴史的把握の仕方にあった。それをどのように歴史的に把握し表現するか、それが課題であった。その課題の回答が本書であると言えよう。

本書は『日本の歴史』（全三二巻）のなかの社会集団の一冊として刊行され、その後このシリーズの社会集団の諸巻は、一九九〇年に「日本史の社会集団」（全七巻）として文庫本で再刊された。さらに本書の文庫本も品切れとなり、教員や市民からの復刻の要望が強かったため、一九九八年には小学館ライブラリーの一冊として刊行されている。その際、著者は「日本近代をささえた人々」というサブタイトルを付け、研究の進展を考慮して巻末に参考文献を付すとともに、「小学館ライブラリー版の刊行にあたって」を加筆し、読者に訴えたかったことを記している。以下、(1)著者の意図と構成、(2)本書の魅力・功績と課題、に分けて論じていこう。

(1)　著者の意図と構成

本書は、日本資本主義の成立期から戦時体制への移行期を主な対象として、明治維新期からアジア太平洋戦争の敗戦までの日本近代における女工・坑夫・農民の生産現場と生活実態の有り様を活写しつつ、その歴史的推移を日本近代社会の構造とその変化に密接に関連させ、またその変化を推進する主体として描いた一般市民向けの歴史書である。一般市民向けにもかかわらず、本書は著者自らも研究を推進した一九六〇～七〇年代前半の研究成果を充分に踏まえ、それを歴史叙述に消化した記念碑的作品ということができる。著者は、本書の最後で「民衆史の課題」として「昭和史論争」に触れ、亀井勝一郎が遠山茂樹らの『昭和史』（岩波新書、一九五五年）を「人間不在の歴史」と批判したのに対し、同氏の歴史把握を批判しつつ、同時に先の「刊行にあたって」で、亀井の批判を歴史においてどのように人間を描くべきか、という問題提起として受けとめ、本書構想の契機となったと述べている。その構想とは、自分の感性を歴史叙述に生かし、そのために十数年の蓄積のある聞き書きを多用しながら、政治や経済の構造を一方の軸に、それに立ち向かったり翻弄されたりされる民衆の姿を他方の軸にした叙述、としている。また、その点について、オーラル・ヒストリーの採用により叙述対象の感覚に接近し個々の個性を大切にしながら、それを歴史全体の中に置き直してみる、とも述べている。著者はそれを「たんなる民衆史でもなければ構造史でもない」歴史把握・叙述とし、その狙いをしばしば本書によせられた「人間の主体的行動と客観的な構造との統一」との評価に尽きるとしている。

こうした構想のもとに叙述された本書は、その対象と構成にも工夫が凝らされている。冒頭に「女工・坑夫・農民――はじめに」を配置し、民衆を対象にするとしても多様な職種の労働者や諸職種をすべて取扱うのは不可能に近いとして、一般的な通史的叙述をやめ、対象を女工・坑夫・農民に絞り込んだ理由を述べている。それは、これらの職種が日本資本主義の歴史的特徴をもっともよく示し、かつ戦前日本の労使関係の前近代的本質を解明するうえで恰好の対象であり、また半封建的な地主制度のもとで小作農民が大きい比重を占め、かつ農村が女工・坑夫の給源であり、労働者と農民の関係を解明するためにも欠かせないため、としている。この認識には、講座派理論がその前提をなしていることは言うまでもない。著者が目指したのは、それを歴史具体的に生身の人間が生産・生活し躍動する形で叙述すること、これである。それを評者が換言すれば、近代日本社会の形成と構造およびその後の推移を労働者・農民の側に視点を置いて描いた、とも言えよう。

まず構成を見てみよう。その構成は、章別の型をとらず、「地主と小作人」「生糸と軍艦」など日本近代社会・日本資本主義の構造的特徴および各時期の農民・労働者の生産・生活実態・意識を象徴的に示す言葉によって表されている。しかも時代的推移に対応し、大きく三つの時期区分ができる。まず日本資本主義の形成・確立（日露戦後）までの時期であり、次のようなタイトルによって構成される（以下、目次順、括弧内はそのなかの節にあたる見出し項目）。

「資本主義の原罪」（明治維新と農民／労働者階級の形成）
「地主と小作人」（地主王国／村の秩序）
「生糸と軍艦」（峠を越える女／生糸王国）
「地底の世界」（囚人労働／高島炭礦の納屋制度／三池と筑豊／北海道の烽火）
「綿糸とアジア」（近代紡績業の基底／職工事情）

この構成によって、日本資本主義の形成過程とその構造の歴史的特徴を明瞭に示し、その過程で創出された労働者（女工、坑夫）と農民（とくに小作人）の過酷な生産・生活実態を生き生きと描いている。同時に著者は日本近代社会を支えた女工・坑夫・農民のこの時期に置かれた共通の状態が、「極端な隷属性」「重層的」「間接的」「前近代的な支配・隷属関係が基調」となっている点を強調している。続いて、

「工場法と労働者」（官僚と資本家／工場法と労働運動）

を配置して、日本社会の変化に対応した支配の変化を工場法制定過程によって示すとともに、日露戦後にやっと制定されたものの、その大きな限界を労働者が認識し、自ら立ち上がって行くことを示唆して、大正デモクラシー期への橋渡しにしている。

次の時期は大正デモクラシー期であり、女工・坑夫・農民が権利を自覚し、自らを解放する闘いとその条件を活写

し、以下のような表題からなっている。
「目覚めゆく女工と坑夫」（『女工哀史』異聞／独占と抵抗／納屋制度の崩壊）
「土地と自由」（日本農民組合／第一次箕蚊屋争議／大正期の農民運動）
「女工の叫び」（山一林組争議／鐘淵紡績争議／東洋モスリン争議）
権利に目覚めた労働者・農民（主に小作人）の姿を、頻発した労働運動、小作争議のなかに見出し、それらの闘いを通して大正デモクラシー期の時代状況をも描いている。
その後、恐慌を契機に大正デモクラシーが崩壊し、ファシズムと戦争への道に突き進んだ昭和期を対象として、日本資本主義の構造的矛盾の激化とこの時期の労働者・農民を取巻く状況とくらしを以下の表題で構成し、描いている。
「窮乏の農村」（日本の粘土の足／打開への道程／第二次箕蚊屋争議／貧農的農民運動）
「荊冠旗」（全九州水平社／筑豊炭田争議／日高争議）
「産業報国」（農村のファシズム化／産業戦士／朝鮮人強制連行）
恐慌による農村の疲弊、その中で闘われた土地取上げ反対などの防衛的小作争議、被差別部落の人々の部落解放・人権獲得を求める闘い、植民地にした朝鮮人の闘い・強制連行とその矛盾、民衆の中にある差別と連帯、民衆の帝国主義への収斂とともに戦時下にもあった小作争議なども描かれている。
以上が本書の構成である。著者は歴史の発展法則を堅持しつつ、民衆の具体的な有り様を、時代に即して多面的に描いたのである。

(2)　本書の魅力・功績と課題

本書は、読者を紙面から離さない吸引力がある。教員や市民から再刊の要望が強かった点に、それがよく現れている。働く人々を主体にした歴史書が広く受容された時代背景ももちろんあるだろう。しかし、その魅力の主因は、著者の狙いと方法にあり、加えて実証の豊かさと歴史学が到達した研究成果の利用による質の高い歴史叙述にある。そのことが、面白くて勉強になる歴史書として広く受容されたのであろう。それらをもう少し具体的に探ると、以下の点が指摘できる。

まず方法として、著者が蓄積してきた聞き取りを多用し、また史料として残存する聞き書きや調査報告、談話聴取録などを活用して、著者自らが対象に対して喜怒哀楽を示し、読者に生身の人間の声を感じさせ、追体験ができるような臨場感をもって読むことができる点である。しかも、そこには評者も一貫して考えてきた個と全体あるいは主体と構造の関係が巧みに組込まれており、感情に流されること無く、個々の体験や事実を社会の全体のなかに位置付けて考察しており、読者がそれらの歴史的意味を理解できる点にある。

次に、著者が歴史のなかで学んだ意義や教訓を具体的事例の中から読者に訴えている点にある。たとえば、戦後の農地改革はＧＨＱの指令のみではなく、大正期農民運動が、その歴史的前提条件としてあったことを、昭和初期の和歌山県日高郡御坊市中心の二度に及ぶ小作争議の運動の担い手の証言などから説明し、長期的歴史的視点に立脚してものを視る重要性を説いている点や農民運動には村政民主化もあり、渋谷定輔などが地道に実践していた部落世話役活動があった埼玉県寄居、折原は、戦後いち早く「村政民主化」が始まっており、戦後の地方自治の拡大にも繋がる歴史的意義を説いている点などである。また、歴史的選択の重要性を、主体の問題として強調し（昭和恐慌期の農民の選択など）、読者自らが現代と比較し、あるいは現代に引付けて考えることができる点にある。このように歴史の評価基準を一時期の勝敗等ではなく、争議で言えば争議の残したものの価値を重視し、その後の歴史の中で評価する必要があることを具体的事例に則して訴えている点などが、歴史を学ぶ意義を読者に納得させ、かつ読者を惹き付けていると言えよう。

第三に、もっとも読者を魅了したのは、最初の指摘とも重なるが、著者が何よりも読者に訴えたかった、歴史を支え前進させる原動力は民衆の側にある、という主張に沿って、働く民衆の実態を生き生きと活写した点にあるだろう。著者の主張は、ライブラリー版で新たに「日本近代をささえた人々」というサブタイトルを付したことに、端的に表れている。また同書では初刊本の最初の図版八頁が削除されているが、その中の一枚である「一二歳の嫁の手」（罅割れた手の写真）を表紙カバーに使用して過酷な労働の実態を視覚的に訴えている点にも、日本近代を支えたのはこの「手」に象徴される人々である、との著者の意図が窺える。それぞれは小さな存在だが、働く人々が歴史の主体であるという歴史観は、読者に自らも歴史を支え貢献しているという自己肯定感と主権者意識を与え、読者の共感を呼んだであろう。

以上、読者を惹き付ける本書の魅力を述べたが、それは本書の功績と表裏の関係にある。本書が刊行された後、「戦後歴史学」の方法的限界が大きく唱えられ、様々な方法の潮流が次々と生まれ、「社会主義」体制の崩壊はそれに拍車をかけた。「戦後歴史学」の成果を充分検討せずに（「戦後歴史学」は絶えず自己点検を行い歴史学の方法を豊かにしてきたと評者は考えている）、その清算主義的言辞すら横行していると言っても良いだろう。しかし、それらの新たな方法は、確かに従来の方法の弱点をカバーしたが、他方で構造的把握を希薄化させ、総体的歴史把握を困難にしている場合が少なくない。本書の功績は、すでに幾つかの書評で指摘されているように、民衆の主体的行動と客観的構造とを関連性をもって把握し、しかも「戦後歴史学」の成果を踏まえ、当時の歴史学の到達した研究水準を消化し、それを歴史叙述として生き生きと描いている点にある。労働者と農民の両者に焦点を当て、日本近代社会・日本資本主義とその変化を働く民衆の側から構造的に描くことに成功したのである。著者自身も述べているように、日本近代の労働者と農民の双方の歴史を主題に一括して歴史叙述した単著は類例がなく、現在に至ってもその状況は変わらない。

労働者と農民の双方を対象とし、かつ別々の対象を合体させたのではなく、両者の関連を構造的に把握し叙述することを可能にしたのは、著者の方法にある。その著者の歴史把握の方法に多大な影響を与えたのは、野呂栄太郎と山田盛太郎の両名である、と評者は思っている。野呂からは事象を「矛盾」の合体として把握し、日本資本主義を国際的連関のなかで把握する方法であり、山田からは日本資本主義の構造把握の方法、とりわけ本書との関連では「高率小作料と低賃金の相互規定関係」という有名なテーゼを受容し、それを構成と叙述に積極的に生かし、農村と都市繊維労働者の関係を構造的に描くことに成功したと言えよう。すでに構成の説明の中で評価してきたように、その構造的特徴を著者は個々の表題のなかに埋め込んでおり、具体的事象が日本資本主義・近代日本社会の構造的特徴を表わす形になっている。したがって読者は通読することによって、具体的事象の関連から日本資本主義・近代日本社会の構造を自然と学ぶことができる。ここに本書のもう一つの大きな功績がある。

以上述べたように、本書は「戦後歴史学」の成果に立脚し、かつその弱点を著者の感性と方法によりカバーして、一般市民向けに日本近代史を働くものの側から描き、多くの成果を残した。同時にどのような著作も歴史的制約があるように、本書も一九七〇年代までの学会の学問的成果の制約がある。それは、大正デモクラシーの重要な一翼を担った労働者・労働団体が日本型ファシズムの担い手へと傾斜していった、その道筋が見えにくい点にある。農村・農民については、(大正デモクラシー期の「中富農的ライン」・「貧農的ライン」の未分化から分化した後「貧農的ライン」に沿った合体として農民運動の担い手層を把握する、その当該期農民運動の評価および農民のどの層を支配側が掌握することにより農村をファシズム体制へ移行させたか、その把握の当否は別として)それを描いている。それにもかかわらず、である。その理由は、労働者の対象を女工と坑夫に限定し、大正デモクラシーを牽引した重要なファクターである重工業大経営労働者が叙述対象から除外されているためである。著者が叙述対象から除外している労働者を問題にするのは、的外れとも言えよう。また、言うまでもなく、それは著者の責任ではなく、当時の段階では大正末期以降の重工業大経営および同労働者・団体の実態分析が充分に行なわれておらず、通史叙述に組込む条件があまり整っていなかったためである。本書刊行後、上野輝将や安田浩、西成田豊、佐口和郎などの団塊世代の研究者を中心に重工業大経営労働者・団体の研究が進んだ。今後は、これらの研究を踏まえた一般向け通史的叙述が求められているとも言えよう。

もう一つ、今後の検討課題と思われるのが、新たな意識形成の論理についてである。本書の特徴であり功績の一つが、個々の主体の意識まで踏込み、その変化をも描写している点にある。著者は、労働者等の新たな意識形成の事例を紹介し、日常の生活実践により主体的条件が成熟していた場合には、知識人・社会活動家や書籍などとの遭遇によって、新たな運動への参加の「決断」（主体的契機）により、「飛躍」（新たな意識形成）がおこる、としている。新たな意識形成は、日常の生活の実践の中からではなく（それは必要条件）、外部との接触を重視する、言わば外部注入論的発想である。そこにはレーニンの影響があると思われる。安丸良夫や深谷克己が、民衆の日常生活の実践から新たな意識形成を遂げる内在的論理を追求した方法とは異なっている。現在では安丸らの方法が高く評価され、大いに注目を浴びている。評者もその方法を高く評価するが、著者が提起した外的影響も充分考慮しなければならない、と考えている。主に近世・近代初期の民衆を対象とした安丸、深谷の方法が、メディアと教育が発達した近代帝国主義時代の民衆（とりわけ労働者）の新たな意識形成分析の方法にどこまで適用できるのか、吟味が必要であろう。民衆意識の内在的意識形成のあり方と外的影響の関係を分析することが求められていると言えよう。

以上、本書の意義と若干の課題について述べたが、一般市民向けに民衆の側から構造的に歴史を照射する視点は、今後その重要性がいっそう増すであろう。本書は、「戦後歴史学」を踏まえた一般市民向け日本近代史の歴史書の、その記念碑的作品である。再度、本書が一般市民の手に届くように復刻を望みたい。

2

細谷 亨

(1) 「世代」と「現在」から本書を読み直す

中村政則氏は一橋大学での最終講義をまとめた論考のなかで、自らの「学問的生涯」を振り返りつつ、一九七〇年代までの仕事を「地主制研究」、「天皇制国家論」、「一般向け通史『労働者と農民』の叙述」の三つに分類している。(1)ここでは、その一つに挙げられた「通史」=『労働者と農民』(一九七六年)を取り上げ、二〇一〇年代という現在の地点からどのような読み方ができるのかを考えてみたい。そのことは、七〇年代に刊行された本書の学問的意義をあらためて検討することであり、七〇年代以降に生まれ、二〇〇〇年代以降に研究を開始した比較的若い世代が、民衆史研究の一つの「到達点(2)」ともいえる本書をどのように受け止めたのかを記述することでもある。

筆者が本書を初めて手に取ったのは、大学生だった一九九九年と記憶している。その頃は、本書が小学館文庫版「日本史の社会集団」第七巻(一九九〇年)や小学館ライブラリー版(一九九八年)として再刊されたこともあり、若い世代をふくむ多くの新たな読者層を得ていた時期に重なっている。実際、筆者と同じ世代に属する研究者のなかにも、本書から強い影響を受けたという声を聞くことが少なくない。九〇年代といえば、国民国家論や総力戦体制論という視角から民衆の歴史があらためて問われた時代であり、本書への関心もそうした歴史研究の動向と深く結びついていたと考えられる。

ところで、近年、日本近現代史研究において研究者の関心を集めている二つの領域がある。運動史と農業史である。世代的には七〇年代以降に生まれた若手研究者の間でとくに盛んに取り組まれる研究テーマとなっている。小島庸平氏の整理によれば、運動史と農業史への関心の高まりはパラレルに進んでおり、その背景には、「就職氷河期」など若年層の悪化する雇用情勢に加えて、「農村たたみ」をめぐる議論が喧伝されるなど農業・農村の困難という現状に対する問題関心が根底にあることが指摘されている[3]。困難な現状を打開する可能性を歴史過程のなかに探るという意味では、つねに社会変革を目指してきた戦後歴史学と共通する側面があり、そこでは運動史と農業史は日本近現代史研究のなかでも枢要な地位を占めてきた。

だが、近年のそれは、先の小島氏の言葉を借りれば「単純なリバイバルではな」い。そうしたことは、三輪泰史氏が「近年における関心は、以前のような社会革命の展望を前提とした、変革主体発展史」ではなく「むしろ将来の展望の有無にかかわらず、運動に立ちあがる主体、立ちあがらざるをえない人間にたいする共感に根ざした、運動史への関心[4]」と述べている点からもよくわかる。とりわけ近年の運動史研究においては、「運動主体の内実、その自己革新の可能性を、時には個々人にまでおりて問う」ことの必要性が強く提起されている。どのような運動主体・民衆像を描くことができるのかが問われているのである。

ここで筆者が注目したいのは、「変革主体発展史」か否かの相違ではなく、運動史と農業史のつながり、困難な現状を打開する可能性を歴史過程と運動主体の双方から探るという意味での問題関心の重なりである。こうした状況をふまえたとき、本書は、運動史・農業史・民衆史の三つの領域から近現代日本を理解する「通史」として読み直すことができるのではないか。運動史と農業史への関心が再び高まりをみせている現在だからこそ、その方法的特徴や歴史叙述の意義をあらためて吟味することが求められていよう。

(2)　民衆の姿をどのように描くのか――「個人史」と「主体的契機」

本書が執筆されていた最中の一九七五年、北海道の三井砂川鉱で炭鉱事故が発生し、五人の人命が失われた。世界有数の技術水準を誇りながらも、炭坑夫の人命が最優先に保護されていない現状に、著者は日本の石炭産業に胚胎する人命軽視の「伝統」を看破した[5]。

戦前の日本資本主義は後発国であったがゆえに、急速な発展を遂げる一方で、国内市場の狭隘さから帝国主義による戦争・海外侵略への道を進むことになった。また、その基底では、民衆のくらしやいのちを犠牲にするような抑圧・貧困・差別を内包する構造がつくり上げられていた。構造は「天皇制国家」・「資本主義」・「地主制」を枠組みとしたものであり、本書においては、こうした戦前の日本を貫く構造のもとで労働者や農民などの民衆がどのように生きていったのか、その歴史過程が問われることになる。

本書の方法的特徴は、「聞き書きを多用したことによって、民衆を描くにしても、一人ひとりの個性をおろそかにせず、他方でその民衆的個性を歴史全体の動きの中に置き直してみること[6]」という言葉に集約されているように思われる。豊富な「聞き書き」を歴史叙述のなかに組み込んだことは当時の歴史研究では実験的な試みであった。ただし、重要なことはそれだけでなく、「歴史全体の動き」との関係、言い換えれば、「構造」と「主体」の相互規定的な関係を重視した点にある。

では、本書で描かれる民衆像とはどのようなものだろうか。先の著者の言葉をふまえたうえで筆者なりに整理すれば、民衆を階級や集団としてではなく、「個性」や「個人」としてとらえる視角であろう。本書が刊行された同じ時期に、百姓一揆など近世史を専門とする深谷克己氏は「個人史」という視点を打ち出し、その目的について「卓越した個人の偉大性の拡大・誇張によって「人民大衆」を激励することにあるのではなく、なんぴとの生涯をもつらぬいている「時代性」と、おそらくなんぴとの生涯のなかにも持続的にか瞬時的にかおとずれたであろう「変革性」」を明らかにすることにあると述べた[7]。

本書が提示する民衆像は、あらゆる人がもっている「時代性」と「変革性」の解明という深谷氏の視点とも重なっているように思われる。「時代性」と「変革性」は支配や抑圧といった政治・社会の構造と無関係ではない。かかる「個人史」をもつ民衆の歴史的性格をつねに意識しながら「歴史全体の動き」との関連を徹底して問うこと、これが本書を貫く基本的視座といっていいだろう。

こうした視座が最も叙述に生かされているのが、「目覚めゆく女工と坑夫」と「土地と自由」の章であろう。二つの章では、戦前の日本社会に張りめぐらされていた抑圧・貧困・差別の構造のなかにあって「動かなかった民衆」が「動く民衆」へと変貌を遂げていく姿が鮮やかに描かれる。変化の道筋は、経済変動や政治的事件といった「構造」的要因によって一方的に規定されるのではなく、「主体的条件の成熟」と「進歩的思想」との接触によって生ずる「火花《スパーク》の論理」として示されることになる。そのことは、紡績女工・高井としをの事例に最もよく表れている。著者は高井自身が残した記録を読み解くだけでなく、実際に「聞き書き」を行うことで彼女の軌跡を明らかにしようと試みた。貧しい炭焼きの家に生まれ、一二歳の頃から各地の紡績工場を転々としていた高井は、ある日、総同盟の「オルグ」がまきにきた一枚のビラ（吉野作造の文章）と出会ったことで転機を迎える。「まず友だちをつくり、いっしょうけんめい働いて、だれにでも信用される模範工女になろうと思」い、これまでの卑屈な思考・生活態度をあらため、勉強にも励んだ。(8)そしてこのあと、工場（東京モスリン）で起こったストライキのなかで初めての演説を経験し、企業側から「食事の改善」という労働者の身近な生活の要求を勝ち取ることに成功する。以後、自信をつけた高井は、細井和喜蔵との出会いを経て、労働組合運動家として成長していくことになる。重要なことは、第一次世界大戦期の「大正デモクラシー」の潮流のもとで広がっていった「進歩的思想」が民衆の存在形態にそのまま変化をもたらしたのではなく、その思想を内面化するためには、勉学や人間関係、生活態度など日常面での自己革新を伴わなければならなかったことである。

二〇一〇年代という地点から本書を再読したとき、運動主体への関心とも重なる「個人史」の可能性が浮かび上がってくるように思われる。高井としをの評価について著者は、働き者・勉強家・自己を律する能力をもつとしたうえで、それは以下の四つの契機（①吉野作造の思想に触れたこと、②勇気と能弁の持ち主、③労働組合の男性との付き合い、④楽天性）に規定されていると指摘した。[9] なかでも著者は①を最も重視したうえで「火花《スパーク》の論理」を強調する。だが、筆者には、①の局面とは異なる「日常面での自己革新」についてはまだ検討の余地があるように思われる。高井としをの『わたしの「女工哀史」』を再検討すると、初めて東京にやってきた高井が、言葉や「水の色」、工場の造形など「今まで生きてきた大垣や岐阜」との違いを実感しており、彼女の人生のなかで「東京」との接触がきわめて大きな意味をもっていたことに気づかされる。[10] また、「模範工女」になったのち、「働けば金にも困らんが、団結してなにを、どうたたかえばいいのかがよくわからない」ため、日曜日に図書館へ行って文学などの本を読み「自由」への憧憬を抱くようになったことが記されている。[11] こうした経験をふまえると、あらためて「日常面での自己革新」が重要であり、そのことなくして高井を運動へと駆り立てることは難しかった事実が浮かび上がってくる。民衆は誰でも無条件に運動主体になるわけではない。著者が述べるように、「個人における、この決断と飛躍という緊張にみちた主体的契機」の解明こそ、[12] 民衆が運動主体として成長していく過程を明らかにする鍵であった。ただしそのためには、本書の分析だけでなく、高井の著作に立ちかえることを通じて運動主体の行為に内在した分析をさらに前に進める必要があるのではないか。「個人史」という視点から本書の成果を発展的に継承することが求められているように思われる。

自己革新を伴う「主体的契機」への着目は、民衆が運動主体へと成長していく過程だけでなく、運動の展開とその帰結をより広い視野から評価する視点にもつながったと考えられる。例えば、農民運動に参加した人びとが対地主闘争を経験するなかで、権力側による弾圧から自己や組織を守るための法意識や、町村議会への進出など政治意識を身につけていったことに着目した。そして、たとえ小作争議が敗北に終わっても、農民は「倫理的優越性」をもち続けており、そうした挫折をふくめた運動の経験の蓄積が「農地改革をもたらす力」になったという（「敗北のなかの勝利」）。

小作争議に参加した農民運動の指導者の多くは、いずれも勤勉（「精農」）であり、かつ能弁だったことも「聞き書き」を通して明らかにしている。豊富な「聞き書き」を歴史叙述に盛り込んだことは、「主体的契機」の内実を具体的に解き明かすだけでなく、運動の経験それ自体を戦後をふくめた時間軸のなかでどのように評価するかを問ううえでも大きな役割を果たすことになった。

(3)　残された課題──民衆の行為をめぐって

本書を読み返して印象に残るのは、つねに広い視野から民衆を取り巻く諸関係やそこに内在する矛盾を歴史過程のなかに位置づけようとしていたことである。そうした姿勢は、労働争議研究との関わりでいえば、国家・企業・知識人との関係にとどまらず、郷里・地域の人たちとの関係にまで視野を広げて運動の帰結や民衆の行為を検討しようとしていたことによく表れている。

例えば、新潟県北魚沼郡は多くの女工を輩出した地域であり、女工と郷里の父兄の間では盛んな交信が行われていた。女工と郷里を結びつける役割を果たしたのが、役場書記の森山政吉のような地域で活動する人物である。森山は大正後期に北魚沼郡で女工保護組合を組織し、女工とその父兄のために啓蒙活動や慰問など様々な事業に取り組んだ。しかし、昭和恐慌期に労働争議が激化すると、女工の安否を心配する父兄に代わって争議地へ赴き、争議に参加した村出身女工を郷里に帰す役割を担うことになった。結果的に森山は、企業側によるストライキの切り崩しに「協力」し、争議の敗北をもたらす要因をつくったことになる。「人間の善意が善意として他につたわるどころか、逆に悪意や敵意に転化してしまうような、逆説的事態[13]」であった（「意図と結果の乖離」）。森山の行為をどのように評価するかは難しい。こうした事態をふくめた運動主体と郷里・地域の関係は、むしろ労働争議研究にとって新しい検討課題にほかならない。いわば、争議の展開を扱う運動史研究と小農経営や農村中堅人物の動向を扱う農業史研究の接点ともいえる新たな領域である。

「逆説」や矛盾をはらんだ民衆の行為については、農民運動の指導者・大山初太郎が、戦時期になると、自作農創設事業を推進したことで結果として国家の政策や戦争に協力する事態をもたらした点とも関わっている。大山にみられるような「意図と結果の乖離」については、叙述と実証のあいだに落差がみられることから、その論理展開には「歴史学的手続きの飛躍がある」という批判がなされている。(14) 近年、戦時期の運動主体・民衆の行為に関わることとして、農民組合運動の右派や賀川豊彦のような社会運動家が満洲移民を積極的に推進していった事実が指摘されている。(15) しかし、動機をふくめたその変化の過程については必ずしも十分に明らかにされているわけではない。勤勉や能弁といった素養をもつ農民運動関係者がどのような過程を経て総力戦を支える国策移民に協力するようになるのか、彼らの思想と行動を具体的に明らかにすることもまたこれからの課題といっていいだろう。「主体的契機」のあり方を戦時期の民衆の行為にまで拡張して問うことが求められている。それは本書の提示する運動主体と民衆像に接近するための見取り図がいまなお新鮮さを失っていないことの証でもある。

個々の民衆の姿に寄り添い、近現代日本の歴史過程に即して労働者・農民の意識と行動を解き明かそうとした本書から学ぶことは現在でも決して少なくない。複合する諸関係と矛盾のなかに生きる民衆の姿をどのように描き、運動の経験・蓄積を「歴史全体」のなかに位置づけることができるのか。「個人史」の可能性をもった本書の視角を手がかりに、あらためて近現代日本の民衆像を豊富化する作業が求められているといえよう。

注

（1） 中村政則「私の歴史学」（同編『近現代日本の新視点』吉川弘文館、二〇〇〇年）三五七頁。

（2） 大門正克「総論　昭和史論争とは何だったのか」（同編著『昭和史論争を問う――歴史を叙述することの可能性』日本経済評論社、二〇〇六年）二四頁。

(3)　小島庸平「近年における近現代日本農業史の「再興」をめぐって」(『同時代史研究』第八号、二〇一五年)七三頁。
(4)　三輪泰史『日本労働運動史序説――紡績労働者の人間関係と社会意識』校倉書房、二〇〇九年、二七頁。
(5)　中村政則『労働者と農民』小学館、一九七六年、一四四頁。人命軽視の「伝統」とも関わる労働者の劣悪な雇用環境の現状については、本書の内容にも言及する形で近年、森岡孝二『雇用身分社会』(岩波新書、二〇一五年)が問題提起を行っている。
(6)　中村政則『労働者と農民――日本近代をささえた人々』小学館ライブラリー、一九九八年、四九六頁。
(7)　深谷克己「歴史学と個人史の研究・叙述」(『深谷克己近世史論集1　民間社会と百姓成立』校倉書房、二〇〇九年)一七八頁。初出は、『歴史評論』第三四四号、一九七八年一二月。
(8)　前掲、中村『労働者と農民』二〇二頁。
(9)　同前、二〇八～二〇九頁。
(10)　高井としを『わたしの「女工哀史」』草土文化、一九八〇年、四一～四二頁。なお、本書は二〇一五年に岩波文庫として再刊された。
(11)　同前、四六～四七頁。
(12)　前掲、中村『労働者と農民』二〇九頁。
(13)　同前、二九五頁。
(14)　林宥一「書評　中村政則著『日本近代と民衆』」(『文化評論』第二七八号、一九八四年五月)二二九頁。前掲、大門「総論　昭和史論争とは何だったのか」二五頁。
(15)　横関至『農民運動指導者の戦中・戦後――杉山元治郎・平野力三と労農派』御茶の水書房、二〇一一年。大門正克『全集日本の歴史15　戦争と戦後を生きる』小学館、二〇〇九年。

三　『昭和の恐慌』

『昭和の恐慌』（〈昭和の歴史〉第二巻、小学館、一九八二年［小学館文庫版、一九八八年、小学館ライブラリー版、一九九四年］）

［章別構成］

昭和の開幕——はじめに
金融恐慌
中国侵略への布石
デモクラシーの岐路
ロンドン軍縮会議
金解禁
大恐慌と日本経済の破局
恐慌と独占
不景気と世相
破局からの脱出

1

武田晴人

はじめに

中村政則先生の『昭和の恐慌』については一九八四年に『日本史研究』第二六一号に書評を書いたことがある。『労働者と農民』に続いて刊行された本書は、中村先生の通史の語り手としてのたぐいまれな力量を示すものとして、現在も読み継がれる書物の一つとなっている。その通史のなかの一冊として編まれた本書を日本経済史の研究史に位置づけるのはかなり難しい作業になる。一九八二年に刊行された本書の書評依頼が刊行から一年以上たってから筆者に届いたのは、おそらく多くの執筆候補者が思案投げ首して、結局は辞退した結果回ってきたお鉢であったことを物語っている。

改めて読み直しても、そのカバーする範囲の広さや史実の収集、裏付けとなる文書資料の提示など、よくぞここまでできたものだと感嘆するほかはない。その点で文句の付けようがなく、この全体にわたる評価をする力は、今でも私には備わっていないと感じている。

それ故、書評を手掛かりに、刊行当時にこの書物をどのように読み、どこに問題を感じ、その後の研究への指針を得たのかを紹介するとともに、その後の経済史研究の蓄積の中で、この書物がいまどのように読まれるべきかを考えていきたい。

（1）恐慌史研究としての『昭和の恐慌』

書評では、本書の分析視角を三つにまとめている。第一は、田中外交・ロンドン軍縮などを取り上げることによって、昭和恐慌を中国侵略と国際政治経済過程との波間に位置づけ、日本帝国主義史の一こまとして描こうとしたことである。第二は、そうした国際環境のもとで、金融恐慌から昭和恐慌へと激動する日本経済に対する処方箋の立案・実施過程に焦点をあわせながら、国家の経済的役割の大きさを浮かびあがらせようとしたことである。第三は、この時期の経済政策の特徴をフーバー、ルーズベルトという対照的な政策運営で知られるアメリカの経済政策と比較して高橋財政を評価するという手法を試みたことである。しかし、こうした三点にそって分析される一つ一つの問題が強い印象を残す一方で、そうした「複眼的視座」が取り結ぶ全体像そのものには「不鮮明さ」があり、「ものたりなく思った」と本書刊行当時の私は読後感を書き残している。これは、通史として多様なテーマにふれながら、上記のような分析視角で歴史を描くことの難しさを承知の上で敢えてないものねだりのような形で記したものであった。

具体的に何が「物足りない」と感じたのかというと、『昭和の恐慌』という書名に即して、恐慌の分析としてどのような成果を上げ、どこに問題が残されているかという観点から読んだときに、恐慌が発生するメカニズムに関わる分析的な記述の不足を感じたということになる。すなわち、第一に金融恐慌について、本書では、「金融恐慌は、たんに経済過程の矛盾からだけ爆発したのではない。「財政、金融と政治と」が「ごっちゃに」からみ、それだけ傷口を大きくした側面がつよい」（本書、七三頁）と評価している。基本的にはその通りであろう。しかし、政治的な混乱に原因の一つを求めるとしても、それが全国的な金融混乱につながるのは、その基盤に経済構造の何らかの「矛盾」があったと考えるのが経済史研究のとるべきスタンスであろう。それゆえ、中村先生がいう「経済過程の矛盾」とはどのようなものであったのか、この説明は十分であるのかに疑問を提示したのである。たとえば、震災手形・鈴木商店・台湾銀行などに関係する問題は、重層的な金融構造の上層、金融システムのコアに近い部分の問題群であり、それに対して下層に位置する二三流銀行の取付・破綻という問題群とはどのように関連していたのだろうか。時間の前後からは後者が「片岡失言」をきっかけに発生し、それによる信用不安の中で、前者である金融システムのコアの部分にまで、動揺が広がったということになる。しかし、このような事件の時系列的な整理を越えて、一九二〇年代の金融構造が抱えた問題点がそれぞれの階層の金融機関に異なる形で破綻への道を用意していたという可能性もある。こうしたことを金融恐慌研究は、それまでも今でも十分には答えられていない。したがって、この問題も――同時に以下指摘する問題のほとんども――中村先生の責任というよりは、刊行当時の研究史の蓄積の不十分さを反映したものであった。

恐慌史という視点で見たときの問題の第二は昭和恐慌についてである。一九二九年から数年間の経済の著しい不振は、恐慌として捉えられているのかどうか、もし恐慌であるとすれば、それはどのような原因で起こり、どのようなプロセスで経済全般を捲き込んで、どのような影響を与えたのかが明確ではないと書評では指摘した。叙述されていることは、企業倒産の増加・失業の増大・農村の窮状という「恐慌状態の叙述」ではあっても、恐慌の分析ではないとの批判であった。経済的な窮状を示す現象はいくらでも示すことはできるが、それだけでは分析的な叙述ではなく、「なぜ、あのような厳しい景気後退が、とりわけて農業を襲ったのか、それは金解禁政策の失敗に……帰せられるのか？」という問いの解明が不十分というわけである。

このような限界が生じた理由は、本書が国際的契機を重視し、昭和恐慌の発生を対外的な影響から説明することにとどまったこと、同時に経済政策の果たした役割を重視したことにあると筆者は考えている。その頃まで、金解禁論争に関わる長幸男氏の経済思想史的な検討によって、井上財政における金解禁という政策選択の誤り、あるいは状況に応じた柔軟な対応の欠如という形で恐慌への道が論じられていた。これに加えて、昭和恐慌に関する最初のまとまった研究書となった隅谷三喜男編『昭和恐慌――その歴史的意義と全体像』（有斐閣選書、一九七四年）では水沼知一氏が生糸輸出の破綻という経路で昭和恐慌を論じていた。この議論は、世界大恐慌による影響についてより具体的な波及経路と日本資本主義の構造的な特質をリンクさせて論じたという意味で重要であった。外からの説明は、こうしたかたちで本書にも継承されている。

しかし、世界大恐慌の影響が甚大だとしても、それが国内を恐慌現象に陥れることになる構造的な欠陥があったかどうかが問われなければならない。つまり経済実態に踏み込んだ分析が必要であり、国内の問題を政策選択の失敗や、生糸輸出に依存した経済構造に絞り込むことは適切ではないと筆者は考えていた。

このような批判的な視点を持ったのは、高橋財政期の経済政策と景気回復についての評価について、当時すでに新しい見方が登場しつつあったからである。ニューディール政策と高橋財政を比較しながら、中村先生は「高橋財政はニューディールとちがって「自由の精神、人間の尊厳」に働きかけて民衆のエネルギーを引き出し、政治的民主主義を再生することに失敗した」（三一九頁）、「ニューディールは経済的には（景気回復の点では）失敗したが、政治的には成功した。これに反して、高橋財政は経済的には成功したが、政治的には失敗した」（同）と評価している。これより先、一九七八年にH・W・アーントの『世界大不況の教訓』（東洋経済新報社）が翻訳されるなど、海外の研究ではニューディール政策が「成功」とは呼びがたいものであったとの主張があることが紹介されていた。むしろ景気回復に成功したのは満州事変に伴う軍備拡張が進んだ日本と、ナチス政権のもとで再軍備に踏み切ったドイツであった。この点は、中村説が民主主義と全体主義という政治的な基盤の差を重視したことと符合するかもしれない。中村説では、ニューディール政策が「経済的には失敗した」としているから、一九三〇年代のアメリカ経済の停滞状況は認識されている。しかし、この日本とアメリカとの違いが、恐慌の震源地アメリカと周辺地域日本という差異で説明できるとは考えにくいとすれば、そもそも恐慌が発生し、そこから回復していく過程に内在する構造的な差異が問題になる。

昭和恐慌の特徴は、景気の後退局面が鋭く深かったと同時に、その回復も早くV字型の回復を示したことであった。この早い回復が高橋財政は「経済的には成功した」との評価につながっている。政策転換が景気回復へのきっかけであったことは重要な手掛かりだが、アメリカ経済の停滞によって生糸を介した海外からの貿易への悪影響は継続しているにもかかわらず、景気回復に至っている。もともと生糸輸出の不振は、製糸業・蚕糸業を介して、農業・農村の恐慌状態につながる説明を可能にするとしても、日本経済の全般的で急激な景気後退は説明できない。この点は、貿易財である生糸の価格下落と国内米価の下落には大きなタイムラグがあることにも示されている。加えて、この方向からでは、産業構造に大きなウエイトを占める綿工業や一九二〇年代の都市化に関連して成長産業になっていた一部の重工業など、経済構造の重要な部分にどのような影響が及ぶのか明確ではない。金解禁政策による緊縮政策が「需要不足」の経済を作り出したこと、そのための深刻な景気後退が、海外の物価下落によって加速されたという解釈は可能であろう。それはどのように実証されれば良いだろうか。『昭和の恐慌』からはそうした解明すべき問題群を知ることができる。

(2) 出発点としての『昭和の恐慌』

書評に拠りながら示した批判的な指摘は、繰り返しになるが、当時の経済史研究が、戦間期研究に本格的に着手したばかりであったという状況を反映しており、その意味では、それは同時代の経済史研究に突きつけられた、解明すべき研究課題であった。

これに取り組んだ研究として、政策史研究における三和良一氏と橋本寿朗氏の研究が後続する研究としてとりわけ重要な意味を持つということができる。

経済政策研究に関する三和良一氏の研究（一連の論文は、後に『戦間期日本の経済政策史的研究』東京大学出版会、二〇〇三年にまとめられた）は、井上財政・高橋財政の歴史的な意味を明確化するために、それまでの政策思想史的な二項対立（古典的金本位制論とケインズ主義的有効需要創出政策）に基づく説明から脱却し、それぞれの政策が解決しなければならなかった課題（実体経済の問題点）にいかに対処したのか、それぞれの政策構想の持つ体系性などを明らかにし、その分析を通してこの時期の経済政策体系の変容が、現代的な資本主義経済体制を作り出す上で重要な意味を持ったことを論じていた。政党内閣制度のもとで政治的な対立が経済政策の選択に重要な差異を生む可能性をもち、政治的なプロパガンダが対立を際立たせるように発信されていたとしても、政策課題に向き合う政治家たちの選択は、それなりに現実的で合理的な判断に基づいていた。それは単に信条や思想に左右された誤った選択ではないし、政策の失敗と切り捨てるべきではなく、歴史的には井上財政が高橋財政への露払いになった側面があることも明らかになった。

三和良一氏の研究と中村先生の見解とは、昭和恐慌が当時の用語法に則してみれば、「国家独占資本主義」への歴史的な転換期にあたるという点では共通する面がある。ただし、三和氏は戦後までつながる資本主義経済の段階的な変化への連続的な側面を重視するのに対して、中村先生の見解は「戦時国家独占資本主義」へとつながり、戦前と戦後の日本資本主義の構造的な断絶を重視する立場に立つ点で異なっていた。

三和氏の研究は、これに加えて高橋財政期の景気回復のメカニズムにおいて、有効需要創出政策だけでなく、為替放任による円貨下落・輸出拡大を重視するものとなっているという点でより広く経済構造の転換を描こうとしている。為替政策については、最近では鎮目雅人『世界恐慌と経済政策』（日本経済新聞社、二〇〇九年）が、財政政策については井手英策『高橋財政の研究――昭和恐慌からの脱出と財政再建への苦闘』（有斐閣、二〇〇六年）などが続き、より豊富な歴史像が描かれつつある。

経済政策史的な研究の進展を前提としつつ経済構造の実態を産業構造の変化と産業の組織化という視点で分析した

のが、橋本寿朗『大恐慌期の日本資本主義』（東京大学出版会、一九八四年）であった。この研究は景気回復に向かう日本経済の構造変化を重化学工業を中心に描くという点で大きな成果を研究史に残した。ただし、三和氏の研究も橋本氏の研究も昭和農業恐慌をどのように位置づけるのかという点では課題を残していた。

中村先生自身は、一九七九年に『近代日本地主制史研究――資本主義と地主制』（東京大学出版会）を刊行し、昭和恐慌期の農民諸階層の全般的な落層・窮乏化を論じており、その後八四年には暉峻衆三『日本農業問題の展開』下（東京大学出版会）が刊行された。それによって農業問題全体、とりわけ一九三〇年代の寄生地主制や、農村更生運動に関する論点が提起されることになった。この分野の研究では、中村先生門下の森武麿氏、大門正克氏などが実証的な研究を重ね、『昭和の恐慌』後の重要な研究の進展をもたらした。

しかし、それらの農業・農村問題研究と橋本・三和両氏などの資本主義史研究とは十分に架橋されないままに時間が経過した。そのために昭和恐慌からの回復過程で、重工業を中心とした国際的にみても素早い回復にもかかわらず、農業部門はなぜ長く深刻な恐慌状態に呻吟したのかという問いに、経済史研究は明確に回答を与えることができないでいる。筆者自身も「昭和恐慌と日本経済」（『岩波講座日本歴史17　近現代3』岩波書店、二〇一四年）で挑戦しているが、「景気回復」という限定的な視点で「成功」とされた高橋財政は、農業恐慌に対処するという点では限界を持ったことはどのような説明ができるのかという課題は未だ残っている。『昭和の恐慌』という書物が提起したのは、そうした日本の経済社会全体を見渡した説明の構図を用意する必要があるということであり、私たちは中村先生のこの問題提起に十分な回答を与えていないことに改めて自覚的でなければならないだろう。若い世代がこの問題に関連した研究課題に取り組むようになっていくことに期待をしたい。

2

小島庸平

はじめに

半世紀以上に及ぶ中村政則の研究生活の中で、『昭和の恐慌』（以下、「本書」と略す）が刊行された一九八二年は、ちょうど中間地点といってよい位置にある。[1] 一九七九年から八一年にかけてアメリカに滞在した中村は、帰国後、占領期の天皇制を中心とする政治史の領域でも実証研究を発表するようになり、おおよそ戦前期に限られていた研究の対象を、敗戦以降にまで広げていった。したがって、本書は、大門正克が提示した時期区分に従うと、「前期」の最末期における仕事として位置付けることができる。

しかし、本書は、対象とする時期こそ「前期」の守備範囲内であるものの、アメリカ体験が最初に反映されているという意味では、中村の言う「第二ラウンド」[2]の出発点に位置する著作でもあった。それゆえ本書は、中村歴史学の「前期」と「後期」とを見渡しうる地点にある。ここでは、中村の大恐慌に関する理解の変遷を本書執筆の前後も含めて辿ることで、「中村政則の歴史学」に特有な方法が大恐慌期の分析にどのように適用され、そこから何を批判的に学びうるのかを探ることにしたい。

(1) 前提と方法

産業革命期の地主制と地方金融を専門とする研究者として登場した中村が、初めて「昭和の恐慌」を正面から論じたのは、永原慶二編『日本経済史』（有斐閣、一九七〇年）で担当した「国家独占資本主義の成立と展開」と「戦時国家独占資本主義の確立」の二章であった。この直前に中村は、人民闘争史の一環としての国家論の必要性を提起しており、[3]「国家独占資本主義」とその成立の契機となる大恐慌の問題は、一九六〇年代後半の時点ですでに中村の関心の圏内に入っていたと考えられる。

ただし、この時点での中村の叙述は、教科書という制約もあってか生硬なものであることは否めない。中村は、「金融資本の階級的立場をもっともストレートに代弁したのが井上財政」であり（一六一頁）、一方の高橋財政は「強力なファシズムと国家独占資本主義を欲していた独占資本の要請」に沿ったものと規定している（二九六頁）。そこでは、資本の利害を国家の政策にダイレクトに結びつけるという階級国家論的な理解が示されており、本書で示された「人間くさい」通史的叙述からはかなり距離があると言わざるをえない。

こうした限界を中村が乗り越える上で重要だったのは、①長幸男、中村隆英らによる高橋財政に対するケインズ政策としての評価の吸収と、[4]②『労働者と農民』（一九七六年）執筆の経験という二点であったと思われる。すなわち、一九七七年に中村は、「高橋財政にそれなりの軍部抑制的側面があったことは誰しも否定でき」ず、「高橋財政の評価のむずかしさも実はこの点にかかっているのだといえる」[5]として、一九七〇年の段階とは異なる理解を示しており、これは①に関する長・中村の指摘を踏まえたものであろう。この段階で受容された高橋財政理解を、後に見るように中村は本書において拡張し、基本的には終生これを堅持し続けることになる。

また、②については、後に中村自身が「私は執筆の過程で自分の歴史認識や歴史叙述の方法が、それまでの自分の方法と違ってきていることに気づきはじめていた」[6]と振り返っており、そこで獲得された「歴史叙述の方法」は、本書において遺憾なく発揮されることになる。とりわけ、「人間を描く」ことは本書においても意識的に注意が払われ、聞き取りや回顧録、中村の主催した市民講座出席者たちによって編まれた文集などを引用することで、当時を生きた人々の動きがその肉声によって活写されている。こうした史料の選択と工夫は、本書を通史的叙述として生彩に富んだものにしていると言ってよい。

その一方で、中村が終生こだわり続けた「全機構的把握」や「全体史」への志向が、こうした「人間を描く」努力と両立している点も、本書の特徴として指摘しておく必要がある。とりわけ金融恐慌が深刻化した理由を、一九二〇年恐慌後における財界整理の不徹底という経済的要因と、「政権にありつこうとする政治屋《ポリティシャン》たちのマキアベリスト的抗争」という政治的要因との絡み合いに見出した部分（七三頁）は、政治過程と経済過程の統一的分析として本書の白眉である。しかも、「失言」の主である片岡直温や、事態の収拾に奔走した高橋是清をめぐる回想だけでなく、預金者の証言や「嘆願書」などをも駆使しており、幅広い立場の人々が直面した不安と混乱の様が眼前にありありと浮かぶようである。本書は政治・経済・社会・文化に幅広く目配りした模範的通史であると同時に、「人間」そのものを描いた歴史叙述としても成功しており、二〇〇〇年代半ばに本書を初めて読んだ評者は、大きな感銘を受けたことを鮮明に記憶している。

ただし、こうした政治と経済の統一的把握は、特に高橋財政とニューディールとを比較した部分については必ずしも成功してはいないように思われる。中村は本書で、高橋財政は政治的には「失敗」したが経済的には「成功」し、逆にニューディールは政治的には「成功」したが経済的には「失敗」したと整理している（三二九頁）が、そこで採用された「成功」と「失敗」の二分法は、政治と経済の二領域を日米間で単純に対比させたものに過ぎず、率直に言ってそれまでの中村が「全機構的把握」として見せてきた視野の広がりを感じさせるものではない。中村自身、その「大胆」な整理が多くの批判を呼んだことを認めており、そうした批判に応えて反批判を行っていた(7)。次に、節を改めて本書の刊行によって呼び起こされた議論を概観することで、中村が本書で示した理解がどのように変容したのか、あるいは変容しなかったのかを吟味してみたい。

(2) 刊行後の議論

本書に対する批判として中村が最も重視したのは、岡田知弘のそれであった[8]。岡田は主として、①フーバー・井上財政とニューディール・高橋財政との間には強い連続性が見られ、高橋是清の経済政策はケインズ理論というよりもドイツ財政学における「国家生産説」と類似していること、②ケインズとその政策論を基準に「景気回復の是非」を論じていることの問題性、という二点について中村を批判した。このうち①について中村は、従来の見解を堅持して応答しており、フーバー・井上財政とローズヴェルト・高橋財政との間にはケインズ経済学の受容という点で明白な断絶があり、岡田の「国家生産説」ではこうした財政思想上の変化を説くことができないと批判した[9]。後に浅井良夫も、高橋財政が「ケインズ理論によらないケインズ政策」であることは「今日の定説」であり、岡田の指摘を「誤り」として断じている[10]。

一方、②について中村は、ケインズ理論における景気回復（経済）と軍事化（政治）との一体的連関を認めつつ、「もっと優れた選択肢」としてスウェーデンを第三の比較軸として参照している。その際、「成功」と「失敗」を分かつ基準とされているのが、財政の軍事化如何と労働者・農民への所得分配であった。すなわち、アメリカのニューディールは労使関係を調整しつつ実質賃金の上昇に成功したものの、第二次世界大戦勃発後にはケインズ的な拡張財政政策が国家財政の軍事化をもたらした限りにおいては、政治的な限界を有していた。これに対して同じくケインズ的財政政策を採用したスウェーデンは、労働者と農民の所得水準の向上に成功し、第二次世界大戦に対する「非交戦国」宣言を出したために軍事化を免れることができた。中村は、岡田の批判を受けてニューディールの軍事化傾向を指摘する一方、スウェーデンの事例を新たに議論に組み込むことで、ケインズ政策の「救済」を図ったものといえる[11]。そのため、ケインズ政策そのものを「批判の対象」とすることを提起した岡田の指摘については、残念ながら正面化から回答されることなく議論が収束してしまった。

結局、その後の中村は、ケインズ政策としての高橋財政を批判的に再検討する方向には向かわなかった。たとえば、一九九四年の本書、小学館ライブラリー版の刊行の際には、「本書（初版）で私は井上準之助に点が辛く、高橋是清に甘い記述をしている傾きがある」として「井上財政の再評価」を行っており[12]、高橋に対する「甘さ」を修正する必要性には言及されていない。むしろ、一九九八年に中村は、高橋財政について次のような評価を記している。「高橋財政にはプラス面もマイナス面もあった。だが、昭和金融恐慌、世界大恐慌のときに見せた高橋是清の見識と勇気は、いまなお光り輝いている。「第二の高橋是清が出てきてほしい」という声は何も学生だけに限らないのである[13]」。こうした高橋財政に対する極めて高い評価は、一般向けの経済雑誌上のこととはいえ、異例と言ってよいほどの賞賛ぶりであろう[14]。

近年の大恐慌期の経済政策に関する研究は、財政政策と金融政策とを一体的に把握し、リフレーション政策としての高橋財政を極めて高く評価する傾向が強い[15]。この文章を書いている二〇一七年四月現在、そうした傾向を代表する著作の編者が日本銀行副総裁として金融行政の中枢にあり、現職の副総理・財務大臣・金融担当大臣を兼任する人物は、高橋是清の経験を学ぶべき先例として明言している[16]。高橋財政は、経済史学の対象としては異例なほど高度に現代的かつ政治的な存在となっていると言えよう。そうした状況の下で高橋財政に対する中村の高い評価を読み返すとき、歴史家としてある種の「危うさ」を感じるのは、評者一人だけであろうか。

おわりに

最後に、本書の到達点から評者が読み取りうる限りでの今後の課題を、以下の二点に整理することでまとめにかえたい。

第一に、中村が政治的な「成功」と「失敗」を判断する基準とした民主主義対ファシズムという評価軸は、一九九

○年代に「総力戦体制」論の登場によって根本的に批判された。中村は後に「貫戦史」という概念を前面に押し出して戦後史を描いているにもかかわらず[17]、そこで「総力戦体制」論が参照されることはなく、岡田がその必要性を提起したケインズ政策そのものに対する批判的検討は、中村自身の手によっては行われなかった。とはいえ、今日の研究段階では、「総力戦体制」論の如く各国の恐慌への対応を「総力戦体制と現代化」としてひとまとめに捉えることも、すでに生産的ではないであろう。単なる比較政策論に留まらず、各国が抱えていた固有の矛盾を実証的に把握し、「現代化」のプロセスをその「奥深い基礎[18]」のレベルから改めて問い直していくことが求められている。

第二に、歴史叙述の方法にかかわる問題である。本書の大きな特徴は、政治家も企業家も民衆もみな「人間」として描こうとしたところにある。それは、中村が『労働者と農民』の執筆によって「人間を描くこと」に自信を深めたことに淵源するものであり、それが本書においても一定の成功をみたことはすでに述べた通りである。しかし、民衆史の叙述で見せた中村の「主体」に対する愛着と共感が、高橋是清にも強く投影されていたとすれば、中村の方法をそのままの形で継承することには慎重にならざるをえない。『労働者と農民』で中村が彫琢した方法を、「全機構的把握」を目指す歴史叙述や、政治的・経済的エリートの分析に持ち込むには、なおいくつかの工夫と媒介項が必要なのであろう。本書は、そうした方法上の普遍的な難問を後学の者に投げかけているという点で、なお読み継がれるべき価値を有しているように思われる。

注

（1）なお、本書は一九八二年に小学館から刊行されたが、一九八八年に文庫化され、一九九四年には「小学館ライブラリー」として再刊されている。本稿で示す引用頁数は全て一九八二年版によった。

（2）中村政則「私の歴史学」（同編『近現代日本の新視点』吉川弘文館、二〇〇〇年）三五七頁。

（3）中村政則「なぜ国家論をとりあげるのか」（『歴史学研究』第三五二号、一九六九年九月）三七頁。

（4）長幸男『昭和恐慌――日本ファシズム前夜』岩波新書、一九七三年。中村隆英『戦前期日本経済成長の分析』岩波書店、一九七一年。

（5）中村政則「国家独占資本主義論」（石井寛治・海野福寿・中村政則編『近代日本経済史を学ぶ（下）大正・昭和』有斐閣、一九七七年）一三八頁。

（6）中村政則「小学館ライブラリー版の刊行にあたって」（同『労働者と農民――日本近代をささえた人々』小学館ライブラリー、一九九八年）四九五頁。

（7）中村政則「大恐慌と脱出への模索」（歴史学研究会編『講座世界史6　必死の代案――期待と危機の二〇年』東京大学出版会、一九九五年）。

（8）岡田知弘「高橋財政とニューディール――中村政則著『昭和の恐慌』（小学館・昭和の歴史2）を中心に」（『新しい歴史学のために』第一七〇号、一九八三年三月）。

（9）以下、本段落の引用は全て前掲、中村「大恐慌と脱出への模索」による。

（10）浅井良夫「政策思想としてのケインズ主義の受容」（前掲『近現代日本の新視点』所収）二〇八・二一一頁。

（11）なお、ドイツやイタリアなどの「ファシズム的対応」においては、ケインズ政策が軍事化と結びつくと同時に、労働者や農民への所得分配は低位に留められた。日本においても非農業の労働分配率は一貫して低下傾向をたどっていたため、中村は、やや歯切れが悪いものの「高橋の経済政策は比較史的にみて、いわばファシズム型の一類型に属すると言うべきかもしれない」と位置付けている（二三〇頁）。

（12）中村政則「小学館ライブラリー版の刊行にあたって」（同『昭和の歴史2　昭和の恐慌』小学館ライブラリー、一九九四年）三九九頁。

（13）中村政則「高橋是清――行動は迅速果断、国民の生産力を重視」（『週刊エコノミスト』第七六巻第五六号、一九九八年一二月）四九頁。

（14）中村は、この論考の三ヶ月前に発表した「昭和恐慌と平成不況――宮沢蔵相は平成の高橋是清になれない」（『週刊エコノミスト』第七六巻第三九号、一九九八年九月）の中で、「平成の高橋是清」との呼び声が高かった宮沢喜一蔵相（当時）について、高橋の時代とは歴史的条件が大きく異なっており、その個人的資質にかかわらず宮沢は高橋是清にはなれないとする極めて冷静な議論を展開していた。その中村が、高橋是清の再来を望むかのような評価を公にしていることは、「異例」と言わざるをえない。

（15）たとえば、岩田規久男編『昭和恐慌の研究』東洋経済新報社、二〇〇四年を参照。

(16) 麻生太郎「インタビュー 実需喚起でデフレ脱却 平成の高橋是清めざす」(『Facta』第八巻第二号、二〇一三年二月)二八頁。
(17) 中村政則『戦後史』岩波新書、二〇〇五年。
(18) 永原慶二・中村政則・西田美昭・松元宏『日本地主制の構成と段階』東京大学出版会、一九七二年、五四八頁。

四　『日本近代と民衆』

『日本近代と民衆――個別史と全体史』（校倉書房、一九八四年）

〔章別構成〕

1

立松　潔

はじめに

『日本近代と民衆』は一九八四年に発行された中村先生の最初の論説集である。内容は二部構成になっており、第Ｉ部の「民衆史の座標軸」は歴史と個人の問題、民衆史や地方史研究の問題など、近代史研究者が身近に直面する問題や研究課題を取りあげている。そして、第Ⅱ部の「近現代史の再構成」は当時の近現代史研究の動向を総括した問題提起の論説で構成されている。

このように第Ｉ部と第Ⅱ部の内容はかなり異なっているため、本稿でもそれぞれ別個に論評することにした。また第Ｉ部付属の「ゼミナールと調査」は、評者がゼミ生として参加した農村調査に関わる内容であるため、やはり別項目で解説させていただいた。なお文中で引用個所を示した頁はすべて『日本近代と民衆』のものである。

(1)　「第Ｉ部　民衆史の座標軸」

第Ｉ部は初学者にとって親しみやすい論説で構成されている。これから本格的に歴史学、特に日本近現代史を学ぼうという人には是非読んで欲しい内容である。

著者は最初の論説「歴史と個人」（一九六八年初出、以下同様）のなかで、「歴史を、それぞれの時代の頂点に位置した指導者の才能や能力によって説明しようとする」のは「たかだか歴史の表面をかすったたけにすぎない」（一四頁）と指摘し、歴史を理解するには民衆への視点が不可欠であると主張する。そして、次の論説「民衆史・第四の波」（七八年）と「日本近代と民衆」（七七年）で、六〇年代に一躍脚光を浴びるようになった民衆史・底辺史・庶民史に目を向けていく。

著者によれば、民衆史が脚光を浴びるようになったのは、地域において「自分たちの手で歴史を書きかえ、再構成していこう」（一八頁）とする動きが広がり、「一般の読者が自己を「歴史を読む側」から「調べ・書く側」へと移しはじめた」（一九頁）ことが背景となっている。このような民衆史の台頭を、著者は歴史学徒・歴史学に自己変革を迫るものであると高く評価する。しかし当時の民衆史研究すべてを無条件に支持しているかといえば、決してそうではない。というのは、しばしば民衆史研究が民衆の怨念や情念を文学的な表現をもってうたいあげるような情念論的な傾斜を見せる傾向（二四頁）に陥り、「歴史の発展法則とか、社会構成史的な把握を軽視する傾向」（二五頁）が見られるからである。本書は次のように警鐘を発している。すなわち、歴史を「人間の意思と、それを制約する客観的な条件との弁証法的な相互関連に着目して」（二六頁）見ていく必要があり、科学的歴史認識を深めるには、民衆史においても歴史把握の基本原則である「社会構成史的把握と主体的把握との統一的把握」を踏み外すべきではない（二七頁）と。

同様の主張は五番目の論説「科学的歴史認識が深まるとは」（八三年）でも貫かれている。一九六〇年代から無名の底辺の民衆にスポットをあてる民衆史・底辺史あるいは民衆史掘りおこし運動などの新しい歴史学の波が台頭したが（八〇頁）、著者は、そのような研究成果を歴史の全体的把握と結びつけるには、たんなる感性的レベルでの認識にとどまるのではなく、「その時代の枠組みなり構造にたいする認識を媒介」させることが必要である（八六頁）と指摘する。「科学的歴史認識を深めるとは、人間が歴史的被拘束性のなかに生きる存在であることを徹底的に問いつめていくことにほかならない」（九二頁）からである。

第Ⅰ部の四番目の論説「地方史と全体史」（八二年）では、地方史と全体史との関係を取りあげている。著者は地域史の研究が中央中心史観からの脱却をめざす努力と結びついていること、また民衆史とも結びつき、「地域の歴史的・文化的伝統なり、その地域の構造を確定するなかで民衆の生きた姿を描いていこうとする」(四三頁)試みであることに注目している。

そして著者は地域史・地方史と「全体史」との関係について、「地方史というものを積み重ねていけば、それがそのまま全体史になるのではなく、重要なのは「地方史と全体史をつなぐ環――媒介環」(五七頁)を見いだすことである、と指摘する。そしてその媒介環の例として商品流通(市場問題)、権力あるいは政策的契機、国際的契機の三つを示し、自らの地主制研究での経験を紹介している。地方史研究の方法は単にその地方にだけ通用するものではなく、他の地方や全体史へリンクする方向を目指すべきではないか、というのがここでの著者の主張である。

以上紹介したところからも明らかなように、本書の第I部は民衆史や地方史を研究対象とする私たちが陥りやすい傾向を批判的に検討しながら、科学的な歴史認識を打ち立てる方法についてわかりやすく解説している。現在においても歴史を研究しようとする者にとって多くの有意義な示唆を与えてくれる内容である。

(2) 「ゼミナールと調査」について

第I部の最後の論説「ゼミナールと調査」(七一年)について、本書のあとがきには次のように書かれている。「学園紛争はなやかなりし頃、私はゼミの学生から、次のような質問をうけた。「歴史学研究にとって調査はなぜ必要なのか? 先生が毎年夏休みになるときまってゼミの学生をつれて農村調査に行くのは、ただ教育の予定のなかに組みこまれているからではないのか」というのである。私はこの質問に一瞬たじろいだが、気を取り直して、私の考えを整理したのがこの文章である」(二六二頁)と。実は私は当時学部の三年生としてこの時の調査に参加し、中村先生に対し質問を発した側の一員であった。そこで当事者としてこの「ゼミナールと調査」の背景等について説明しておきたいと思う。

この調査は私が中村ゼミに所属したばかりの七〇年七月一四日から三泊四日で実施された。調査地は新潟県南魚沼郡六日町（現在は南魚沼市）である。旧村役場で昭和恐慌期の史料を調査・収集するとともに、出稼製糸女工を経験された方たちからの聴き取りも行った。調査後はゼミ生有志が集まり資料整理を行い、執筆分担を決めて研究会や打合せを繰り返して一二月に論文を完成、学生研究誌『ヘルメス』第二一・二二合併号（一九七一年）に掲載している。

調査から論文完成までの半年間が順調に進んだかというと、そうではなかった。特に初めて調査に参加した私たち三年生の場合、十分な心構えもないまま受け身での参加だったため、試行錯誤や反省の連続であった。しかし、何度も開催した研究会や反省会ではゼミ生同士の活発な意見交換が行われ、大変有意義な経験をすることができた。そこでは自分たちの調査に取り組む姿勢への反省（受け身での参加）やゼミ調査のあり方についても議論され、中村先生に対しても率直に調査に対する意見や感想をぶつけることになった。その中には、おそらく未熟で見当違いな内容もたくさん含まれていたはずである。しかしそれにもかかわらず、先生は我々の疑問や不満、質問に対して実にきちんとした対応をしてくださったのである。

そんな流れの中で、調査と自分との関係や共同作業のあり方など、各自の思いや反省点を文章化して調査報告書としてまとめ、共有化しようという話になった。中村先生にも執筆をお願いしたところ、快諾していただき、できあったのが謄写版印刷の冊子中村ゼミナール「農村調査報告書」である。中村先生の原稿は私がガリ切りを行ったが、それも懐かしい思い出である。そして驚いたことに、この時の先生の寄稿文「ゼミナールと調査」が後に本書『日本近代と民衆』に転載されることになったのである。

そして、その寄稿文にあった次の言葉は学生の私にとって特に印象深いものであった。すなわち、「歴史を研究するとは、究極的には過去・現在・未来の時の流れのなかに自分を位置づける作業のことだと思う。現在、自分が立脚している社会とは、いったい、いかなる歴史的構造の展開の所産としてあるのか。そのことを発展の契機に即してつかみ、そこから現実の社会が未来に向けてどのような展開をとげていくかを見透かすことのできるような能力を養うことが、歴史研究の本来的任務でなければならない」(九九頁)と。私が近現代史の研究を続けたいとの思いを強め、大学院に進学することになったのは、この時の調査の経験に加え、この中村先生の言葉に強く共感したからであった。

(3) 「第Ⅱ部 近現代史の再構成」

第Ⅰ部が初学者向けに歴史研究の方法や課題を示す内容であるのに対し、第Ⅱ部は学会に集う歴史研究者向けに研究動向を総括し、新たな研究課題を提起する論説で構成されている。なかでも歴史研究の現状に対する危機意識をもとに書かれているのが、最初の「日本近代史研究の一九六〇年段階」(六八年)である。この論説の冒頭で著者は「近代化論・国家主義的歴史観などを先頭とする帝国主義的歴史観が、国家権力に担保されながら勢いをえつつある」(一〇五頁)こと、しかしそれに対し歴史研究の現場では、研究の個別細分化とともに孤立分散化の傾向が進展し、反動的歴史観の浸透への対抗という社会的任務に十分対応できていない、と指摘している。

このような研究の孤立分散化の克服に向けて著者が提起するのが、共通の視点=研究課題への取組みである。そして著者は、共通研究課題として、帝国主義研究、人民闘争史、近代天皇制研究を掲げ、すでに六〇年代後半にこの「三つの視点から日本の全近代をとらえなおそうという意欲的な模索が開始され」(一一三頁)ていると指摘する。

もちろん、この論説が書かれてから五〇年を経た現在、取り組むべき研究課題は当然変化している。しかし、最近の教育勅語を賛美する勢力の台頭に見られるように、歴史観や歴史認識における反動的な傾向はますます強まっている。共通の研究課題への取り組みを通じて反動的歴史観に対抗すること、それは現在さらに重要性を増していると言わざるを得ない。

次の「現代民主主義と歴史学」（七一年）も、当時の政治状況に対する著者の危機意識が背景になっている。「権力側が、戦後民主主義の破壊にむかって着実に点をかせいでいるまさにそのときに、反体制側が民主主義への確信をぐらつかせて」（二四〇頁）いる。著者はこのような状況を克服するため、この論説で「現代民主主義とは何なのか、それを真に担うべき主体は誰なのか」（同上）という視点を軸に六〇年代の人民闘争史の研究を検討し総括している。

三番目の論説「服部之総と近代天皇制論」（七二年）は、服部之総の近代天皇制国家論を取りあげたものである。ここで著者は「日本近代の体系的把握にかかわる根本問題」（二二三頁）に取り組んだ服部歴史学の成果を紹介し、それを高く評価するとともに、残された課題について明らかにしている。

最後の論文である「講座派理論と我々の時代」（八三年）では、日本近代史研究が大きな曲がり角にあることを、若い世代の講座派離れの進行という観点から取りあげている。もちろんここでの課題は「講座派」という看板を守ることではなく、その内容、つまり科学的な歴史認識・歴史分析の意義を明らかにし受け継いでいくことである。

著者は講座派の理論家で好きな人を三人あげるとすれば、野呂栄太郎、山田盛太郎そして服部之総であると述べている。そして本書ではこの三人を中心に取りあげ、ここから学ぶべき特徴として次の三点について解説する。すなわち、第一に「日本資本主義をつらぬく一般と特殊の二側面を統一的に把握せんとする方法意識」（二四一頁）、第二に「政治と経済の統一的把握という方法」（二四三頁）、第三に「歴史分析と現状分析とが車の両輪のような関係になっていること」（二四六頁）である。著者が指摘するこの三点の内容が、現在でも歴史研究を行う際の重要な方法であることは間違いないであろう。

本書が発行された一九八四年と現在とでは歴史学研究が直面する状況が大きく変わっていることは言うまでもない。しかし、本書が指摘するように、歴史的分析と現状分析は車の両輪のような関係にある。現代が直面する課題を受け止め、それを歴史研究に活かしていくこと、本書を読み返すと、その重要性を改めて痛感させられる。

2

戸邉秀明

一九九〇年代前半の史学科の学生にとり、八四年刊行の『日本近代と民衆』（以下、本書）は、格好の研究入門、歴史理論への道案内であった。私自身、まさにそういった学生読者の一人だったが、それは冷戦期の言説空間や政治的対抗関係を知る最後の世代ということなのかもしれない。「戦後歴史学」の思考様式や学問への姿勢は、学ぶべきものとして一定のリアリティを保ち、実証と価値の結びつきはなお緊密（なはず）であった。

では四半世紀の時をへて（その間も折々に繙いていたとはいえ）本書を再読し、いま何を感じるか――著者の約半世紀前の方法意識や史学史的な見通しの鮮やかさは、戦後日本の史学史を検討する機会の増えたいま、私にはますます貴重と感じられる。研究の個別細分化が進む現在、本書の論述を可能にした大胆さと念慮があらためて求められる。

しかし同時に、著者の視野には映らなかった領域が同時代にあったことを知るいま、本書が整理した「戦後歴史学」の問題関心そのものを歴史化し相対化してみなければ、本書の精読は難しい。中村史学は、それをして初めて新しい世代に手渡せるものとなるだろう。そのために必要な批判を、以下、三つ挙げたい。

(1) こぼれおちる「人民像」への関心

二部構成の本書のうち、研究史上よく言及されるのは、第Ⅱ部「近現代史の再構成」だろう。なかでも「現代民主主義と歴史学」は、一九七〇年代の関頭にあって、同時代の研究動向を明快に腑分けした史学史叙述として、今日でも群を抜いている。著者と同世代の戦後派が前面に踊り出た六〇年代の盛期「戦後歴史学」を代表する『講座日本史』

（東京大学出版会）、その最終第一〇巻に寄せられた「現代歴史学」の診断が本論文である。

著者は、「六〇年代歴史学が人民あるいは人民のたたかいの歴史をどのような問題意識と方法とによって把握したか」、その研究の「軌跡を現代民主主義評価との関連にしぼって」検討していく（本書一三九〜一四〇頁、以下同）。具体的には、①経済思想史家の長幸男による「ブルジョア民主主義再評価論」、②都市小ブルジョア運動の再評価を通じた江口圭一の「「統一戦線論」的人民闘争史」、③民衆思想史の唱道者たちが牽引した「「主体性論」的民衆運動＝思想史」、④佐々木潤之介の「豪農—半プロ論」を典型とする「「無産大衆＝原動力論」的階級闘争史」、⑤家永三郎の「抵抗権思想を中核とする思想史研究」と、五つの潮流を選び＝名づけ、相互の関係に目配りしつつ論じていく。

その結果、階級闘争を中軸とした人民闘争史研究がもっとも盛んな当時にあって、むしろ④に一番厳しく、マルクス主義歴史学の正統的立場から批判を受けていた他の潮流の意義を、難点を指摘しつつも積極的に評価している。③を担う色川大吉・鹿野政直・安丸良夫という三者の個性の描き分けなど、現在でも充分興味深い観察だ。六〇年代の（広義の）「戦後歴史学」内部における諸潮流の分化と競合・協業のあり方を捉えた、この優れた見立ても、講座派的歴史観の強い影響力／拘束力のもとにあった当時の歴史研究者では、相当大胆な（あるいは柔軟な）評定であった。

それが可能だったのは、民主主義の深化という課題に参加し寄与する歴史学とはいかにあるべきかを基準に研究潮流を選び抜く、主体的な方法意識が発揮されたからである。自己の属する学問界に対する歴史的省察を梃子とした同時代への批判的診断には、「それによって何を見通したいか」という目的＝課題設定が何より重要である。本論文の序論からは、学説の変遷や学統＝人脈を重視した史学史では、歴史叙述の革新を自らに課す動因にはならない、という強烈な批判精神と自負が垣間見える。「方法としての史学史」ともいうべき構想力の面目躍如たる論考だ。

しかしながら、今回の再読でひとつ、違和感、というよりも奇異な印象を抱いた。それは、論文の大半を占める右の同時代診断と、それら諸潮流に対置（止揚？）すべく最終節で展開された議論との接合にかかわる。著者は、レーニンの諸著作を通読して顕れる民主主義観の発展をふまえ、帝国主義段階における民主主義＝「現代民主主義」の課題という視角から、今後の近現代史研究の方向性を探る。だが、それがなぜ前半の諸潮流の間に存在する民主主義観の相違や葛藤を克服する提起になりうるのか、にわかには首肯しづらい。

この最終節では、五つの潮流をつかみ出す際に基準としてあった、民主主義の担い手たる「主体」を描く方法をめぐる議論がない。「現代民主主義とその主体の問題をどう考えるかということと、研究主体の問題意識と方法とが緊密にむすびついており、この点にたいする確信、動揺あるいは違いといったものが、そのまま階級闘争史の方法あるいは人民像・民衆イメージの定立に大きく反映せざるをえない」（一七七～一七八頁）と前半から貴重な視点を導出したにもかかわらず、である。そのためか、本論文の初出にあった「六〇年代歴史学の人民像」との副題は、本書にはない。しかし、本論文の卓抜さは、まさにこの「人民像」の問題、すなわち民主主義の具体的な担い手を歴史のなかにいかに見出し造形するかという課題と、同時代の大衆社会化と人間疎外のなかで「歴史学する」ことはいかに可能かという歴史家自身の課題とが、いかなる緊張を生み、それが創造性の源泉たりうるかを示したところにある。

このズレは何を表すのか。再読と並行して中村の著作目録を作成して気づいたのは、彼が講座派を自認する歴史家へと自らを鍛造する以前に抱いていた民主主義への関心である。それは大分素朴ではあれ、安保闘争のさなかで戦後民主主義の価値観を徹底させようとするものだった。「一市民として現代に生きる歴史学徒の、学問的・内的衝動に裏打ちされた歴史への参加の仕方の自己表現・自己主張」（一三七頁）として歴史学を捉える、本論文冒頭の表現には、その片鱗がうかがえる。それが、前述のような史学史評価の大胆さにつながったのだとすれば、著者の歴史家としてのその後のさらなる自立は、彼の歴史理論における主体論の発展を矯めてしまったのではないか。

(2) 構造と主体の〝あいだ〟

著者の口吻を懐かしむ読者には、ここまでの私の物言いこそ奇妙かもしれない。本書の第Ⅰ部「民衆史の座標軸」こそ、歴史のなかの主体に関する著者の〝原論〟に相当するのだから。一九六〇年代後半の（民衆思想史研究を多分に念頭においた）「法則嫌いの情念論的民衆史」（二六〇頁）の興隆に危機感を覚えた著者は、構造を重視した全体史の観点から、民衆を歴史叙述のうちにいかに定置できるか、問題提起を重ねた。構造と主体をひとつながらに考えるという「戦後歴史学」特有の構えが、社会運動へと飛躍する個人に対する具体的な考察を通じて語られる。そこから得られた、意図と結果の乖離、主体の意図を越えた法則の転回、共感的認識と科学的認識の統一、といった論点は、多くの読者が記憶している。いまでも共感と感動を得られるのは、第Ⅰ部の方なのだろう。

だが、今回の再読でもっとも距離を感じたのは、この主体をめぐる議論だった。

理由のひとつは、著者が構造や法則と主体とを切り離して対置させ、非情な法則に挑む人間の主体性という、著者が批判していた色川大吉とも実は共通する構図が、透けて見えるからだろう。また著者の〈構造対主体〉という枠組みでは、民衆の慣習的行動として現れる日々の行為実践が創り出す秩序や支配の構造を、主体をめぐる叙述にはうまく組み込めない。慣習的行動は、対自的な自覚の成長以前の段階として、因習や封建性と見なされるため、それらが再生産されることで初めて現象する支配秩序の動態は、主体を構成する不可欠の要素として、著者には映らない。

ここで考えるべきは、構造と主体の〝あいだ〟が、もっとも重要な探究の領域ということだ。構造と主体が初めから個体としてあって両者が角逐するのではなく、〝あいだ〟で生じるダイナミズムが、両者を、同時に、生みだすと考えた方がよい。もちろん言うは易く行うは難い。著者の〈構造対主体〉という社会観のある種の通俗性から、私たちがすでに免れているなどとは、到底言えない。だからこそ、くり返し俎上に上せる必要がある。

本書は刊行当時、「近年さかんな社会史への見解がみられないのは、もの足りない」と評された（『朝日新聞』一九八四年四月一六日。無署名の書評だが、鹿野政直の筆による)。社会史の動向に対する著者の評価は、当時もその後も一貫して低い。だが、もし著者が、二宮宏之や喜安朗の具体的な歴史叙述に向きあっていれば、社会史の評価だけでなく、著者自身の「民衆」観も、さらなる深化を遂げたのではないか。著者だけではない。今日では、ギデンズやブルデューの「構造化する構造」の理論をはじめとして、構造と主体の関係は、社会理論としてより精緻になっている。だが民衆史や社会運動史の分野で、いまそれが歴史叙述にどこまで活かされているだろうか。

このような観点からすると、第I部のなかでも少し趣の異なる「地方史と全体史——日本近代を中心として」がかえって興味深い。民衆史と並ぶ隆盛を迎えた当時の地域史研究に対して、地主制史研究のために重ねた自身の農村調査や自治体史編纂の経験を活かし、地域史と全体史の相互連関を説いた論考である。ここで両者の結節環として挙げられた論点(市場問題、権力・政策的契機、国際的契機等)からは、地主がどのようにして地主になっていくのか、彼らの主体性や主観を創り出す構造的要因が浮かびあがってくる。投資行動や市場への働きかけ、小作人との関係といった地主たちの日常的実践は、民衆のそれと同様に、自己を自己たらしめ、社会構造の再生産を促したであろう。著者がフィールドワークで鍛えた視点と豊かな蓄積は、そのような再読の機会を待っているのではなかろうか。

なお、本書のみならず、著者は自身の民衆史論の原点として昭和史論争に繰り返し言及してきた。ただしこの論争を引くようになるのは、比較的遅く七〇年代に入ってからと思われる。それ以前、著者にとり構造と主体の問題は、学徒兵という主体にそくして、より切実さを帯びていたはずである。著作目録の最初の一〇年を追うだけでも、それは確認できる。中村は五〇年代末から六〇年代なかばにかけて「わだつみ会」に参加し、戦後派の立場から戦没学徒兵の手記を選ぶ編者の一人ともなっていた。ところがその後、この経験と自身の歴史研究との関係に言及することはなかった。前述の民主主義論の屈折ともあいまって、この点は謎のまま残っている。

(3)「最後の講座派」の務めとは？

第Ⅱ部後半、「服部之総と近代天皇制論」・「講座派理論と我々の時代」の二論文は、講座派の歴史的意義と方法的画期性をよく見渡せる好論である。とりわけその総合性に着目し、一般と特殊、政治と経済、歴史分析と現状分析という三つの「統一的把握」にまとめあげた点は、マルクス主義歴史学の「科学」性を歴史的に位置づけるための準拠枠たりえよう。また二論文は、著者の「最後の講座派」としての自負の告白でも知られる。

では「最後の講座派」は、〝しんがり〟として講座派のそのような遺産をどう活かそうとしたのか。その観点は、山田盛太郎を継がんとする「全機構的把握」と、服部之総を範とする政治史と経済史を一体化させた構造史的叙述とにあろう。だが著者の企図は、その後、結実したとはいえない。八〇年代なかばまでに、すでに一書を優に越える数に達していた帝国主義論、天皇制国家論、地方支配論、階級構成論は、ついにひとつにまとまらなかった。それらが、本書と同時期に対となる作品＝論集に昇華されていれば、政治過程論的な政治史や個別経営分析が経済史の主流となるその後の日本近代史研究のなかでも、幾度も対峙すべき礎石となっていたはずだ。

実際の著者はその後、占領史を中心とした現代史研究に軸足を移す一方、世界システム論を援用して明治維新の比較史的位置を再検討し、維新変革と戦後改革とを結んで日本近現代史を幅広く論じていく。ただしこの変化は、「講座派理論と我々の時代」の最終段で、「戦後改革と資本主義の現状分析とを結合させるべき」（二五七頁）との提言によってすでに予告されていた。明治維新と資本主義の現状分析を結合させた野呂栄太郎らのひそみに倣いつつ、さらに維新と占領と現在を貫いて、「講座派的総合」を実現させようとしたのだろう。

けれども、それは成功しただろうか。これを考える際、注目すべきは、著者がその講座派論の最後で、講座派の日本近代史理解が「重大な理論的挑戦」を受け、根底から動揺しつつある八〇年代初頭の研究動向にふれた箇所である。遅塚忠躬や小谷汪之、加藤哲郎らの研究が、「講座派マルキシズムの創造的発展をはかるためには、不可欠の一階梯」

（二五六頁）と積極的に評価されている。これと関連して、本書の「あとがき」でも、「世界的にみても、一種の社会科学革命とでもいうべき事態が深く静かに進行しつつある」（二六九頁）と観測している。

この見通しは正しかったと思う。ならば、これに著者はどのように応答したのか。たとえば右にみた「不可欠の一階梯」に伴走して、自身の地主制史研究を見直せばどうだったか。あるいは、本書刊行の前年に出た柴田三千雄『近代世界と民衆運動』を、また一月前に出た西川長夫『フランスの近代とボナパルティズム』（ともに岩波書店）を、著者はどう読んだだろうか。日本史研究でも、そうした西洋史研究の批判的省察を取り入れた牧原憲夫の原蓄期国家論（「「近代的土地所有」概念の再検討――最近の西欧近代地主制史研究を手がかりに」『歴史学研究』第五〇二号、一九八二年三月）が、まさに中村の地主制論や国家論の体系への根本的な批判として現れていた。

本書を、右の諸作品と同じ時空間で編まれたことを前提に再読すると、当時の日本近代史研究が、学問的隣人たるマルクス主義系社会科学における同時代の自己革新の意義を理解できていなかったことに愕然とする。一九七〇～八〇年代における、このような対話の不在は、ひとり著者に限った問題ではないだろう。著者が遺した未完の体系を、同時代に参照可能であった作品と対話させることで、どのようにいまに活かせるか。そのような作業は、実際の著者を知らない世代によってこそ、かえって創造的になされるように思う。

このように、本書は一九七〇～八〇年代に歴史学界で安定期を迎えた「戦後歴史学」の自負と自信を体現する作品と言える。その根拠となる明晰さも、本書から随所に読み取れる。だがそれゆえにこそ、その後の自己革新を妨げたとすれば、それはなぜなのか。その解明なくしては、「戦後歴史学」の顕彰も批判も、ともに空疎に響く。中村の達成と限界との関係を見通すことは、この点で決定的に重要である。あの鋭敏な人にして、どうしてなのか――若輩の議論にも耳を傾け、人なつこい笑顔で応えてくれた最晩年の姿を思い出し、その歴史家としての軌跡をあらためて追いかける作業を続けながら、いましばらく、この問いをひとつの核として、戦後史学史の再検討を図りたい。

あとがき

近年、戦後の歴史学について論じられる際に、中村政則さんへの言及がほとんどないことを、とても不思議に感じていた。中村さんは、まぎれもなく一九六〇～七〇年代の近現代史研究の中心的な存在だった。歴史学研究会でつぎつぎと野心的な企画を繰り出す中村さんに、学界の注目が集まった時期があった。明快な論理、躍動的な文章に彩られた中村さんの論文は、かなり長い間、近代史家だけでなく、歴史家全般、さらには歴史学とは無縁の人々までも惹き付けていた。身近な経験で言えば、私が中村大学院ゼミに在籍した一九七〇年代前半には、中村ゼミは一橋大学大学院において一、二の院生数を誇っていたばかりでなく、首都圏の大学から集まった聴講生も加えて、ゼミ室は身動きが取れないほどの熱気が溢れていた。「門前市をなす」という形容も誇張ではない時代を肌で知っている私から見れば、学界のこの冷淡さはいったい何なのかと訝しく感じてしまう。

とはいえ、中村史学に対する冷淡さは、決して他人事ではない。私自身も、中村さんの仕事と正面から向き合うことを避けていたと、告白しなければならない。本書では、現時点で中村さんの仕事をできるだけ客観的に再評価することを心掛けた。

そもそも中村史学を問うということは、限りなく重いテーマである。農業史、日本資本主義史論、民衆史、天皇制国家論など多岐にわたる中村さんのスケールの大きな学問と対峙することの難儀もさることながら、中村さんが、みずから、その守り手と任じた史的唯物論の枠組みとマルクス主義の思想を論じるという壁が屹立しているからである。

冷戦の終焉とともに史的唯物論は過去のものになったと、さらりと言う人もいるが、マルクス主義は、ソ連型社会主義の崩壊とともに簡単に捨て去ることができるような代物であろうか？　かつてマルクス主義者は、イギリスの古典派経済学、ドイツのヘーゲル哲学、フランスの社会主義思想の批判的総合を自称していたが、それは決して誇張ではない。マルクス主義の総括とは、一九世紀の西欧思想をまるごと料理することであり、そのため、誰もが尻込みしてしまう。現に、中村さんをはじめとする一九六〇〜七〇年代の歴史家を論じた史学史のなかで、マルクス主義を正面から論じたものはほとんど存在しない。

一九七〇年代初めまでの、講座派マルクス主義の影響を強く受け、経済史、政治史を主とした「戦後歴史学」に対して、七〇年代半ば以降の歴史学は社会史、民衆思想史に重点を置くようになった。そうしたなかで、中村さんの仕事は「戦後歴史学」の末尾に位置づけられ、「時代遅れ」であるとして、歴史家の関心を惹きつけなくなったものと思われる。

「戦後歴史学」に対する懐疑から出発し、深い思索を経て生み出された社会史や民衆思想史は、とくにそれらが、「戦後歴史学」と真剣に格闘し、批判的な継承を目指した場合には、ゆたかな成果を収めた。日本史では、安丸良夫、深谷克己、鹿野政直らの名前を挙げることができよう。しかし、ミクロストリアを通じてマクロストリアに達するという社会史の試みは、「戦後歴史学」の「全機構的把握」に取って代わるだけの説得的な歴史の全体像を提示することはできなかった。また、社会史や民衆思想史は、現代社会の基底である「資本」の分析には、あまり長けていなかった。

中村さんは講座派を自称はしていたが、その関心の対象は半封建ではなく、資本主義にあった。中村さんが民衆史に挑戦した『労働者と農民』は、素直に読めば、日本資本主義の「原罪」を描いた本である。また中村さんは、天皇制論によって戦前期日本資本主義の「全機構的把握」を試みた。中村さんは、自分なりに経済から政治、天皇制、民衆史に至るまでの「全機構的把握」（＝全体像の把握）を試みたのであり、そのことを検討する意味は、現在でも十分にあると思う。とくに、新自由主義時代の歴史学の意味が問われている現在、中村史学を検証する余地は十分にあるといえよう。

経済史と歴史学一般との間に距離ができて久しい。本書では、中村さんの仕事を振り返るなかで、この距離を縮めようと試みた。本書の執筆者は、それぞれ、現在の目から中村さんの著作を批判的に読み直し、数々の新たな論点を提示している。ここで示された論点が、経済史と歴史学との再融合のひとつの足掛かりとなれば幸いである。

本書の企画は、中村政則さんの一周忌を迎えた二〇一六年八月に、中村大学院ゼミの卒業生の間から持ち上がった。その際に、戦後歴史学を代表する中村さんの仕事を回顧するのであれば、たんなる顕彰に終わらず、戦後歴史学全体を根底から問い直すような本にしようという話になった。八月末に、森武麿、大門正克、吉川容、永江雅和、浅井良夫の五名で、『中村政則の歴史学』編集委員会を発足させた。その際に、相談役として、中村ゼミとは直接に関係を持たない柳沢遊さんにも加わっていただくことにした。

中村政則の仕事を、戦後の歴史学のなかに客観的に位置づけることを目標として、座談会では、中村史学の全過程を精査する大門報告を冒頭に据え、中村さんの学問の成果と問題点を率直に論じあった。また寄稿は、中村さんと交流のあった方々だけでなく、中村さんとは面識のない若い世代にもお願いし、多様な世代の中村評価を示すことができるように工夫した。座談会に出席していただいた方々、原稿をお寄せいただいた方々にあらためて感謝申し上げたい。

編集委員会とは別に、刊行のための資金を募るために、二〇一六年秋に、『中村政則の歴史学』刊行会を立ち上げた。刊行会の呼びかけ人には、編集委員・相談役のほかに、石井寛治、伊藤正直、高村直助、宮地正人、安田常雄の各氏に加わっていただいた。数多くの方々からお寄せいただいた基金のお蔭で、本書を刊行できたことを、この場を借りて、厚く御礼申し上げたい。

また、中村さんの奥様である中村文子さんから、さまざまな面でご支援を賜ったことに感謝申し上げたい。英語、韓国語の翻訳については、中村理香さんと加藤圭木さんに詳細に点検していただくことができた。また、著作目録の作成に当たっては、戸邉秀明さんに御協力いただいた。最後になるが、出版事情厳しい折から、本書の出版をお引き受けいただき、また、刊行にご協力いただいた日本経済評論社の柿﨑均社長と新井由紀子さんに、心から御礼申し上げたい。

二〇一八年八月

編者を代表して　浅井良夫

第5部　中村政則著作目録

《凡例》

＊　本目録は、中村政則が執筆した文献、あるいは発言が署名入りで記録された文献の書誌情報をまとめたものである。確認できた著作発表の期間は、大学新聞への投稿が始まる1958年から、最晩年の2013年に及ぶ。ただし、短文の論説や発言の類、また他言語に翻訳された文献については、なおいくつか脱漏があると思われる。今後、ご指摘を受けて補訂できれば幸いである。

＊　すべての文献を編年順で配列した。同一月発行の場合は、重要性の高いものから挙げた。

＊　各文献冒頭の01～12は発行月を表す。00は、発行月が不明の文献を表す。月日まで必要な場合は、掲載紙誌のタイトル・号数の後の丸括弧内に「(01.01)」のように記した。

＊　目安として各文献冒頭【　】に以下の分類を示した。また書誌事項に続く「＊」以下で関連情報を補足した。

【単著】【共著】【編著】【共編著】【編集】【共編】【論文】【評論】【概説】【講演】【報告】【解説】【随想】【自治体史】【書評】【事典項目】【短文】【対談】【座談会】【翻訳】【監訳】【卒業論文】【博士論文】【博論要旨】

・**【書評】**：学会誌掲載の書評・文献紹介のほか、新聞に寄稿した短評も一括した。

・**【短文】**：参加記やアンケート回答、事務的な報告、編集後記、序跋等は、この分類に一括した。

・上記のうち、「論文」以下の分類項目の共著については**【論文・共】**等と記した。

＊　[　] 内は、無題の作品に対して、本目録作成者が仮に付けたタイトルであることを表す。

＊　タイトル「　」内の〈　〉は、その文献が掲載された紙誌で独自に設定された掲載欄の名前や、叢書やリレー連載の総題などシリーズ名を表す。また発行者名の直後に記した〈　〉内は、新書等の種類を表す。

＊　頁の表記は、xp. で総頁数を、p. x や pp. x～xx で掲載頁を表す。また単著等の頁数は、本文だけでなく目次・索引も含めた総頁数を算定して掲げた。

＊　雑誌等逐次刊行物については、編者・発行者は誌名の初出時のみ記した。新聞については発行者も略した。編者と発行者が同じ場合は特に「編／発行」との記載は略した。また誌名の副題も初出時のみ記した。

＊　共著者・共編者、対談者・座談会出席者等については、書誌情報末尾の「※」以下に中村を除く全員を付した。

＊　文献の再録については、「⇒」ののちに再録先の書誌情報を記した。特記なき場合、再録時の改題はない。

＊　中村自身の単著への再録等については、「⇒」記号ののち、次のような略称で対応を示した。なお、一部の付記を除いて、再録時の加筆等の詳細に関する注記は略した。

『地主制』＝『近代日本地主制史研究』1979. 05

『民衆』＝『日本近代と民衆』1984. 02

『象徴』＝『戦後史と象徴天皇』1992. 01

『現代史』＝『現代史を学ぶ』1997. 05

『明治』＝『明治維新と戦後改革』1999. 10

『歴史学』＝『中村政則が語る歴史学、そして日本』2001. 03

＊　事典類への項目執筆については、書誌情報が煩雑にわたるため、一部の例外（2件）を除き採録しなかった。

＊　目録の末尾には、付録として一橋大学中村政則ゼミナール調査報告の一覧、ならびに中村の著書（編著・監訳書を含む）に対する主要な書評や批判論文の一覧を掲げた。

＊　本目録は、「中村政則名誉教授著作目録」（『一橋論叢』122巻6号（通号710）、1999. 12、pp. 811～817）等を参照して吉川容が準備した一覧をもとに、戸邉秀明が補訂・編集して作成した。

1958年

01　**【評論】**「〈橋人の声〉現状打開の意欲欠く：佐々木君の意見に反論」、『一橋新聞』618号（01. 10）、一橋大学一橋新聞部、p. 1

06　**【評論】**「〈一橋論壇〉社会への共感的洞察：一橋生の“連帯”に欠けるもの」、『一橋新聞』630号（06. 30）、p. 2

1959年

01　**【評論】**「〈橋人の声〉学問は技術ではない：問題は人間の思想性」、『一橋新聞』645号（01. 30）、p. 2　＊〈橋人の声〉欄特集「“スペシャリストであれ”をめぐって」への寄稿

11　**【評論】**「一橋大学の今日における役割」、『ヘルメス』11号、一橋大学ヘルメス編集委員会、pp. 131〜139　＊一橋祭準備委員会募集懸賞論文入選作

【座談会】「一橋大学の現状と将来」、同上所収、pp. 111〜130　※出席者：山田欽一・赤松宏一・榎本次男・川端健一・当麻雅生・中島寛・原節夫・藤原尊信

1960年

01　**【短文】**「一橋大学“不戦の集い”経過報告」、『わだつみのこえ：日本戦没学生記念会機関誌』2号、日本戦没学生記念会、pp. 19〜21　＊無署名だが、末尾の「一橋大学商学部三年」で判断

01　**【評論・共】**「思想交流の場：「不戦の集い」の反省と今後について」、『一橋新聞』668号（01. 10）、p. 1　※共著者：米川伸一

08　**【評論】**「未来をつくるものを求めて：安保闘争の意義」、『わだつみのこえ』4号、pp. 7〜9　＊「六月の記録」（渡辺清ほか5名寄稿）中の一篇、末尾に「7月4日記」

10　**【評論】**「歴史創りの道を：歩みはのろくとも」、『一橋新聞』688号（10. 30）、p. 4

1961年

03　**【卒業論文】**「幕末期関東農村における領主支配と農民層分解」　⇒一部『八王子市史』下巻（1967. 03）執筆部分に反映

03　**【短文】**［〈わだつみ会への希望〉アンケート回答］、『わだつみのこえ』7号、p. 11

08　**【座談会】**「今日の危機とわだつみ精神」、『わだつみのこえ』9号、pp. 29〜35　※出席者：古山洋三・米川伸一・石井力・塩谷哲夫・鳥井隆・山田宗睦

10　**【報告】**「現状変革の思いと「会」：『戦没農民兵士の手紙』によせて」、『わだつみのこえ』10号、pp. 10〜13　＊第2回わだつみ会「シンポジウム」（1961. 08. 15）報告（他の報告者：安田武・高橋武智・早大わだつみ会）

1962年

06　【座談会】「憲法擁護とわれわれの立場」、『わだつみのこえ』13号、pp. 16～21　※出席者：阿部知二・石井力・久米茂・古山洋三・安田武・（司会）星野安三郎

06　【評論】「廃止論に思う　討論会参加者の発言を：プロセスと以後の活動が大切」、『一橋新聞』724号（06. 10）、p. 4　＊3大学（一橋大・大阪市大・神戸大）ゼミ廃止論に関する意見

11　【報告】「『続わだつみ』編集の立場」、『わだつみのこえ』15号、pp. 6～7　＊第3回わだつみ会シンポジウム「今日における戦争体験の意味：『きけわだつみのこえ』と『農民戦没兵士の手紙』をめぐって」（1962. 08. 07）報告、「第二部　討論」にも発言の記録あり（p. 11）

1963年

02　【共編】わだつみ会（日本戦没学生記念会）編『戦没学生の遺書にみる15年戦争：開戦・日中戦争・太平洋戦争・敗戦』、光文社、1963、283p.　※編集委員：中村克郎・鈴木均・橋川文三・安田武・山下肇・和泉あき・板橋好三・高橋武智・古山洋三・米川伸一

04　【書評】「戦争体験から何を学ぶか／国家論の視座で戦争批判を：「十五年戦争」を読んで」、『一橋新聞』737号（04. 15）、p. 2

06　【評論】「「近代史部会」についての断片的感想」、『歴史学研究月報』42号、歴史学研究会、pp. 6～8

08　【座談会】「戦争体験・生と死・追悼式：『15年戦争』をめぐって」、『わだつみのこえ』18号、pp. 19～26, 41　※他の出席者：橋川文三・古山洋三・吉田武紀・（司会）高橋武智

09　【座談会】「討論　歴史研究者の主体と任務」、『歴史学研究』280号「特集 歴史研究者の主体と任務」、歴史学研究会、pp. 1～27　※出席者：犬丸義一・野原四郎・太田秀通・旗田巍・遠山茂樹・増淵竜夫・佐伯有一・江原正昭・久保田文次・三木靖・田村貞雄・和田春樹・松永昌三　＊中村は戦後世代として「討論2」（pp. 11～26）に出席

1964年

01　【論文】「地方産業の発展と下級金融機関」、『土地制度史学』6巻2号（通号22）、土地制度史学会、pp. 21～41

02　【評論】「「忘れたい」を忘れよう!!：“安保”以後の友へ」、『一橋新聞』753号（02. 15）、p. 2

07　【論文】「器械製糸の発展と殖産興業政策」、『歴史学研究』290号、pp. 13～26

1965年

05 【論文】「明治・大正期における「地代の資本転化」と租税政策」、『一橋論叢』53巻5号、一橋大学一橋学会、pp. 649〜676　⇒武田晴人・中林真幸編『展望日本歴史18 近代の経済構造』、東京堂出版、2000. 05、pp. 70〜90

06 【書評】「丹羽邦男『形成期の明治地主制』」、『歴史学研究』301号、pp. 41〜48

11 【短文】「第1回近代史サマーセミナーに参加して」、『歴史学研究月報』71号、pp. 3〜5

11 【短文】「日韓条約に反対する」、『わだつみのこえ』臨時増刊号「「日韓問題」について：われわれはこう考える」、pp. 44〜45

1966年

09 【短文】「近代史部会討論要旨」、『歴史学研究』316号「1966年度大会特集Ⅱ」、pp. 37〜40　＊歴史学研究会同年度大会近代史部会「天皇制国家の成立過程」（報告者：原口清・後藤靖）の討論要旨

10 【論文・共】「製糸結社と製糸金融」（2章2節）・「竜上館笠原家の経営」（2章3節2項）、山口和雄編著『日本産業金融史研究　製糸金融篇』、東京大学出版会、pp. 157〜182, 299〜357　※共著者：石井寛治（2章2節4項、pp. 182〜197）

1967年

01 【座談会】「「明治百年」と国民の歴史意識」、『歴史学研究』320号「特集「明治百年」と国民の歴史意識」、pp. 1〜13　※出席者：遠山茂樹・永原慶二・三木亘・山田昭次・（司会）荒井信一

03 【自治体史・共】「製糸と織物」（3編4章「近世」4節）、八王子市史編纂委員会編『八王子市史』下巻、八王子市、pp. 839〜1075　※共著者：佐々木潤之介（4節三、pp. 944〜1000）

04 【論文】「製糸業の展開と地主制」、『社会経済史学』32巻5・6号「第35回大会特集号」、社会経済史学会、pp. 46〜71　＊同大会共通論題「日本資本主義成立過程における移植産業と在来産業」での報告

04 【論文】「日本近代史研究の当面する課題：日本近代史上の1900年代と1920年代」、『歴史学研究』323号「1967年度大会のために」、pp. 26〜34, 57

08 【論文・共】「日本帝国主義と人民：「9・5民衆暴動」（＝「日比谷焼打事件」）をめぐって」、『歴史学研究』327号「1967年度大会特集Ⅰ　帝国主義とわれわれの歴史学」、pp. 1〜22, 55　※共著者：江村栄一・宮地正人　⇒由井正臣編『論集日本歴史12 大正デモクラシー』、有精堂、1977. 04、pp. 10〜42

11 【評論】「ひとつの「大会批判」への反批判」、『歴史学研究月報』95号、pp. 5〜9

1968年

03　【論文】「日本地主制史研究序説：戦前日本資本主義と寄生地主制との関連をめぐって」、『一橋大学研究年報 経済学研究』12号、一橋大学、pp. 233～370　⇒『地主制』第1章（改題「資本と地主的土地所有」）

04　【評論】「歴史と個人」、『一橋小平学報』51号、一橋大学前期部学務委員会、p. 1　⇒『溯行』3号、一橋大学日本史研究会、1975. 05　⇒『民衆』Ⅰ－一　⇒『歴史学』1－3

05　【座談会】「〈共同討論〉「明治百年祭」をめぐるイデオロギー状況」、青木書店編・発行『明治百年問題：「明治百年祭」は国民になにを要求するか〈緊急特集版 第3集〉』、pp. 94～110　※出席者：犬丸義一・松下圭一・田口富久治・（司会）北川隆吉

05　【評論】「討論の問題点」、『歴史学研究』336号「大会特集「明治百年祭」反対・1968年度大会　帝国主義とわれわれの歴史学：国家と人民」、pp. 25～27　＊近世・近代史部会「維新変革と階級闘争（農民闘争）」担当委員としての発言

【評論・共】「残された課題」、同上所収、pp. 32～34　※共著者：小野正雄

06　【座談会】「戦争体験の挫折を越えて：『現代日本の思想』をめぐって」、『わだつみのこえ』43号、pp. 17～39　※出席者：石井力・高橋武智・山口俊章・古山洋三・平野英雄

07　【論文】「明治前・中期における地方銀行の存立基盤：山梨県水田地帯の一個別分析」、『地方金融史研究：地方銀行と地方産業』創刊号、地方金融史研究会編／全国地方銀行協会発行、pp. 23～33

09　【論文】「「日本近代化論」批判をめぐる問題点」、『日本史研究』100号「特集 現代と歴史学」、日本史研究会、pp. 12～29, 39　⇒『民衆』Ⅱ－一（改題「日本近代史研究の1960年段階」）

10　【評論】「独占資本のイデオロギーと「明治百年祭」」、『歴史学研究』341号「特集 天皇制イデオロギー：「明治百年」批判」、pp. 71～79

1969年

04　【書評】「地租改正研究の現段階」、『経済研究』20巻2号、一橋大学経済研究所、pp. 169～174

06　【随想】「〈二言三言〉大学と市民」、『歴史学研究月報』114号、pp. 5～6

07　【評論】「国家史と人民闘争史との結合を：歴研大会を終って」、『東京大学新聞』794号（07. 07）、東京大学学生新聞会、p. 2

08　【論文】「幕末・維新・自由民権期」（第9章）・「産業革命期」（第10章）、井上光貞・永原慶二編『日本史研究入門Ⅲ　1961-66』、東京大学出版会、pp. 295～343, 345～374

09　【評論】「なぜ国家論をとりあげるのか」、『歴史学研究』352号「1969年度大会特集Ⅱ〈近現代史部会〉日本帝国主義の権力構造」、pp. 36～39

11　【座談会】「大学問題の現状と課題」、『歴史学研究』354号「特集 大学問題の歴史的検討」、pp. 29～45　※出席者：上原淳道・黒田日出男・副島円照・藤間生大・本多公栄・山家和子・(司会) 土井正興

1970年

03　【論文】「資金運用形態：資本蓄積と土地所有との関連をめぐって」、東京大学社会科学研究所編・発行『倉敷紡績の資本蓄積と大原家の土地所有　第一部〈東京大学社会科学研究所調査報告第11集〉』、pp. 155～172　⇒『地主制』第1章補論（改題「近畿型大地主の資金運用形態」）

07　【概説】「近代社会」（第4編＝全6章）、永原慶二編『精講日本史』、学生社、pp. 383～519　※本書は高校生向けの学習参考書として編まれた（他の執筆者：永原慶二・北村文治・網野善彦・伊藤忠士）

09　【論文】「地主制の確立」、古島敏雄・和歌森太郎・木村礎編『郷土史研究講座6　明治前期郷土史研究法』、朝倉書店、pp. 356～390＋参考文献pp. 440～441　⇒『地主制』補章Ⅱ（改題「地主制研究と私」）

10　【概説】「国家独占資本主義の成立と展開」（11章）・「戦時国家独占資本主義の確立」（12章）、永原慶二編『日本経済史』、有斐閣〈有斐閣双書 入門・基礎知識編〉、pp. 273～335

10　【論文】「日本資本主義確立期の国家権力：日清「戦後経営」論」、歴史学研究会編『歴史における国家権力と人民闘争：1970年度歴史学研究会大会報告〈『歴史学研究』別冊特集〉』、pp. 84～97

11　【論文】「日清「戦後経営」論：天皇制官僚機構の形成」、『一橋論叢』64巻5号、pp. 138～160

1971年

01　【随想】「ゼミナールと調査」、中村ゼミナール機関誌『調査報告』創刊号、一橋大・東京女子大中村ゼミナール「農村調査報告書」編集委員会、pp. 8～13　＊機関誌発行は本号のみ　⇒『民衆』Ⅰ－付

03　【自治体史】「農村から町へ」・「住民の変化」（以上、一章「中野区の成立」Ⅰ節「区成立以前の中野」2・5項）、「区の財政」（一章Ⅲ節「成立当時の区内」2項）、「区内産業の発達」（一章Ⅳ節）、東京都中野区編・発行『中野区史 昭和編』1、pp. 16～24、54～66、115～134、211～245

04　【随想】「小平時代の私と学問」、『一橋小平学報』61号、p. 3

06　【論文】「現代民主主義と歴史学：60年代歴史学の人民像」、歴史学研究会・日本史研究会編『講座日本史10　現代歴史学の展望』、東京大学出版会、pp. 3～54　⇒『民衆』Ⅱ－二（副題は削除）

10　【書評】「暉峻衆三著『日本農業問題の展開』上」、『歴史評論』255号「特集 日本における小農」、歴史科学協議会、pp. 48〜56

11　【概説・共】「浜口内閣の成立と金解禁政策」・「大恐慌と産業合理化」・「金解禁政策の破綻と金輸出再禁止」、歴史学研究会編（担当・江口圭一）『太平洋戦争史1　満州事変：1905〜1932』、青木書店、pp. 158〜162, 162〜167, 304〜311　※共著者：松元宏（「大恐慌と産業合理化」）

1972年

01　【概説】「管理通貨制度の発足と赤字公債／戦争経済と独占資本／ダンピング輸出とその矛盾」・「馬場財政と準戦時体制／「軍財抱合」財政とその矛盾」、歴史学研究会編（担当・今井清一）『太平洋戦争史2　日中戦争Ⅰ：1932〜1937』、青木書店、pp. 65〜82, 242〜251

03　【共著】『日本地主制の構成と段階』、東京大学出版会、566p.　※共著者：永原慶二・西田美昭・松元宏

【論文】「養蚕製糸地帯における地主経営の構造：個別分析（2）70町歩地主奥山家の場合」（第2章）・「水田地帯における地主経営の構造：個別分析（4）百町歩地主広瀬家の場合」（第4章）・「地方銀行と地主制の進展」（第5章）・「地主資金の運動形態」（第6章 総括 第2節）・「日本資本主義の諸段階と地主制」（終章）、同上所収、pp. 183〜218, 319〜386, 387〜459, 473〜489, 501〜550

03　【共著／座談会】大石嘉一郎編『シンポジウム日本歴史18　日本の産業革命』、学生社、315p.　※出席者：石井寛治・柴垣和夫・高村直助・山之内靖・（司会）大石嘉一郎

【報告】［経済政策　報告］・［資本制と地主制　報告］、同上所収、pp. 96〜104, 180〜187

03　【自治体史】「復興期の財政経済」（三章「復興期の中野区」Ⅲ節）、東京都中野区編・発行『中野区史 昭和編』2、pp. 158〜223

04　【論文】「日本帝国主義成立史序論」、『思想』574号、岩波書店、pp. 1〜22

07　【概説】「統制の高度化／経済新体制と統制会／経済統制の進展」・「戦争と国家独占資本主義」、歴史学研究会編（担当・藤原彰）『太平洋戦争史4　太平洋戦争Ⅰ：1940〜42』、青木書店、pp. 269〜281, 306〜309

09　【概説】「75 日清「戦後経営」と政情」・「76 金本位制の成立」・「77 八幡製鉄所創設と軍備拡張」・「78 地主的農政の展開」・「80 都市下層社会」・「81 米と繭と農民」・「84 隈板内閣と第二次山県内閣」・「85 労働組合期成会と治安警察法」・「96 日比谷焼打事件と都市民衆暴動」、藤原彰・今井清一・大江志乃夫編『近代日本史の基礎知識：史実の正確な理解のために』、有斐閣、pp. 152〜153, 154〜155, 156〜157, 158〜159, 162〜163 , 164〜165, 170〜171, 172〜173, 194〜195

10　【論文】「京仁・京釜鉄道建設をめぐる官僚とブルジョアジーの動向」、山崎教授還暦記念論文集編集委員会編・発行『山形大学山崎吉雄教授還暦記念論文集』、pp.

225〜250

12 【論文】「服部之総と近代天皇制論」、『歴史学研究』391号「特集 歴史と歴史家」、pp. 1〜15, 71 ⇒『民衆』Ⅱ-三

1973年

03 【自治体史】「区の財政と人口・住宅の変遷」（四章「発展期の中野区」Ⅱ節）、東京都中野区編・発行『中野区史 昭和編』3、pp. 233〜384

1974年

09 【共編】『日本民衆の歴史6 国権と民権の相克』、三省堂、454p. ※共編者：江村栄一

【概説】「日清・日露戦争と民衆」（Ⅲ「「大日本帝国」と民衆」一）、同上所収、pp. 238〜286

【短文・共】「はじめに」・「参考文献」・「あとがき」、同上所収、pp. 6〜14, 427〜430, 431〜432 ＊中村は同叢書（全11巻）の編集委員として各巻冒頭の「「日本民衆の歴史」編集にあたって」（1974. 03）にも名を連ねる

09 【共著／座談会】山崎隆三編『シンポジウム日本歴史17 地主制』、学生社、302p. ※出席者：安孫子麟・安良城盛昭・丹羽邦男・山田舜・（司会）山崎隆三

【報告】［天皇制国家論 報告］、同上所収、pp. 182〜193

09 【随想】「古島敏雄先生と私」、『古島敏雄著作集 月報』1号（同著作集第1巻付録）、東京大学出版会、pp. 9〜10

1975年

03 【共著／座談会】藤井松一編『シンポジウム日本歴史19 日本の帝国主義』、学生社、280p. ※出席者：井口和起・宇野俊一・加藤幸三郎・宮地正人・（司会）藤井松一

【報告】［日本帝国主義成立期の政治と社会 報告］、同上所収、pp. 62〜75

10 【論文】「地主制」、大石嘉一郎編『日本産業革命の研究：確立期日本資本主義の再生産構造』下、東京大学出版会、pp. 1〜64 ⇒『地主制』第2章（改題「地主・小作関係の構造」）

【論文】「日本ブルジョアジーの構成」、同上所収、pp. 65〜128

11 【概説】「41 地主制の展開」・「Ⅱ 産業革命と日本資本主義の確立 総説」・「50 日清「戦後経営」」・「62 地租増徴、地価修正」・「63 農政の展開」・「135 昭和恐慌と農村危機」・「136 金解禁と井上財政」、大石嘉一郎・宮本憲一編『日本資本主義発達史の基礎知識：成立・発展・没落の軌跡』、有斐閣、pp. 101〜103, 114〜119, 132〜134, 161〜165, 353〜358

12 【編集】『大系日本国家史4 近代Ⅰ』、東京大学出版会、289p.

【論文】「序説 近代天皇制国家論」、同上所収、pp. 1〜64

【短文】「「近代Ⅰ」の編集をおえて」、同上所収、pp. 281〜283

1976年

02　【論文】「大恐慌と農村問題」、『岩波講座日本歴史19　近代6』、岩波書店、pp. 135〜185　⇒『地主制』第4章（改題「大恐慌と農村危機」）

05　【評論】「〈研究ノート〉旧大名領主たちの華麗なる変身ぶり」、『朝日新聞』05. 27夕、p. 7

07　【単著】『日本の歴史29　労働者と農民』、小学館、430p.
⇒「目覚めゆく女工と坑夫」（pp. 198〜209）・「土地と自由」（pp. 269〜279）・「荊冠旗」pp. 359〜371、以上『歴史学』3-2〜4
⇒文庫版：1990. 03　小学館文庫〈日本史の社会集団7〉、557p
⇒ライブラリー版：1998. 04　小学館ライブラリー、507p.　＊副題「日本近代をささえた人々」を付加

07　【座談会】「鼎談　底辺史研究への直言」、『日本の歴史 月報』29号（上記『日本の歴史』29巻付録）、pp. 1〜11　※出席者：山本茂実・山崎朋子

10　【書評】「〈ブックスタンド〉江口圭一著『都市小ブルジョア運動史の研究』」、『読売新聞』10. 11朝、p. 8

12　【編集】『大系日本国家史5　近代Ⅱ』、東京大学出版会、341p.
【論文・共】「近代天皇制国家の確立」、同上所収、pp. 1〜87　※共著者：鈴木正幸（「はじめに」・「おわりに」共同名義、「一」が中村、「二」「三」が鈴木）
【短文】「編集をおえて」、同上所収、pp. 333〜336

12　【評論】「近代天皇制研究の動向：全体像再構築へ」、『読売新聞』12. 01朝、p. 12

1977年

01　【論文】「日本近代と大名華族」、『月刊百科』172号、平凡社、pp. 46〜49　⇒『明治』Ⅰ-三

01　【座談会】「明治維新と近代国家の成立」、『歴史公論』3巻1号（通号14）、雄山閣、pp. 11〜30　※出席者：石井孝・後藤靖

04　【解説】「経済史からみた『あゝ野麦峠』」、山本茂実『あゝ野麦峠：ある製糸工女哀史』、角川書店〈角川文庫〉、pp. 376〜381　⇒『山本茂実全集1　あゝ野麦峠』、角川書店、1998. 06、pp. 428〜432

05　【座談会】「〈大学ゼミ訪問〉2年間のゼミ活動をおえて」、『経済』157号「特集 経済学のすすめ77年版」、新日本出版社　※署名は「一橋大学・日本近代史 中村政則ゼミナール」

09　【共編】『近代日本経済史を学ぶ　下（大正・昭和）』、有斐閣〈有斐閣選書〉、295p.
※共編者：石井寛治・海野福寿
【概説】「国家独占資本主義論」、同上所収、pp. 124〜148

【短文・共】「はしがき」、同上所収、pp. i ～iii ※3編者連名（上巻にも掲載）
10 【講演】「日本近代と民衆」、『歴史評論』330号、pp. 1～10 ＊歴史科学協議会創立10周年記念講演 ⇒『民衆』Ⅰ－三
10 【短文】「序文」、島田駒男編・発行（中村政則監修・黒川隆英校閲）『農士の心』、pp. 1～4
10 【共編】『近代日本経済史を学ぶ 上（明治）』、有斐閣〈有斐閣選書〉、234p. ※共編者：石井寛治・海野福寿

1978年
03 【短文】「「平野義太郎先生の社会科学五十年を記念する会」参加記」、『歴史学研究』454号、pp. 45～46
12 【論文】「経済更生運動と農村統合：長野県小県郡浦里村の場合」、東京大学社会科学研究所編『ファシズム期の国家と社会1 昭和恐慌』、東京大学出版会、pp. 197～262 ⇒『地主制』第5章
00 【評論】「民衆史・第四の波」、『近代民衆の記録』第2期刊行内容見本、新人物往来社 ⇒『民衆』Ⅰ－二

1979年
04 【編著】『体系 日本現代史4 戦争と国家独占資本主義』、日本評論社、318p.
【短文】「はしがき」、同上所収、pp. 4～6
【論文】「国家独占資本主義の成立」、同上所収、pp. 1～46
05 【単著】『近代日本地主制史研究：資本主義と地主制』、東京大学出版会、446p.
【論文】「寄生地主制の衰退」（第3章）・「地主制論争史：その課題と方法」（補章Ⅰ）、同上所収（新稿）、pp. 183～258, 385～406
11 【評論】「ノーマン・コンファレンスに出席して：思想形成などに新たな検討」、『朝日新聞』11. 13夕、p. 5

1980年
03 【概説】「大恐慌と農村問題」（第18章）、高橋幸八郎・永原慶二・大石嘉一郎編『日本近代史要説』、東京大学出版会、pp. 311～328

1981年
02 【短文】「ビッソンの学問と生涯」、『占領史研究会ニュース』38号（02. 01）、占領史研究会、縮刷版pp. 82, 85 ＊例会（1980. 12. 26）報告要旨
06 【評論】「“逆コース”と占領研究」、『世界』427号、岩波書店、pp. 19～22 ⇒『明治』Ⅲ－三
07 【評論】「グルー文書覚書1 『滞日十年』の成立事情」、『UP』10巻7号（通号105）、東

京大学出版会、pp. 6～10　＊全9回連載、『象徴天皇制への道』(1989. 10) の原型

08　【評論】「グルー文書覚書2　“Report From Tokyo”」、『UP』10巻8号 (通号106)、pp. 27～31

08　【短文】「ジョセフ・グルーと天皇制：グルー文書を中心として」、『占領史研究会ニュース』41号 (08. 01)、縮刷版 pp. 92, 95　＊例会 (1981. 06. 20) 報告要旨

09　【評論】「グルー文書覚書3　和平のテーマ」、『UP』10巻9号 (通号107)、pp. 22～26

10　【博士論文】「近代日本地主制史研究：資本主義と地主制」、経済学博士 一橋大学 乙第51号　＊1979年刊行の同名単著を提出

10　【評論】「グルー文書覚書4　シカゴ演説」、『UP』10巻10号 (通号108)、pp. 22～27

11　【評論】「グルー文書覚書5　シカゴ演説の余波」、『UP』10巻11号 (通号109)、pp. 26～31

11　【随想】「大胆、屈託のない松井坦君」、松井坦遺稿・追悼集刊行会編・発行『松井坦：その人間と学問』、pp. 173～174

12　【評論】「グルー文書覚書6　『滞日十年』の刊行」、『UP』10巻12号 (通号110)、pp. 21～25

1982年

01　【評論】「ハーヴァードの日本史研究」、『一橋小平学報』84号、pp. 2～3　⇒『歴史学』1－4

01　【評論】「グルー文書覚書7　グルーと穏健派」、『UP』11巻1号 (通号111)、pp. 34～39

02　【博論要旨】「近代日本地主制史研究：資本主義と地主制」、『一橋論叢』87巻2号、pp. 233～240

02　【評論】「グルー文書覚書8　グルーと吉田茂」、『UP』11巻2号 (通号112)、pp. 27～31

03　【評論】「グルー文書覚書9　穏健派とは何か」、『UP』11巻3号 (通号113)、pp. 29～34

06　【単著】『昭和の歴史2　昭和の恐慌』、小学館、339p.
⇒文庫版：1988. 07　小学館文庫、414p.　＊副題「大不況と忍びよるファシズム」を付加
⇒ライブラリー版：1994. 04　小学館ライブラリー

06　【対談】「昭和恐慌と現在」、『昭和の歴史 月報』1号 (上記『昭和の歴史』2巻付録)、小学館、pp. 1～9　※対談者：城山三郎
【短文】「あの日、あの時」、同上所収、小学館、pp. 14～15

11　【評論】「T. A. ビッソン 日本占領回想記：知られざるアジア学者」、『朝日新聞』11. 30夕、p. 5

12　【講演】「地方史と全体史：日本近代を中心として」、『信濃』34巻12号、信濃史学会、pp. 1～21　⇒『民衆』Ⅰ－四　＊信濃史学会昭和57年度総会公開講演 (1982. 05. 09) 速記に補正加筆

1983年

03 【翻訳・共】トーマス・A・ビッソン『ビッソン日本占領回想記』、三省堂、348p.
※共訳者：三浦陽一　＊原著：Thomas Arthur Bisson, *Reform Years in Japan 1945-47: An Occupation Memoir*, 1975., unpublished manuscript
【解説】「解説」、同上所収、pp. 326〜343

03 【評論】「科学的歴史認識が深まるとは」、『歴史地理教育』348号「特集 共感とわかるすじ道」、歴史教育者協議会、pp. 8〜16　⇒『民衆』Ⅰ－五　⇒『歴史学』1－1

05 【講演】「講座派理論と我々の時代」、『歴史評論』397号「特集 歴史を学ぶということ：『日本資本主義発達史講座』刊行50周年に寄せて」、pp. 11〜28　＊『日本資本主義発達史講座』刊行50年を記念する会主催講演会「現代の課題と社会科学」（1982. 11. 27）　⇒『民衆』Ⅱ－四

05 【短文】「ビッソンと日本占領」、『占領史研究会ニュース』50号（05. 01）、縮刷版 p. 129　＊例会報告要旨、ただしレジュメのみ

09 【座談会】「戦後史の否定と〈昭和〉への回帰」、『文化評論』270号、新日本出版社、pp. 83〜115　※出席者：藤原彰・松尾章一

11 【随想】「山田盛太郎先生に学ぶ」、『図書』411号、岩波書店、pp. 54〜57　⇒『明治』Ⅳ－一（改題「山田盛太郎『日本資本主義分析』について」）

1984年

02 【単著】『日本近代と民衆：個別史と全体史』、校倉書房、270p.
【解説】「あとがき」、同上所収（新稿）、pp. 259〜270

03 【編集】『日本の国家資本輸出とくに1920-43年の借款を中心とする対中国債権の統計的研究』、一橋大学経済学部中村研究室、106p.　＊昭和58年度科学研究費助成金（総合研究A）研究成果報告書（中村は研究代表者で編集のみ、研究分担者：大森とく子・坂本雅子・疋田康行・能地清）

04 【論文】“The Emperor System of the 1900s”, *Bulletin of Concerned Asian Scholars*, vol.16－no.2（April-June 1984）, pp. 2〜10　＊第3回日ソ歴史学シンポジウム東京会議（1977）報告「1900年代の天皇制」にもとづく

04 【短文】「日ソ歴史学シンポジウムに参加して」、『占領史研究会ニュース』55号（04. 01）、p. 2（縮刷版 p. 166）　＊第6回レニングラード会議（1983. 11. 17〜19）参加記

07 【短文】「“羽仁史学の意義を考えるシンポジウム”に参加して」、『歴史学研究』530号、pp. 39〜41

11 【随想】「日系米人革命家の軌跡」、『歴史学研究月報』299号、pp. 4〜7

12 【評論】「サバイバルの時代：日本鉄鋼業の場合」、『本：読書人の雑誌』9巻12号（通号101）、講談社、pp. 12〜15

1985年

02 【論文】「有価証券投資の展開」、大石嘉一郎編著『近代日本における地主経営の展開：岡山県牛窓町西服部家の研究』、御茶の水書房、pp. 501～526

02 【講演】「昭和の原点と民衆」、山陽新聞社編・発行『シンポジウム 現代を問う・昭和史の総括』上、pp. 132～169 ＊同社講演会「民衆の昭和史」(1983. 06. 11) 講演

03 【随想】「歴史と現代との対話」、一橋大学学園史編纂委員会編・発行『一橋のゼミナール 戦後編』上、pp. 277～278 ＊ p. 276 に中村の略歴と写真

05 【論文】「開港と日本資本主義の形成」、藤原彰編『ロシアと日本：日ソ歴史学シンポジウム』、彩流社、pp. 175～197 ＊第6回レニングラード会議での報告にもとづく

【短文・共】「記録・第6回日ソ歴史学シンポジウム」、同上所収、pp. 245～270 ※共著者：倉持俊一

06 【論文】「天皇制国家と地方支配」、歴史学研究会・日本史研究会編『講座日本歴史 8 近代 2』、東京大学出版会、pp. 35～84

09 【書評】「五百旗頭眞著『米国の日本占領政策：戦後日本の設計図』上下：精緻な政策形成過程の分析」、『エコノミスト』63巻40号（通号2641、09. 17）、毎日新聞社、pp. 88～90

10 【座談会】「戦後天皇制：軌跡とイデオロギー」、『文化評論』295号「特集 昭和史の天皇と天皇制」、pp. 40～74 ※出席者：土方和雄・河村望

【報告】「敗戦・戦後改革と天皇制」、同上所収、pp. 41～48

12 【編著】『技術革新と女子労働』、国際連合大学発行／東京大学出版会発売、229p. ※林武総編集「国連大学プロジェクト「日本の経験」シリーズ」中の1冊

【論文・共】「製糸技術の発展と女子労働」(1章)、同上所収、pp. 33～70 ※共著者：コラード・モルテニ

【論文】「終章」、同上所収、pp. 203～219

【短文】「はしがき」、同上所収、pp. 3～5

⇒英訳版：*Technology Change and Female Labour in Japan*, Tokyo, New York: United Nations University Press, 1994, xiii, 217p.

12 【短文】「討論のまとめ」、自由民権百年全国集会実行委員会編『自由民権運動と現代：自由民権百年 第二回全国集会報告集』、三省堂、pp. 337～339 ＊中村は第8分科会「世界史のなかの自由民権」司会

1986年

02 【講演】「明治維新と日本近代：日・露・伊近代化の比較史的検討」、『駒沢大学史学論集』16号、駒沢大学大学院史学会、pp. 1～20 ＊第2回駒沢大学史学大会・第13回大学院史学大会記念講演 (1985. 11. 17) ⇒田中彰編『幕末維新論集1 世界の中の明治維新』、吉川弘文館、2001. 12、pp. 309～336 ＊末尾に「付記」(再録時の

新稿、pp. 335〜336）あり

03 **【概説・共】**「日本史」、一橋大学学園史刊行委員会編『一橋大学学問史』、一橋大学、pp. 1019〜1033 ※共著者：佐々木潤之介・安丸良夫（目次及び論考の巻頭には佐々木・安丸の署名のみだが、pp. 1031〜1033には末尾に中村の文責記載あり）

【座談会】「一橋経済学の回顧と展望」、同上所収、pp. 1204〜1247 ※出席者：中山伊知郎・山田雄三・板垣與一・馬場啓之助・木村元一・小島清・青木外志夫・種瀬茂・渡辺金一・関恒義・荒憲治郎（中村は学園史編纂者としての発問のみ）

04 **【単著】**『アメリカの対日戦後政策：グルー元駐日大使を中心として〈橋問叢書49〉』、一橋の学問を考える会、34p.

04 **【評論】**「服部史学を受け継ぐもの：問題発見の能力と解決への思考の深さと」、『毎日新聞』04. 12夕、p. 4 ⇒『明治』Ⅳ－付論（改題「服部史学の魅力」）

06 **【編著】**『昭和時代年表』、岩波書店〈岩波ジュニア新書111〉、269p. ※共著者：森武麿・赤澤史朗・加藤哲郎 ＊中村執筆部分：「まえがき」（pp. iii〜v）、1926〜35年（pp. 2〜41）、1945〜52年（pp. 80〜113）

08 **【講演】**「戦前天皇制と戦後天皇制」、歴史学研究会編『天皇と天皇制を考える〈歴研アカデミー1〉』、青木書店、pp. 109〜147 ＊歴研アカデミー「いま天皇制を考える」（1985）での講演 ⇒『象徴』2章（改題「戦前天皇制の本質と戦後改革」）

08〜09 **【評論】**「服部史学からうけつぐもの：天皇制研究と親鸞研究」、『UP』15巻8〜9号（通号166〜167）、東京大学出版会、pp. 1〜5、pp. 18〜25 ＊「服部之総没後30年記念の集い」記念講演（1986. 03. 29） ⇒小西四郎・遠山茂樹編『服部之總・人と学問』、日本経済評論社、1988. 07、pp. 31〜46 ⇒『明治』Ⅳ－二

08 **【短文】**「朝海浩一郎氏の“日本の占領を顧みる”」、『占領史研究会ニュース』69号（08. 31）、p. 2（縮刷版p. 278）

11 **【評論】**「現在の不況と30年代恐慌：国際経済史学会に参加して」、『朝日新聞』11. 19夕、p. 7

1987年

02 **【短文】**「いまなぜ天皇制か〈第6回公開シンポ報告①〉」、『占領史研究会ニュース』72号（02. 01）、p. 3（縮刷版p. 303） ※文責：事務局

03 **【講演】**「自己認識による地域史」、『新潟県史研究』21号、新潟県、pp. 1〜14 ＊「県史及び市町村市史編さん連絡協議会」講演（1986. 11. 01）、原題「近現代史編さんと産業経済関係史料について」

04 **【講演】**「昭和農業恐慌と農民」、『八潮市史研究』6号、八潮市史編さん委員会編／八潮市史編さん室発行、pp. 97〜127 ＊第13回市史講座要旨（1986. 05. 25）

04 **【評論】**「現代青年の意識状況について」、『一橋小平学報』95号、p. 1

06 **【報告】**「オーラル・ヒストリーと歴史学」、『歴史学研究』568号「特集 オーラル・ヒ

ストリー：その意味と方法と現在」、pp. 2〜6　＊特集と同名のシンポジウムでの「報告 1」

【座談会】「オーラル・ヒストリー：その意味と方法と現在」、同上所収、pp. 18〜27　※出席者：松村高夫・草光俊雄・清水透・中沢市朗・永原和子・笠原十九司・中村伸子

08　**【座談会】** 歴史科学協議会編『現代を生きる歴史科学 3　方法と視座の探求』、大月書店、200p.　※出席者：犬丸義一・青木美智男・浜林正夫・原秀三郎・深谷克己・山口啓二・吉田悟郎・佐々木潤之介・(司会) 大日方純夫　＊中村は以下の「シンポジウム」1〜6 のすべてに出席し、各「討論」で発言。「1「戦後歴史学」の特質をめぐって」・「2 人民闘争史研究をめぐって」・「3 国家史研究をめぐって」・「4 社会史研究をめぐって」・「5 世界史把握の方法をめぐって」・「6 新たな視座を求めて」

【報告】「国家史研究をめぐって：近現代史の場合」、同上所収、pp. 76〜84　＊シンポジウム 3 の「報告 2」

09　**【書評】**「坂本義和・R. ウォード編『日本占領の研究』：戦後日本の「連続と非連続」を究明」、『エコノミスト』65 巻 39 号 (通号 2751、09. 15)、pp. 90〜93

12　**【座談会】**「日本資本主義史研究の歩み：自由民権から戦後改革まで」、『社会科学研究』39 巻 4 号「大石嘉一郎教授還暦記念号」、東京大学社会科学研究所、pp. 319〜363　※出席者：大石嘉一郎・石井寛治・佐藤昌一郎・毛利健三・柳沢遊・山田舜・(司会) 西田美昭　⇒大石先生追悼文集刊行会編『日本近代史研究の軌跡：大石嘉一郎の人と学問』、日本経済評論社、2007. 11、第Ⅲ部

00　**【論文】**「日本の経済発展と「農業における蓄積」：1868〜1910 年代」、日伊歴史会議組織委員会編『イタリアの自由主義国家と明治時代：第 1 回日伊歴史会議議事録』、エディツィオーニ・デルラテネーオ (ローマ)、pp. 49〜67　＊ローマで開催された同会議 (1985. 09. 23〜27) の報告論集 (全文日伊両語版併載)

1988 年

03　**【自治体史】**「近代と新潟県」(序章)・「地主王国」(1 章 3 節 一〜三・五)・「米騒動」(4 章 4 節)、新潟県編・発行『新潟県史　通史編 7　近代二』、pp. 1〜18, 88〜117, 127〜135, 835〜859

03　**【随想】**「通史編近代二の編集を終わって」、『新潟県史しおり　通史編 7　近代二』、新潟県総務部県史編さん室、pp. 1〜2

03　**【自治体史】** 長野県編『長野県史　通史編 7　近代 1』、長野県史刊行会　＊監修のみ

04　**【論文】**「〈批判と反省〉アメリカにおける最近の日本地主制・小作争議研究の動向――リチャード・スメサーストの批判に答える」、『歴史学研究』579 号、pp. 38〜53

06　**【論文】**「賀川豊彦と農民運動」、『雲の柱』(復刊) 7 号「賀川豊彦生誕百年特集」、賀川

豊彦記念松沢資料館、pp. 51〜74

06　**【共編】**『週刊朝日百科 日本の歴史 113　近代Ⅱ－3 財閥・恐慌・社会運動』(通号 641)、朝日新聞社 (06. 19)、31p.　※共編者：森武麿

【概説】「世界恐慌と日本」・「昭和金融恐慌裏面史：東京渡辺銀行の倒産」、同上所収、pp. 66〜67, 72〜73

⇒新訂増補版　2004. 05. 30　＊総頁数・中村執筆頁、ともに旧版と同じだが部分的に加筆あり

07　**【評論】**「〈世界経済三国志：覇権の 150 年〉3　おそるるは西洋の綿布にあり」、『朝日ジャーナル』30 巻 31 号 (通号 1543、07.29)、朝日新聞社、pp. 58〜61　⇒朝日ジャーナル編『世界経済三国志：覇権の 150 年』上、朝日新聞社、1989. 02、pp. 48〜58 (改題「畏るるは西洋の綿布にあり：日本紡績業の発展」)

08　**【評論】**「連続性と非連続性：「グルー文書」から見る」、『書斎の窓』376 号 (7・8 月合併)「特集 占領史研究の課題」、有斐閣、pp. 27〜32　⇒『明治』Ⅲ－五

10　**【編集・校注・共】**『日本近代思想大系 8　経済構想』、岩波書店、513p.　※共編・校注者：石井寛治・春日豊　＊中村は同『大系』全 23 巻・別巻の編集委員

【論文・共】「明治前期における資本主義体制の構想」、同上所収、pp. 416〜513　※共著者：石井寛治 (pp. 496〜510)

1989 年

02　**【単著】**『昭和恐慌〈シリーズ昭和史 1〉』、岩波書店〈岩波ブックレット〉、62p.

02　**【対談】**「いま昭和史を考える：選択と責任の過程として」、『世界』524 号「特集 歴史とは何か」、pp. 42〜60　※対談者：江口圭一

02　**【評論】**「〈世界経済三国志：覇権の 150 年〉30　高度成長の基礎築いた占領政策」、『朝日ジャーナル』31 巻 8 号 (通号 1574、02.17)、pp. 54〜57　⇒朝日ジャーナル編『世界経済三国志：覇権の 150 年』下、朝日新聞社、1989. 12、pp. 40〜50 (改題「高度成長の基礎築いた占領政策：農地改革と財閥解体」)

03　**【編集】**『年表昭和史〈シリーズ昭和史 15〉』、岩波書店〈岩波ブックレット〉、70p.
※編集協力者：大門正克・御園謙吉

03　**【自治体史】**長野県編『長野県史　通史編 8　近代 2』、長野県史刊行会　＊監修のみ

04　**【評論】**「明治維新研究の今日的意味：「世界」の中での理論化 必要」、『朝日新聞』04.04 夕　⇒『明治』Ⅰ－二　⇒『歴史学』1－6

05　**【評論】**「「象徴天皇制」の過去と将来を考える：戦争責任、民主主義、国際化……」、『エコノミスト』67 巻 19 号 (通号 2843、05. 09)、pp. 106〜112　⇒『象徴』4 章 (改題「外国における天皇論の系譜」)

10　**【単著】**『象徴天皇制への道：米国大使グルーとその周辺』、岩波書店〈岩波新書：新赤版 89〉、229p.　⇒英訳：*The Japanese monarchy : Ambassador Joseph Grew and*

the making of the "Symbol emperor system," 1931-1991, translated by Herbert P. Bix, Jonathan Baker-Bates and Derek Bowen, Armonk, NY: M. E. Sharpe, 1992.

11　**【論文】**「日本占領と天皇制」、『歴史学研究』600 号「特集 占領と旧体制：その国際比較」、pp. 3〜15, 80　⇒『象徴』3 章（改題「日本占領と戦争責任」）

12　**【評論】**「モチと天皇制」、『日本学：歴史・文学・宗教・文明』14 号「特集 脱亜入欧の光と影」、名著刊行会、pp. 165〜170

1990 年

02　**【共編】**『資料日本占領 1　天皇制』、大月書店、692p.　※共編者：山極晃、翻訳：岡田良之助

【解説】「資料解題」Ⅰ－2、同上所収、pp. 7〜13

03　**【解説】**「「文庫版」再刊にあたって」、中村政則『労働者と農民〈日本史の社会集団 7〉』、小学館〈小学館文庫〉、pp. 542〜547

03　**【自治体史】**長野県編『長野県史　通史編 9　近代 3』、長野県史刊行会　＊監修のみ

05　**【自治体史】**「明治の国立（明治元〜44 年）」（1 章）・「敗戦後の国立（昭和 21〜25 年）」（3 章）・「文教地区国立の誕生（昭和 26〜30 年）」（4 章 1〜4 節）・「国立の農業」（7 章「現在の国立（昭和 54〜62 年）」3 節）、国立市史編さん委員会編『国立市史』下巻、国立市、pp. 3〜46, 167〜218, 219〜277, 725〜753

08　**【評論】**「「象徴」の由来とゆくえ：イギリスで考えた象徴天皇制」、『世界』544 号「特集 戦後責任を問う 1945〜90」、岩波書店、pp. 169〜179　⇒『象徴』1 章（改題「"象徴"の由来：権威と権力」）

10　**【概説】**「占領とはなんだったのか」、歴史学研究会編『日本同時代史 2　占領政策の転換と講和』、青木書店、pp. 223〜249　⇒『現代史』Ⅰ－3（改題「占領と「逆コース」」）

11　**【座談会】**「象徴天皇制：国際的構想とナショナル・アイデンティティ」、『日本学』16 号「特集 戦後昭和誌」、pp. 2〜31　※出席者：奥平康弘・山極晃

12　**【共編】**『日本同時代史 3　五五年体制と安保闘争』、青木書店、336p.　※共編者：雨宮昭一・木畑洋一（叢書全体は歴史学研究会編）

1991 年

02　**【共編】**『日本同時代史 5　転換期の世界と日本』、青木書店、277p.　※共編者：加藤哲郎（叢書全体は歴史学研究会編）

【概説・共】「転換期の世界と日本」、同上所収、pp. 207〜248　※共著者：油井大三郎　⇒『現代史』Ⅱ－3（改題「世界経済のなかの現代日本」）

03　**【共編】**『戦後史大事典』、三省堂、1173p　※共編者：佐々木毅・鶴見俊輔・富永健一・正村公宏・村上陽一郎

06　【評論】「「日本株式会社」の源流と行方」、NHK 歴史誕生取材班編『歴史誕生』10 巻、角川書店、pp. 150～151　＊ NHK 総合テレビ「歴史誕生」シリーズ「株式会社ニッポンここに始動す：大久保利通と殖産興業」（1990. 11. 19 放送）の活字化に寄せた新稿、番組出演時の中村の発言は p. 139・143・144・148 で採録

07　【短文】「臨時大会によせて２　参加記」、『歴史学研究』621 号「特集 臨時大会・歴史家は天皇制をどうみるか」、pp. 45～47, 64

12　【随想】「明治維新における革命と改革」、『遠山茂樹著作集 月報』２号（同著作集第３巻付録）、岩波書店、pp. 1～3

1992 年

01　【単著】『戦後史と象徴天皇』、岩波書店、272p.

【論文】「はじめに」・「昭和天皇と戦後史」（5 章）・「企業国家と天皇制の将来」（6 章）、同上所収（新稿）、pp. v ～viii , 163～259

03　【単著】『歴史のこわさと面白さ』、筑摩書房〈ちくまプリマーブックス 64〉、198p.

⇒「いつだったら戦争はふせげたか」（pp. 123～162）、『歴史学』２－５

03　【座談会】「座談会シリーズ　塩谷六太郎氏／沼津市政の思い出を語る」、『沼津市史研究』1 号、沼津市教育委員会市史編さん係、pp. 67～88　＊元沼津市長への聞き取り。中村は同市史編集専門委員会近・現代部会長として、「聞き手」の中心となる。他に補助者２名・聞き手６名が参加

04　【書評】「〈史料・文献紹介〉比較史・比較歴史教育研究会編『アジアの「近代」と歴史教育：続・自国史と世界史』」、『歴史学研究』631 号、pp. 63～64

07　【対談】「「逆コース」：民主化から経済復興へ」、袖井林二郎・竹前栄治編『戦後日本の原点：占領史の現在』下、悠思社、pp. 127～192　※対談者：五十嵐武士

08　【対談】「〈4　昭和経済史〉昭和２年　金融恐慌の教訓」、『週刊ダイヤモンド』80 巻 34 号（08.29）「特集 激論 複合不況からの脱出：株安・不動産安・金融不安・政策不信」、ダイヤモンド社、pp. 32～34, 36　※対談者：三宅純一、文責：編集部

11　【編著】『日本の近代と資本主義：国際化と地域』、東京大学出版会、304p.

【論文】「明治維新の世界史的位置：イタリア、ロシア、日本の比較史」、同上所収、pp. 1～38

【短文】「あとがき」、同上所収、pp. 301～304

12　【書評】「鶴巻孝雄著『近代化と伝統的民衆世界：転換期における民衆運動とその思想』：従来の自由民権研究に挑戦した書」、『エコノミスト』70 巻 53 号（通号 3043、12. 15）、pp. 108～109

1993 年

01　【単著】『経済発展と民主主義〈岩波市民大学 人間の歴史を考える 11〉』、岩波書店、

247p.　＊中村は叢書「岩波市民大学」全15巻の編集委員（他は宮本憲一・道家達将・杉原泰雄）

03　**【短文】**「会員の声」、『占領史研究会ニュース』82号（最終号：解散特集、03. 20）、pp. 10〜11（縮刷版 pp. 374〜375）

05　**【評論】**「金解禁と井上財政：旧平価解禁に固執した悲劇の蔵相」（「前史（1920〜45）」2）、『エコノミスト』71巻21号（通号3065、05. 17）「エコノミスト創刊70周年臨時増刊号　戦後日本経済史」、pp. 46〜48, 57　⇒『明治』Ⅱ－二

05　**【座談会】**「「歴研」座談会　第1回　1950〜60年代前半を中心に」、歴史学研究会編・発行『戦後歴史学と歴研のあゆみ：創立60周年記念』、青木書店発売、pp. 61〜100　※出席者：加藤幸三郎・斎藤孝・中村平治・西川正雄・宮地正人・田﨑公司・渡邊尚志・（司会）永原慶二

【座談会】「「歴研」座談会　第2回　1960年代後半〜70年代を中心に」、同上所収、pp. 101〜130　※出席者：太田秀通・板垣雄三・中村平治・西川正雄・宮地正人・田﨑公司・渡邊尚志・（司会）永原慶二

07　**【論文】**「遠山史学と私の歴史学：明治維新と帝国主義」、『歴史評論』519号「特集 遠山史学と私の歴史研究」、pp. 25〜35　⇒『明治』Ⅳ－三

10　**【短文】**「1993年度大会によせて」、『歴史学研究』651号〔増刊号〕、p. 1

10　**【随想】**「「明治百年祭」から「戦後五〇年」：委員長就任の弁」、『歴史学研究月報』406号、pp. 1〜3

1994年

01　**【論文】**「「数量還元主義」と「裕福史観」の陥穽：スメサースト氏の反論に答える」、『歴史学研究』654号、pp. 21〜26, 31

02　**【編著】**『近代日本の軌跡6　占領と戦後改革』、吉川弘文館、254p.

【論文】「戦後改革と現代」、同上所収、pp. 1〜27　⇒『現代史』Ⅰ－1

【短文】「あとがき」、同上所収、pp. 241〜243

02　**【共編著】**『戦時華中の物資動員と軍票』、多賀出版、425p.　※共編者：高村直助・小林英夫

【論文】「序章　軍配組合研究の現状と課題」、同上所収、pp. 3〜15

【短文・共】「あとがき」、同上所収、pp. 373〜374　※編者3名連名

02　**【講演】**「アジアの経済発展と民主主義」、『茨城近代史研究』9号、茨城の近代を考える会、pp. 2〜19　＊同会総会記念講演（1993. 05. 15）

03　**【講演】**「経済発展と民主主義：日本経済の70年」、『エコノミア』44巻4号、横浜国立大学経済学会、pp. 13〜35（pp. 27〜35討論記録）　⇒『現代史』Ⅱ－1

03　**【評論】**「「日本モデル」の再検討：「第3の変革」期にのぞんで」、『世界』592号「特集 日本経済のビジョン」、pp. 86〜97

03 【評論】「経済史家の見た東欧・ロシア1　ポーランド：時計の振り子運動」、『UP』23巻3号（通号257)、pp. 12～17

04 【評論】「アジアの視点と近現代史学習」、歴史教育者協議会編『近現代史の授業づくり 日本史編』、青木書店、pp. 12～22　⇒『現代史』序（改題「なぜ、近現代史を学ぶのか」）⇒『歴史学』1－2

04 【解説】「小学館ライブラリー版刊行にあたって」、中村政則『昭和の歴史2　昭和の恐慌』、小学館〈小学館ライブラリー〉、pp. 398～399

05 【評論】「経済史家の見た東欧・ロシア2　ブルガリア：三次方程式の悩み」、『UP』23巻5号（通号259)、pp. 20～24

06 【共編著】『占領改革の国際比較：日本・アジア・ヨーロッパ』、三省堂、409p.　※共編者：油井大三郎・豊下楢彦

【論文】「日本占領の諸段階：その研究史的整理」、同上所収、pp. 87～106　⇒『明治』Ⅲ－二

【短文・共】「はじめに」、同上所収、pp. v～vi　※共編者連名

06 【評論】「経済史家の見た東欧・ロシア3　ロシア：モスクワの大学生との対話」、『UP』23巻6号（通号260)、pp. 33～38

07 【評論】「経済史家の見た東欧・ロシア4　ロシア："ショック療法"の後遺症」、『UP』23巻7号（通号261)、pp. 26～31

09 【評論】「天皇制はなぜ廃止されなかったか：象徴天皇制成立の舞台裏」、吉村武彦・池享・吉田伸之・原田敬一編著『日本の歴史を解く100話』、文英堂、pp. 404～407

10 【短文】「1994年度大会によせて」、『歴史学研究』664号〔増刊号〕、p. 1

11 【随想】「深い感動は抑制の中にこそある〈歴史家の本棚4〉」、『日本古書通信』784号、日本古書通信社、p. 9

12 【評論】「〈いま何が問われているのか〉戦後への決別」、『朝日新聞』12. 04朝、p. 4

12 【論文】「国家と諸階級：戦前日本帝国主義の終焉」、大石嘉一郎編『日本帝国主義史3 第二次大戦期』、東京大学出版会、pp. 441～488

1995年

03 【論文・共】「愛鷹村満洲農業移民」、『沼津市史研究』4号、pp. 61～89　※共著者：陳野守正

【短文】「編集後記」、同上所収、p. 135

03 【短文】「社会科学古典資料センター長に就任して」、『一橋大学社会科学古典資料センター年報』15号、一橋大学社会科学古典資料センター、pp. 1～2

04 【対談】「近代史の方法」、『本郷』2号、吉川弘文館、pp. 2～9 ※対談者：高村直助
＊叢書『近代日本の軌跡』全10巻刊行にちなむ対談（中村・高村とも責任編集巻を持つ）

05　【論文】「地主制・天皇制論」、安良城盛昭『日本封建社会成立史論』下、岩波書店、pp. 265～279　＊同書「〔付編〕戦後歴史学と安良城理論：94. 1. 29 シンポジウムの記録」中の一篇　⇒『明治』Ⅳ－四（改題「安良城盛昭「地主制・天皇制論」」）

07　【論文】「1950～60 年代の日本：高度経済成長」、『岩波講座 日本通史 20　現代 1』、岩波書店、pp. 1～67

07～12　【共編】『戦後日本 占領と戦後改革』全 6 巻（07『1 世界史のなかの 1945 年』278p.、08『2 占領と改革』305p.、09『3 戦後思想と社会意識』291p.、11『4 戦後民主主義』301p.、11『5 過去の清算』275p.、12『6 戦後改革とその遺産』295p.）岩波書店　※共編者：天川晃・尹健次・五十嵐武士　⇒新装版 2005. 05～10

08　【書評】「〈史料・文献紹介〉山田朗『大元帥　昭和天皇』」、『歴史学研究』674 号、pp. 62～63

09　【評論】「井上準之助・高橋是清：世界史の分岐点―悲劇の蔵相」、吉村武彦・池享・吉田伸之・原田敬一編『日本の歴史を解く 100 人：再評価される歴史群像』、文英堂、pp. 384～387

09　【概説】「第一編　商法講習所の設立から大学昇格まで（1875～1920）　第二章 大学昇格への前史／第三章 一橋リベラリズムの源流」、一橋大学学園史刊行委員会『一橋大学百二十年史：captain of industry をこえて』、一橋大学、pp. 42～76

【短文】「編集後記」、同上所収、pp. 278～281　＊中村は一橋大学学園史刊行委員会委員長

10　【短文】「1995 年度大会によせて」、『歴史学研究』677 号〔増刊号〕、p. 1

11　【論文】「明治維新と戦後改革」、中村他編『戦後日本 占領と戦後改革 4　戦後民主主義』、岩波書店、pp. 251～295　⇒『明治』序

11　【論文】「大恐慌と脱出への模索」、歴史学研究会編『講座世界史 6　必死の代案：期待と危機の 20 年』、東京大学出版会、pp. 203～238

11　【論文】「序論　戦後 50 年をどう見るか」、歴史学研究会編『戦後 50 年をどう見るか〈歴研アカデミー8〉』、青木書店、pp. 9～35　＊歴研アカデミー「戦後 50 年をどう見るか」第 1 回講演（1995. 03）

11　【報告】「覇権国家アメリカの対日政策」、『不戦』8 巻 10 号（通号 91）「敗戦 50 周年記念シンポジウム特集」、不戦兵士の会、pp. 33～44　⇒『現代史』Ⅰ－2（改題「日本占領とアメリカの対日政策」）＊不戦兵士の会・東京都老後保障推進協議会主催「敗戦 50 周年シンポジウム「侵略戦争と不戦」」第 1 部「侵略戦争と覇権主義」での報告（1995. 09. 30）

12　【講演】「「戦後 50 年」と日本現代史研究：戦時体制・戦後改革・高度成長」、『信濃』47 巻 12 号「特集 戦後 50 年を考える」、信濃史学会、pp. 1～24　＊信濃史学会総会記念講演「戦後 50 年問題を考える」（1995. 06. 04）　⇒『明治』Ⅲ－一

1996年

03 【講演】「戦後五〇年と日本社会の変貌」、『八潮市史研究』18号、八潮市立資料館協議会編／八潮市立資料館発行、pp. 2〜46　⇒『現代史』Ⅱ－2（改題「戦後日本社会の変貌」）　＊八潮市立資料館主催第12回（生涯学習）企画展講座（1995. 09. 10）、質疑応答・レジュメ再録含む

05 【共編】『歴史家が語る戦後史と私』、吉川弘文館、288p.　※共編者：永原慶二

【評論】「対象の転換は方法の転換を伴わなければならない」・「あとがき：戦後歴史学の原点」、同上所収、pp. 232〜236, 265〜268

08 【随想】「歴研委員長退任の弁」、『歴史学研究月報』440号、pp. 1〜3

08 【随想】「幸せな出会い：一橋大学時代の古島先生」、古島敏雄・百合子御夫妻追悼文集刊行会企画・発行『わたしたちに刻まれた歴史：追想の古島敏雄・百合子先生』、pp. 117〜118

09 【書評】「〈史料・文献紹介〉ベアテ・シロタ・ゴードン著／平岡磨紀子［構成・文］『1945年のクリスマス：日本国憲法に「男女平等」を書いた女性の自伝』」、『歴史学研究』688号、p. 61

1997年

02 【評論】「「日本回帰」四度目の波」、『毎日新聞』02. 04夕、p. 6　⇒『歴史学』2－2

03 【自治体史】「あとがき」・［4章　解題］・［2章2・3節、3章6節、4章1・2節の史料解説］、沼津市史編さん委員会・沼津市教育委員会編『沼津市史　史料編　近代1』、沼津市、pp. 480, 817〜820他

03 【評論】「「イエス」と「ノー」」、『経済往来』49巻3号、経済往来社、pp. 18〜20　⇒『歴史学』2－3

05 【単著】『現代史を学ぶ：戦後改革と現代日本』、吉川弘文館、270p.

【論文】「東京裁判と日本現代史」（Ⅰ－4）・「日本近代にとって地方とは何か」（Ⅱ－4）・「あとがき」、同上所収（新稿）、pp. 93〜120, 233〜264

05 【単著】『いま何が問題か：近現代史研究と歴史教育』、如水会、42p.　＊「第34期一橋フォーラム21統一テーマ：日本の近現代史をめぐって」第1回講演（1997. 01. 14）、『近現代史をどう見るか』（1997. 05）の原型

05 【単著】『近現代史をどう見るか：司馬史観を問う』、岩波書店〈岩波ブックレット427〉、63p.　⇒加筆の上、『『坂の上の雲』と司馬史観』（2009. 11）第3章に収録

05 【評論】「「重い国家」と「軽い国家」：司馬史観をすり替える歴史教育論のあやうさ」、『時評：官庁ニュースの専門誌』39巻5号（通号410）、時評社、pp. 82〜87　⇒『歴史学』2－4

06 【評論】「「満州」と天皇制」、西田勝編集代表『近代日本と「偽満州国」』、不二出版、pp. 36〜40　⇒植民地文化学会編『近代日本と「満州国」』、不二出版、2014. 07、

pp. 58〜62

08　【対談】「教科書論争で問われた歴史教育。」、『潮』462号「特別企画 日本人の「歴史認識」を問う。」、潮出版社、pp. 76〜85　※対談者：大嶽秀夫

09　【講演】「「自由主義史観」の根底を問う：歴史家は司馬史観をどう見るか」、『戦争責任研究』17号「特集「自由主義史観」批判3」、日本の戦争責任資料センター、pp. 2〜9　＊日本の戦争責任資料センター連続ゼミナールでの講演（1997. 07. 05）

10　【講演】「昭和史研究と東京裁判」、五十嵐武士・北岡伸一編『［争論］東京裁判とは何だったのか』、築地書館、pp. 178〜192　＊神奈川県近現代史フォーラム主催東京裁判50周年記念シンポジウムでの講演（1996. 11. 30〜12. 01）

10　【評論】「〈私はこう思う〉安保が憲法の上に立とうとしている」、『世界』641号・別冊「ハンドブック 新ガイドラインって何だ？：憲法・集団的自衛権・有事法制」、pp. 188〜189

11　【評論】「歴史教科書問題とナショナリズム」、中村ほか9名著『歴史と真実：いま日本の歴史を考える』、筑摩書房、pp. 5〜25　⇒『歴史学』2－1

11　【論文】「司馬文学と歴史学：『峠』を中心に」上、『神奈川大学評論』28号「特集 歴史と歴史観：九〇年代日本社会の現在」、神奈川大学評論編集専門委員会編／神奈川大学広報委員会発行、pp. 42〜52

1998年

01　【評論】「〈経済教室〉「民主主義」、経済学の主題に」、『日本経済新聞』01. 28朝、p. 31　⇒『歴史学』1－5

02　【共編】『デモクラシーの崩壊と再生：学際的接近』、日本経済評論社、408p.　※共編者：南亮進・西沢保

【論文】「大正デモクラシーから「大転換」へ：井上財政と高橋財政」、同上所収、pp. 45〜78　⇒『明治』Ⅱ－一（改題「「大転換」と薄命のデモクラシー」）

02　【書評】「青柳恵介著『風の男　白洲次郎』：真の意味での国際人／白洲語録を中心に人となりを伝える」、『週刊読書人』2222号（02. 13）、p. 6

03　【論文】「司馬文学と歴史学：『峠』を中心に」下、『神奈川大学評論』29号、pp. 142〜155

03　【講演】「近現代の歴史から何を学ぶか」、『国民文化』459号、国民文化会議、pp. 4〜7　＊「「建国記念の日」反対、考えよう日本の侵略の歴史、1998年2・11集会」での「問題提起」（文責は編集部）

04　【評論】“The History Textbook Controversy and Nationalism”, *Bulletin of Concerned Asian Scholars*, 30-2 (April-June 1998), Textbook Nationalism, Citizenship, and War: Comparative Perspectives, pp. 24-29, translated by Kristine Dennehy

04　【解説】「小学館ライブラリー版の刊行にあたって」、中村政則『労働者と農民：日本近

代をささえた人々』、小学館〈小学館ライブラリー〉、pp. 492〜498　⇒『歴史学』3-1

06　**【評論】**「憲法第九条と天皇制」、『軍縮問題資料』212号、宇都宮軍縮研究室、pp. 16〜21　⇒『明治』Ⅲ－四　⇒『歴史学』2－6

07　**【評論】**「占領下の尊厳〔ディグニティ〕：戦後日本と白洲次郎」、『太陽』36巻8号（通号453）「特集 白洲次郎：20世紀の快男児」、平凡社、pp. 66〜67　⇒白洲正子ほか『白洲次郎』、平凡社〈コロナ・ブックス67〉、1999. 08、pp. 82〜85　⇒『明治』Ⅲ－付論

07　**【評論】**「〈シリーズ　司馬史観への疑問〉3　ますます盛んな「司馬」礼讃論。「神様」扱いは禍根を残す」、『ビジネス・インテリジェンス』12巻7号（通号130）、インテリジェンス出版社、pp. 46〜48

08　**【評論】**「『産経新聞』のいい加減な報道」、『歴史学研究月報』464号、pp. 3〜4

09　**【評論】**「宮沢蔵相は平成の高橋是清になれない：昭和恐慌と平成不況」、『エコノミスト』76巻39号（通号3357、09. 08）、pp. 49〜52　⇒『明治』Ⅱ－三（改題「昭和恐慌と平成不況：高橋是清財政からみる」）

10　**【報告】**「歴史学と歴史叙述」、『歴史学研究』716号〔増刊〕「世界史における20世紀（Ⅲ）：1998年度歴史学研究会大会報告」、pp. 168〜175　＊「特設部会1　歴史教育と歴史認識」報告

12　**【評論】**「高橋是清：行動は迅速果断、国民の生産力を重視」、『エコノミスト』76巻56号（通号3374、12. 28）臨時増刊「世紀末　経済・文明史から探る日本再生」、pp. 46〜49

12　**【事典項目】**「地主制論争」・「昭和史論争」・「天皇制論争」、樺山紘一編『歴史学事典6　歴史学の方法』、弘文堂、pp. 252〜253, 303, 421〜422

1999年

02　**【随想】**「苦楽をともにした留学生」、『国立学報』2号、一橋大学国立学報編集委員会、pp. 1〜2　⇒『歴史学』エピローグ

04　**【書評】**「西田美昭著『近代日本農民運動史研究』」、『土地制度史学』41巻3号（通号163）、pp. 53〜55

04　**【座談会】**「〈ディスカス 争点討論〉「日の丸」「君が代」どう扱う」、『読売新聞』04. 29朝、p. 1, 17　※出席者：小林節・團伊玖磨

07　**【書評】**「高橋彦博著『日本国憲法体制の形成』」、『日本史研究』443号、pp. 72〜79

07　**【概説】**「地租改正はどのように決められ、農民の生活はどうなったか」・「どんな人びとが華族に選ばれたのか」・「市町村制は江戸時代の村をどう変えたか」・「初期議会ではどんな人が議員に選ばれ、何を議論したのか」・「地主制は農民の暮らしをどう変えたか」・「金融恐慌でどのような銀行が生き残ったか」・「金解禁をなぜ断行

したのか」・「昭和恐慌で労働者・農民の生活はどうなったか」、歴史教育者協議会編『100問100答・日本の歴史5　近代』、河出書房新社、pp. 46〜48, 58〜59, 69〜70, 86〜88, 107〜108, 216〜223

09 **【随想】**「中村君、日本史をやらんか」、行木陽一ほか編『増田四郎先生：それぞれの追憶』、しろう会、pp. 149〜153　⇒『歴史学』プロローグ

10 **【単著】**『明治維新と戦後改革：近現代史論』、校倉書房、367p.

2000年

11 **【評論】**「『裕仁と近代日本の形成』がもたらすもの」、『朝日新聞』11. 08夕、p. 11

12 **【編著】**『近現代日本の新視点：経済史からのアプローチ』、吉川弘文館、379p.

【講演】「私の歴史学」、同上所収、pp. 349〜365　＊一橋大学での最終講義「私の学問史」(1999. 02. 01) をもとに成稿

【短文】「はしがき」、同上所収、pp. 1〜5

2001年

03 **【単著】**『中村政則が語る歴史学、そして日本』、一橋大学留学生センター〈一橋大学学術日本語シリーズ6　留学生のための日本語教科書〉、357p.　＊中村政則の肖像・年譜・著作目録あり

【短文】「まえがき」p. i

03 **【自治体史・共】**「あとがき」・[1章2・3・5節、2章5節、3章7・10節の史料解説]、沼津市史編さん委員会・沼津市教育委員会編『沼津市史　史料編　近代2』、沼津市、pp. 849〜853ほか　※共著者：荒川章二（「あとがき」）

07 **【評論】**「「無名の民衆」「天皇」の実像：日本現代史研究に連続ピュリツァー賞」、『朝日新聞』07. 14夕、p. 9

09 **【評論】**「小泉改革に重なる昭和初期「金解禁デフレ」の影」、『エコノミスト』79巻37号（通号3522、09. 04）「特集 小泉デフレの最悪シナリオ」、pp. 35〜36

10 **【評論・共】**“Problematic Account in a Japanese History Textbook based on an Alleged Letter by PERRY”、『歴史学研究』754号、pp. 44〜47　※共著者：宮地正人・小谷汪之

10 **【評論】**「初歩的なミスと平凡な発展史観：経済　構造的な視点が欠如」、安田常雄・吉村武彦編『歴史教科書大論争〈『別冊歴史読本』26巻26号〉』、新人物往来社、pp. 110〜111

12 **【監訳】**アンドルー・ゴードン編『歴史としての戦後日本』上・下、みすず書房、503p.　※原著 *Postwar Japan as history*, Andrew Gordon ed., Berkeley, CA: University of California Press, 508p., 1993.

【解説】「監訳者あとがき」、同上（下巻）所収、pp. 433〜437

2002年

05　【論文】「現代歴史学の課題：アメリカの日本近現代史研究（1980-2000年）」、『年報・日本現代史8　戦後日本の民衆意識と知識人』、現代史料出版、pp. 215～248

07　【論文】「アメリカの日本研究と歴史叙述」、『神奈川大学評論』42号「特集 日本と日本文化：日本論の現在」、pp. 104～119

12　【座談会】「〈討論会 戦後歴史学を検証する3〉人民闘争史研究と現在の歴史学」、歴史学研究会編・発行『戦後歴史学を検証する：歴研創立70周年記念』、青木書店発売、pp. 76～114　※出席者：増谷英樹・深谷克己・木村茂光・吉田伸之・油井大三郎・（司会）峰岸純夫・（以下、委員会）小谷汪之・榎原雅治・鈴木茂・山本公徳

12　【評論】「アメリカの戦後日本論：ニューレフト史学を中心に」、『評論』134号、日本経済評論社、pp. 1～3

2003年

02　【論文】「現代歴史学と天皇制」、歴史学研究会編『現代歴史学の成果と課題 1980-2000年Ⅱ　国家像・社会像の変貌』、青木書店、pp. 120～135

04　【論文】「明治維新期の経済構想」、『商経論叢』38巻4号、神奈川大学経済学会、pp. 1～14

05　【対談】「歴史学は時代にどう向きあってきたか：永原慶二著『20世紀日本の歴史学』刊行を機に」、『週刊読書人』2486号（05. 09）、pp. 1～2　※対談者：永原慶二

09　【論文】「〈リレー特集「歴史学」のいま〉言語論的転回以後の歴史学」、『歴史学研究』779号、pp. 29～35

09　【対談】「日本の近現代史を再考する：アメリカの日本研究との対話」、『世界』718号「特集 日本現代史をどう描くか」、pp. 120～132　※対談者：アンドルー・ゴードン

10　【評論】「〈研究エッセイ〉それは一枚の写真から始まった」、『非文字資料研究 News Letter』1号、神奈川大学21世紀COEプログラム拠点推進会議、p. 14

12　【事典項目】「安良城盛昭『天皇制と地主制』」・「中村政則『労働者と農民』」・「中村政則『近代日本地主制史研究』」・「中村政則『象徴天皇制への道』」、黒田日出男ほか編『日本史文献事典』、弘文堂、pp. 60, 894～896

2004年

02　【評論】「20世紀・日本史学史の里程標」、『歴史評論』646号「特集 歴史学と歴史教育：20世紀から21世紀へ」、pp. 61～67

03　【座談会】「日本近現代史のなかの昭和天皇」、『年報・日本現代史9　象徴天皇制と現代史』、pp. 1～48　※出席者：高橋紘・安田浩、（司会）吉田裕・豊下楢彦

03　【講演】「歴史学という学問」、『歴史民俗資料学研究』9号、神奈川大学大学院歴史民俗資料学研究科、pp. 25～33（pp. 5～6に「講演レジュメ」あり）　＊歴史民俗資料

学研究科開設十周年記念公開シンポジウム「歴史と民俗の交錯：記録すること・記憶すること」

【座談会】「討論」、同上所収、pp. 49〜68　※出席者：川田順造・福田アジオ・小馬徹・橘川俊忠・佐野賢治

03　**【自治体史】**「あとがき」・[1章2節、2章1節、3章1節、4章1節、終章の史料解説]、沼津市史編さん委員会・沼津市教育委員会編『沼津市史　史料編　現代』、沼津市、pp. 963〜967 他

06　**【編集】**『年表昭和史 増補版：1926-2003』、岩波書店〈岩波ブックレット 624〉、86p.　※編集協力者：半澤健市

【短文】「はしがき」、同上所収、p. 2

06　**【講演】**「プチ〈帝国〉としての日本」、的場昭弘編著『〈帝国〉を考える：アメリカ、東アジア、そして日本』、双風舎、pp. 141〜175　＊神奈川大学 2003 年度秋期公開講座「神奈川区民大学連続講座「〈帝国〉を考える」」での同名講演（2003. 10. 23）

06　**【評論】**「世界常民：雲南省で考える」、『非文字資料研究 News Letter』4号、神奈川大学 21 世紀 COE プログラム「人類文化研究のための非文字資料の体系化」研究推進会議、pp. 23〜24　＊「〈フィールドノート〉中国雲南省麗江調査記：東巴（トンパ）文化の今昔」（共著者：田上繁・的場昭弘・佐野賢治、pp. 22〜26）のうち「report2」

08　**【講演】**「自分史・地域史・国民史」、『飯田市歴史研究所年報』2号、飯田市歴史研究所、pp. 7〜18　＊地域史研究事業準備室・飯田市美術博物館・市立飯田図書館共催「第1回　地域史研究集会」(2003. 10. 04〜05) の「シンポジウム　語りつぐ飯田・下伊那の歴史」記念講演

09　**【対談】**「歴史的事実とは何か：文字資料と非文字資料のあいだ」、『非文字資料研究 News Letter』5号、pp. 4〜9　※対談者：宮地正人

2005年

01　**【対談】**「戦後 60 年に何が問われているのか」、『世界』735 号「特集 戦後 60 年：どんな転換点なのか」、pp. 112〜123　※対談者：油井大三郎

03　**【解説】**「〈資料紹介〉加藤完治・満州移民の戦後史」、『歴史と民俗：神奈川大学日本常民文化研究所論集』21 号、神奈川大学日本常民文化研究所編集／平凡社発行、pp. 199〜240

03　**【評論】**「〈フィールドノート〉環境と民具：再び世界常民について」、『非文字資料研究 News Letter』7号、pp. 18〜21

03　**【短文】**「編集後記」、『沼津市史研究』14 号、pp. 85〜86

04　**【評論】**「「歴史における進歩」と歴史学」、『歴史学研究』800 号、p. 58　＊800 号記念〈談

話室〉欄寄稿8篇のひとつ

07 【単著】『戦後史』、岩波書店〈岩波新書：新赤版955〉、332p.
⇒韓国語版：일본 전후사：1945-2005, 유재연, 이종욱 옮김, 서울：논형, 2006. 09
⇒中国語版：『日本战后史』張英莉訳・張谷校、中国人民大学出版社、2008. 10

07 【共編】『戦後史大事典 増補新版：1945-2004』、三省堂、1309p. ※共編者：佐々木毅・鶴見俊輔・富永健一・正村公宏・村上陽一郎

09 【随想】「「まぐれ」はチャンスを活かす才能だ」、江口圭一追悼文集刊行会編『追悼 江口圭一』、人文書院、pp. 157〜159

10 【評論】「「貫戦史」が描き出す戦後日本とは」、『世界』744号「戦後60年特別企画 戦後精神の航跡（下）」、pp. 297〜302

12 【随想】「トーマス・A・ビッソンと国民主権」、『岩波講座 アジア・太平洋戦争 月報』2号（同講座第2巻付録）、岩波書店、pp. 1〜3

2006年

03 【論文】「オーラル・ヒストリーの可能性：満州移民体験を中心に」、『歴史と民俗』22号、pp. 31〜84

05 【評論】「〈現代史の扉〉『戦後史』の叙述と観点」、『年報・日本現代史11 歴史としての日本国憲法』、pp. 221〜242

07 【随想】「われより祖となれ」、永原慶二追悼文集刊行会編『永原慶二の歴史学』、吉川弘文館、pp. 182〜183

09 【評論】「終わった戦後と終わらない戦後」、『歴史学研究』818号、pp. 38〜42, 61
＊「〈研究動向〉戦後の終焉？：シェフィールド大学ワークショップ（2006. 02）をめぐって」中の1篇

11 【講演】「『戦後史』について」、『信濃』58巻11号、信濃史学会、pp. 1〜18 ＊信濃史学会第85回セミナー（2005. 08. 21）講演に加筆

11 【評論】「A History と the history」、『JOHA ニュースレター』9号、日本オーラル・ヒストリー学会 ⇒中村「〈極限状況〉に置かれた者の語り」（2007. 09）末尾

12 【短文】「第2回国際シンポジウムを「総括」する」、『非文字資料研究 News Letter』14号、pp. 10〜12

2007年

02 【論文】「オーラル・ヒストリーの可能性（2）：さまざまな終戦」、『歴史と民俗』23号、pp. 81〜120

03 【論文】「グローバリゼーションと歴史学：21世紀歴史学の行方」、『神奈川大学評論』56号、pp. 159〜174 ＊日本史研究会例会報告（2006. 11. 11）、神奈川大学大学院歴史民俗史料学研究科主催最終講義（2007. 01. 15）をもとに成稿

03　**【自治体史・共】**「地租改正と農業」(2章3節)・「憲法発布と帝国議会開設」・「町村制の施行」・「地主会の設立」(以上3章1・2・5節)・「米価問題と米騒動」・「民力涵養運動」(以上4章2節一・二)・「沼津市の成立」(4章3節)・「北伊豆地震と経済更生運動」(5章4節)・「満州農業移民と拓南訓練所」(6章4節)・「戦時町村合併」(6章7節)・「あとがき」、沼津市史編さん委員会・沼津市教育委員会編『沼津市史　通史編　近代』、沼津市、pp. 75〜86, 144〜157, 182〜187, 257〜263, 270〜277, 354〜363, 455〜470, 506〜512, 540〜544　※共著者：永江雅和（5章4節)、大久保由理（6章4節)

03　**【評論・共】**「現代の世界と日本」(第5章)、ひらかれた歴史教育の会編『『新しい歴史教科書』の〈正しい〉読み方』、青木書店、349p.　※執筆分担者だが、本文には文責明示なし

04　**【書評】**「大石嘉一郎著『日本資本主義百年の歩み：安政の開国から戦後改革まで』」、『歴史と経済』49巻3号（通号195)、政治経済学・経済史学会、pp. 65〜67

05　**【解説】**「序」、飯田市歴史研究所編『満州移民：飯田下伊那からのメッセージ』、現代史料出版、pp. i〜xii

05　**【評論】**「日本　近現代　一　総論」、『史学雑誌』116編5号「2006年の歴史学界：回顧と展望」、史学会、pp. 748〜752

09　**【報告】**「〈極限状況〉に置かれた者の語り：ナガサキの被爆者の場合」、『日本オーラル・ヒストリー研究』3号「特集 戦争・植民地期：オーラル・ヒストリーの視点から」、日本オーラル・ヒストリー学会、pp. 11〜31

11　**【随想】**「山田『分析』と産業革命研究会」、大石先生追悼文集刊行会編『日本近代史研究の軌跡：大石嘉一郎の人と学問』、日本経済評論社、pp. 134〜137

2008年

02　**【短文】**「監修のことば」、信濃史学会編著・発行『長野県民の戦後60年史』、pp. iii〜vii

03　**【講演】**「戦後史の総括と「平和」の行方」、『平和文化研究』29集、長崎総合科学大学長崎平和文化研究所、pp. 13〜39　＊同研究所主催平和文化講演（2006. 12. 16)

03　**【論文】**「文字資料と非文字資料のはざま：オーラル・ヒストリーの可能性」、「人類文化研究のための非文字資料の体系化」第4班編『地域情報学の構築：新しい知のイノベーションへの道』、神奈川大学21世紀COEプログラム「人類文化研究のための非文字資料の体系化」研究推進会議、pp. 17〜23　＊同COEプログラム研究成果報告書　⇒中村『オーラル・ヒストリーの可能性』(2011. 05)「補論」(pp. 46〜61)

04　**【論文】**「沖縄戦とオーラルヒストリー」、『世界』777号、pp. 193〜204

07　**【単著】**『昭和の記憶を掘り起こす：沖縄、満州、ヒロシマ、ナガサキの極限状況』、小

学館、287p.

10　【論文】「〈批判と反省〉日本近代史を描くとは：アンドルー・ゴードン『日本の200年』をめぐって」、『歴史学研究』845号、pp. 26～31

10　【評論】「〈リレートーク〉オーラル・ヒストリーの力：大江・岩波沖縄戦裁判から」、『子どもと教科書全国ネット21NEWS』62、子どもと教科書全国ネット21、p. 2

2009年

03　【自治体史】「戦後復興期の沼津市政」(1章2節一)・「大沼津市の成立」(2章1節)・「政治の変動と総合計画の時代」(3章1節)・「庄司辰雄市政（昭和53年9月～61年8月）」(4章1節)・「にぎわいあるまちづくり：桜田市政（平成2年9月～8年9月）」(5章2節)・「人が輝く躍動のまち沼津：斎藤市政（平成8年11月～）」(5章3節)・「あとがき」、沼津市史編さん委員会・沼津市教育委員会編『沼津市史　通史編　現代』、沼津市、pp. 23～36, 169～183, 320～333, 413～421, 449～480, 482～487

10　【評論】「戦争の体験を聞くということ：私とオーラルヒストリー」、『前衛：日本共産党中央委員会理論政治誌』848号「特集 戦争体験と国民」、日本共産党中央委員会、pp. 164～174

11　【単著】『『坂の上の雲』と司馬史観』、岩波書店、249p.

2010年

07　【講演】「高度経済成長とは何だったのか」、国立歴史民俗博物館編『〈歴博フォーラム〉高度経済成長と生活革命：民俗学と経済史学との対話から』、吉川弘文館、pp.1～19　＊第69回歴博フォーラム「高度経済成長と生活変化」(2009. 06. 20) 基調講演

【座談会】「討論」、同上所収、pp. 135～158　※出席者：浅井良夫・岩本通弥・加瀬和俊・関沢まゆみ・(司会) 新谷尚紀

07　【随想】「〈百話百言〉ハーバード留学」、『本郷』88号、吉川弘文館、p. 1

09　【随想】「〈百話百言〉ジョセフ・グルーの天皇観」、『本郷』89号、p. 1

10　【講演】「〈秋水100年〉「坂の上の雲」と幸徳秋水：司馬史観を問う」、『広報四万十』66号、四万十市、p. 23　＊市民大学講演 (09. 04) 要旨

11　【随想】「〈百話百言〉正岡子規と民権運動」、『本郷』90号、p. 1

2011年

01　【評論】「〈特集インタビュー〉『坂の上の雲』の時代と日露戦争」、『歴史読本』56巻1号（通号859)「特集 日露戦争：世界を駆けた明治日本」、pp. 156～163

01　【随想】「〈百話百言〉秩父事件と田代栄助」、『本郷』91号、p. 1

03　**【随想】**「〈百話百言〉美濃部都政と「東京ごみ戦争」①」、『本郷』92号、p. 1
05　**【単著】**『オーラル・ヒストリーの可能性：東京ゴミ戦争と美濃部都政〈神奈川大学評論ブックレット 32〉』、御茶の水書房、61p.　＊神奈川大学21世紀COE研究成果叢書
05　**【随想】**「〈百話百言〉美濃部都政と「東京ごみ戦争」②」、『本郷』93号、p. 1
09　**【随想】**「行動する論客、歴史家：遠山茂樹さんを悼む」、『毎日新聞』09. 27 夕、p. 4
12　**【解説】**「〈資料紹介〉美濃部都政と「東京ごみ戦争」」、『国立歴史民俗博物館研究報告』171集「新谷尚紀・関沢まゆみ編［共同研究］高度経済成長と生活変化」、国立歴史民俗博物館、pp. 463〜495

2012年

07　**【共編】**『年表昭和・平成史：1926-2011』〈岩波ブックレット 844〉、岩波書店、94p.
※共編者：森武麿、編集協力者：半澤健市・内藤大海
【短文・共】「はしがき」、同上所収、p. 2　※編者連名

2013年

03　**【講演】**「『坂の上の雲』と司馬史観の誕生」、日韓相互認識研究会編・発行『日韓歴史共同研究プロジェクト第13回・第14回シンポジウム報告書』、pp. 28〜32

付1：一橋大学学生研究誌『ヘルメス』掲載中村政則ゼミナール調査報告

19号（1967. 12）中村ゼミナール3年「諏訪製糸労働者の存在形態」pp. 74〜107
20号（1969. 01）中村ゼミナール3年「同上（2）」pp. 82〜117
21・22合併号（1971. 02）中村ゼミ「昭和恐慌期における農村構造と「出稼型」賃労働：新潟県南魚沼郡を中心に」pp. 1〜37
23号（1972. 02）中村（政）ゼミナール3年「飛騨・地主経営の構造」pp. 1〜28
24号（1973. 03）中村ゼミ・3年「東北型500町歩地主経営分析：山形県村山地方渡辺家を中心に」pp. 1〜39
25号（1974. 03）中村ゼミ・3年「同上　下」pp. 1〜26
26号（1975. 03）中村政則ゼミ・3年「昭和恐慌下の東北農村：山形県西村山郡旧三泉村の例」pp. 2〜48
27号（1976. 03）中村政則ゼミ・3年「養蚕地帯における農村更生運動の展開と構造：長野県上伊那郡南向村の場合」pp. 6〜58
28号（1977. 03）中村政則ゼミ・3年「養蚕地帯における農村更生運動の展開と構造（Ⅱ）：長野県小県郡浦里村の場合」pp. 34〜80

29号（1978. 03）中村政則ゼミ・3年「昭和恐慌下の東北農村と経済更生運動：新潟県北蒲原郡米倉村の場合」pp. 36〜113

中村ゼミナール機関誌『調査報告』創刊号（1971. 01）、一橋大・東京女子大中村ゼミナール「農村調査報告書」編集委員会、50p.

H・H「はじめに：我々の出発点（pp. 4〜5）／中村ゼミ「足跡：70年・農村調査」（pp. 6〜7）／中村政則「ゼミナールと調査」（pp. 8〜13）／水林彪「六日町調査　雑感」（pp. 14〜16）／西田美昭「歴史の“調査”」（pp. 17〜18）／広瀬博「調査をふり返って：実に実に個人的な感想」（pp. 19〜21）／野々川光明「農村調査と私」（pp. 22〜24）／［無署名］「雑感」（pp. 25〜29）／岡田定二「農村調査及び論文作成を終えて：或る参加者のたわごと」（pp. 31〜34）／立松潔「調査と我々：論文化「作業」を終えて」（pp. 35〜41）／［無署名］「ひとこと……」（p. 42）／浦上利久「〈補論〉主要蚕糸業地帯に於ける昭和恐慌の様相」（pp. 43〜49）／「編集後記」（p. 50）

＊　なお1962年から66年まで、一橋大学経済学部・永原慶二ゼミナール所属学部生による山梨県農村共同調査においても、当時大学院生であった中村の参加・指導が確認できる。参考までに『ヘルメス』誌上で掲載されたその共同報告の書誌も付記する。これらには、中村の参加・指導への謝辞が明記されている。

14号（1962. 10）永原ゼミナール「山梨県における地主制の展開と製糸業：中巨摩郡の場合」pp. 62〜96

15号（1963. 12）永原ゼミナール「明治期における地方産業の展開と地主資本」pp. 20〜55
＊調査地：東山梨郡春日居村

16号（1964. 11）永原慶二ゼミナール「地主制の史的考察：山梨県N家の場合」pp. 19〜44
＊調査地：旧東山梨郡平等村正徳寺

17号（1966. 02）永原ゼミナール3年「明治・大正・昭和期における農民層の動向：山梨県英村の場合」pp. 32〜59

18号（1966. 12）永原ゼミナール3年「大正後期・昭和初期に於ける地主経営と地主小作関係」pp. 50〜93　＊調査地：16号・17号で対象とした2地域

＊　以下の2報告では、中村ゼミの独自調査が並行した時期のため、中村の直接の参加・指導はないようだが、これも参考までに付記する。永原ゼミによる『ヘルメス』掲載の日本近代経済史関連の調査報告は、これですべてである。

20号（1969. 01）永原ゼミナール3年「近代製糸業における組合製糸の位置と性格：群馬県碓氷社を中心に」pp. 118〜157

21・22合併号（1971. 02）永原ゼミナール3年「産業組合の製糸経営：組合製糸下仁田社の分析」pp. 38〜74

付２：中村政則著書・編著書に対する主要書評・紹介文献

1972『日本地主制の構成と段階』(共著)

・有元正雄、『歴史学研究』389号、1972. 10、pp. 45～52
・安孫子麟、『土地制度史学』15巻3号、1973. 04、pp. 76～78

1975・1976『大系日本国家史』「4　近代Ⅰ」・「5　近代Ⅱ」

・守屋典郎、『歴史評論』315号、1976. 07、pp. 55～60　＊「4 近代Ⅰ」のみ対象
・[無署名]、『毎日新聞』1977. 02. 21、p. 6　＊「5 近代Ⅱ」のみ対象
・尾城太郎丸、『三田学会雑誌』70巻5号、1977. 10、pp. 560～568
・星埜惇「最近の近代日本国家史研究によせて：中村政則氏の近代天皇制国家論の方法を中心として」、『商学論集』46巻3号、福島大学経済学会、1977. 12、pp. 155～179

1976『日本の歴史29　労働者と農民』

・栗原彬、『読売新聞』1976. 09. 06、p. 9　＊掲載時無署名
・広川禎秀、『歴史評論』327号、1977. 07、pp. 77～80, 92
・岩村登志夫、『歴史学研究』449号、1977. 10、pp. 48～52
・堀サチ子「女性史の方法を深めるために：中村政則『労働者と農民』から学ぶ」、『人民の歴史学』61号「女性史特集」、東京歴史科学研究会、1979. 11、pp. 20～22
・鬼塚博「中村政則著『労働者と農民』を読む」、『民衆史研究』52号［民衆史研究会創立35周年記念シンポジウム 民衆史という歴史叙述］、1996. 11、pp. 3～15
・金籐泰伸、『「社会科」学研究』35号、1998. 07、pp. 64～67　＊小学館ライブラリー版が対象、また宮本常一ら監修『日本残酷物語』全5巻と併せて紹介

1979『近代日本地主制史研究』

・暉峻衆三、『週刊読書人』1299号、1979. 09. 24、p. 5
・牛山敬二、『土地制度史學』22巻2号、1980. 01、pp. 62～64
・清水洋二、『史学雑誌』89編3号、1980. 03、pp. 89～95
・有元正雄、『社会経済史学』46巻1号、1980. 06、pp. 100～102
・伏見信孝、『日本史研究』214号、1980. 06、pp. 78～84
・安孫子麟、『歴史評論』367号、1980. 11、pp. 107～110

1982『昭和の歴史2　昭和の恐慌』

・[無署名]、『読売新聞』1982. 07. 05朝、p. 9
・伊藤隆「〈文化展望〉昭和史解明への期待」、『日本経済新聞』1982. 07. 13朝、p. 27

・山本義彦「〈読書ノート〉中村政則著『昭和の恐慌』を読んで」、『歴史評論』389 号、1982. 09、pp. 133〜138
・岡田知弘「高橋財政とニューディール：中村政則著『昭和の恐慌』（小学館・昭和の歴史 2）を中心に」、『新しい歴史学のために』170 号、1983. 03、民主主義科学者協会京都支部歴史部会、pp. 24〜31
・武田晴人、『日本史研究』261 号、1984. 05、pp. 68〜73

1983『ビッソン 日本占領回想記』（共訳）
・［無署名］、『読売新聞』1983. 04. 11 朝、p. 9
・天川晃、『エコノミア』77 号、横浜国立大学経済学部、1983. 06、pp. 56〜60　＊竹前栄治『証言日本占領史：GHQ 労働課の群像』と併せて紹介

1984『日本近代と民衆』
・［無署名］、『毎日新聞』1984. 03. 12、p. 8
・［無署名］、『読売新聞』1984. 03. 12、p. 9
・鹿野政直、『朝日新聞』1984. 04. 16、p. 12　＊掲載時無署名
・安田浩、『赤旗』1984. 04. 23
・林宥一、『文化評論』278 号、1984. 05、pp. 228〜229
・中嶋久人、『人民の歴史学』80 号、1984. 06、pp. 1〜6
・野沢豊、『歴史公論』10 巻 9 号、1984. 09、p. 151
・布川弘、『日本史研究』267 号、1984. 11、pp. 80〜85
・平迫省吾「〈本・文学と思想〉「歴史学」再構築への提言」、『葦牙』1 号、みずち書房、1984. 11、pp. 172〜175

1985『技術革新と女子労働』
・東條由紀彦、『歴史評論』443 号、1987. 03、pp. 96〜99
・安田浩、『社会経済史学』53 巻 1 号、1987. 04、pp. 87〜90
・村上はつ、『歴史学研究』566 号、1987. 04、pp. 52〜57
・嶋津千利世・田野優子、『土地制度史学』32 巻 2 号、1990. 01、pp. 72〜73

1989『昭和恐慌〈シリーズ昭和史 1〉』
・源川真希、『歴史評論』485 号、1990. 09、p. 80　＊東京歴史科学研究会現代史部会「紹介　岩波ブックレット『シリーズ昭和史』」中の短評

1989『年表昭和史〈シリーズ昭和史 15〉』
・森健一、『歴史評論』485 号、1990. 09、p. 85　＊同上「紹介」中の短評

1989『象徴天皇制への道』

・[無署名]、『週刊新潮』34 巻 44 号（通号 1734)、1989. 11. 16、p. 35
・五味文彦「〈週刊図書館〉占領政策と戦争責任 今あらためて天皇制を考える 2 つのキーワード」、『週刊朝日』3778 号、1989. 11. 24、pp. 129〜131　＊大江志乃夫『張作霖爆殺』（中公新書）と併せて紹介
・樋渡由美、『史学雑誌』99 編 2 号、1990. 02、pp. 125〜126
・長沼秀世、『歴史評論』486 号、1990. 10、pp. 80〜83

1991『戦後史大事典』（共編）

・河野康子、『史学雑誌』100 編 10 号、1991. 10、pp. 121-122

1992『戦後史と象徴天皇』

・三輪隆、『歴史評論』519 号、1993. 07、pp. 100〜104

1992『歴史のこわさと面白さ』

・[無署名]、『週刊時事』34 巻 32 号（通号 1641)、1992. 08. 22、p. 70

1992『日本の近代と資本主義』（編著）

・高村直助、『土地制度史学』35 巻 4 号、1993. 07、pp. 75〜76
・今西一、『歴史学研究』656 号、1994. 03、pp. 32〜39
・山本義彦、『歴史評論』534 号、1994. 10、pp. 68〜74

1994『占領と戦後改革〈近代日本の軌跡 6〉』（編著）

・伊佐千尋、『週刊読売』53 巻 11 号（通号 2382)、1994. 03. 13、p. 119

1994『戦時華中の物資動員と軍票』（共編著）

・溝口敏行、『社会経済史学』61 巻 1 号、1995. 05、pp. 86〜89
・岩武照彦、『アジア経済』36 巻 10 号、アジア経済研究所、1995. 10、pp. 66〜71
・富沢芳亜、『歴史評論』548 号、1995. 12、pp. 88〜92
・平智之、『史学雑誌』105 編 8 号、1996. 08、pp. 93〜102

1994『占領改革の国際比較』（共編著）

・小林英夫・古関彰一・網谷龍介、『歴史学研究』671 号、1995. 05、pp. 28〜31
・浜林正夫、『歴史地理教育』525 号、1994. 11、p. 95

1997『現代史を学ぶ』
・伊藤悟、『歴史評論』587号、1999. 03、pp. 145〜149

1997『近現代史をどう見るか』
・本多勝一「司馬遼太郎絶賛を続ける「主流日本人」のために」、『週刊金曜日』179号、1997. 07. 18、pp. 38〜39

1998『デモクラシーの崩壊と再生』(共編)
・速水佑次郎、『社会経済史学』65巻2号、1999. 07、pp. 241〜243
・林宥一、『歴史学研究』728号、1999. 10、pp. 42〜45
・寺岡寛、『中小企業研究』21号、中京大学中小企業研究所、1999. 12、pp. 135〜142

2000『近現代日本の新視点』(編著)
・大杉由香、『歴史評論』618号、2001. 10、pp. 142〜143, 141

2001『歴史としての戦後日本』上下(監訳)
・山崎浩一、『朝日新聞』2002. 02. 17朝、p. 11
・安田常雄、『エコノミスト』80巻8号(通号3548)、2002. 02. 19、p. 59
・御厨貴、『日本経済新聞』2002. 02. 24朝、p. 25
・酒井哲哉、『外交フォーラム』15巻9号(通号170)、2002. 09、pp. 96〜97 ＊他2冊と併せて紹介
・石田雄、『大原社会問題研究所雑誌』532号、2003. 03、pp. 68〜71

2005『戦後史』
・鹿島信吾、『週刊東洋経済』5990号、2005. 11. 19、p. 170
・高山智「大切にしたい戦後の初心:中村政則著『戦後史』(岩波書店、2005年)を読んで」、『貿易風:中部大学国際関係学部論集』1号、2006. 03、pp. 386〜387
・池田香代子「〈新赤版この10冊〉今を生きる現代史研究者:中村政則『戦後史』」、『図書』684号、2006. 04、pp. 28〜29
・山本義彦「〈歴史のひろば〉大学一年生と戦後史を考える:中村政則『戦後史』をよむ」、『歴史評論』676号、2006. 08、pp. 82〜93

2008『昭和の記憶を掘り起こす』
・南塚信吾、『朝日新聞』2008. 08. 31朝、p. 10
・成田龍一「中村政則『昭和の記憶を掘り起こす』、あるいはオーラル・ヒストリーと歴史学の刷新について」、『UP』37巻11号(通号433)、東京大学出版会、2008. 11、pp. 42〜

48
・人見佐知子、『心の危機と臨床の知』11 号、甲南大学人間科学研究所、2010. 、pp. 126〜129

（中村政則の研究に対する検討・批判論文）

・日本経済史ゼミナール「日本資本主義と地主制：中村政則氏の所説をめぐって」、『法経論集』10 号＝昭和 48 年度、静岡大学法経学会・ゼミナール連絡協議会、1974. 02、pp. 89〜97
・加瀬和俊「両大戦間期における地主制衰退の論理をめぐって：中村政則『近代日本地主制史研究』への疑問を手がかりとして」、『歴史学研究』486 号［特集 戦間期日本資本主義の再検討 1］、1980. 11、pp. 59〜67, 73
・成瀬治「中村政則「講座派理論と現代」を聞いて」、『歴史学研究』517 号［特集 現代の歴史学：いま問われていること、問いかけること（歴史学研究会創立 50 周年記念連続講演会の記録）］、1983. 06、pp. 39〜41
・星埜惇「具体的国家分析のための国家の基礎的諸概念について：中村氏の新「国家概念」把握によせて」、『商学論集』54 巻 3 号、1986. 02、pp. 92〜109
・玉真之介「〈批判と反省〉「農民的小商品生産概念」について：中村政則氏の問題提起を受けて」、『歴史学研究』585 号、1988. 10、pp. 40〜48
・Richard J. Smethurst（松成恵訳）「日本における農業の発展と小作争議：中村政則氏・西田美昭氏への反論」、『歴史学研究』653 号、1993. 12、pp. 16〜28, 31
・アンドルー・ゴードン「〈批判と反省〉中村政則と日本の環太平洋史・貫戦史」、『歴史学研究』960 号、2017. 08、pp. 23〜28

武田晴人（たけだ　はるひと）第 4 部三－1

東京大学名誉教授
1949 年生まれ
東京大学大学院経済学研究科単位取得退学　経済学博士（東京大学）
主要業績：『鈴木商店の経営破綻』（日本経済評論社、2017 年）
『異端の試み』（日本経済評論社、2017 年）

小島庸平（こじま　ようへい）第 4 部三－2

東京大学大学院経済学研究科講師
1982 年生まれ
東京大学大学院農学生命科学研究科博士課程修了　博士（農学）
主要業績：「大恐慌期の地域資源と救農政策：長野県下伊那郡上郷村を事例として」（『歴史と経済』第 240 号、2018 年 7 月）、「世界恐慌下の日本」（筒井清忠編『昭和史講義 2：専門研究者が見る戦争への道』ちくま新書、2016 年）

立松　潔（たてまつ　きよし）第 4 部四－1

山形大学名誉教授、一般社団法人山形県経済社会研究所理事長兼所長
1949 年生まれ
一橋大学大学院経済学研究科博士課程中途退学
主要業績：「独占：重化学工業化と新旧財閥の競争」（小島恒久編『一九三〇年代の日本』法律文化社、1989 年）、「東北地方の工業化とその構造」（中村政則編『近現代日本の新視点』吉川弘文館、2001 年）

戸邉秀明（とべ　ひであき）第 4 部四－2、第 5 部著作目録

東京経済大学経済学部准教授
1974 年生まれ
早稲田大学大学院文学研究科博士課程中退　修士（文学）
主要業績：「マルクス主義と戦後日本史学」（『岩波講座日本歴史 22　歴史学の現在』岩波書店、2016 年）、『触発する歴史学：鹿野思想史に向き合う』（赤澤史朗・北河賢三・黒川みどりと共編著、日本経済評論社、2017 年）

金 容 徳（きむよんどく）第3部五

光州科学技術院碩座教授、ソウル大学名誉教授
1944 生まれ
ハーバード大学大学院人文科学研究科修了　Ph. D.（歴史学博士）
主要業績：『19世紀日本の近代化』（共著、ソウル大学校出版部、1996年）
『近代交流史と相互認識 1〜3』（共編著、慶應義塾大学出版会、2001-6年）

加瀬和俊（かせ　かずとし）第4部一－1

帝京大学経済学部教授
1949年生まれ
東京大学大学院経済学研究科博士課程中退
主要業績：『戦前日本の失業対策：救済型公共土木事業の史的分析』（日本経済評論社、1998年）、『失業と救済の近代史』（吉川弘文館、2011年）

坂口正彦（さかぐち　まさひこ）第4部一－2

大阪商業大学経済学部専任講師
1978年生まれ
国学院大学大学院文学研究科博士課程後期修了　博士（歴史学）
主要業績：『近現代日本の村と政策：長野県下伊那地方 1910〜60年代』（日本経済評論社、2014年）、「「村請」の近現代史：滋賀県神崎郡栗見荘村」（『農業史研究』第52号、2018年3月）

春日　豊（かすが　ゆたか）第4部二－1

三井文庫特任研究員、愛知県史近代史第3部会部会長、名古屋大学名誉教授
1947年生まれ
一橋大学大学院経済学研究科博士課程単位取得退学
主要業績：『三井事業史 本編第三巻中』（三井文庫、1994年）
『帝国日本と財閥商社』（名古屋大学出版会、2010年）

細谷　亨（ほそや　とおる）第4部二－2

立命館大学経済学部准教授
1979年生まれ
横浜国立大学大学院国際社会科学研究科博士課程後期修了　博士（学術）
主要業績：「戦時期における満洲分村移民送出と母村の変容：長野県諏訪郡富士見村を事例に」（『社会経済史学』第80巻第2号、2014年）、「アジア・太平洋戦争期の満蒙開拓団：母村と現地（1942-45年）」（柳沢遊・倉沢愛子編『日本帝国の崩壊：人の移動と地域社会の変動』慶應義塾大学出版会、2017年）

柳沢　遊（やなぎさわ　あそぶ）第 2 部四

慶応義塾大学名誉教授
1951 年生まれ
東京大学大学院経済学研究科博士課程単位取得退学　経済学修士
主要業績：『日本人の植民地経験：大連日本人商工業者の歴史』（シリーズ日本近代からの問い 2、青木書店、1999 年）、『日本帝国の崩壊：人の移動と地域社会の変動』（倉沢愛子と共編著、慶應義塾大学出版会、2017 年）

高村直助（たかむら　なおすけ）第 3 部一

東京大学名誉教授
1936 年生まれ
東京大学大学院人文科学研究科博士課程単位取得退学　文学博士（東京大学）
主要業績：『日本紡績業史序説』上下（塙書房、1971 年）
『会社の誕生』（吉川弘文館、1996 年）

保立道久（ほたて　みちひさ）第 3 部二

東京大学名誉教授
1948 年生まれ
東京都立大学人文科学研究科修士課程修了
主要業績：『歴史のなかの大地動乱』（岩波新書、2012 年）
『中世の国土高権と天皇・武家』（校倉書房、2015 年）

荒川章二（あらかわ　しょうじ）第 3 部三

国立歴史民俗博物館名誉教授
1952 年生まれ
一橋大学大学院社会学研究科博士課程単位取得満期退学　文学修士（立教大学）
主要業績：『全集 日本の歴史 16 豊かさへの渇望』（小学館、2009 年）
『地域のなかの軍隊 2 軍都としての帝都：関東』（編著、吉川弘文館、2015 年）

ハーバート・ビックス（Herbert P. Bix）第 3 部四

ニューヨーク州立大学ビンガムトン校名誉教授
1938 年生まれ
ハーバード大学大学院　博士（歴史学、東洋言語学）
主要業績：*Peasant Protest in Japan, 1590–1884*, Yale University Press, 1986, *Hirohito and the Making of Modern Japan*, Harper Collins Publishers, 2000（『昭和天皇（上・下）』吉田裕監修、岡部牧夫・川島高峰・永井均訳、講談社、2002 年／講談社学術文庫、2005 年）、"War Crimes and National Ethics", Japan Focus（ウェブ誌）（『戦争犯罪と国家の倫理：問われるべき統治者の個人責任』新田準訳、凱風社、2015 年）

執筆者紹介

石井寛治（いしい　かんじ）第1部座談会

東京大学名誉教授
1938年生まれ
東京大学大学院経済学研究科博士課程単位取得退学　経済学博士
主要業績：『日本経済史〔第2版〕』（東京大学出版会、1991年）
『帝国主義日本の対外戦略』（名古屋大学出版会、2012年）

伊藤正直（いとう　まさなお）第1部座談会

大妻女子大学学長・大妻学院理事長、東京大学名誉教授
1948年生まれ
東京大学大学院経済学研究科博士課程単位取得退学　経済学博士
主要業績：『日本の対外金融と金融政策 1914-1936』（名古屋大学出版会、1989年）
『戦後日本の対外金融：360円レートの成立と終焉』（名古屋大学出版会、2009年）

宮地正人（みやち　まさと）第1部座談会

東京大学名誉教授
1944年年生まれ
東京大学大学院人文科学研究科国史学専攻博士課程中退　文学修士
主要業績：『歴史のなかの『夜明け前』：平田国学の幕末維新』（吉川弘文館、2015年）
『地域の視座から通史を撃て！』（校倉書房、2016年）

安田常雄（やすだ　つねお）第2部二

神奈川大学特任教授、国立歴史民俗博物館名誉教授
1946年生まれ
東京大学大学院経済学研究科博士課程単位取得退学　経済学博士（東京大学）
主要業績：『日本ファシズムと民衆運動：長野県農村における歴史的実態を通して』（れんが書房新社、1979年）、『シリーズ戦後日本社会の歴史』全4巻（編著、岩波書店、2012-13年）

市原　博（いちはら　ひろし）第2部三

獨協大学経済学部教授
1955年生まれ
一橋大学大学院経済学研究科博士課程単位取得退学　博士（経済学）
主要業績："The Human Resource Development, Occupational/Status Linked Personnel Management Practices and Engineers in Japanese Corporations before Second World War", *East Asian Journal of British History*, No. 5, 2016.『学歴と格差の経営史』（共著、日本経済評論社、2018年）

編著者紹介

浅井良夫（あさい　よしお）第 1 部座談会、あとがき

成城大学経済学部教授
1949 年生まれ
一橋大学大学院経済学研究科博士課程単位取得退学　博士（経済学）
主要業績：『戦後改革と民主主義：経済復興から高度成長へ』（吉川弘文館、2001 年）
『IMF 8 条国移行：貿易・為替自由化の政治経済史』（日本経済評論社、2015 年）

大門正克（おおかど　まさかつ）第 1 部報告・座談会

横浜国立大学大学院国際社会科学研究院教授
1953 年生まれ
一橋大学大学院経済学研究科博士課程単位取得退学　博士（経済学）
主要業績：『全集 日本の歴史 15 戦争と戦後を生きる』（小学館、2009 年）
『語る歴史、聞く歴史：オーラル・ヒストリーの現場から』（岩波書店、2017 年）

吉川　容（きっかわ　よう）第 1 部座談会、第 5 部著作目録

三井文庫上席研究員
1959 年生まれ
一橋大学大学院経済学研究科博士課程単位取得退学　経済学修士
主要業績：「一八九〇年東京株式取引所違約処分事件の新聞報道」（中村政則編『近現代日本の新視点』吉川弘文館、2000 年）、『戦前期北米の日本商社：在米接収史料による研究』（上山和雄と共編著、日本経済評論社、2013 年）

永江雅和（ながえ　まさかず）第 2 部五

専修大学経済学部教授
1970 年生まれ
一橋大学大学院経済学研究科博士課程単位取得退学　博士（経済学）
主要業績：『食糧供出制度の研究』（日本経済評論社、2013 年）
『小田急沿線の近現代史』（クロスカルチャー出版、2016 年）

森　武麿（もり　たけまろ）第 1 部座談会、第 2 部一

一橋大学名誉教授
1945 年生まれ
一橋大学大学院経済学研究科博士課程単位取得退学　博士（経済学）
主要業績：『戦時日本農村社会の研究』（東京大学出版会、1999 年）
『戦間期の日本農村社会：農民運動と産業組合』（日本経済評論社、2005 年）

中村政則の歴史学

2018年11月20日　第1刷発行　　定価（本体3700円＋税）

編者　浅井良夫
　　　大門正克
　　　吉川容
　　　永江雅和
　　　森武麿

発行者　柿﨑均
発行所　株式会社　日本経済評論社

〒101-0062　東京都千代田区神田神駿河台1-7-7
電話　03-5577-7286　FAX　03-5577-2803
URL：http://www.nikkeihyo.co.jp
印刷＊文昇堂・製本＊高地製本所
装幀＊渡辺美知子

乱丁・落丁本はお取替えいたします。　Printed in Japan
© Asai Yoshio et al. 2018
ISBN978-4-8188-2503-1

・本書の複製権・翻訳権・上映権・譲渡権・公衆送信権（送信可能化権を含む）は、㈱日本経済評論社が保有します。
・JCOPY〈㈳出版者著作権管理機構　委託出版物〉
本書の無断複写は著作権法上での例外を除き禁じられています。複写される場合は、そのつど事前に、㈳出版者著作権管理機構（電話03-3513-6969、FAX03-3513-6979、e-mail: info@jcopy.or.jp）の許諾を得てください。

触発する歴史学 ——鹿野思想史と向きあう	赤澤史朗・北河賢三・黒川みどり・戸邉秀明 編著	3,900円
大塚久雄から資本主義と共同体を考える ——コモンウィール・結社・ネーション	梅津順一・小野塚知二 編著	3,000円
大塚久雄論	楠井敏朗 著	4,600円
歴史家 服部之總 ——日記・書翰・回想で辿る軌跡	松尾章一 編著	9,800円
回想 小林昇	服部正治・竹本洋 編	2,800円
評伝・日本の経済思想 **柴田敬** ——資本主義の超克を目指して	牧野邦昭 著	2,500円
日本近代史研究の軌跡 ——大石嘉一郎の人と学問	大石先生追悼文集刊行会 編	6,000円
昭和史論争を問う ——歴史を叙述することの可能性	大門正克 編著	3,800円

表示価格は本体価（税別）です

日本経済評論社